Temas de IRS: Princípios Constitucionais, Tributação e Garantias

Temas de IRS: Princípios Constitucionais, Tributação e Garantias

Coordenação
Paula Rosado Pereira

Autores
Helena Baptista Ferreira
João Pedro Santos
Luís Poças
Manuel Faustino
Miguel Serrão
Paula Rosado Pereira
Paulo Marques
Sónia Martins Reis

ALMEDINA

TEMAS DE IRS: PRINCÍPIOS CONSTITUCIONAIS, TRIBUTAÇÃO E GARANTIAS

COORDENAÇÃO
Paula Rosado Pereira
AUTORES
Helena Baptista Ferreira, João Pedro Santos, Luís Poças,
Manuel Faustino, Miguel Serrão, Paula Rosado Pereira,
Paulo Marques, Sónia Martins Reis

EDITOR
EDIÇÕES ALMEDINA, S.A.
Rua Fernandes Tomás, nºs 76-80
3000-167 Coimbra
Tel.: 239 851 904 · Fax: 239 851 901
www.almedina.net · editora@almedina.net
DESIGN DE CAPA
FBA.
PRÉ-IMPRESSÃO
EDIÇÕES ALMEDINA, SA
IMPRESSÃO E ACABAMENTO

Fevereiro, 2020
DEPÓSITO LEGAL
467286/20

ALMEDINA | GRUPOALMEDINA

BIBLIOTECA NACIONAL DE PORTUGAL – CATALOGAÇÃO NA PUBLICAÇÃO
TEMAS DE IRS: PRINCÍPIOS CONSTITUCIONAIS,
TRIBUTAÇÃO E GARANTIAS
coord. Paula Rosado Pereira. – (Obras colectivas)
ISBN 978-972-40-8341-4
I – PEREIRA, Paula Rosado
CDU 336

PREFÁCIO

O Imposto sobre o Rendimento das Pessoas Singulares ("IRS"), criado no contexto da reforma fiscal de 1988/89 e em vigor desde 1 de janeiro de 1989, completou trinta anos de existência.

No ano em que o imposto perfez as três décadas de vida, lancei o desafio a um conjunto de Colegas e Amigos – das áreas académica, empresarial e da administração e estudo do imposto – no sentido de escreverem um texto relativo ao IRS, no âmbito das respetivas áreas de especialidade. Graças à sua adesão e empenho, foi possível reunir o conjunto de trabalhos ora publicado neste livro, revelador de um conjunto de desafios enfrentados pelo IRS e de problemas e soluções para algumas das questões mais complexas que se suscitam ao nível do imposto.

A criação do IRS teve como propósito adaptar a tributação do rendimento das pessoas singulares ao disposto na Constituição da República Portuguesa, bem como modernizar e simplificar a aludida tributação. Com o IRS, substituiu-se a tributação cedular dos rendimentos das pessoas singulares, até então existente, por uma tributação sintética do rendimento, assente num imposto único.

Todavia, o IRS nunca logrou efetuar uma tributação verdadeiramente unitária. Nele coexistem filosofias e enquadramentos tributários díspares. Os desafios da globalização e da concorrência fiscal internacional, entre outros, têm-no mantido amarrado a um quadro de tributação semi-dual, em cujo âmbito o encargo tributário a suportar pelos rendimentos do trabalho e de pensões é, potencialmente, bastante mais elevado do que o incidente sobre rendimentos relacionados com o capital. Um quadro onde se suscitam sérias dúvidas relativamente à conformidade do imposto com os princípios da capacidade contributiva e da tributação do rendimento real, entre outros.

O IRS tem, igualmente, sido marcado por uma série de polémicas ao nível da aplicação da lei fiscal no tempo, designadamente as resultantes da profunda alteração, a meio de um ano, do regime de tributação das mais-valias mobiliárias.

Estamos perante um imposto cuja incidência objetiva é tipificada mediante o recurso a diversas categorias de rendimentos, também dotadas de regras próprias ao nível da determinação do rendimento coletável. Estas características do IRS contribuem para a existência de questões fiscais de alguma complexidade, como por exemplo as que se suscitam no campo dos rendimentos derivados de seguros, dos direitos de imagem auferidos por pessoas singulares ou dos rendimentos obtidos no reembolso de obrigações.

Refira-se ainda que, no seu percurso de três décadas, o IRS tem sentido, em diversos momentos, a influência do direito fiscal internacional e do direito fiscal europeu. Atualmente, as novas tendências da fiscalidade internacional, pautadas por um crescimento da cooperação entre estados e das preocupações com a transparência, refletem-se na troca automática de informações de contas financeiras no âmbito do IRS.

Por fim, num imposto periódico e em que é extremamente amplo e heterogéneo o campo dos sujeitos passivos, assumem grande importância social e económica as garantias de defesa que assistem aos contribuintes, ao nível do procedimento e do processo tributário.

Estes são, em suma, os principais temas abordados no livro.

A obra encontra-se organizada em três partes:

I) Os princípios constitucionais em matéria fiscal e o IRS – A capacidade contributiva e a proibição da retroatividade;
II) Tributação em sede de IRS – Estudos sobre rendimentos específicos; e
III) O IRS, os mecanismos anti-abuso e as garantias de defesa dos sujeitos passivos – Estudos sobre temas.

Desejamos que o livro se revele útil a todos os que estudam e trabalham com o IRS, bem como a todos os que se interessam por este imposto – um dos mais ligados à cidadania e às questões da justiça tributária.

Lisboa, 14 de outubro de 2019

PAULA ROSADO PEREIRA

PARTE I

Os Princípios Constitucionais em Matéria Fiscal e o IRS: A Capacidade Contributiva e a Proibição da Retroatividade

AS DIVERSAS VERTENTES DO PRINCÍPIO DA CAPACIDADE CONTRIBUTIVA E O IRS

PAULA ROSADO PEREIRA[1]

> "L'égalité sera peut être un *droit*, mais aucune puissance humaine ne saura le convertir en *fait*."
>
> Honoré de Balzac, «La société»[2]

Sumário: I – Princípio da capacidade contributiva; 1 – Enquadramento geral e objeto; 2 – Surgimento da noção de capacidade contributiva; 3 – As Constituições portuguesas e a capacidade contributiva; 4 – O princípio da igualdade e a capacidade contributiva; 5 – Conteúdo da capacidade contributiva; 6 – Decorrências do princípio da capacidade contributiva. II – Concretizações do princípio da capacidade contributiva no IRS; 1 – Enquadramento; 2 – Conteúdo e amplitude da base de incidência do IRS; 3 – Repartição do encargo tributário segundo o critério da força económica efetiva do contribuinte; 3.1 – Princípio da tributação do rendimento líquido objetivo; 3.2 – Princípio da tributação do rendimento líquido subjetivo; 3.3 – Princípio da tributação do rendimento real; 4 – Personalização do imposto; 5 – Mínimo de existência; 6 – Assunção da proibição do confisco e de limites máximos de tributação; 7 – Capacidade contributiva e progressividade. III – Principais dilemas e desvios do IRS face ao princípio da capacidade contributiva; 1 – Princípio da capacidade contributiva vs. semi-dualização do IRS; 2 – Princípio da capacidade contributiva e compensação de perdas; 2.1 – Incomunicabilidade de perdas entre categorias de rendimentos; 2.2. – Incomunicabilidade de perdas entre sujeitos passivos; 2.3 – Reporte de perdas para períodos de tributação

[1] Doutora em Direito, na área de Ciências Jurídico-Económicas, pela Faculdade de Direito da Universidade de Lisboa (FDUL). Professora na FDUL, onde é docente desde 2000, lecionando diversas disciplinas de fiscalidade no âmbito dos cursos de Licenciatura, Pós-graduação e Mestrado daquela Faculdade. Docente de IRS na componente formativa de Direito Tributário, nos 4.º, 5.º e 6.º Cursos de Formação de Juízes dos Tribunais Administrativos e Fiscais (2016, 2018 e 2019) do Centro de Estudos Judiciários. Advogada Especialista em Direito Fiscal. Membro da Comissão para a Reforma do IRS de 2014. Integra a lista de Árbitros em Matéria Tributária do CAAD – Centro de Arbitragem Administrativa, desde julho de 2011.

[2] In Alphonse Pagès, *Balzac Moraliste – Pensées de Balzac*, Michel Lévy Frères, Paris, 1866, p. 301.

distintos; 3 – Incidência relativa a transferências entre diferentes esferas patrimoniais do mesmo sujeito passivo. IV – Conclusões

I. PRINCÍPIO DA CAPACIDADE CONTRIBUTIVA

1 – Enquadramento geral e objeto

O princípio da capacidade contributiva é visto, na atualidade, como o critério fundamental de repartição entre os contribuintes dos encargos fiscais, em particular ao nível da tributação do rendimento.

Perante os desafios enfrentados pelos Estados para conseguirem as receitas necessárias à prossecução dos seus fins, torna-se premente o controlo da ação estadual em matéria tributária, de forma a evitar atropelos aos direitos constitucionalmente garantidos dos cidadãos, enquanto contribuintes. O princípio da capacidade contributiva tem um papel essencial a desempenhar a este nível, atuando simultaneamente como um critério de justiça no campo fiscal e como um limite material aos termos do exercício do poder tributário.

O princípio da capacidade contributiva pode mesmo ser caracterizado como o "princípio aglutinador da limitação do Estado fiscal contemporâneo"[3].

Ora, o princípio em causa – atentos não apenas os seus contornos e as suas decorrências, mas também a sua origem – encontra na tributação das pessoas singulares um campo especialmente fértil para a aplicação das suas diretrizes. E dela particularmente necessitado. Com efeito, quaisquer desvios da tributação das pessoas singulares relativamente a critérios de justiça fiscal podem acarretar consequências gravosas, tendo em conta a amplitude do universo de contribuintes potencialmente afetados e o seu perfil, bem como as possíveis repercussões sociais e económicas da situação.

Face ao exposto, considerámos oportuno analisar as diversas vertentes do princípio da capacidade contributiva ao nível do Imposto sobre o Rendimento das Pessoas Singulares (IRS), identificando e sistemati-

[3] In José Casalta Nabais, *O Dever Fundamental de Pagar Impostos – Contributo para a Compreensão Constitucional do Estado Fiscal Contemporâneo*, Almedina, Coimbra, 1998 (4.ª reimpressão em 2015), p. 455.

zando aquelas que nos parecem ser as principais exigências do referido princípio relativamente à tributação das pessoas singulares; e aferindo o respetivo grau de concretização no âmbito do IRS.

Para tal, começamos por abordar o princípio da capacidade contributiva em termos gerais, detendo-nos na sua origem histórica, na sua base constitucional no nosso país e na sua ligação com o princípio da igualdade. Prosseguimos, analisando o conteúdo da capacidade contributiva e as suas decorrências, ou seja, as diretrizes ou corolários que podem extrair-se do princípio da capacidade contributiva e que constituem limites materiais à atuação do legislador fiscal.

Feito este enquadramento geral do princípio da capacidade contributiva, abordamos em maior detalhe as diretrizes que emanam do referido princípio, aferindo a sua concretização ao nível do IRS. Por fim, comentamos aqueles que nos parecem ser os principais desvios do IRS em relação ao princípio da capacidade contributiva; e efetuamos, nas Conclusões, um balanço sobre diversos regimes enquadrados no IRS e o seu grau de (in)cumprimento das principais decorrências do princípio em causa.

2 – Surgimento da noção de capacidade contributiva

Apesar de documentos históricos evidenciarem que a procura da justiça tributária é uma questão com raízes antiquíssimas, com frequência ela centrava-se numa **vertente formal** do problema. Dominava a preocupação de que o sujeito passivo tivesse sido ouvido, ou tivesse mesmo sido pedida a sua anuência (normalmente ao nível do grupo social ou profissional no qual se inseria), para a criação e cobrança do imposto. A tributação justa decorreria, pois, desse envolvimento do sujeito passivo no processo conducente ao lançamento e cobrança do tributo. A ideia de justiça tributária estava, em suma, ligada ao modo de criação do tributo, à legitimação do sujeito ativo (v.g. o soberano) para a oneração fiscal dos seus súbditos. Só bastante mais tarde, em termos históricos, se desenvolve a ideia de justiça tributária numa **vertente material**, referente ao conteúdo das regras tributárias e aos aspetos materiais da repartição do encargo tributário entre os contribuintes[4].

[4] Cfr. José Luís Saldanha Sanches, *Justiça Fiscal*, Fundação Francisco Manuel dos Santos, Lisboa, 2010, pp. 19-22.

Na vigência do Estado Patrimonial – sensivelmente entre o século XII e o século XVIII –, a fundamentação dos impostos (cujas características eram, aliás, bastante distintas das atuais) e a medida do respetivo pagamento não se baseavam, por regra, na ideia de capacidade contributiva. É preciso esperar pelo Estado Fiscal, dotado de impostos com um carácter estável, contínuo – diríamos mesmo, estrutural – para que as questões da fundamentação material dos tributos e da capacidade contributiva assumam um papel de relevo[5].

No último quartel do século XVIII, Adam Smith, na obra *Inquérito sobre a Natureza e as Causas da Riqueza das Nações*[6], sustenta que os indivíduos devem contribuir para as despesas públicas na proporção das suas faculdades. De seguida, Adam Smith refere que tal contribuição deve ser efetuada na proporção do rendimento de que os mesmos indivíduos usufruam sob a proteção do Estado[7].

Deste modo, Adam Smith parece preconizar a repartição dos encargos tributários entre os indivíduos – e, portanto, o contributo destes para os gastos do Estado – com base numa conjugação entre:

i) elementos que virão a estar presentes em formulações modernas do princípio da capacidade contributiva – a referência ao contributo a efetuar pelos indivíduos segundo o que cada um pode pagar, ou seja, de acordo com as suas possibilidades; e, por outro lado;
ii) elementos que se aproximam dos existentes no moderno princípio da equivalência, mas numa formulação que inclui também capacidade contributiva – a referência ao contributo a efetuar pelos indivíduos em função do rendimento que cada um obtém sob a proteção do Estado[8].

[5] Cfr. Ricardo Lobo Torres, *Tratado de Direito Constitucional Financeiro e Tributário – Valores e Princípios Constitucionais Tributários,* 2.ª ed., Ed. Renovar, Rio de Janeiro, 2014, p. 300-302. Para uma abordagem detalhada sobre a evolução histórica da questão da capacidade contributiva, cfr. Clotilde Celorico Palma, «Da evolução do conceito de capacidade contributiva», *Ciência e Técnica Fiscal,* n.º 402, 2001, pp. 111-145.

[6] Publicada pela primeira vez em 1776, em Londres.

[7] Cfr. Adam Smith, *Inquérito sobre a Natureza e as Causas da Riqueza das Nações,* Fundação Calouste Gulbenkian, Lisboa, 1983, v. 2, p. 485.

[8] Em sentido idêntico, cfr. José Luís Saldanha Sanches, *Justiça Fiscal,* cit., p. 22.

Pode, assim, encontrar-se na obra de Adam Smith uma formulação, embora ainda em termos bastante embrionários, dos princípios da capacidade contributiva e da equivalência.

A par do avanço teórico referido nos anteriores parágrafos, a ideia de capacidade contributiva, bem como a sua importância enquanto critério limitativo dos impostos que podem ser exigidos pelos Estados aos seus cidadãos, são aspetos cada vez mais presentes na consciência política e social das últimas décadas do século XVIII.

Esta época foi marcada por um conjunto de revoluções e de acontecimentos políticos nos quais a questão fiscal assumiu um papel de relevo. A revolta dos colonos norte-americanos contra a tributação imposta pela Inglaterra sobre as importações de chá realizadas pelas colónias, conhecida por *Boston Tea Party*, e ocorrida em 1773, teve uma importância significativa no desencadear da Revolução Americana e, em última instância, nos acontecimentos que vieram a culminar na independência dos EUA. A questão fiscal – os elevados impostos cobrados pelo governo de Luís XVI ao povo francês – teve também um papel de relevo em todo o contexto político, económico e social que conduziu à Revolução Francesa, em 1789[9].

Na sequência desta revolução, a Declaração dos Direitos do Homem e do Cidadão de 1789 – que marca uma nova era em termos políticos e sociais – estabelece que a contribuição a efetuar pelos cidadãos para a cobertura das despesas do Estado "deve ser repartida entre os cidadãos de acordo com as suas possibilidades". Esta ideia, na qual podemos reconhecer o embrião do princípio da capacidade contributiva, inspira um conjunto de Constituições – as quais, em diversos Estados, a consagram igualmente.

Em termos teóricos, o aprofundamento da noção de capacidade contributiva deve bastante aos estudos de Finanças Públicas desenvolvidos no século XIX. A nível jurídico, o interesse pelo tema deve-se, em grande medida, aos estudos do professor Benvenuto Griziotti, em 1929, os quais tiveram sequência no labor dos seus discípulos da Escola de Pavia[10].

[9] Regina Helena Costa, *Princípio da Capacidade Contributiva,* 4.ª ed., Malheiros Editores, São Paulo, 2012, pp. 18-19.

[10] Regina Helena Costa, *Princípio da Capacidade Contributiva,* cit., p. 19; Marcos F. García Etchegoyen, *El Principio de Capacidad Contributiva – Evolución Dogmática y Proyección*

De entre todo o labor científico e académico que posteriormente incidiu sobre a noção de capacidade contributiva, destacamos, pela sua importância, o de Klaus Tipke – autor com vasta obra sobre a temática da justiça tributária.

Klaus Tipke teve, nas décadas finais do século XX, um papel de relevo na definição do moderno princípio da capacidade contributiva. Para este autor, a capacidade contributiva constitui o princípio fundamental da tributação materialmente justa.

A capacidade contributiva representa, assim, o critério mais justo de repartição da carga fiscal entre os contribuintes (em detrimento do princípio da equivalência e do princípio do imposto *per capita*). Para Klaus Tipke, a capacidade contributiva **é** uma decorrência do princípio do Estado social de direito e também da exigência de justiça material[11]. O encargo fiscal deve caber "a cada um de acordo com a sua capacidade"[12].

3 – As Constituições portuguesas e a capacidade contributiva

Embora a atual Constituição da República Portuguesa não consagre expressamente o princípio da capacidade contributiva, importa ter em conta o facto de este princípio se encontrar já consolidado na tradição constitucional portuguesa. Deste modo, conforme explicitaremos mais adiante, a falta da sua consagração expressa na Constituição de 1976 não impede que o princípio em causa continue a assumir uma importância fundamental ao nível da Constituição Fiscal.

O princípio da capacidade contributiva encontrava-se já, de alguma forma, espelhado na Constituição de 1822, a propósito do lançamento de uma modalidade de imposto (a contribuição direta de repartição), cuja

en el Derecho Argentino, Editorial Ábaco de Rodolfo Depalma, Buenos Aires, 2004, pp. 33-34. Esta última obra debruça-se em detalhe sobre a evolução do princípio da capacidade contributiva na doutrina e na jurisprudência italianas e espanholas, analisando posteriormente os respetivos contributos para a introdução e desenvolvimento do princípio em causa na doutrina e na jurisprudência argentinas.

[11] Klaus Tipke/Douglas Yamashita, *Justiça Fiscal e Princípio da Capacidade Contributiva,* Malheiros Editores, São Paulo, 2002, pp. 27-29.

[12] Klaus Tipke, *Steuergerechtigkeit in Theorie und Praxis,* Otto Schmidt Verlag, Köln, 1981, pp. 19-20.

aplicação se previa "na proporção dos rendimentos que eles [os moradores de cada concelho] e as pessoas, que residirem fora, ali tiverem"[13].

Todavia, a Carta Constitucional de 1826 é a primeira Constituição portuguesa onde a ideia de capacidade contributiva surge claramente consagrada, sob a forma de princípio tributário de índole geral, aludindo-se ao dever de cada cidadão "contribuir para as despesas do Estado, em proporção dos seus haveres"[14]. A ideia de capacidade contributiva encontra-se também presente, em termos similares, na efémera Constituição de 1838[15].

Pelo contrário, a primeira Constituição da República, a Constituição de 1911, não alude expressamente a qualquer princípio material geral referente à tributação, centrando-se na consagração de princípios tributários formais, relativos à forma de aprovação dos tributos. Conforme salienta José Manuel Cardoso da Costa "em lugar de uma qualquer indicação de sentido «material» sobre o critério dos impostos, os constituintes de 1911 preferiram consignar (e enfatizar) antes a garantia «formal» que se traduz na exigência da subordinação deles à *legalidade*". Sugere o autor, apoiado na análise dos projetos de Constituição apresentados à Assembleia Constituinte, que tal opção se pode, eventualmente, explicar pelo motivo de, atenta a controvérsia existente sobre o tema, na Constituição de 1911 "não se ter querido assumir qualquer compromisso quanto à modelação do sistema fiscal" em termos de uma tributação progressiva ou proporcional[16].

A Constituição de 1933 volta, na senda da Carta Constitucional de 1826, a prever um critério geral de tributação, determinando que "todos os cidadãos são obrigados [...] a contribuir, conforme os seus haveres, para

[13] *Vide* artigo 228.º da Constituição de 1822 e artigo 34.º das Bases da Constituição, previamente votadas nas Cortes. Sobre esta matéria, cfr. José Manuel Cardoso da Costa, «O princípio da capacidade contributiva no constitucionalismo português e na jurisprudência do Tribunal Constitucional», *Boletim de Ciências Económicas*, Vol. LVII, Faculdade de Direito da Universidade de Coimbra, 2014, p. 1160.

[14] *Vide* artigo 145.º, parágrafo 14.º da Carta Constitucional de 1826.

[15] *Vide* artigo 24.º da Constituição de 1838.

[16] Cfr. José Manuel Cardoso da Costa, «O princípio da capacidade contributiva no constitucionalismo português e na jurisprudência do Tribunal Constitucional», cit., p. 1162.

os encargos públicos"[17]. O uso da expressão "conforme os seus haveres", em vez da formulação consagrada na Carta Constitucional que previa a tributação "em proporção dos seus haveres", parece pretender evitar uma potencial interpretação da Constituição como estabelecendo um sistema fiscal proporcional e como excluindo impostos progressivos. A ser este o caso, trata-se, na realidade, de uma razão similar à que terá motivado o silêncio da Constituição de 1911 sobre esta mesma matéria.

Do percurso exposto, podemos concluir que o princípio da capacidade contributiva se encontra já suficientemente consolidado na tradição constitucional portuguesa, mesmo não sendo expressamente previsto em cada uma das Constituições. Nos casos em que ele não é expressamente consagrado, tal parece ocorrer para evitar um comprometimento da Constituição ao nível da escolha entre um modelo de tributação proporcional ou progressivo – e não porque a Constituição em causa tenha adotado um pressuposto e critério geral de tributação distinto do da capacidade contributiva.

Após o breve percurso efetuado pela tradição constitucional portuguesa, cumpre analisar a questão em apreço face à Constituição de 1976.

Conforme foi já referido, a Constituição atualmente vigente não alude expressamente ao princípio da capacidade contributiva. Consideramos, todavia, que esta ausência de referência expressa não prejudica o acolhimento do aludido princípio pela Constituição de 1976 – conclusão que é suportado por diversos indícios.

Em primeiro lugar, o princípio da capacidade contributiva tem uma presença bastante relevante na tradição constitucional portuguesa. Assim, é de supor a sua continuidade, visto não existirem, no texto da atual Constituição fiscal, indicadores de que esta pretendesse abraçar um pressuposto ou um critério de tributação distintos da capacidade contributiva, no que diz respeito aos impostos.

De resto, no campo fiscal, a principal alternativa assentaria no princípio do benefício, que é, reconhecidamente, um critério pouco adequado à repartição dos encargos com impostos; e que, em qualquer caso, se afiguraria contraditório com a finalidade de redistribuição da riqueza e do

[17] Vide artigo 26.º da Constituição de 1933, na sua redação originária (artigo 28.º, na redação posterior).

rendimento assumida pela Constituição no campo fiscal. Esta finalidade redistributiva pode ser concretizada, no campo dos impostos, mediante uma tributação assente no critério da capacidade contributiva, mas dificilmente poderia sê-lo através da hipotética utilização do critério do benefício.

Em segundo lugar, note-se que a atual Constituição consagra expressamente o princípio geral da igualdade, no seu artigo 13.º – princípio que tem reconhecidas concretizações ao nível da igualdade fiscal.

O princípio da igualdade tem uma vertente de uniformidade, nos termos da qual a repartição do encargo fiscal entre os contribuintes deve obedecer a um critério idêntico para todos, norteado por preocupações materiais de justiça. Todavia, não decorre do próprio princípio da igualdade qual deve ser o critério específico a seguir. O que se compreende, visto o princípio da igualdade ser um princípio com um elevado grau de abstração e, como tal, não assegurar, por si mesmo, um critério operativo.

O critério amplamente reconhecido para tal efeito consiste, precisamente, na tributação de acordo com o princípio da capacidade contributiva (ao nível da base de incidência e do critério de repartição de impostos), que vem, assim, permitir a concretização do princípio da igualdade no campo dos impostos.

Acresce o facto de as grandes linhas diretrizes do sistema fiscal que são traçadas pela Constituição de 1976, em particular ao nível da tributação do rendimento, se afigurarem amplamente coerentes com uma ideia de tributação de acordo com a capacidade contributiva.

Em suma, a tradição constitucional portuguesa, o princípio geral da igualdade e as grandes linhas diretrizes do sistema fiscal que são traçadas pela Constituição de 1976, bem como a finalidade de redistribuição da riqueza e do rendimento que a Constituição de 1976 atribui ao sistema fiscal, permitem-nos sustentar, através da sua conjugação, que a Constituição acolhe, mesmo que só implicitamente, o princípio da capacidade contributiva. Dito de outra forma, conclui-se que o princípio da capacidade contributiva integra a Constituição fiscal atual, no que diz respeito aos impostos, apesar de a Constituição de 1976 não lhe fazer uma referência expressa.

Sobre esta matéria, refere Casalta Nabais que "a vigência do princípio da capacidade contributiva não carece dum preceito constitucional específico e direto, reconduzindo-se o seu fundamento jurídico ao sentido e alcance do princípio geral da igualdade decorrente das diversas concretizações constantes do texto constitucional e da sua adequada articulação com os preceitos e princípios constitucionais relativos aos impostos ou mesmo aos direitos fundamentais"[18]. De forma idêntica, José Manuel Cardoso da Costa fundamenta a receção do critério da capacidade contributiva pela Constituição nas disposições constitucionais relativos aos impostos e ao sistema fiscal e, ainda, nos preceitos relativos aos direitos fundamentais[19].

A nível infraconstitucional – contrariamente ao que sucede com a Constituição vigente – o princípio da capacidade contributiva encontra-se expressamente previsto. O artigo 4.º da Lei Geral Tributária (LGT) dispõe que "os impostos assentam essencialmente na capacidade contributiva, revelada, nos termos da lei, através do rendimento ou da sua utilização e do património".

4 – O princípio da igualdade e a capacidade contributiva

O princípio da capacidade contributiva pode ser visto como um subprincípio ou corolário do princípio da igualdade, na medida em que assegura a concretização deste último no âmbito dos impostos.

O **princípio da igualdade tributária** é uma formulação, aplicada ao campo do Direito Fiscal, do princípio geral da igualdade, previsto no artigo 13.º da CRP. Baseando-se numa mesma dignidade social dos contribuintes e na igualdade destes perante a lei, o princípio da igualdade tributária impõe que a obrigação fiscal incida sobre a **generalidade** dos indivíduos, que o critério de repartição do encargo tributário entre os contribuintes seja **uniforme** e que o regime dos impostos seja norteado por considerações de **justiça material**[20]. A ideia de igualdade tributária

[18] In José Casalta Nabais, *O Dever Fundamental de Pagar Impostos – Contributo para a Compreensão Constitucional do Estado Fiscal Contemporâneo*, cit., p. 449.

[19] Cfr. José Manuel Cardoso da Costa, «O princípio da capacidade contributiva no constitucionalismo português e na jurisprudência do Tribunal Constitucional», cit., pp. 1174 ss.

[20] Para um aprofundamento da ligação entre a igualdade perante a lei, a igualdade em matéria tributária e a justiça fiscal, cfr. designadamente Marcos F. García Etchegoyen, *El Principio de Capacidad Contributiva – Evolución Dogmática y Proyección en el Derecho Argentino*, cit., pp. 164-175.

projeta-se, portanto, em várias dimensões, abarcando aspetos subjetivos, objetivos e de *quantum* do imposto.

Dado o elevado grau de abstração do princípio da igualdade, é importante que dele emanem outros princípios – caracterizados, estes, por um menor grau de abstração e, portanto, proporcionando diretrizes e limites mais concretos à atividade estadual. A nível dos impostos, a **concretização do princípio da igualdade** assenta, fundamentalmente, no princípio da capacidade contributiva.

5 – Conteúdo da capacidade contributiva

Após o enquadramento efetuado supra relativamente ao princípio da capacidade contributiva, cumpre agora aprofundar qual é o seu conteúdo.

Embora o princípio da capacidade contributiva tenha um papel estruturante ao nível dos vários tipos de impostos – tal como está patente, aliás, no disposto no artigo 104.º da Constituição – este papel é ainda mais notório nos impostos sobre o rendimento[21], em particular na tributação do rendimento das pessoas singulares, do que nos impostos sobre o património ou sobre o consumo. Por este motivo, o IRS oferece-nos perspetivas bastante interessantes para a análise, face ao respetivo regime, do nível de concretização do princípio da capacidade contributiva e do conteúdo que lhe está associado.

A capacidade contributiva pode ser vista numa **dupla vertente**: como um **pressuposto ou condição da tributação** e, adicionalmente, como um **critério ou parâmetro da tributação**[22]. A sistematização da capacidade contributiva de acordo com esta dupla perspetiva teve a sua origem nas doutrinas italiana e espanhola[23].

[21] Igualmente neste sentido, cfr. SÉRGIO VASQUES, *Manual de Direito Fiscal*, 2.ª ed., Almedina, Coimbra, 2018, pp. 296-297.

[22] Para um quadro abrangente e aprofundado desta matéria, cfr. JOSÉ CASALTA NABAIS, *O Dever Fundamental de Pagar Impostos – Contributo para a Compreensão Constitucional do Estado Fiscal Contemporâneo*, cit., pp. 462 ss.

[23] O desenvolvimento do princípio da capacidade contributiva, sobretudo na sua fase inicial, deve muito às referidas doutrinas. Em Itália, a partir de 1929, Benvenuto Griziotti e os seus discípulos da designada Escola de Pavia procuraram um fundamento jurídico e também um limite para o exercício do poder tributário a nível normativo, encontrando-o no princípio da capacidade contributiva. A *Rivista di Diritto Finanziario e Scienza delle Finanze*, fundada em 1937, publicou parte da abundante produção científica do referido

Nos termos da **primeira vertente**, a capacidade contributiva é um **pressuposto da tributação**, na medida em que apenas pode haver tributação quando exista capacidade contributiva – ou seja, se o contribuinte tiver força económica, se se registar na sua esfera uma manifestação de riqueza (por via da obtenção de rendimento, no caso de impostos sobre o rendimento).

Desta forma, a imposição de uma obrigação de pagamento de imposto depende da existência de capacidade económica do contribuinte para suportar tal obrigação, em termos abstratos. A imposição da obrigação de imposto não é admissível – por falta do pressuposto da tributação – quando o contribuinte não apresente capacidade económica para contribuir para as despesas públicas.

A **segunda vertente** da capacidade contributiva, enquanto **critério da tributação**, implica, desde logo, a **rejeição do princípio da equivalência** enquanto critério ou parâmetro dos impostos. Deste modo, revela-se inadmissível que o legislador fiscal, ao prever o regime legal de impostos, consagre critérios de equivalência, ou outros, distintos da capacidade contributiva. A aplicação do imposto não deve conduzir a um resultado antagónico em relação ao decorrente do critério da capacidade contributiva. Caso tal sucedesse, o regime fiscal seria, em princípio, inconstitucional, por violação do princípio da capacidade contributiva.

Por outro lado, o critério da capacidade contributiva, ainda enquanto **critério da tributação**, funciona como **medida da obrigação de imposto** – entendida esta como obrigação de pagamento. Os contribuintes devem ser tributados de acordo com a capacidade contributiva evidenciada: os que tiverem maior força económica devem suportar um imposto mais elevado, ao passo que aqueles com menor força económica devem suportar um imposto mais reduzido.

autor e dos seus discípulos. Estes estudos representaram um importante contributo para a evolução do conceito de capacidade contributiva, não sendo alheios à consagração do princípio da capacidade contributiva na Constituição italiana de 1947. Em Espanha, Sáinz de Bujanda e Cortés Domínguez colaboraram também decisivamente para o reconhecimento do princípio da capacidade contributiva como critério material de justiça tributária. Cfr. Marcos F. García Etchegoyen, *El Principio de Capacidad Contributiva – Evolución Dogmática y Proyección en el Derecho Argentino*, cit., pp. 33 ss e pp. 73 ss; e também Regina Helena Costa, *Princípio da Capacidade Contributiva*, cit., pp. 19 ss.

Em contrapartida, as obrigações acessórias, apesar de poderem sobrecarregar o contribuinte, consumindo-lhe tempo e recursos, têm mais a ver com eventuais violações ao princípio da proporcionalidade do que com o princípio da capacidade contributiva.

Em suma, do princípio da capacidade contributiva emana o critério de repartição dos encargos tributários que melhor concretiza a ideia de justiça material ao nível dos impostos e que melhor obedece ao princípio da igualdade.

A **ideia de igualdade subjacente ao princípio da capacidade contributiva** pode ser considerada em **duas perspetivas complementares:** a **igualdade horizontal**, nos termos da qual devem pagar igual imposto os contribuintes que têm igual capacidade contributiva; e a **igualdade vertical**, que determina o pagamento de diferente imposto pelos contribuintes que têm diferente capacidade contributiva, na medida dessa diferença[24]. Estamos, aqui, perante a conceção aristotélica de igualdade, que se concretiza no tratamento igual do que é igual e no tratamento desigual do que é desigual, na medida da desigualdade verificada.

Desta forma, os contribuintes que tenham uma força económica maior devem suportar um imposto superior; ao passo que os contribuintes que tenham uma força económica menor devem suportar um imposto inferior ou mesmo nenhum. A força económica evidenciada pelo contribuinte determina a existência ou não de capacidade contributiva deste e qual a sua medida.

Todavia, importa ter em conta que nem toda a força económica (ou capacidade económica) representa capacidade contributiva. Com efeito, a existência de **capacidade contributiva** depende da conjugação, no caso concreto, de dois elementos:

i) Um **elemento objetivo**, que tem a ver com a força ou capacidade económica do contribuinte; e
ii) Um **elemento subjetivo**, relacionado com os aspetos pessoais e características do contribuinte.

[24] Cfr. José Casalta Nabais, *O Dever Fundamental de Pagar Impostos – Contributo para a Compreensão Constitucional do Estado Fiscal Contemporâneo*, cit., p. 443.

Assim, por exemplo, um contribuinte pode ter uma certa capacidade económica, mas, no entanto, não ter capacidade contributiva, se tiver um agregado familiar numeroso, no qual só ele aufere rendimentos, verificando-se que a sua força económica não ultrapassa os valores relativos à cobertura das suas necessidades mais básicas e das do seu agregado familiar. Cabe notar, não obstante, que o impacto do elemento subjetivo é reduzido pela existência de limites máximos à dedutibilidade da maioria das despesas de cariz pessoal ou familiar.

6 – Decorrências do princípio da capacidade contributiva

A abordagem do conteúdo da capacidade contributiva torna-se mais profícua quando avançamos no sentido da respetiva concretização. Quais são as decorrências do princípio da capacidade contributiva? Que diretrizes ou corolários podemos extrair do aludido princípio, que devam ser seguidos pelo legislador fiscal?

Sem prejuízo da importância do princípio da capacidade contributiva ao nível da conformação de todo o sistema fiscal, na nossa análise iremos cingir-nos, essencialmente, ao campo da tributação do rendimento das pessoas singulares.

i) Afastamento do princípio da equivalência

Em primeiro lugar, o princípio da capacidade contributiva – ao assumir-se como pressuposto do imposto e como critério de repartição da obrigação fiscal –, implica o afastamento de critérios que se lhe contrapõem, como é o caso do princípio da equivalência. O facto de o **imposto** ser um **tributo com carácter unilateral**, não sinalagmático, **distancia-o da lógica comutativa** subjacente ao princípio da equivalência. Este princípio revela-se, assim, desadequado como critério para a repartição do imposto, em particular no campo da tributação do rendimento, e incapaz de salvaguardar a justiça tributária.

O afastamento da equivalência decorre, também, na Constituição de 1976, da referência à diminuição das desigualdades que esta assume como uma das finalidades do imposto sobre o rendimento pessoal[25].

[25] Cfr. artigo 104.º, n.º 1 da CRP.

ii) Base de incidência com conteúdo económico

Em segundo lugar, o princípio da capacidade contributiva impõe que a base de incidência objetiva do imposto seja constituída por realidades com um conteúdo económico relevante – uma manifestação de riqueza ou de rendimento –, pois só esse tipo de base pode espelhar a força económica do contribuinte.

Um imposto que incidisse sobre realidades desprovidas de relevância económica seria, em regra, contrária ao princípio da capacidade contributiva. Idêntica conclusão se pode extrair relativamente a uma tributação que incidisse sobre a pura e simples existência do contribuinte (v.g. um imposto de capitação), desacompanhada de uma qualquer manifestação de riqueza. Seria, igualmente, contrária ao princípio da capacidade contributiva uma tributação assente sobre presunções absolutas de riqueza ou rendimento, ou sobre presunções que, mesmo sendo relativas, não tivessem um conteúdo económico apropriado ao tipo de imposto. Com efeito, nenhuma das situações referidas supra corresponderia a uma demonstração adequada de capacidade contributiva.

Em termos gerais, a capacidade contributiva pode ser evidenciada através de um dos seguintes tipos de manifestações de riqueza: o rendimento, o património ou o consumo, nas suas múltiplas demonstrações, consoante o tipo de imposto de que se trate.

O rendimento é comummente considerado com sendo o melhor indicador da capacidade contributiva, da força económica do contribuinte, nos tempos atuais. Atentas as características da sociedade e da economia atuais, as principais evidências de capacidade contributiva estão associadas ao rendimento auferido pelo contribuinte, mais do que ao seu património ou ao consumo que efetua (apesar da relevância destes elementos ao nível da arrecadação tributária pelo Estado).

Como reflexo desta situação, também a influência do princípio da capacidade contributiva sobre o regime fiscal é mais notória no âmbito dos impostos sobre o rendimento do que no dos impostos sobre o património ou sobre o consumo, conforme referido supra.

iii) Base de incidência ampla

O princípio da capacidade contributiva exige uma base de incidência objetiva tão ampla quanto possível, de forma a que esta abarque toda a riqueza ou rendimentos obtidos pelo contribuinte – quer tenham carácter regular, quer fortuito –, que sejam demonstrativos de capacidade contributiva idónea para efeitos de tributação.

A consagração de uma **base de incidência ampla** na tributação do rendimento permite, em regra, assegurar melhor uma tributação conforme ao princípio da capacidade contributiva e, simultaneamente, efetuar a arrecadação tributária necessária à prossecução dos fins estaduais, sem concentração do sacrifício fiscal em determinados tipos de rendimentos ou de contribuintes. Isto, todavia, sem prejuízo da consagração das exclusões de incidência ou das isenções fiscais que se revelem plenamente justificadas, atentos, designadamente, outros princípios constitucionais em matéria tributária, que não o da capacidade contributiva.

Deste modo, um imposto sobre o rendimento das pessoas singulares com uma base de incidência ampla revela-se essencial para a existência de uma tributação de acordo com a capacidade contributiva de cada contribuinte e para a aplicação de critérios de justiça material à tributação. Na tributação das pessoas singulares, este paradigma de imposto permite alcançar uma maior personalização, um crescimento de eficiência na tributação e uma simplificação do próprio sistema fiscal, em comparação com o modelo de tributação cedular. Idealmente, a base de incidência ampla iria concretizar-se num imposto único, levando a cabo uma tributação global e sintética, ou seja, uma tributação que abarcasse todos os rendimentos obtidos pelo contribuinte e os considerasse em conjunto, sujeitando-os a um só corpo de regras.

Em termos gerais, na sequência do que referimos, um imposto único sobre o rendimento, dotado de uma base de incidência ampla, assegura uma mais eficiente perceção da força económica do contribuinte, da sua capacidade para o pagamento de imposto, do que uma tributação do rendimento mediante impostos cedulares ou através de um imposto único mas com uma base de incidência restrita.

Num imposto com uma base de incidência restrita, é deixado de fora um conjunto de rendimentos que, ao não ser tributado, permite que certas evidências de força económica do contribuinte não sejam tratadas como capacidade contributiva. Esta situação revela-se contrária aos valores essenciais subjacentes ao princípio da capacidade contributiva, só sendo admissível se a exclusão dos rendimentos em causa do campo de incidência se justificar ao abrigo do princípio da praticabilidade ou de outro princípio com relevância constitucional.

Face ao exposto, conclui-se que um imposto de base ampla e com características sintéticas – que incida sobre todo o rendimento auferido pelo contribuinte no período de tributação em causa, qualquer que seja a sua origem ou natureza – assegura um grau de respeito pelos princípios da igualdade e da capacidade contributiva que não é alcançado mediante impostos cedulares sobre o rendimento, nem mediante um imposto único mas com uma base de incidência restrita, abarcando apenas alguns tipos de rendimento e excluindo outros.

Aprofundando a questão da conformidade com o princípio da capacidade contributiva, ao nível da base de incidência do imposto, note-se que esta deve abarcar tanto o **rendimento-produto** como o **rendimento-acréscimo**, dada a idoneidade de ambos os tipos de rendimento para demonstrarem a capacidade contributiva do sujeito passivo.

A consideração apenas dos rendimentos subsumíveis à conceção de rendimento-produto (associados a uma determinada fonte produtora de rendimento, dotada de um carácter de continuidade), não se incluindo na base de incidência do imposto os rendimentos de carácter ocasional ou fortuito (o rendimento-acréscimo), conduziria a uma subavaliação da capacidade contributiva dos sujeitos passivos. Esta situação contribuiria, ainda, para a existência de distorções prejudiciais à justa repartição dos encargos tributários, em benefício dos contribuintes que obtivessem principalmente rendimentos ocasionais ou fortuitos.

Abordando brevemente a origem das duas conceções de rendimento, refira-se que a conceção de **"rendimento-produto"**, embora nascida no campo da análise económica, cedo foi também aceite na teoria fiscal e na legislação tributária dos Estados. No "rendimento-produto", baseado na teoria da fonte, o rendimento relevante corresponde aos fluxos de receitas que sejam imputáveis a uma fonte produtora de que o sujeito passivo seja titular – v.g. a sua capacidade de trabalho, o seu capital ou os seus imóveis. Nos termos desta conceção, o rendimento corresponde, fundamentalmente, às remunerações do trabalho, lucros, juros ou rendas decorrentes de uma atividade do sujeito passivo orientada para a sua obtenção ou de uma fonte produtora de carácter patrimonial por ele detida[26].

[26] Cfr. José Guilherme Xavier de Basto, *IRS – Incidência Real e Determinação dos*

Uma característica importante do "rendimento-produto" prende-se com o facto de a obtenção do rendimento não prejudicar a integridade da fonte produtora, que mantém a sua capacidade para continuar a produzir rendimentos, nem a respetiva manutenção na titularidade do sujeito passivo. Existe, assim, uma proximidade entre a conceção de "rendimento-produto" e o conceito de frutos previsto no artigo 212.º do Código Civil, nos termos do qual se considera fruto de uma coisa tudo o que ela produz periodicamente, sem prejuízo da sua substância[27].

O "rendimento-produto" corresponde a fluxos de receitas tendencialmente periódicas, ou seja, pressupõe uma certa regularidade ou repetição na obtenção do rendimento em causa. Note-se que, conforme referido, esta característica é apenas tendencial, uma vez que nem todos os rendimentos derivados de fatores de produção são, forçosamente, regulares ou partilham do mesmo tipo de regularidade.

O conceito jurídico-tributário de rendimento foi-se, todavia, afastando da conceção estrita do "rendimento-produto", baseada na teoria da fonte, para evoluir no sentido de uma conceção mais lata de rendimento, suportada pela teoria do acréscimo.

Nos termos da conceção do **"rendimento-acréscimo"**, o rendimento tributável corresponde à soma de todos os incrementos patrimoniais obtidos ao longo do ano, tanto os derivados dos fatores de produção na titularidade do sujeito passivo (o "rendimento-produto"), como os que são alheios à participação deste num processo produtivo (por exemplo, o caso das mais-valias). Estes últimos incrementos patrimoniais são fortuitos, visto não resultarem de qualquer atividade económica desenvolvida pelo sujeito passivo com vista à sua obtenção.

Conclui-se, face ao exposto, que a conceção do "rendimento-acréscimo" – em comparação com a conceção de rendimento que a antecedeu – se centra mais na capacidade contributiva evidenciada por qualquer acréscimo de valor do património do sujeito passivo, preocupando-se menos com a forma como o rendimento é adquirido (e, designadamente,

Rendimentos Líquidos, Coimbra Editora, Coimbra, 2007, pp. 40-41; e Paula Rosado Pereira, *Manual de IRS*, 2.ª ed., Almedina, Coimbra, 2019, pp. 12 ss.

[27] Cfr. José Luís Saldanha Sanches, *Manual de Direito Fiscal*, 3.ª ed., Coimbra Editora, Coimbra, 2007, p. 220.

não se preocupando com o facto de o rendimento ser ou não gerado por uma atividade produtiva).

Deste modo, o "rendimento-acréscimo" proporciona uma base mais adequada para a aferição da capacidade contributiva do sujeito passivo do que o "rendimento-produto". Como vimos, não são apenas os rendimentos gerados por fatores de produção de que o sujeito passivo é titular que revelam a sua capacidade contributiva, mas sim qualquer acréscimo patrimonial por este obtido no decurso do ano fiscal, quer resulte de uma atividade produtiva, quer não[28].

iv) Tributação do rendimento líquido

No campo da tributação do rendimento, o princípio da capacidade contributiva impõe que se tribute o rendimento líquido do contribuinte, e não o seu rendimento bruto. Efetivamente, não é o rendimento bruto, mas sim o rendimento líquido, que exprime a verdadeira capacidade contributiva, a força económica a ser considerada para efeitos da sujeição a imposto.

A determinação da verdadeira capacidade contributiva pressupõe, assim, a dedução das despesas inerentes à obtenção do rendimento sujeito a imposto (para se chegar ao **rendimento líquido objetivo**) e, ainda, a dedução de despesas pessoais e/ou familiares essenciais (para se apurar o **rendimento líquido subjetivo**).

Desta forma, os princípios da tributação do rendimento líquido objetivo e do rendimento líquido subjetivo apresentam-se como corolários do princípio da capacidade contributiva.

Note-se que a previsão dos gastos cuja dedução é admitida pela lei, sejam eles de natureza objetiva ou subjetiva, envolve, com frequência, dois tipos de **limites**:

i) a limitação da dedução a certos valores máximos; ou
ii) a previsão expressa apenas de alguns gastos tipificados, com exclusão da dedutibilidade fiscal de quaisquer outros (mesmo que, por hipótese, sejam incorridos na obtenção do rendimento ou se afigurem essenciais à subsistência do contribuinte ou do seu agregado familiar).

[28] Cfr. Paula Rosado Pereira, *Manual de IRS*, cit., pp. 14 ss.

São vários os motivos que podem justificar a introdução destas limitações na legislação fiscal, entre os quais assegurar uma certa igualdade ou uniformidade no tratamento dos contribuintes, evitar práticas abusivas destes, conter a perda de arrecadação tributária decorrente das deduções ou obstar a dificuldades de controlo por parte da AT.

No que respeita às deduções de natureza subjetiva, o legislador enfrenta, ainda, dificuldades na definição de quais são as necessidades básicas do indivíduo e qual o valor que permite salvaguardá-las. Mesmo dentro do mesmo país, as variações de perceção a este propósito são significativas, em diversos contextos geográficos e sociais. Para além das referidas dificuldades, o legislador tem, ainda, que acautelar a situação financeira do Estado, que, com frequência, reduz as deduções subjetivas tradicionais a valores quase simbólicos, ao passo que cria outras com intuitos de fomentar o afluxo à AT de informação com relevância fiscal e de facilitar o controlo cruzado entre contribuintes adquirentes de bens e serviços e os contribuintes fornecedores dos mesmos.

v) Personalização do imposto

A obediência ao princípio da capacidade contributiva impõe a personalização do imposto, ou seja, que o regime fiscal tome em conta as condições e características pessoais do contribuinte. Só assim se afere a verdadeira força económica do contribuinte para suportar o imposto.

As deduções subjetivas acima referidas – ou seja, as despesas referentes às necessidades elementares do contribuinte e do seu agregado familiar, cuja dedução permite o apuramento do rendimento líquido subjetivo – são parte essencial da personalização do imposto.

Outros aspetos fundamentais da personalização do imposto prendem-se com a consideração, para efeitos do regime tributário, da existência ou não de agregado familiar; em caso afirmativo, com a sua composição (designadamente, com a existência ou não de dependentes e, em caso afirmativo, com o seu número); com a eventual existência de ascendentes a cargo; e com a eventual existência de pessoa com deficiência, seja ela sujeito passivo ou dependente.

vi) Mínimo de existência

O princípio da capacidade contributiva implica, em si mesmo, o reconhecimento de que essa capacidade tem limites mínimos e máximos.

Deste modo, parte da força económica do contribuinte não representa uma efetiva capacidade contributiva. Tal verifica-se abaixo ou acima de certos limites, trazendo à colação, respetivamente, as questões do mínimo de existência e da proibição do confisco.

No presente ponto, abordaremos a questão do mínimo de existência, dedicando o subsequente à proibição do confisco.

Há muito que as doutrinas italiana e espanhola apontaram o **mínimo de existência** como uma das decorrências do princípio da capacidade contributiva[29]. Também Klaus Tipke considera que "o princípio da capacidade contributiva protege o *mínimo existencial*" [30].

Pela nossa parte, entendemos que a capacidade contributiva só começa para além do mínimo de existência, um valor que ainda não representa capacidade contributiva e que, portanto, deve ser excluído de tributação. Desta forma, só começa a existir capacidade contributiva quando o rendimento ultrapassa o mínimo de existência.

O mínimo de existência corresponde ao valor mínimo de rendimento que se afigura necessário para cobrir as necessidades mais básicas de subsistência do contribuinte e do seu agregado familiar e, portanto, de um valor do qual o contribuinte não pode dispor para o pagamento do imposto. O aludido pagamento só deve ser exigido pelo regime fiscal a partir do início da efetiva força contributiva do indivíduo.

Constituindo a **capacidade contributiva**, de acordo com uma das suas vertentes, um **pressuposto da tributação**, é notório que não deve ocorrer tributação antes do ponto onde se inicie a efetiva capacidade do contribuinte para o pagamento de imposto – tendo em conta os respetivos **elementos objetivo** (a força económica do contribuinte) **e subjetivo** (os respetivos aspetos pessoais e características).

[29] Ricardo Lobo Torres, em contrapartida, conclui que aquele mínimo de existência "nada tem que ver com o problema da capacidade contributiva, mas com os direitos da liberdade". Este autor funda o mínimo de existência na necessidade de sobrevivência do indivíduo e da família "em condições compatíveis com a dignidade humana". In Ricardo Lobo Torres, *Tratado de Direito Constitucional Financeiro e Tributário – Valores e Princípios Constitucionais Tributários*, cit., p. 317.

[30] Klaus Tipke/Douglas Yamashita, *Justiça Fiscal e Princípio da Capacidade Contributiva*, cit., p. 34.

O fundamento para a consagração legal de um mínimo de existência reside, assim, na ausência de capacidade contributiva.

A questão mais delicada do regime em causa prende-se com a concretização do valor do mínimo de existência, ou seja, a determinação da parcela do rendimento do indivíduo que é essencial à satisfação das suas necessidades básicas e das do seu agregado familiar, e que, como tal, não revela aptidão suficiente para contribuir para a arrecadação tributária do Estado. Embora se entenda que essa parcela não deve ser objeto de tributação – em virtude do princípio da capacidade contributiva e, ainda, do princípio da dignidade da pessoa humana[31] –, está longe de ser pacífico qual o valor a afetar à cobertura de tais necessidades básicas.

vii) Proibição do confisco

Para além de limites mínimos (abordados no ponto anterior), a própria ideia de capacidade contributiva pressupõe também a existência de limites ao alcance máximo da capacidade contributiva. Estes limites máximos surgem relacionados com o respeito pela propriedade privada, com o direito à iniciativa económica privada e com a proibição da existência de impostos confiscatórios.

O princípio da capacidade contributiva vem, assim, impor limites ao imposto. Não apenas ao nível dos contribuintes com menor força económica, mas também para aqueles que têm uma força económica superior. O reconhecimento da existência desses limites é algo inerente ao princípio da capacidade contributiva. A negação da existência dos limites em causa equivaleria à negação do princípio em si mesmo[32].

[31] Cfr. Marcos F. García Etchegoyen, *El Principio de Capacidad Contributiva – Evolución Dogmática y Proyección en el Derecho Argentino,* cit., pp. 265-270.

[32] Em sentido distinto, designadamente, Ricardo Lobo Torres. O autor afirma que a proibição do excesso (equivalente à proibição do confisco) "é uma vedação constitucional decorrente dos próprios direitos fundamentais, e não uma característica da justiça ou da capacidade contributiva". In Ricardo Lobo Torres, *Tratado de Direito Constitucional Financeiro e Tributário – Valores e Princípios Constitucionais Tributários,* cit., p. 316. Pela nossa parte, entendemos que o facto de a proibição do confisco ter, efetivamente, a ver com direitos fundamentais do indivíduo, não inviabiliza, de forma alguma, que essa proibição do confisco seja vista como inerente ao princípio da capacidade contributiva.

Todavia, importa salientar que, não sendo o princípio da capacidade contributiva um princípio operativo, ele não define, por si mesmo, os limites mínimos e máximos da capacidade contributiva, cuja necessidade demonstra. Quanto às opções tomadas pelo legislador fiscal em termos de definição concreta dos aludidos limites, trata-se de um dos aspetos mais sensíveis e polémicos do regime da tributação das pessoas singulares.

viii) Questão das taxas progressivas

Por último, importa aferir se o princípio da capacidade contributiva impõe ou não que a tributação do rendimento se faça a taxas progressivas. Esta questão será objeto de uma referência muito sucinta, que nos parece importante efetuar, em termos sistemáticos, no contexto da análise das concretizações ou hipotéticas concretizações do princípio da capacidade contributiva no IRS. Todavia, importa salientar o facto de se tratar de uma problemática de alcance bastante vasto, cuja abordagem extravasa o campo da análise que nos propomos efetuar no presente texto. Assim, efetuamos apenas uma breve referência à questão da progressividade, relegando para outra ocasião um tratamento mais aprofundado da mesma.

No âmbito das taxas de imposto progressivas, à medida que aumenta o rendimento coletável dos contribuintes, verifica-se um aumento mais do que proporcional do imposto pago por eles, em virtude da subida da própria taxa de imposto aplicável. Por outras palavras, à medida que aumenta o rendimento, é crescente a respetiva parcela que é afeta ao pagamento do imposto[33].

[33] O fundamento da progressividade começou por ser procurado no raciocínio marginalista, ou seja, na ideia de uma utilidade marginal decrescente do rendimento auferido. Cada unidade adicional de rendimento possuiria, para o contribuinte que a obtinha, uma utilidade menor do que a anterior. O imposto progressivo encontraria, portanto, justificação na ideia de permitir atingir uma igualdade de sacrifício entre os contribuintes, uma vez que, àqueles que têm maior rendimento, poderá ser retirada uma percentagem maior desse mesmo rendimento para o pagamento do imposto, com um sacrifício comparável ao que ocorre com a aplicação de uma percentagem menor de tributação aos contribuintes que tenham um rendimento inferior. Em contrapartida, segundo os cânones do raciocínio marginalista, num imposto proporcional, a percentagem uniforme de rendimento que seja absorvida pelo pagamento de imposto implica, para os contribuintes com rendimentos inferiores, um sacrifício maior do que para aqueles que têm um

Um dos grandes debates existentes em torno da tributação do rendimento das pessoas singulares, com um alcance tanto teórico como político e ideológico, prende-se, precisamente, com a opção entre uma **tributação progressiva** e uma **tributação proporcional**.

Parte significativa da doutrina conclui que o princípio da capacidade contributiva não impõe a existência de taxas de tributação progressivas, uma vez que as taxas proporcionais já redundam no pagamento de impostos mais elevados por parte dos sujeitos passivos com maior força económica[34]. As taxas de tributação proporcional já asseguram, nesta perspetiva, a igualdade vertical entre contribuintes, bem como o cabal cumprimento do princípio da capacidade contributiva.

Em termos gerais, concordamos com este entendimento, de que nem o princípio da igualdade nem o princípio da capacidade contributiva impõem a tributação do rendimento a taxas progressivas. A tributação do rendimento a taxas proporcionais é consentânea com os aludidos princípios. A existência de impostos progressivos nos sistemas fiscais atuais baseia-se, fundamentalmente, em motivos de natureza extrafiscal, ligados a uma ideia de Estado social[35], que torna o imposto um elemento ativo na prossecução de objetivos de proteção social e mesmo de redistribuição dos rendimentos e da riqueza.

rendimento mais elevado. Mais recentemente, a progressividade tem vindo a ser justificada simplesmente como uma decorrência do Estado social de Direito.

[34] Neste sentido, cfr. Klaus Tipke/Douglas Yamashita, *Justiça Fiscal e Princípio da Capacidade Contributiva,* cit., p. 35 e p. 71. Para Klaus Tipke, não decorre do princípio da capacidade contributiva que as taxas de imposto devam ser progressivas. Todavia, o autor não põe em causa que as taxas progressivas – apesar de não serem exigidas pelo princípio da capacidade contributiva – sejam ainda compatíveis com o aludido princípio. Em sentido algo distinto, cfr. José Casalta Nabais, *O Dever Fundamental de Pagar Impostos – Contributo para a Compreensão Constitucional do Estado Fiscal Contemporâneo,* cit., p. 454. Segundo este autor, "o princípio jurídico-constitucional da capacidade contributiva reclama, a nosso ver, impostos proporcionais e não impostos progressivos, imputando-se a progressividade de algum ou alguns impostos ou mesmo do sistema fiscal, quando exigida, a outros princípios ou preceitos constitucionais que, expressa ou implicitamente, se pronunciem nesse sentido".

[35] Cfr. Klaus Tipke/Douglas Yamashita, *Justiça Fiscal e Princípio da Capacidade Contributiva,* cit., p. 71; e Sérgio Vasques, *Manual de Direito Fiscal,* cit., p. 303.

Conforme salienta Casalta Nabais, "enquanto o princípio da capacidade contributiva postula uma *igualdade* fiscal ou igualdade *no* imposto, ou igualdade *aritmética* ordenada à justiça *comutativa*, que impõe igual imposto para igual capacidade contributiva e desigual imposto para desigual capacidade contributiva na proporção ou porção dessa desigualdade, o princípio do Estado social exige uma *desigualdade* fiscal, igualdade *pelo* imposto ou igualdade *geométrica* ordenada à justiça *distributiva*, que reclama que o imposto sirva de instrumento a uma igualdade *social* ou de resultados, como expressamente prevê a nossa Constituição, [...] ao fixar como objetivo (secundário) do sistema fiscal uma repartição justa dos rendimentos e da riqueza"[36]. Esta previsão encontra-se, atualmente, no artigo 103.º, n.º 1 da Constituição.

No que respeita à relação entre princípio da capacidade contributiva e taxas progressivas, importa ainda notar que o aludido princípio pode mesmo funcionar como limite a uma progressividade excessiva, designadamente evitando situações de confisco por via fiscal.

Caso as taxas progressivas – que, como vimos, não são impostas pelo princípio da capacidade contributiva, mas sim por objetivos específicos do Estado social – ascendam a valores tais que acabem por exaurir a força económica do contribuinte, a tributação em apreço torna-se contrária ao princípio da capacidade contributiva. Com efeito, nos termos do referido princípio, a capacidade contributiva não é ilimitada e, portanto, também a tributação deve estar sujeita a limites máximos.

O princípio da capacidade contributiva não admite, assim, que o pagamento do imposto consuma toda a capacidade económica do contribuinte ou que um imposto tenha características de confisco. Contudo, tal como foi já referido, não cabe ao aludido princípio, em si mesmo, estabelecer os limites concretos para além dos quais a tributação já consubstancia um confisco.

[36] *In* José Casalta Nabais, *O Dever Fundamental de Pagar Impostos – Contributo para a Compreensão Constitucional do Estado Fiscal Contemporâneo*, cit., p. 494.

II. CONCRETIZAÇÕES DO PRINCÍPIO DA CAPACIDADE CONTRIBUTIVA NO IRS

1 – Enquadramento

O princípio da capacidade contributiva assume um papel de relevo ao nível da tributação do rendimento, em particular no que diz respeito à tributação das pessoas singulares. Desta forma, ele marca profundamente a estrutura e a substância do IRS, concretizando-se (ou devendo concretizar-se[37]) em diversos aspetos do regime deste imposto.

2 – Conteúdo e amplitude da base de incidência do IRS

Em primeiro lugar, conforme foi já referido, o princípio da capacidade contributiva impõe que a base de incidência do imposto seja constituída por uma **realidade com conteúdo económico**. Esta exigência do princípio da capacidade contributiva encontra-se cumprida no IRS. O imposto, ao incidir sobre o rendimento obtido pelas pessoas singulares, assenta numa realidade com conteúdo económica e que revela, de forma idónea, a força económica do contribuinte.

Em segundo lugar, o princípio da capacidade contributiva exige que o imposto tenha uma **base de incidência ampla** e que, por seu turno, esta assente sobre um **conceito amplo de rendimento**.

Note-se que estas exigências não resultam unicamente do princípio da capacidade contributiva, mas também, em termos mais gerais, das características e objetivos atribuídos pela Constituição ao sistema fiscal e ao imposto sobre o rendimento pessoal, em particular.

Alguns destes objetivos – como o da repartição justa dos rendimentos e da riqueza, previsto no artigo 103.º, n.º 1 da CRP, ou o da diminuição das desigualdades, previsto no artigo 104.º, n.º 1 da CRP –, têm, eles próprios, um alcance tão amplo, que muito dificilmente poderiam equacionar-se sem o recurso a uma tributação dotada de uma base de incidência e de

[37] Efetua-se esta ressalva, uma vez que, perante as diversas decorrências do princípio da capacidade contributiva, o nível da sua concretização efetiva, em termos do regime do IRS, é variável. Relativamente a algumas das enunciadas decorrências do princípio da capacidade contributiva, aludiremos mais adiante ao seu insuficiente grau de concretização nas soluções acolhidas pelo CIRS.

um conceito de rendimento amplos, que permitam uma atuação abrangente do imposto sobre as realidades económicas e sociais.

Quanto à base de incidência – uma **base de incidência ampla**, num único imposto, revela-se essencial para que a tributação do rendimento possa ser efetuada de acordo com o princípio da capacidade contributiva. Um conjunto de impostos cedulares origina uma fragmentação da capacidade contributiva de cada sujeito passivo, tornando difícil a respetiva apreensão e a aplicação de critérios de justiça material à tributação. Este foi, aliás, um dos motivos determinantes para a substituição dos impostos cedulares ou parcelares por um imposto único sobre o rendimento pessoal – o IRS –, aquando da reforma fiscal de 1988/89.

Podemos afirmar que o IRS preenche a exigência do princípio da capacidade contributiva relativamente à **amplitude da base de incidência**. Este imposto visa abarcar a generalidade dos rendimentos auferidos pelas pessoas singulares, culminando na tributação do rendimento global do contribuinte.

A amplitude da base de incidência do IRS não é, a nosso ver, desvirtuada pelo facto de a sua incidência objetiva assentar numa tipificação por categorias, nem pela existência de diversas limitações quanto ao âmbito da tributação em sede de IRS (v.g. as exclusões de incidência previstas no artigo 2.º-A e no artigo 12.º do CIRS, o afastamento das sucessões e doações a favor de pessoas singulares para o campo do Imposto do Selo, etc.).

Com efeito, a amplitude da base de incidência do imposto, em cumprimento do princípio da capacidade contributiva, não implica a respetiva exaustividade. Há sempre rendimentos não abarcados pela incidência ou expressamente excluídos dela, designadamente por motivos de proteção social ou por razões atinentes ao princípio da praticabilidade. A este último nível, destacam-se as sérias dificuldades colocadas por certos rendimentos quanto à liquidação e fiscalização do imposto, que justificam a sua não inclusão no campo de incidência do mesmo. Veja-se, por exemplo, o caso – abordado mais adiante – das mais-valias obtidas por pessoas singulares na venda de bens móveis, fora do âmbito de uma atividade comercial, industrial ou agrícola, cuja dificuldade de apuramento e de fiscalização determinou a opção do legislador do IRS no sentido de não as incluir na base de incidência deste imposto.

Quanto à **amplitude do próprio conceito de rendimento** – condição essencial à existência de uma base de incidência ampla do imposto –, esta encontra eco na opção do legislador fiscal pela tributação do **"rendimento-acréscimo"**, tomada ao nível do CIRS.

A adoção do "rendimento-acréscimo" no âmbito do IRS – ao permitir tributar não apenas os fluxos regulares de rendimentos, mas também os ganhos fortuitos, com destaque para as mais-valias – contribuiu para que o imposto tenha uma base de incidência mais ampla do que aquela que teria ao abrigo da conceção do "rendimento-produto" e, portanto, mais coerente com o princípio da capacidade contributiva.

O CIRS não inclui qualquer definição geral de rendimento, limitando-se a integrar as normas de incidência objetiva das diversas categorias de rendimentos. Contudo, analisando-se a incidência real do CIRS, verifica-se que este prevê a tributação de dois grandes tipos de rendimentos:

i) Fluxos de rendimentos dotados de regularidade ou resultantes de atividades económicas, ou seja, imputáveis a diversas fontes produtoras de rendimento, característicos da conceção de **"rendimento-produto"**; e, ainda
ii) Acréscimos patrimoniais, mesmo que não decorrentes de atividades produtivas, e dos ganhos fortuitos, apenas compreendidos na conceção de **"rendimento-acréscimo"**. Nestes termos, o CIRS inclui uma categoria de rendimentos constituída por incrementos patrimoniais (categoria G), em cujo âmbito se destacam as mais-valias[38].

A adoção pelo CIRS da conceção de "rendimento-acréscimo" não implica, note-se, que o imposto deva incluir, na sua incidência, todos os tipos de rendimento que eventualmente uma pessoa singular possa obter. A conceção de "rendimento-acréscimo" deverá ser conjugada, nomeadamente, com as diversas vertentes do princípio da capacidade

[38] Para Saldanha Sanches, "uma das principais inovações da reforma de 1989 foi ter incluído as mais-valias entre os rendimentos tributáveis, juntamente com os demais rendimentos, num passo que a reforma de 1958/65 não ousara dar". In José Luís Saldanha Sanches, «Conceito de rendimento do IRS», *Fiscalidade*, n.º 7/8, 2001, p. 59. Sobre este tema, cfr. também José Guilherme Xavier de Basto, «O IRS na Reforma Fiscal de 1988/89», in AAVV – *15 Anos da Reforma Fiscal de 1988/89 – Jornadas de Homenagem ao Professor Doutor Pitta e Cunha*, Almedina, Coimbra, 2005, pp. 75-76.

contributiva, com o princípio da tributação do rendimento real, com o princípio da praticabilidade e com as exigências de um Estado social, que poderão determinar a não tributação em sede de IRS de alguns tipos de rendimento.

Uma adoção ilimitada da conceção do "rendimento-acréscimo" admitiria que fossem sujeitas a tributação todas as valorizações patrimoniais ocorridas, quer fossem realizadas quer não. As mais-valias potenciais ou latentes poderiam, assim, se a conceção do "rendimento-acréscimo" fosse levada às últimas consequências, ser tributadas.

Todavia, o legislador do IRS optou por seguir uma conceção do "rendimento-acréscimo" atenuada pelo **princípio da realização**, nos termos da qual a tributação dos incrementos patrimoniais ocorre somente após a sua realização e, portanto, as mais-valias potenciais ou latentes não são tributáveis[39].

Entendemos ser esta a opção mais adequada face ao princípio da capacidade contributiva e ao princípio da tributação do rendimento real (tendo, este último, um papel instrumental relativamente ao primeiro), na medida em que limita a tributação aos rendimentos realmente auferidos e que, efetivamente, representam capacidade contributiva do sujeito passivo.

Estando em causa pessoas singulares, a tributação das mais-valias potenciais ou latentes apresentaria diversos inconvenientes. Em especial no que toca a bens de utilização pessoal, a tributação dos ganhos potenciais ou latentes poderia gerar problemas aos contribuintes por insuficiência financeira para o pagamento do imposto, visto que a mais-valia

[39] Em geral, os sistemas fiscais não levam às últimas consequências a adoção do "rendimento-acréscimo", antes adotando esta aceção de rendimento de forma mitigada. Um dos aspetos mais relevantes, a este nível, consiste em limitar a tributação apenas às mais-valias realizadas, excluindo a tributação das mais-valias potenciais ou latentes. Por outro lado, no que diz respeito às aquisições a título gratuito, embora se integrem no conceito de "rendimento-acréscimo", costumam enquadrar-se num imposto distinto daquele que tributa o rendimento das pessoas singulares. No caso português, as aquisições a título gratuito de que beneficiam pessoas singulares são tributadas em sede de Imposto do Selo, e não em sede de IRS.

potencial ou latente não traz ao contribuinte uma entrada efetiva de dinheiro[40].

No caso dos bens imóveis, a tributação das mais-valias potenciais ou latentes somar-se-ia ao esforço financeiro já requerido ao sujeito passivo para o pagamento anual do IMI. Deste modo, a tributação das mais-valias potenciais ou latentes poderia mesmo vir a obrigar o contribuinte a vender o bem em causa para pagar o correspondente imposto, com todos os problemas sociais e económicos daí decorrentes. Caso se tratasse da casa de habitação do indivíduo ou do agregado familiar, seria posto em causa o respetivo direito à habitação. Por outro lado, se estivesse em causa um imóvel dado de arrendamento, a sua alienação privaria o contribuinte, no futuro, do rendimento correspondente às rendas.

Ainda a propósito da base de incidência da tributação sobre o rendimento das pessoas singulares e da maior amplitude que a adoção do "rendimento-acréscimo" veio trazer, no âmbito do IRS, pode constatar-se que o **universo de ganhos potencialmente tributáveis como mais-valias** – e reveladores de capacidade contributiva pelos sujeitos passivos que os obtêm – é bastante mais amplo do que o campo de incidência das mais-valias previsto no artigo 10.º, n.º 1 do CIRS. Efetivamente, o conjunto de bens ou direitos cuja transmissão onerosa gera mais-valias tributáveis em sede de IRS, enquadradas na categoria G de rendimentos, é bastante limitado.

Contudo, tal limitação tem uma justificação atendível. O legislador fiscal optou por uma incidência seletiva, centrando-se em ganhos associados a bens e direitos cuja tributação permite um bom funcionamento e fiscalização do imposto. A incidência do IRS centra-se, fundamentalmente, nos ganhos decorrentes de transmissões onerosas de bens imóveis, de participações sociais e outros valores mobiliários, e também de propriedade intelectual ou industrial cujo transmitente não seja o seu titular originário. Ficaram fora do campo de incidência do IRS os ganhos obtidos com a transmissão onerosa de bens móveis, como por exemplo joias, antiguidades e obras de arte – por vezes, de valor muito significativo. Apesar de esta solução limitar a amplitude da base de incidência do IRS, não abarcando ganhos que poderiam representar manifestações

[40] Nem uma entrada em espécie.

de capacidade contributiva, a extrema dificuldade de controlo deste tipo de ganhos, obtidos fora do âmbito de uma atividade empresarial, ajuda a justificar o seu afastamento do elenco das mais-valias tributáveis na categoria G, em nome do **princípio da praticabilidade**.

3 – Repartição do encargo tributário segundo o critério da força económica efetiva do contribuinte

A repartição do encargo tributário segundo o critério da força económica efetiva do contribuinte tem variadas concretizações no CIRS, designadamente as que nos surgem a propósito dos princípios da tributação do rendimento líquido objetivo e subjetivo e, ainda, do princípio da tributação do rendimento real – todos eles subprincípios ou corolários do princípio da capacidade contributiva, relativamente ao qual assumem um importante papel instrumental.

Os três subprincípios adiante abordados acabam por representar três vertentes, complementares entre si, do princípio da capacidade contributiva, ajudando significativamente à concretização deste último no âmbito da tributação do rendimento pessoal.

3.1 – Princípio da tributação do rendimento líquido objetivo

O princípio da capacidade contributiva determina que a tributação do rendimento seja efetuada pelo respetivo valor líquido, e não pelo bruto. Efetivamente, a capacidade contributiva do sujeito passivo não é evidenciada pelo rendimento bruto, mas sim pelo rendimento líquido – ou seja, aquele de que o sujeito passivo dispõe (designadamente, para o pagamento de imposto) após custear as despesas inerentes à obtenção do rendimento em causa.

Deste modo, o princípio da tributação do rendimento líquido objetivo constitui um subprincípio ou corolário do princípio da capacidade contributiva.

Em suma, o princípio da tributação do rendimento líquido objetivo determina que seja prevista e admitida a dedução das despesas conexas com a obtenção do rendimento sujeito a imposto (ou seja, **deduções objetivas**), atento o facto de a verdadeira capacidade contributiva residir nesse rendimento líquido, e não no rendimento bruto auferido pelo sujeito passivo.

O CIRS prevê, na fase da determinação do rendimento coletável (mais concretamente, nos artigos 25.º e seguintes), a dedução deste tipo de despesas, para cada categoria de rendimentos, em função das características e da natureza dos rendimentos que a integram. Constituem, assim, deduções específicas ao rendimento bruto de cada categoria, integrando ainda a fase analítica do imposto.

Note-se, todavia, que a dedução de despesas não assume a mesma importância em todas as categorias de rendimentos, atenta a diversidade das respetivas características e natureza. Nalgumas categorias, como os rendimentos empresariais e profissionais ou os rendimentos prediais, a respetiva natureza implica que a obtenção do rendimento dependa, geralmente, da realização de despesas substanciais. É nestas duas categorias de rendimentos que as deduções específicas previstas no CIRS se revelam mais amplas e significativas. Em contrapartida, nos rendimentos do trabalho dependente, as despesas realizadas pelo contribuinte tendem a assumir uma importância menor na obtenção do rendimento (em particular, nos termos da conceção mais tradicional do trabalho dependente que parece ser seguida pelo legislador, de acordo com a qual apenas se reconhece a existência de um universo bastante reduzido de despesas suportadas pelo trabalhador).

Aliás, nem todas as categorias de rendimentos incluídas no CIRS têm previstas deduções específicas. Nos rendimentos de capitais, o legislador assumiu a inexistência de despesas conexas com a obtenção do rendimento ou o seu carácter imaterial (o que pode, todavia, nalguns casos não corresponder à realidade). Deste modo, não previu quaisquer deduções específicas na categoria E. O mesmo sucede com os incrementos patrimoniais (à exceção das mais-valias).

3.2 – Princípio da tributação do rendimento líquido subjetivo

A determinação da capacidade contributiva pressupõe a dedução não apenas das despesas inerentes à obtenção do rendimento sujeito a imposto (para se chegar ao rendimento líquido objetivo), mas também a dedução de despesas pessoais e/ou familiares essenciais (para se apurar o rendimento líquido subjetivo)[41].

[41] Note-se, todavia, que atualmente as deduções de despesas pessoais e/ou familiares (deduções subjetivas) aparecem na estrutura do CIRS como deduções à coleta, e já não

O princípio da tributação do rendimento líquido desdobra-se, portanto, em duas vertentes. Para além da realização das deduções objetivas, a determinação da capacidade contributiva do sujeito passivo impõe que se deduzam também as despesas mais elementares necessárias à sua vida (**deduções subjetivas**).

As deduções subjetivas correspondem a despesas de cariz pessoal ou familiar necessárias à existência humana, assentando no pressuposto de que a parte do rendimento auferido pelo sujeito passivo que seja necessária para a cobertura de tais despesas essenciais não representa capacidade contributiva e não deve, portanto, ser tributada.

O CIRS concretiza o princípio da tributação do rendimento líquido subjetivo ao prever, nos seus artigos 78.º e seguintes, um conjunto de deduções relativas a despesas destinadas à satisfação de necessidade básicas pessoais e/ou familiares, tais como as de saúde, educação ou habitação. Em termos da estrutura do Código, estas deduções subjetivas são deduções à coleta, e já não deduções ao rendimento líquido total, como sucedia na versão inicial do CIRS[42].

Quais são as necessidades básicas da vida humana, bem como qual é o valor mínimo requerido para as assegurar, é algo que varia profundamente com o contexto económico e social de partida. Assim, o legislador fiscal, na definição dos tipos de deduções à coleta previstas no CIRS, bem como na fixação dos seus montantes e limites máximos, teve de se basear em critérios de razoabilidade. Esta área está, também, profundamente marcada pelos constrangimentos do Orçamento do Estado e por opções de natureza política dos governos. O facto de deduções à coleta de natureza mais ampla, ou de montantes mais elevados, não serem comportáveis em termos orçamentais, dado o grande número de contribuintes de IRS (ou não serem prioritárias, em termos políticos), conduz frequentemente à previsão legal de deduções à coleta de montante quase simbólico, afastadas do custo real mínimo das despesas pessoais e/ou familiares a que se referem.

como deduções (mais concretamente, abatimentos) ao rendimento líquido total, como sucedia na versão inicial do CIRS.

[42] Em termos técnicos, eram abatimentos ao rendimento líquido total. A este propósito, veja-se a redação antiga do artigo 56.º do CIRS (artigo atualmente revogado).

3.3 – Princípio da tributação do rendimento real

O modo mais rigoroso de aferição da capacidade contributiva do indivíduo assenta, em princípio, no seu rendimento real. Desta forma, o princípio da tributação do rendimento real tem um importante papel instrumental na concretização do princípio da capacidade contributiva.

Tributar o rendimento real "significa atingir a matéria coletável realmente auferida pelo sujeito passivo"[43] [44].

O princípio da tributação do rendimento real tem, a nosso ver, uma importância transversal a toda a tributação do rendimento, designadamente ao nível das várias categorias de rendimentos do IRS. Isto, apesar de habitualmente aparecer associado à tributação das empresas[45], designadamente em virtude da sua previsão constitucional[46].

Sendo o princípio da tributação do rendimento real determinante para a plena concretização do princípio da capacidade contributiva, conforme referimos supra, há alguns aspetos do CIRS que merecem particular atenção neste contexto.

Um deles prende-se com o facto de, ao considerar rendimentos prediais as rendas "pagas ou colocadas à disposição dos respetivos titulares", o artigo 8.º, n.º 1 do CIRS excluir a tributação das "rendas imputadas"[47].

[43] In José Guilherme Xavier De Basto, «O princípio da tributação do rendimento real e a Lei Geral Tributária», *Fiscalidade*, n.º 5, 2001, p. 9. Este autor admite que o rendimento real possa ser determinado com base nos elementos facultados pelo sujeito passivo – v.g. declarações fiscais e registos contabilísticos – ou de outra forma, quando tais elementos não mereçam confiança.

[44] Numa perspetiva distinta, Ana Paula Dourado sustenta que "rendimento real é o rendimento tributável que resulta da diferença entre proveitos e gastos e é apurado segundo métodos diretos, isto é, com base na contabilidade e outros deveres de declaração (por exemplo, no caso dos sujeitos passivos de IRC, o processo de documentação fiscal) do sujeito passivo, tal como exigido pelas leis fiscais". In Ana Paula Dourado, *Direito Fiscal – Lições*, 3.ª ed., Almedina, Coimbra, 2018, p. 214.

[45] Tanto empresas com uma forma jurídica coletiva, como atividades empresariais desenvolvidas por pessoas singulares sem qualquer veículo societário.

[46] Nos termos do artigo 104.º, n.º 2 da CRP, "a tributação das empresas incide fundamentalmente sobre o seu rendimento real".

[47] As "rendas imputadas" correspondiam ao valor da utilização dos prédios pelos respetivos proprietários, e eram tributáveis em sede de Contribuição Predial, anteriormente à reforma fiscal de 1988/89. Nos termos do regime então vigente, era considerado rendimento predial tributável, a par das rendas dos prédios arrendados, também o valor

A este propósito, o Preâmbulo ao CIRS, no seu n.º 11, afirma que deixou de se incluir na base de incidência dos rendimentos prediais o valor locativo ou a renda fundiária dos prédios não arrendados, "pois se visa tributar apenas os rendimentos realmente auferidos".

Concordamos totalmente com esta opção do legislador fiscal de 1988/1989. A tributação em sede de IRS apenas das rendas pagas ou colocadas à disposição do sujeito passivo constitui, na nossa opinião, o regime mais coerente com os princípios da capacidade contributiva e da tributação do rendimento real, ao sujeitar a tributação apenas os rendimentos que realmente foram auferidos. Ora, as "rendas imputadas" não constituíam um rendimento realmente auferido[48].

Um outro aspeto que entendemos como uma concretização do princípio da tributação do rendimento real prende-se com a correção monetária.

Nos termos do artigo 50.º, n.º 1 do CIRS, o valor de aquisição ou equiparado de direitos reais sobre bens imóveis ou de partes sociais é corrigido, mediante a aplicação dos coeficientes de correção monetária publicados anualmente em Portaria do Ministro das Finanças[49], sempre que tenham decorrido mais de 24 meses entre a data da aquisição e a data da alienação ou afetação do bem.

locativo dos prédios ocupados ou utilizados pelos seus proprietários ou usufrutuários. O referido valor locativo era o valor da renda que poderia ser obtida pelo prédio em causa, em condições normais de mercado. Este mesmo valor era considerado como correspondente ao valor económico da "utilidade" extraída do prédio pelo seu proprietário ou usufrutuário, em virtude da respetiva ocupação ou utilização, ou seja, "a renda imputada".

[48] Para um maior aprofundamento sobre a exclusão da tributação das "rendas imputadas", cfr. Paula Rosado Pereira, *Manual de IRS*, cit., pp. 161-163. Tal como expomos na referida obra, não podemos concordar com J. G. Xavier de Basto, quando afirma que "a imposição da chamada renda imputada justifica-se por motivos de igualdade", tendo em conta que "quem utiliza casa própria evita pagar a renda que lhe seria exigida se não fosse proprietário do imóvel considerado". In José Guilherme Xavier de Basto, *IRS – Incidência Real e Determinação dos Rendimentos Líquidos*, cit., p. 341. A nosso ver, tal regime era contrário ao princípio da capacidade contributiva, pelos motivos referidos.

[49] Os coeficientes de desvalorização da moeda a aplicar aos bens e direitos alienados durante o ano de 2018 encontram-se previstos na Portaria n.º 317/2018, de 11 de dezembro.

A correção monetária do valor de aquisição permite que a tributação das mais-valias incida, nestes casos particularmente representativos, apenas sobre a valorização real do bem, e não sobre o aumento nominal do seu valor, em resultado da desvalorização monetária.

Esta preocupação do regime, para efeitos da determinação do valor tributável das principais mais-valias, em expurgar a desvalorização monetária (e, portanto, a valorização do bem que é meramente ilusória), limitando a tributação à valorização efetiva do mesmo, representa ainda, a nosso ver, uma concretização do princípio da tributação do rendimento real.

4 – Personalização do imposto

A conformação de um imposto sobre o rendimento com os princípios da igualdade e da capacidade contributiva implica a personalização desse imposto, ou seja, que o regime fiscal tome em conta as condições e características pessoais do contribuinte. Só assim se afere a verdadeira força económica do contribuinte para suportar o imposto.

O IRS é tido como um **imposto pessoal**, na medida em que a sua configuração é fortemente marcada pelas características específicas dos sujeitos passivos, ao nível pessoal, económico e social[50].

O artigo 104.º n.º 1 da CRP determina que o imposto sobre o rendimento pessoal tenha em conta "as necessidades e os rendimentos do agregado familiar". Também o artigo 6.º, n.º 1 da LGT alude à personalização do imposto, determinando – embora sem valor reforçado – que a tributação direta tenha em conta: "a) A necessidade de a pessoa singular e o agregado familiar a que pertença disporem de rendimentos e bens necessários a uma existência digna; b) A situação patrimonial, incluindo os legítimos encargos, do agregado familiar; c) A doença, velhice ou outros casos de redução da capacidade contributiva do sujeito passivo".

[50] Um imposto pessoal caracteriza-se pela especial preponderância assumida, ao nível do seu regime, pelo elemento subjetivo da incidência. Os impostos pessoais contrapõem-se aos impostos reais, cujo regime toma em consideração, fundamentalmente, os aspetos reais ou objetivos do imposto, sem que as características específicas do sujeito passivo sejam determinantes na configuração do regime. Verifica-se, nos impostos reais, uma preponderância do elemento objetivo da incidência. O IVA é um exemplo de imposto real.

A natureza de imposto pessoal do IRS, ou seja, a personalização do imposto, encontra-se patente em diversos aspetos do seu regime, designadamente: na possibilidade de exercício de uma opção pela tributação conjunta dos rendimentos dos cônjuges ou unidos de facto[51] e na aplicação, nesse caso, do quociente conjugal[52]; na relevância assumida pela composição do agregado familiar para efeitos de retenção na fonte sobre os rendimentos do trabalho dependente e de pensões, bem como para efeitos de diversas das deduções à coleta; na previsão de deduções à coleta relativas a pessoas com deficiência; deduções à coleta relativas a despesas de saúde, formação e educação, pensões de alimentos, apoio domiciliário e lares para pessoas idosas ou com deficiência – em suma, despesas essenciais do contribuinte ou do agregado familiar, que diminuem o respetivo rendimento disponível e, portanto, a sua capacidade contributiva.

Ainda a propósito da personalização do imposto, um aspeto a ter em conta é a necessidade de esta característica não ser obtida à custa de uma excessiva complexidade do tributo – onerosa, tanto para os sujeitos passivos, como para a autoridade tributária. Note-se que raramente um imposto fortemente personalizado é um imposto simples. A personalização do imposto e, designadamente, a multiplicação de deduções à coleta, apesar de reforçarem a justiça no caso concreto, podem, em contrapartida, aumentar significativamente a complexidade da aplicação e controlo desse imposto[53]. Acresce, ainda, que a personalização do IRS

[51] O IRS é apurado individualmente em relação a cada cônjuge ou unido de facto, exceto quando for exercida a opção pela tributação conjunta (artigo 13.º, n.º 2 do CIRS). Atualmente, o regime regra é, portanto, o da tributação separada, sendo a tributação conjunta aplicável apenas quando haja opção de ambos os cônjuges ou unidos de facto nesse sentido. A regra da tributação separada de casados e unidos de facto, com opção pela tributação conjunta, foi introduzida pela Lei n.º 82-E/2014, de 31 de dezembro (Lei da Reforma do IRS). Anteriormente a esta reforma, era obrigatória a tributação conjunta dos sujeitos passivos casados não separados judicialmente de pessoas e bens (sem existência de qualquer possibilidade legal de *opting out*).

[52] A Lei n.º 82-E/2014, de 31 de dezembro (Lei da Reforma do IRS), substituiu o quociente conjugal por um mecanismo de quociente familiar, com efeitos e objetivos mais amplos do que os do primeiro. Todavia, o quociente familiar vigorou apenas para o ano de 2015, tendo o quociente conjugal sido reposto logo para 2016.

[53] Conforme refere Saldanha Sanches, "a questão do grau de personalização é controversa: a possibilidade de fazer abatimentos (deduções pessoais, na linguagem tradicional

não deve ser vista como uma espécie de sucedâneo para os mecanismos de proteção social, de apoio à família ou de fomento da natalidade que se revelem necessários. Com efeito, não deve pedir-se ao IRS mais do que aquilo que é a sua função, mesmo tendo já em conta as finalidades fiscais deste tipo de imposto.

Por fim, importa salientar que, não obstante a caracterização do IRS como um imposto pessoal, ele assemelha-se, nalguns aspetos do seu regime, a um **imposto real**. É o que sucede com as **taxas liberatórias** do artigo 71.º do CIRS e com as **taxas especiais** do artigo 72.º do mesmo código, nas quais os elementos personalizantes do imposto não têm aplicação – exceto quando o sujeito passivo residente opte pelo englobamento dos rendimentos em princípio sujeitos a tais taxas, nos casos em que tal opção é legalmente admitida[54].

5 – Mínimo de existência

O mínimo de existência determina, como vimos já, a não tributação de valores que se revelam essenciais para a subsistência básica do indivíduo e do agregado familiar, dado que esses valores devem considerar-se hipotecados a tal fim e, como tal, não representam capacidade contributiva. Constitui, portanto, um relevante instrumento de concretização do princípio da capacidade contributiva e de personalização do imposto.

O artigo 70.º do CIRS, que consagra o mínimo de existência, determina, no seu n.º 1, que da aplicação das taxas estabelecidas no artigo 68.º do CIRS não pode resultar, para os titulares de rendimentos predomi-

da tributação do rendimento) à matéria coletável ou à coleta é menos indiscutível do que a necessidade das deduções de natureza objetiva (custos suportados para a obtenção do rendimento), uma vez que há uma complexa ponderação entre o grau de personalização a atribuir ao imposto (com as diferenciações horizontais da capacidade contributiva que a lei deverá reconhecer) e a necessidade de não complicar demasiado o imposto". In José Luís Saldanha Sanches, *Manual de Direito Fiscal*, cit., p. 289.

[54] Cfr. os artigos 71.º, n.º 8 e 72.º, n.º 12, ambos do CIRS, nos quais se encontra prevista a possibilidade de os sujeitos passivos residentes optarem pelo englobamento de determinados rendimentos, cujo regime geral é o da sujeição a taxas liberatórias ou a taxas especiais, respetivamente. Também o artigo 22.º, n.º 3, alínea b) e n.º 5 do CIRS se referem ao exercício da opção pelo englobamento. Nos termos desta última disposição, quando o sujeito passivo exerça a opção pelo englobamento fica, por esse facto, obrigado a englobar a totalidade dos rendimentos da mesma categoria.

nantemente originados em trabalho dependente, em atividades previstas na tabela aprovada no anexo à Portaria n.º 1011/2001, de 21 de agosto (com exceção do código 15), ou em pensões, a disponibilidade de um rendimento líquido de imposto inferior a 1,5 x 14 x valor do IAS.

Como o legislador previu um duplo limite, o valor de rendimento líquido de imposto a que se refere o n.º 1 do artigo 70.º do CIRS também não pode, por titular, ser inferior ao valor anual da retribuição mínima mensal (artigo 70.º, n.º 4 do CIRS).

Todavia, o regime do mínimo de existência previsto no artigo 70.º do CIRS, anteriormente à sua atual formulação, foi acusado de ser demasiado restrito e de não proteger todos os contribuintes que dele necessitariam. Suscitou-se, mesmo, a questão da sua eventual inconstitucionalidade, em virtude de o regime em apreço ser aplicável apenas aos titulares de rendimentos predominantemente originados em trabalho dependente ou em pensões – deixando, assim, desprotegidos os titulares de rendimentos igualmente baixos, mas de outras categorias. Particularmente grave era a situação dos contribuintes com rendimentos predominantemente da categoria B e de valor reduzido. Em muitos casos, estava-se perante situações de trabalho precário, que a tal precariedade somavam, no campo fiscal, o problema de falta de proteção pelo regime do mínimo de existência.

Esta situação gravosa foi, finalmente, atenuada mediante a previsão de aplicação do regime do mínimo de existência também aos titulares de rendimentos predominantemente originados em atividades previstas na tabela aprovada no anexo à Portaria n.º 1011/2001, de 21 de agosto – ou seja, as atividades a que se refere o artigo 151.º do CIRS, que incluem as principais atividades exclusivamente de prestação de serviços independentes[55].

6 – Assunção da proibição do confisco e de limites máximos de tributação

A capacidade contributiva não é ilimitada, conforme tivemos já oportunidade de ver. Consequentemente, a afetação ao pagamento de imposto

[55] Esta alteração foi introduzida pela Lei n.º 114/2017, de 29 de dezembro (Lei do Orçamento do Estado para 2018).

de percentagens cada vez maiores do rendimento do contribuinte pode, chegada a certos níveis, redundar num confisco deste rendimento.

Os níveis de **tributação confiscatória**, para além de incompatíveis com o princípio da capacidade contributiva, violam também os direitos à propriedade privada e à iniciativa económica privada, ambos tutelados constitucionalmente.

A fronteira relativamente ao que configura ou não uma tributação confiscatória tem sido, em diversos casos, traçada nos 50%. Nesta perspetiva, um imposto que preveja uma tributação acima dos 50% pode, analisadas as circunstâncias da respetiva vigência, ser classificado como um imposto confiscatório[56].

A admissibilidade de taxas de tributação superiores a 50% deveria, a nosso ver, ser adotada apenas em circunstâncias muito restritas e a título excecional, mesmo quando vise a prossecução de finalidades extra-fiscais.

Em sede de IRS, os níveis elevados a que já chegaram as taxas máximas de tributação (48%, potencialmente acrescidos de até 5% de taxa adicional de solidariedade) permitem questionar se não estaremos já perante uma tributação confiscatória. Adicionalmente, entendemos que a situação no IRS se torna ainda mais grave pelo facto de taxas de imposto extremamente elevadas, e possivelmente confiscatórias, serem aplicadas em **termos discriminatórios**. Com efeito, a aplicação das taxas mais elevadas de tributação está concentrada em determinados contribuintes, onerando essencialmente os que obtêm rendimentos de categorias sujeitas a englobamento obrigatório. Estão em causa os rendimentos do trabalho dependente, rendimentos empresariais e profissionais, e pensões – enquadrados, respetivamente, nas categorias A, B e H; e, ainda, as mais-valias imobiliárias[57].

[56] Em sentido idêntico, cfr. Ana Paula Dourado, *Direito Fiscal – Lições*, cit., p. 211. A autora sustenta a classificação como confiscatórios de impostos acima dos 50%, embora pareça limitá-la a situações em que tal nível de tributação não esteja associado à prossecução de finalidades extrafiscais (tais como, segundo aponta, finalidades sancionatórias ou de preservação de recursos naturais).

[57] Embora, no caso das mais-valias imobiliárias, a tributação a taxas potencialmente bastante elevadas surja atenuada pela regra do artigo 43.º, n.º 2, alínea b) do CIRS, que prevê a tributação sobre 50% do valor das mais-valias.

Esta circunstância suscita questões melindrosas relativamente ao princípio da igualdade, que são tanto mais pertinentes quanto maior for a distância entre, por um lado, os valores máximos das taxas gerais do IRS (48%, potencialmente acrescidos de até 5% de taxa adicional de solidariedade) e, por outro, a percentagem de tributação prevista nas taxas liberatórias e especiais (na maior parte dos casos, 28% para residentes).

Podemos, assim, afirmar que o IRS consagra taxas de imposto tendencialmente confiscatórias e, mais ainda, aplica-as em termos discriminatórios.

A gravidade da aludida discriminação, que compromete a justa repartição dos encargos tributários, é tanto maior quanto as taxas de imposto mais elevadas recaem sobre o trabalho (dependente e independente) e as pensões, sendo tributados a taxas mais reduzidas os rendimentos de capitais, os rendimentos prediais e as mais-valias mobiliárias (que, paradoxalmente, são precisamente os tipos de rendimentos mais característicos dos contribuintes com superior capacidade contributiva)[58].

A referida situação é comummente explicada pelos constrangimentos decorrentes da globalização, da concorrência fiscal internacional e da mais fácil deslocalização dos rendimentos relacionados com os capitais. Não questionamos a pertinência destes argumentos, tendo o princípio da capacidade contributiva que ser conjugado com o princípio da praticabilidade, ao nível da definição do regime fiscal aplicável à tributação das pessoas singulares. Todavia, os argumentos em causa não deveriam servir de desculpa à eternização de uma tributação tendencialmente confiscatória e efetivamente discriminatória sobre os rendimentos derivados do trabalho e das pensões. Deveriam procurar-se medidas tendentes, pelo menos, à progressiva atenuação deste quadro.

[58] Importa referir o facto de o programa do atual governo exprimir a intenção de "caminhar no sentido do englobamento dos diversos tipos de rendimentos em sede de IRS, eliminando as diferenças entre taxas". Parecem, portanto, existir planos de propor a sujeição dos rendimentos prediais e dos rendimentos de capitais, auferidos por sujeitos passivos residentes, ao regime de englobamento obrigatório, com a respetiva sujeição às taxas progressivas do IRS. Todavia, tal medida não se encontra ainda prevista na Proposta de Lei do Orçamento do Estado para 2020 (entregue na fase final de preparação e revisão do presente texto).

7 – Capacidade contributiva e progressividade

O IRS é caracterizado como um **imposto progressivo**, aumentando o nível de tributação do contribuinte à medida que aumenta o próprio rendimento coletável. O referido aumento do nível de tributação resulta não apenas do facto de as taxas gerais de IRS serem taxas progressivas por escalões[59], mas ainda de outras características do imposto, designadamente ao nível do funcionamento e limites das deduções à coleta.

Todavia, apesar de o IRS ser caracterizado como um imposto progressivo – com taxas progressivas por escalões, previstas no artigo 68.º do CIRS –, coexistem nele regimes de tributação proporcional, concretizados através da aplicação de taxas liberatórias e de taxas especiais de tributação autónoma, previstas nos artigos 71.º e 72.º do CIRS, respetivamente.

Conforme já referimos, não nos parece que os princípios da igualdade e da capacidade contributiva imponham a tributação do rendimento a taxas progressivas. As **taxas proporcionais** afiguram-se-nos consentâneas com os referidos princípios.

Todavia, a **coexistência de taxas progressivas e taxas proporcionais** dentro do mesmo imposto suscita, a nosso ver, questões bastante delicadas, que serão analisadas em detalhe na parte seguinte deste texto (no ponto relativo ao princípio da capacidade contributiva vs. a **semi-dualização do IRS**).

III. PRINCIPAIS DILEMAS E DESVIOS DO IRS FACE AO PRINCÍPIO DA CAPACIDADE CONTRIBUTIVA

1 – Princípio da capacidade contributiva vs. semi-dualização do IRS

No que respeita à tributação do rendimento das pessoas singulares, a opção legislativa por um **imposto único ou sintético**, que abarque o rendimento global de cada sujeito passivo, revela-se fundamental para a existência de uma tributação consentânea com o princípio da capacidade contributiva. Um imposto único ou sintético permite, em geral, uma tri-

[59] As taxas de imposto progressivas contrapõem-se às taxas regressivas e às taxas proporcionais. Nas taxas regressivas, a taxa de imposto diminui à medida que aumenta o rendimento coletável. Por seu turno, nas taxas proporcionais, a taxa de imposto é uniforme, não variando em função do valor do rendimento coletável.

butação mais personalizada e mais ajustada à capacidade contributiva de cada indivíduo do que a resultante de uma justaposição de vários impostos, incidentes sobre rendimentos de fonte e natureza distintas. Contribui, também, para uma simplificação do próprio sistema fiscal.

As referidas vantagens foram, de certo modo, alcançadas aquando da criação do IRS, no contexto da reforma fiscal de 1988/89. O IRS, ao incidir sobre o rendimento global da pessoa singular, não obstante as diversas origens que as várias parcelas do rendimento possam ter, configura um imposto único ou imposto sintético. A sua introdução permitiu ultrapassar o sistema de tributação cedular do rendimento vigente até à reforma de 1988/89, caracterizado pela dispersão da tributação do rendimento da pessoa singular por diversos impostos, consoante a fonte das várias parcelas de rendimento apuradas pelo mesmo sujeito passivo (v.g. Imposto Profissional, Contribuição Industrial, Imposto sobre a Indústria Agrícola, Imposto de Capitais, Contribuição Predial e Imposto de Mais-valias, conjugados com o Imposto Complementar).

Todavia, a unicidade do IRS apresenta importantes limitações.

Em primeiro lugar, apesar da sua natureza sintética, o IRS não prescinde de uma **base analítica ou cedular** na estruturação do seu regime – reminiscência, ainda, da estrutura de tributação das pessoas singulares anterior à reforma fiscal de 1988/1989. Esta base cedular encontra-se bem patente na tipificação dos rendimentos tributáveis com recurso a (atualmente) seis categorias de rendimento, organizadas em função da proveniência ou da natureza dos rendimentos[60].

Note-se, ainda, que a aludida conceção cedular não se revela apenas ao nível da incidência objetiva, mas também ao da determinação do rendimento coletável – transparecendo na consagração de regras distintas

[60] A opção do legislador fiscal em assentar o IRS numa base ou conceção cedular não foi isenta de críticas. Por exemplo, Saldanha Sanches refere que "entre as várias formas possíveis para construir o conceito de rendimento, o legislador fiscal da reforma de 1989 optou pela conceção cedular", afirmando de seguida que "não foi uma escolha feliz". O autor justifica a sua crítica sustentando que a "dicotomia conceptual "árvore e frutos" é uma específica tradição inglesa incessantemente corrigida pela *statute law* e pela jurisprudência. Entre os vários modelos disponíveis era o mais marcado pelo arcaísmo e por isso o menos adequado para uma reforma fiscal que pretendia ser renovadora". In José Luís Saldanha Sanches, «Conceito de rendimento do IRS», cit., p. 36.

para cada categoria de rendimento, em função da respetiva natureza, no âmbito do processo de determinação do rendimento líquido. Desta forma, o CIRS prevê deduções específicas para cada uma das categorias de rendimentos.

Não obstante o referido supra, a nosso ver, não é a mera estruturação do IRS por categorias de rendimentos que prejudica a sua natureza de imposto materialmente único (no sentido de um imposto unitário, e não apenas formalmente único) ou sintético[61]. Apesar da referida cedularização, o IRS visa, ainda assim, proceder a uma tributação de carácter global dos rendimentos das pessoas singulares. Após a **fase analítica** do cálculo do imposto, na qual são aplicáveis regras específicas para cada categoria de rendimento (v.g. as relativas à definição da incidência real e às deduções específicas de cada categoria), segue-se uma **fase sintética**, caracterizada pela aplicação de um único conjunto de regras fiscais (v.g. a aplicação do quociente conjugal, se tiver havido opção pela tributação conjunta de casados ou unidos de facto, a sujeição a uma única tabela de taxas gerais progressivas e as deduções à coleta, tudo isto no caso dos rendimentos sujeitos a englobamento).

A unicidade do IRS e a plena obediência ao princípio da capacidade contributiva parecem-nos comprometidas por outra ordem de motivos, que não a base cedular do imposto, em si mesma.

As incongruências do IRS com os princípios da igualdade e da capacidade contributiva resultam, essencialmente, do facto de o IRS – apesar de ser um imposto (formalmente) único, que visa proceder a uma tributação de carácter global dos rendimentos das pessoas singulares – **não assegurar uma tributação unitária** dos rendimentos[62].

[61] Em sentido idêntico, José Guilherme Xavier de Basto, *IRS – Incidência Real e Determinação dos Rendimentos Líquidos*, cit., pp. 24 – 25.

[62] Esta problemática começou a ser analisada por Teixeira Ribeiro, ainda antes da reforma fiscal de 1988/89, que deu origem ao IRS. O autor, ao debruçar-se sobre as diretrizes da Constituição de 1976 referentes ao imposto sobre o rendimento pessoal, começa por notar que, apesar de o então artigo 107.º, n.º 1 da Constituição determinar que o imposto sobre o rendimento será único, "falta ainda saber se o imposto será verdadeiramente único ou só será único formalmente" – questão à qual, na sua opinião, a Constituição "não dá uma resposta cabal". A nível de consequências, aponta que "se [o imposto] for verdadeiramente único, terá de incidir com a mesma taxa sobre cada montante de rendimento; se for apenas formalmente, poderá incidir sobre cada montante de

Assumindo que uma **tributação unitária** pressupõe a tributação da generalidade dos rendimentos líquidos do sujeito passivo de acordo com um mesmo figurino e uma mesma filosofia de imposto, não efetuando distinções entre os diferentes tipos de rendimento e sujeitando-os a uma mesma taxa ou tabela de taxas, é forçoso concluir que o IRS português não é, efetivamente, um imposto unitário.

Em suma, pode afirmar-se que o **IRS é um imposto único**, formalmente – um único imposto incidente sobre todos os rendimentos do sujeito passivo pessoa singular, um único código contendo as regras de tributação, uma estrutura normativa conducente a um ato de liquidação de imposto. Contudo, o IRS **não é um imposto unitário**, não consagra uma tributação unitária, visto que não prevê uma tributação de todos os tipos de rendimento do sujeito passivo pessoa singular em termos similares[63].

No âmbito da tributação de sujeitos passivos residentes, coexistem no CIRS **dois grandes figurinos de tributação**, inspirados em filosofias e princípios bastante distintos, e conducentes a resultados práticos completamente diferentes: o regime do englobamento e o da tributa-

rendimento com taxas diversas". Aprofundando a sua análise, Teixeira Ribeiro conclui que o imposto sobre o rendimento pessoal previsto na Constituição "só era único formalmente" e que a Constituição "permite a discriminação qualitativa dos rendimentos" no contexto de tal imposto. Cfr. J. J. Teixeira Ribeiro, «As opções fiscais da Constituição», *Boletim de Ciências Económicas*, XXVIII, 1985, pp. 91-93. Não pode deixar de apontar-se, como paradoxal, o facto de o raciocínio do autor, conducente à conclusão de que a Constituição permite a discriminação qualitativa dos rendimentos, assentar numa referência, contida na redação inicial da Constituição, que apontava para uma discriminação a favor dos rendimentos do trabalho – concluindo, assim, que a discriminação não repugnava à índole do imposto único. Ora, em contrapartida, o regime atual aproveita tal possibilidade, de aplicar taxas distintas a diferentes tipos de rendimento, para fazer precisamente o oposto, ou seja, tributar os rendimentos do trabalho de forma mais gravosa do que os rendimentos associados aos capitais.

[63] Entendimento que já sustentámos em Paula Rosado Pereira, *Manual de IRS*, cit., pp. 41 ss. No mesmo sentido, entre outros, veja-se Rui Duarte Morais. O autor sustenta que "na realidade, o IRS não logrou uma real concretização da perspetiva unitária da tributação, uma vez que os residentes nunca tiveram a totalidade dos seus rendimentos sujeita a um esquema racional de progressividade, em consonância com a respetiva capacidade contributiva". In Rui Duarte Morais, *Sobre o IRS*, 3.ª ed., Almedina, Coimbra, 2014 (reimpresso em 2016), p. 7.

ção a taxas liberatórias ou a taxas especiais de tributação autónoma. É, essencialmente, esta particularidade que afasta o IRS de uma tributação unitária.

Nos termos do **regime de englobamento**, rendimentos líquidos de diversas categorias são adicionados e assim convertidos num rendimento global[64]. Vários tipos de rendimentos são de englobamento obrigatório, quando auferidos por sujeitos passivos residentes. As taxas de imposto aplicáveis ao rendimento global são as taxas gerais progressivas, previstas no artigo 68.º do CIRS, que vão dos 14,50% aos 48%. Pode, ainda, haver lugar à aplicação da taxa adicional de solidariedade prevista no artigo 68.º-A do CIRS, com escalões de 2,5% e 5%. O regime de englobamento beneficia de elementos de personalização do imposto, como sejam o quociente conjugal (quando aplicável) e as deduções à coleta.

Coexistindo no CIRS com o regime de englobamento, mas com uma filosofia e resultados práticos completamente distintos, temos o **regime de tributação às taxas liberatórias** do artigo 71.º **ou às taxas especiais de tributação autónoma** do artigo 72.º, ambos do CIRS. A sua aplicação exclui os rendimentos em apreço do regime de englobamento, exceto por opção do contribuinte residente. Tanto as taxas liberatórias como as especiais são, para a maioria dos casos de rendimentos obtidos por residentes que se encontram sujeitos a estes tipos de taxas, de 28%[65]. Dão lugar, portanto, a uma tributação proporcional, frequentemente mais moderada do que aquela que resultaria da aplicação das taxas gerais progressivas do IRS. Trata-se, todavia, de uma tributação com características reais, na qual não estão presentes os elementos personalizantes fundamentais do imposto nem as deduções à coleta[66].

[64] Quanto ao processo de liquidação do IRS e à estrutura do imposto, cfr. Paula Rosado Pereira, *Manual de IRS*, cit., pp. 53 ss e pp. 289 ss. Neste último conjunto de páginas, são abordadas as normas comuns do IRS, relativas, designadamente, ao englobamento de rendimentos e aos diferentes tipos de taxas aplicáveis no IRS.

[65] Taxas em vigor em 2019, à data da finalização deste texto.

[66] Sem preocupações de exaustividade, refira-se que, na redação atualmente em vigor do CIRS (no final de 2019), e no que diz respeito aos sujeitos passivos residentes, estão sujeitos a taxas liberatórias os rendimentos de capitais e a taxas especiais as mais-valias mobiliárias e os rendimentos prediais.

Atenta a previsão constitucional de um imposto sobre o rendimento pessoal que deve ser único e progressivo, bem como ter em conta as necessidades e os rendimentos do agregado familiar[67], suscitaram-se, logo numa fase inicial do IRS, dúvidas acerca da constitucionalidade das taxas liberatórias previstas no respetivo Código. Até que ponto seriam admissíveis as taxas liberatórias (proporcionais), no seio de um imposto de carácter progressivo? Estava, igualmente, em causa a eventual violação que a existência das taxas liberatórias representaria para a unicidade e a personalização do imposto, previstas constitucionalmente.

O Tribunal Constitucional foi chamado a pronunciar-se sobre a constitucionalidade das taxas liberatórias em sede de IRS, dando origem ao Acórdão n.º 57/95, de 16 de fevereiro. Todavia, a questão de fundo suscitada acabou por não ser analisada, em virtude de motivos de ordem formal.

As características do IRS permitem classificá-lo como um sistema de **tributação semi-dual**, nos termos da tipologia de sistemas de tributação da OCDE. Num sistema semi-dual, em termos gerais, não são aplicadas às diversas categorias de rendimentos as mesmas taxas de tributação. Os rendimentos de capitais e as mais-valias mobiliárias são, habitualmente, sujeitos a um tratamento fiscal mais benevolente, caracterizado por uma tributação a taxas proporcionais, em geral mais baixas do que as taxas de imposto progressivas aplicáveis aos rendimentos de outra natureza.

O IRS preenche as aludidas características de um sistema semi-dual, dado que apresenta notórias diferenças no tratamento fiscal dos vários tipos de rendimento[68]. Este imposto assegura aos rendimentos relacionados com o capital (rendimentos de capitais e mais-valias mobiliárias) um tratamento mais favorável, mediante a aplicação de taxas proporcionais de valor mais baixo do que aquele a que podem ascender as taxas progressivas aplicáveis aos rendimentos do trabalho (dependente e independente) e às pensões.

[67] Cfr. artigo 104.º, n.º 1 da CRP.

[68] Também neste sentido, cfr. José Guilherme Xavier de Basto, *IRS – Incidência Real e Determinação dos Rendimentos Líquidos*, cit., pp. 32-33.

Como vimos, a versão inicial do CIRS já se caracterizava por um afastamento em relação ao figurino da tributação unitária[69]. Contudo, o IRS tem vindo a distanciar-se, mais ainda, de um hipotético modelo de tributação unitária, em virtude das sucessivas alterações a que o imposto tem sido sujeito, ao longo dos anos.

Uma alteração de grande importância, a este nível, foi a saída dos rendimentos prediais, auferidos por sujeitos passivos residentes, do regime de englobamento obrigatório e de taxas progressivas. O regime regra deste tipo de rendimentos passou a ser o da tributação autónoma a uma *taxa especial (na maior parte das situações, de 28%, atualmente)*[70].

Com o abandono do englobamento obrigatório pelos rendimentos prediais, substituído pela respetiva tributação a taxas proporcionais, o IRS pende mais ainda para um tipo de tributação distinto daquilo a que podemos chamar o seu "modelo de base ou de referência"[71], caracterizado pelo englobamento dos rendimentos, pela progressividade do imposto (mas não necessariamente das taxas de tributação, embora esta questão seja sujeita a discussão), pela presença de elementos personalizantes no imposto, designadamente a dedução de despesas pessoais ou familiares configuradas como deduções à coleta.

[69] Conforme foi apontado pelo *Grupo para o Estudo da Política Fiscal – Competitividade, Eficiência e Justiça do Sistema Fiscal*, "o IRS, apesar de se reclamar, desde sempre, do modelo *da tributação unificada ou compreensiva*, não logrou – tendo por referência as características da unicidade e da progressividade que devem informá-lo, nos termos do n.º 1 do artigo 104.º da Constituição da República Portuguesa – uma real concretização da perspetiva unitária da tributação, nem na sua versão originária, nem na sua posterior evolução". Cfr. Ministério das Finanças – Secretaria de Estado dos Assuntos Fiscais, *Relatório do Grupo para o Estudo da Política Fiscal – Competitividade, Eficiência e Justiça do Sistema Fiscal*, com coordenação geral de António Carlos dos Santos e António M. Ferreira Martins, de 3 de outubro de 2009, Centro de Estudos Fiscais, Lisboa, 2009, p. 197. Sobre esta problemática, cfr. também Paulo Pitta e Cunha, «A unicidade do imposto no cerne da reforma fiscal», *Fisco*, n.º 4, 1989, pp. 39-44.

[70] Esta modificação de regime ocorreu por força das alterações introduzidas no CIRS pela Lei n.º 66-B/2012, de 31 de dezembro (Lei do Orçamento do Estado para 2013).

[71] Nos termos do artigo 104.º, n.º 1 da CRP, "o imposto sobre o rendimento pessoal visa a diminuição das desigualdades e será único e progressivo, tendo em conta as necessidades e os rendimentos do agregado familiar".

O campo de tributação dos residentes a taxas progressivas no IRS tornou-se, portanto, ainda mais restrito, limitado aos rendimentos do trabalho (dependente e independente) e pensões, e a parte dos incrementos patrimoniais (com destaque para as mais-valias imobiliárias). Em consequência, aquilo que inicialmente era a exceção (a tributação fora do englobamento, a taxas proporcionais e em termos mais próximos da tributação real do que da tributação pessoal) assume uma importância cada vez maior no âmbito do IRS.

Face ao sistema descrito, impõe-se uma análise crítica do IRS relativamente à sua conformidade ou desconformidade com os princípios da igualdade e da capacidade contributiva.

Em primeiro lugar, é de concluir **não estar assegurada uma igualdade horizontal na tributação**, uma vez que contribuintes com idêntica capacidade contributiva (entenda-se, com o mesmo valor de rendimento líquido) podem ser tributados de forma bastante distinta, e sujeitos a níveis de tributação díspares, consoante tal capacidade contributiva seja expressa em rendimentos do trabalho (dependente ou independente), de pensões ou em mais-valias imobiliárias, num caso, ou em rendimentos de capitais ou mais-valias mobiliárias, noutro. Os rendimentos do primeiro grupo estão potencialmente sujeitos a uma tributação significativamente mais elevada, atenta a diferença das taxas aplicáveis.

A situação é agravada pelo facto de os rendimentos que se encontram sujeitos a taxas liberatórias e a taxas especiais – taxas proporcionais, significativamente inferiores à taxa marginal máxima aplicável aos rendimentos sujeitos a englobamento – serem os rendimentos de capitais e as mais-valias mobiliárias, ou seja, rendimentos que são mais frequentes e de valor mais significativo nos contribuintes com uma capacidade económica mais elevada (e que, portanto, se situariam nos escalões superiores de tributação). Esta situação permite afirmar que o atual IRS, com o seu sistema semi-dual, apresenta **características de regressividade**.

O **regime de opção pelo englobamento**, consagrado no CIRS, traz algum equilíbrio e coesão ao imposto[72]. Todavia, ele é, ainda assim, insu-

[72] Cfr. o artigo 71.º, n.º 8 e o artigo 72.º, n.º 12, ambos do CIRS, que preveem o regime de englobamento, respetivamente, para as situações de taxas liberatórias e de taxas especiais. Mediante o exercício da opção pelo englobamento dos rendimentos que em princípio estariam sujeitos a taxas liberatórias ou a taxas especiais de tributação, o sujeito

ficiente para sanar a falta de conformidade do IRS com o princípio da igualdade horizontal entre contribuintes, dada a inexistência de um regime de "*opting out*" para os contribuintes abrangidos pela obrigatoriedade de englobamento existente ao nível dos rendimentos das categoria A, B e H, e ainda de parte dos incrementos patrimoniais da categoria G (v.g. as mais-valias imobiliárias).

A manutenção do regime semi-dual – com as suas incongruências face ao princípio da igualdade, sobretudo na sua vertente da igualdade horizontal, bem como face ao princípio da capacidade contributiva – deve-se, em grande medida, à necessidade de assegurar a competitividade do sistema fiscal, em termos nacionais e internacionais. Os constrangimentos daí decorrentes têm determinado uma tributação mais favorável dos rendimentos relacionados com o capital – mais facilmente deslocalizáveis e, portanto, mais sensíveis ao fator fiscal. Neste quadro, aponta-se o **princípio da praticabilidade**, na sua conciliação com os princípios da igualdade e da capacidade contributiva, como elemento justificativo para as cedências efetuadas, em detrimento destes últimos princípios, pelo regime fiscal em vigor.

Conforme refere Casalta Nabais, o princípio da praticabilidade "conduz à exclusão não só das soluções impossíveis de levar à prática mas também das soluções economicamente insustentáveis". Afirma ainda o autor que, do princípio da praticabilidade "decorre, designadamente, que os limites da tributação, mormente os limites materiais, não possam ser levados tão longe quanto, *prima facie*, seria defensável"[73].

Deste modo, os princípios da igualdade e da capacidade contributiva sofrem, ao nível do IRS, significativos constrangimentos, motivados pela globalização e pela necessidade de salvaguarda da competitividade fiscal do país.

Este quadro apresenta-se como dificilmente ultrapassável, perante o risco de fuga de capitais e investimentos do território nacional, atraídos

passivo vê esses rendimentos tributados às taxas progressivas do artigo 68.º do CIRS, assegurando igualmente a aplicação, no contexto do regime do englobamento, das características personalizantes do imposto, como sejam a aplicação do quociente conjugal, no caso de sujeitos passivos casados ou unidos de facto que tenham optado pela tributação conjunta, e das deduções à coleta relativas a encargos de natureza pessoal e familiar.

[73] In José Casalta Nabais, *Direito Fiscal*, 10.ª ed., Almedina, Coimbra, 2017, p. 165.

por Estados com taxas de tributação mais baixas dos capitais. Tal situação implicaria uma redução da base tributária do IRS relativamente a rendimentos relacionados com o capital, o que poderia originar uma pressão ainda maior sobre os restantes rendimentos, em termos de arrecadação tributária, se não fossem encontradas alternativas viáveis de compensação através de outros tributos.

A globalização e a facilidade de deslocalização de capitais, que pautam o mundo atual, têm vindo a impor uma tributação dos rendimentos de capitais e das mais-valias mobiliárias a taxas mais baixas e fora do contexto das taxas progressivas de tributação, independentemente da capacidade contributiva do contribuinte titular desses rendimentos. Com efeito, os capitais deslocalizam-se muito mais facilmente do que os rendimentos do trabalho dependente, e mesmo do que os rendimentos empresariais e profissionais. Assim, razões de concorrência fiscal continuam a determinar um tratamento fiscal mais favorável dos rendimentos de capitais e das mais-valias mobiliárias face a outros tipos de rendimentos, como os derivados do trabalho ou de pensões.

No que concerne aos rendimentos prediais, note-se que, estando em causa rendas de imóveis localizados em território português, o rendimento seria sempre considerado obtido em Portugal, nos termos do artigo 18.º, n.º 1, alínea h) do CIRS. Todavia, uma tributação dos rendimentos prediais a taxas elevadas foi considerada um elemento de desincentivo dos potenciais investidores, em particular quando se comparasse este investimento e a sua tributação com a que era aplicável aos rendimentos de capitais. Esta foi uma das razões determinantes da opção legislativa pelo afastamento dos rendimentos prediais do âmbito do englobamento obrigatório[74], levada a cabo pela Lei n.º 66-B/2012, de 31 de dezembro (Lei do Orçamento do Estado para 2013).

[74] Passando os rendimentos prediais a estar sujeitos a uma tributação autónoma a taxa especial, que em 2019, à data da finalização do presente texto, é de 28%, nos termos do artigo 72.º, n.º 1, alínea e) do CIRS. Todavia, os n.ºs 2 a 5 do artigo 72.º do CIRS, com a redação da Lei n.º 119/2019, de 18 de setembro, preveem taxas mais reduzidas para rendimentos prediais decorrentes de contratos de arrendamento para habitação permanente com duração igual ou superior a dois anos (com uma redução da taxa de tributação que é crescente, na medida do maior número de anos de duração previsto na celebração do aludido contrato de arrendamento).

O programa do atual governo exprime a intenção de "caminhar no sentido do englobamento dos diversos tipos de rendimentos em sede de IRS, eliminando as diferenças entre taxas". Tal intenção poderá vir a concretizar-se na mudança do regime fiscal atualmente aplicável aos rendimentos de capitais e prediais auferidos por sujeitos passivos residentes, com a sujeição dos aludidos rendimentos ao regime de englobamento obrigatório e às correspondentes taxas progressivas do IRS. Todavia, tal medida não se encontra ainda prevista na Proposta de Lei do Orçamento do Estado para 2020.

A medida em apreço constituiria um recuo ao nível da semi-dualização do IRS. Parece-nos que seria um passo positivo no sentido de uma mais justa repartição dos encargos tributários entre os contribuintes e do cumprimento dos princípios da igualdade e da capacidade contributiva. Tanto mais quanto, no caso dos rendimentos prediais, as finalidades extra-fiscais que estiveram na base da respetiva subtração ao regime de englobamento obrigatório já se encontram, em grande medida, cumpridas, com a dinamização alcançada ao nível do investimento em imóveis em território português e com a revitalização do mercado de arrendamento[75].

Relativamente às mais-valias imobiliárias obtidas por sujeitos passivos residentes, a tributação potencialmente mais elevada destes rendimentos obrigatoriamente englobados e sujeitos às taxas gerais progressivas do IRS é atenuado pelo facto de o montante de mais-valias imobiliárias (já deduzidas, em termos de apuramento do saldo anual, das menos-valias imobiliárias apuradas no mesmo ano) ser considerado para efeitos de tributação em apenas metade do seu valor[76].

[75] Note-se que a referida dinamização alcançada ao nível do investimento em imóveis em território português não se deve apenas à alteração do regime fiscal operada em 2013, mas a um conjunto alargado de fatores, entre os quais se contam as alterações introduzidas à legislação do arrendamento, a progressiva retoma da confiança pela população portuguesa, a atração de investidores estrangeiros em resultado dos regimes de *Golden Visa* e de Residente Não Habitual e a grande procura de imóveis para desenvolvimento de atividades de Alojamento Local em certas zonas do país.

[76] Nos termos do artigo 43.º, n.º 2, alínea b) do CIRS.

Sem prejuízo de se entenderem os motivos da semi-dualização do IRS, não podemos concluir sem apontar o facto de o quadro vigente perpetuar injustiças ao nível de uma excessiva oneração fiscal do trabalho e das pensões, face a um tratamento fiscal mais moderado de rendimentos ligados ao capital. A tributação em sede de IRS continua, assim, a incidir mais fortemente sobre os rendimentos dotados de menor mobilidade, não obstante o prejuízo que daqui resulta para um adequado cumprimento do princípio da igualdade em matéria tributária, principalmente ao nível da igualdade horizontal, e do princípio da capacidade contributiva. Impõe-se, portanto, que seja feito um esforço no sentido da diminuição progressiva da carga fiscal incidente sobre os rendimentos do trabalho (dependente e independente) e das pensões, sob pena de se estar a perpetuar uma injustiça fiscal, ao nível da repartição dos encargos tributários entre os contribuintes de IRS.

2 – Princípio da capacidade contributiva e compensação de perdas

A tributação do contribuinte apenas em função dos rendimentos positivos por ele obtidos – sendo, em contrapartida, ignoradas as perdas por ele sofridas – constituiria uma violação do princípio da capacidade contributiva. Este princípio determina uma tributação de cariz global do rendimento do indivíduo, tendo em conta componentes positivas (rendimentos, ganhos) e negativas (perdas). É mediante o cruzamento dos sucessos e dos insucessos do contribuinte que se pode aferir a sua verdadeira força económica e, enfim, a sua capacidade para contribuir para o pagamento do imposto. Deste modo, as perdas sofridas pelo contribuinte têm, forçosamente, que assumir relevância ao nível da aferição da respetiva capacidade contributiva.

Esta problemática pode desdobrar-se em duas, se conjugarmos a **compensação de perdas** com uma dimensão temporal:

i) A questão da compensação das perdas **no próprio ano** em que são apuradas, mediante a dedução a rendimentos positivos que o contribuinte obtenha no mesmo período tributário; e
ii) A questão do reporte das perdas para serem objeto de dedução a rendimentos positivos obtidos pelo contribuinte **em anos subsequentes** (normalmente, com sujeição a um determinado limite máximo de anos).

Ao nível do IRS, o artigo 55.º do respetivo Código consagra um regime de dedução de perdas apenas nos anos seguintes[77]. O número de anos disponível para o reporte das perdas varia consoante a categoria de rendimento em causa.

Desta forma, não é admitida em IRS qualquer compensação de perdas no próprio ano em que estas são apuradas, fora do âmbito da mesma categoria de rendimentos (ou subcategoria, no caso da categoria G, que se divide em duas para este efeito). Quanto ao reporte de perdas para anos subsequentes, este fica limitado ao mesmo sujeito passivo e ao mesmo tipo de rendimento. Não pode haver lugar à compensação de perdas nem entre diferentes categorias de rendimentos, nem entre sujeitos passivos distintos.

Aponte-se que as referidas limitações são suscetíveis de afastar o regime de dedução de perdas em anos posteriores de uma plena concretização do princípio da capacidade contributiva. O regime previsto no CIRS, ao vedar a comunicabilidade de perdas entre categorias de rendimentos, por um lado, e entre sujeitos passivos (mesmo no contexto da opção pela tributação conjunta), por outro, é suscetível de distorcer o apuramento da efetiva capacidade contributiva do sujeito passivo, levando à sua tributação relativamente a uma capacidade contributiva sobreavaliada.

As questões da incomunicabilidade de perdas entre categorias de rendimentos e entre sujeitos passivos são, de seguida, analisadas em maior pormenor.

2.1 – Incomunicabilidade de perdas entre categorias de rendimentos

O CIRS veda qualquer possibilidade de compensação entre ganhos e perdas apurados pelo sujeito passivo em diferentes categorias de rendimento.

Significa isto que **não existe uma comunicabilidade horizontal de perdas entre as categorias de rendimento do IRS**, o que contribui para acentuar a cedularização do imposto. Deste modo, as perdas apuradas

[77] Note-se que, dada a natureza e as características dos respetivos rendimentos, bem como as opções legislativas concretizadas no CIRS, não existem perdas fiscais reportáveis nas categorias A, E e H do IRS.

numa categoria de rendimentos apenas podem ser reportadas para os anos seguintes, nos termos previstos no artigo 55.º, n.º 1 do CIRS, para serem deduzidas aos rendimentos líquidos positivos da mesma categoria.

Tais perdas, portanto, não são nunca suscetíveis de compensação relativamente a rendimentos positivos de outras categorias – nem no ano em que são apuradas, nem em anos posteriores.

Esta exclusão de comunicabilidade horizontal de perdas de diferentes categorias de rendimentos do IRS, inclusivamente no ano em que as perdas são apuradas, distorce significativamente a aplicação do critério da capacidade contributiva no âmbito do IRS – levando à tributação do contribuinte por uma capacidade contributiva que efetivamente não tem, naquele ano. Com efeito, um contribuinte que obtenha um rendimento do trabalho dependente (categoria A) de € 30.000 em determinado ano e, nesse mesmo ano, tenha € 10.000 de perdas na sua atividade empresarial exercida a título individual (categoria B) ou em sede de arrendamento (categoria F), acaba por ser tributado com base numa força económica de € 30.000 que, efetivamente, não tem. A sua força económica nesse ano limita-se, na realidade, a € 20.000 (cabendo, ainda, proceder às deduções específicas e às deduções à coleta legalmente previstas).

A opção legislativa pela aludida exclusão da comunicabilidade horizontal de perdas de diferentes categorias de rendimentos do IRS deve-se, essencialmente, à conceção cedular do IRS (ou seja, à tipificação da incidência objetiva do imposto com recurso a várias categorias de rendimento, sujeitas a regras próprias a diversos níveis). O legislador optou por estender a cedularização do imposto até à fase de apuramento do rendimento coletável do contribuinte, vedando a compensação entre ganhos e perdas apurados pelo mesmo contribuinte em diferentes tipos de atividades sujeitas a IRS, enquadrados em categorias distintas[78].

Não nos parece que a cedularização do imposto – estrutural ao nível da incidência objetiva e das deduções específicas por categoria – impusesse também ao legislador, necessariamente, a exclusão da comunicabilidade horizontal de perdas de diferentes categorias de rendimentos.

[78] Situação completamente distinta daquela que se verifica no IRC, que não é um imposto cedularizado, e no qual existe, em termos gerais, uma compensação no próprio ano entre ganhos e perdas obtidos em diversos tipos de atividade desenvolvidos pelo mesmo sujeito passivo de IRC.

Pelo contrário, a admissão da comunicabilidade de perdas entre diversas categorias de rendimento, logo no ano de apuramento dessas perdas, para efeitos do cálculo do rendimento coletável do contribuinte no período de tributação em causa, seria uma solução muito mais coerente com o princípio da capacidade contributiva.

Provavelmente, a opção do legislador pela exclusão de comunicabilidade horizontal de perdas de diferentes categorias de rendimentos não será alheia à preocupação de evitar a perda de arrecadação tributária referente a categorias de rendimento mais facilmente controláveis, como a categoria A, em virtude da dedução de perdas apuradas em categorias de rendimento de mais difícil fiscalização (como as categorias B ou F).

Todavia, duvidamos de que se possa, neste caso, invocar o princípio da praticabilidade para justificar a limitação em causa, imposta pelo legislador ao princípio da capacidade contributiva, visto que estaria apenas em causa uma mais cuidadosa fiscalização ao rendimento apurado nas diversas categorias de rendimentos. Tal necessidade de fiscalização não pode, a nosso ver, ser apresentada como um obstáculo inultrapassável à concretização mais adequada do princípio da capacidade contributiva no IRS, ao nível da compensação entre rendimentos de diferentes categorias e à dedução de perdas no próprio ano em que são apuradas.

2.2 – Incomunicabilidade de perdas entre sujeitos passivos

Prevê o artigo 55.º, n.º 1 do CIRS que a dedução de perdas é efetuada relativamente a cada titular de rendimentos. Tal significa que **as perdas não são comunicáveis entre sujeitos passivos**. As perdas apuradas por um titular de rendimentos não são, portanto, dedutíveis aos rendimentos positivos de outro titular (nem no ano em que são apuradas, nem em anos posteriores), mesmo que se trate de rendimentos da mesma categoria, e ainda que estejamos perante sujeitos passivos casados ou unidos de facto que tenham optado pelo regime de tributação conjunta.

Também a este nível nos parece ter sido introduzida uma limitação legislativa pouco justificada ao regime opcional pela tributação conjunta de contribuintes casados ou unidos de facto. Com efeito, afigura-se-nos contraditório um regime de tributação conjunta de rendimentos (positivos) de dois contribuintes, mas em que as perdas (rendimentos negativos) por estes apuradas mantêm uma relevância unicamente ao nível de cada um dos contribuintes, não sendo dedutíveis ao rendimento conjunto, mas exclusivamente ao rendimento do contribuinte que as sofreu.

Estamos, assim, perante um regime (opcional) que podemos caracterizar como sendo de **tributação conjunta de rendimentos com consideração separada de perdas**. Este tipo de regime é, não apenas, contraditório em si mesmo, mas também desconforme com o princípio da capacidade contributiva, nos termos do qual os rendimentos, por um lado, e as despesas e perdas, por outro, são incindíveis, correspondem a duas faces da mesma moeda.

2.3 – Reporte de perdas para períodos de tributação distintos

O carácter periódico da tributação do rendimento poderia representar uma limitação ao pleno funcionamento do princípio da capacidade contributiva, caso estivéssemos perante um imposto periódico no qual os períodos de tributação (v.g. anuais) fossem estanques. Tal situação seria contrária tanto ao princípio da capacidade contributiva, como, em termos mais específicos, ao **princípio da solidariedade entre períodos de tributação**.

O facto de cada ano fiscal ser objeto de liquidação e pagamento de imposto de modo independente relativamente aos outros constitui um arranjo artificial, uma vez que a obtenção de rendimentos é, em geral, pautada por um caráter de continuidade e não por uma separação estanque de períodos anuais.

Esta mesma ideia de continuidade encontra-se presente tanto na conceção de "rendimento-produto" – ou seja, a conceção de um fluxo de rendimento dotado de uma certa regularidade e imputável a uma determinada fonte produtora de rendimento – como na conceção de "rendimento-acréscimo".

Assim, o princípio da capacidade contributiva impõe, ao nível de um imposto sobre o rendimento anual, como é o caso do IRS, um determinado **grau de comunicabilidade entre períodos de tributação**, cuja principal manifestação se encontra no regime de reporte de perdas para períodos posteriores.

A tributação dos rendimentos obtidos pelo contribuinte em cada exercício, sem consideração das perdas sofridas em exercícios anteriores, constituiria uma violação da **característica de continuidade** e da **dimensão plurianual** que podemos apontar ao **princípio da capaci-**

dade contributiva. Tal procedimento, ao ter em conta apenas os rendimentos positivos de determinado ano, e ignorando as perdas sofridas nos anos anteriores, levaria a uma aferição errónea e excessiva da capacidade contributiva do sujeito passivo em causa.

Ao nível do IRS, o **artigo 55.º** do respetivo Código consagra um **regime de dedução de perdas nos anos seguintes**[79], assim atendendo ao princípio da solidariedade entre períodos de tributação. O número de anos disponível para o reporte das perdas varia consoante a categoria de rendimento em causa.

Todavia, entendemos que o regime de dedução de perdas para anos posteriores, previsto no CIRS, adotou várias **limitações que o afastam de uma plena concretização do princípio da capacidade contributiva**. Tal como referimos supra, o CIRS veda a comunicabilidade de perdas entre categorias de rendimentos, por um lado, e entre sujeitos passivos (mesmo no contexto da opção pela tributação conjunta), por outro.

Deste modo, nos termos do artigo 55.º do CIRS, o reporte de perdas para anos subsequentes fica limitado ao mesmo sujeito passivo e ao mesmo tipo de rendimento. Não pode haver lugar à compensação de perdas nem entre diferentes categorias de rendimentos, nem entre sujeitos passivos distintos. As referidas limitações são, conforme apontámos supra, suscetíveis de distorcer o apuramento da capacidade contributiva do sujeito passivo, levando à sua tributação relativamente a uma **capacidade contributiva sobreavaliada**.

3 – Incidência relativa a transferências entre diferentes esferas patrimoniais do mesmo sujeito passivo

A tipificação por categorias da incidência objetiva do IRS levou o legislador fiscal a prever ganhos tributáveis, em sede deste imposto, decorrentes da afetação e desafetação de bens entre diferentes esferas patrimoniais do mesmo sujeito passivo.

As normas que preveem a incidência de IRS nestas situações de transferências entre diferentes esferas patrimoniais do mesmo sujeito passivo

[79] Tal como foi já referido, não existem perdas fiscais reportáveis nas categorias A, E e H do IRS, dada a natureza e as características dos respetivos rendimentos, bem como as opções legislativas concretizadas no CIRS.

suscitam-nos sérias reservas quanto à sua compatibilidade com os princípios da capacidade contributiva e da tributação do rendimento real.

Ao analisar esta problemática, centraremos a nossa abordagem na questão da transferência de imóveis entre os patrimónios particular e empresarial do mesmo sujeito passivo[80].

O regime previsto no CIRS – ao criar uma **incidência tributária**, ao nível das categorias G e B, para os "ganhos" apurados, respetivamente, com a **transferência de imóveis do património particular para o empresarial**[81], **e do património empresarial para o particular**[82] – não

[80] Efetuamos uma abordagem aprofundada desta questão em PAULA ROSADO PEREIRA, *Manual de IRS*, cit., pp. 187 ss e pp. 243 ss.

[81] Nos termos do artigo 10.º, n.º 1, alínea a) do CIRS, constituem mais-valias os ganhos decorrentes da afetação de quaisquer bens do património particular a atividade empresarial e profissional exercida em nome individual pelo seu proprietário. Desta forma, a afetação do imóvel aos ativos empresariais ou profissionais representa um facto tributário. O ganho em apreço só se considera obtido no momento da posterior alienação onerosa dos bens em causa ou da ocorrência de outro facto que determine o apuramento de resultados em condições análogas (artigo 10.º, n.º 3, alínea b) do CIRS). A mais-valia fica, portanto, "suspensa", e a correspondente tributação é diferida até à ocorrência de um destes factos. Contudo, por força da parte final da alínea b), do n.º 3 do artigo 10.º do CIRS, excetuam-se os casos de "restituição ao património particular do imóvel habitacional que seja afeto à obtenção de rendimentos da categoria F, mantendo-se o diferimento da tributação do ganho enquanto o imóvel mantiver aquela afetação". Assim, graças à referida exceção, a ocorrência deste tipo de desafetação do imóvel da atividade empresarial e profissional não faz cessar a suspensão da tributação da mais-valia relativa ao primeiro momento – o da afetação do bem do património particular à atividade empresarial e profissional –, enquanto o imóvel habitacional restituído ao património particular se mantiver afeto à obtenção de rendimentos da categoria F. A exceção em apreço, prevista na parte final da alínea b), do n.º 3 do artigo 10.º do CIRS, foi introduzida pela Lei n.º 114/2017, de 29 de dezembro (Lei do Orçamento do Estado para 2018).

[82] Uma transferência do imóvel do património empresarial para o património particular do empresário constitui uma mais-valia, tributável no âmbito da categoria B (artigo 3.º, n.º 2, alínea c) do CIRS). Não se trata de uma mais-valia suspensa (ao contrário do que sucedia no percurso oposto, ou seja, na transferência do imóvel do património particular para o património empresarial do seu titular). Todavia, conforme decorre do artigo 3.º, n.º 9 do CIRS, no caso de um imóvel que se encontrava afeto ao ativo empresarial, desde que se trate de um imóvel habitacional, a sua afetação à obtenção de rendimentos da categoria F não é considerada uma transferência para o património particular do empresário e, consequentemente, deixa de preencher a norma de incidência do artigo 3.º, n.º 2,

nos parece compatível com o princípio da capacidade contributiva, nem com outros princípios ou corolários que dele decorrem, tal como o princípio da tributação do rendimento real.

Nestas situações não se verifica, na realidade, um acréscimo do património do sujeito passivo, demonstrativo de capacidade contributiva, mas sim uma **mera transferência de uma esfera patrimonial para outra**. Os ganhos em apreço são, efetivamente, "ficções" de ganhos, calculados com recurso ao valor de mercado do bem à data da desafetação de uma esfera patrimonial/afetação a outra, sendo que o bem não sai nunca da esfera jurídica do mesmo sujeito passivo.

Assim, por um lado, parece-nos não existir aqui qualquer evidência autêntica de capacidade contributiva, mas sim uma mera reafectação do bem, que em nada altera a situação patrimonial global do sujeito passivo ou a sua força económica.

Por outro lado, afigura-se-nos que não estamos perante verdadeiras mais-valias realizadas (no âmbito da categoria G ou, então, no da categoria B quando se trata de transferência de imóveis do património empresarial para o particular), mas sim perante uma situação que apresenta semelhanças com as **mais-valias potenciais ou latentes**. Todavia, as mais-valias potenciais ou latentes encontram-se excluídas da incidência do IRS, no contexto da adoção, pelo CIRS, de uma conceção moderada de "rendimento-acréscimo", atenuada pelo princípio da realização.

Face ao exposto, o regime previsto no CIRS para os "ganhos" derivados da (des)afetação de bens entre patrimónios distintos do mesmo sujeito passivo parece-nos incongruente face à conceção de rendimento adotada pelo CIRS e desconforme com o princípio da capacidade contributiva.

O problema em apreço encontra-se atenuado nos casos em que o CIRS prevê a **suspensão do momento da obtenção do ganho** até à verificação de outro facto tributário que envolva algum tipo de entrada financeira ou em espécie a favor do sujeito passivo, proveniente de terceiro (v.g. o momento da posterior alienação onerosa do bem em causa).

alínea c) do CIRS. Portanto, preenchidas estas condições, a diferente afetação do imóvel não origina um rendimento empresarial e profissional. Esta exceção foi introduzida pela Lei n.º 42/2016, de 28 de dezembro (Lei do Orçamento do Estado para 2017), e veio facilitar significativamente a reversão da opção pela tributação das rendas na categoria B.

No entanto, de *iure condendo*, afigura-se-nos que seria de ponderar a eliminação das situações de incidência relativas à afetação e desafetação de bens entre diferentes esferas patrimoniais do mesmo sujeito passivo. Na realidade, não se está perante uma verdadeira manifestação de capacidade contributiva, mas sim perante um mero expediente que permite ao legislador fiscal lidar com a existência de diversas esferas de obtenção de rendimentos no seio de um mesmo sujeito passivo, em resultado da conceção cedular do IRS (concretizada na tipificação da incidência objetiva com recurso a várias categorias de rendimento). Valeria a pena ponderar-se outra solução para este problema, que não passasse pela consagração de incidências, nas categorias G e B, incoerentes com os princípios norteadores do IRS.

IV. CONCLUSÕES

O princípio da capacidade contributiva corresponde a uma concretização, no âmbito dos impostos, do princípio da igualdade. Apesar de a Constituição de 1976 não fazer referência expressa ao princípio da capacidade contributiva, pode afirmar-se que ela o acolhe implicitamente.

Para que um **imposto sobre o rendimento** esteja em conformidade com o princípio da capacidade contributiva, ele deve reunir as seguintes **características**: a repartição do encargo tributário entre os contribuintes deve depender da sua capacidade contributiva e não da aplicação do princípio da equivalência; a base de incidência deve ter conteúdo económico; tanto a base de incidência como o conceito de rendimento adotado devem ser amplos; a tributação deve incidir sobre o rendimento líquido, tanto numa vertente objetiva como subjetiva; o imposto deve ser personalizado; deve respeitar um mínimo de existência e abster-se de efetuar um tributação confiscatória.

O princípio da capacidade contributiva marca profundamente a estrutura e a substância do IRS, estando refletido em variados aspetos do seu regime. Não obstante, algumas das soluções acolhidas pelo Código do IRS afiguram-se pouco conformes, ou mesmo desconformes, com o princípio da capacidade contributiva, atentas as decorrências deste ao nível da tributação do rendimento. Referimos de seguida as conclusões extraídas da análise efetuada ao IRS, a este propósito.

O IRS, ao incidir sobre o rendimento obtido pelas pessoas singulares, assenta numa realidade com conteúdo económica e que revela, de forma idónea, a força económica do contribuinte. Tem uma base de incidência ampla e a adoção da conceção de "rendimento-acréscimo" dota-o de um conceito amplo de rendimento.

O CIRS é norteado pelos princípios da tributação do rendimento líquido objetivo e subjetivo, que se concretizam, respetivamente, através da previsão de deduções específicas aos rendimentos de diversas categorias (deduções objetivas) e de deduções à coleta (onde se integram as deduções subjetivas). Os aludidos princípios estão, assim, bem presentes na estrutura do CIRS, apesar dos reparos que se podem efetuar, nalguns casos, quanto à **materialidade** dos valores dedutíveis. Também o princípio da tributação do rendimento real está presente no IRS.

Quanto à **personalização do imposto**, apesar de esta se encontrar patente em diversos aspetos do regime do IRS, ela coexiste no imposto com um **campo de tributação em termos reais**, mediante a aplicação de taxas liberatórias e de taxas espaciais de tributação autónoma.

O **mínimo de existência**, embora se encontre previsto no CIRS, conheceu, ao longo dos anos, uma formulação demasiado restritiva, aplicável apenas aos titulares de rendimentos predominantemente originados em trabalho dependente ou em pensões – deixando, assim, desprotegidos os titulares de rendimentos igualmente baixos, mas de outras categorias. Esta insuficiência do regime foi atenuada apenas a partir de 2018, inclusive, mediante o seu alargamento aos titulares de rendimentos predominantemente decorrentes da prestação de serviços independentes.

O quadro do IRS, no que diz respeito à **proibição do confisco**, está longe de ser satisfatório. O IRS consagra taxas de imposto tendencialmente confiscatórias (48%, que podem ser acrescidos de até 5% de taxa adicional de solidariedade) e, mais ainda, aplica-as em termos discriminatórios, onerando essencialmente os contribuintes que obtêm rendimentos de categorias sujeitas a englobamento obrigatório.

Algumas particularidades do IRS afastam-no significativamente das decorrências do princípio da capacidade contributiva e, por esse motivo, motivaram-nos especial atenção.

É o caso da **semi-dualização do IRS**, que implica a coexistência de taxas progressivas e proporcionais no âmbito do imposto. Sendo certo que os princípios da igualdade e da capacidade contributiva não impõem a tributação do rendimento a taxas progressivas, e que as taxas proporcionais são consentâneas com os aludidos princípios, a coexistência de taxas progressivas e taxas proporcionais dentro do mesmo imposto suscita questões bastante delicadas.

As incongruências do IRS com os princípios da igualdade e da capacidade contributiva resultam, essencialmente, do facto de o IRS – apesar de ser um imposto único, que visa proceder a uma tributação de carácter global dos rendimentos das pessoas singulares – **não assegurar uma tributação unitária** dos rendimentos. No âmbito da tributação de sujeitos passivos residentes, coexistem no CIRS **dois grandes figurinos de tributação**, inspirados em filosofias e princípios bastante distintos, e conducentes a resultados práticos completamente diferentes: o regime do englobamento (que dá lugar à aplicação de taxas de imposto progressivas) e o da tributação a taxas liberatórias ou a taxas especiais de tributação autónoma (proporcionais). É, essencialmente, esta particularidade que afasta o IRS de uma tributação unitária.

O aludido regime semi-dual **não assegura uma igualdade horizontal na tributação**, uma vez que contribuintes com idêntica capacidade contributiva podem ser tributados de forma bastante distinta, e sujeitos a níveis de tributação díspares, consoante os tipos de rendimentos que aufiram. A tributação em sede de IRS incide mais fortemente sobre os rendimentos dotados de menor mobilidade (rendimentos do trabalho dependente, trabalho independente, pensões e mais-valias imobiliárias), ao passo que os rendimentos de capitais, os rendimentos prediais e as mais-valias mobiliárias beneficiam da aplicação de taxas liberatórias e especiais, de natureza proporcional e em média mais moderadas. Sendo estes últimos rendimentos os mais frequentes e de valor mais significativo nos contribuintes com uma capacidade económica mais elevada (e que, portanto, se situariam nos escalões superiores de tributação), a situação vigente permite afirmar que o atual IRS, com o seu sistema semi-dual, apresenta **características de regressividade**.

O programa do atual governo exprime a intenção de "caminhar no sentido do englobamento dos diversos tipos de rendimentos em sede de IRS, eliminando as diferenças entre taxas". Parecem, portanto, existir planos de propor a sujeição dos rendimentos prediais e dos rendimentos de capitais, auferidos por sujeitos passivos residentes, ao regime de englobamento obrigatório, com a respetiva sujeição às taxas progressivas do IRS. Porém, tal medida não se encontra ainda prevista na Proposta de Lei do Orçamento do Estado para 2020 (documento divulgado já na fase final de preparação e revisão do presente texto).

A sujeição a englobamento dos rendimentos prediais e de capitais constituiria um recuo ao nível da semi-dualização do IRS, o que nos parece ser um passo positivo no sentido de uma mais justa repartição dos encargos tributários entre os contribuintes e do cumprimento dos princípios da igualdade e da capacidade contributiva.

Sem prejuízo da pertinência dos argumentos em prol da semi-dualização do IRS – baseados no princípio da praticabilidade e nos constrangimentos criados pela concorrência fiscal internacional e pela mais fácil deslocalização dos rendimentos relacionados com os capitais –, não podemos deixar de notar que o quadro vigente perpetua injustiças ao nível de uma excessiva oneração fiscal do trabalho e das pensões. Em contrapartida, existe um tratamento fiscal mais moderado de rendimentos ligados ao capital. Impõe-se, assim, que seja feito um esforço no sentido da diminuição progressiva da carga fiscal incidente sobre os rendimentos do trabalho (dependente e independente) e das pensões, de forma a alcançar-se uma repartição mais justa dos encargos tributários entre os contribuintes de IRS.

Também o **regime de dedução de perdas** previsto no CIRS merece reparos, tendo em conta as decorrências do princípio da capacidade contributiva. O artigo 55.º do CIRS, ao consagrar um regime que admite a dedução de perdas nos anos seguintes, atende ao princípio da solidariedade entre períodos de tributação. Todavia, ao vedar a comunicabilidade de perdas, quer entre categorias de rendimentos, quer entre sujeitos passivos (mesmo no contexto da opção pela tributação conjunta), o regime previsto no CIRS fica bastante aquém de uma plena concretização do princípio da capacidade contributiva. A incomunicabilidade horizontal de perdas no âmbito do IRS é suscetível de distorcer o apuramento da efetiva capacidade contributiva do sujeito passivo, levando à sua tributação relativamente a uma capacidade contributiva sobreavaliada.

O **regime opcional de tributação conjunta** de contribuintes casados ou unidos de facto pode ser caracterizado, em virtude da aludia incomunicabilidade horizontal de perdas entre os dois sujeitos passivos, como sendo um regime de **tributação conjunta de rendimentos com**

consideração separada de perdas. Este tipo de regime é, não apenas, contraditório em si mesmo, mas também desconforme com o princípio da capacidade contributiva, nos termos do qual os rendimentos, por um lado, e as despesas e perdas, por outro, são incindíveis, correspondem a duas faces da mesma moeda.

Por fim, a consagração no CIRS de uma **incidência tributária**, ao nível das categorias G e B, para os "ganhos" apurados, respetivamente, com a **transferência de imóveis do património particular para o empresarial, e do património empresarial para o particular**, não nos parece compatível com o princípio da capacidade contributiva, nem com outros princípios ou corolários que dele decorrem, tal como o princípio da tributação do rendimento real.

Nestas situações não se verifica, na realidade, um acréscimo do património do sujeito passivo, demonstrativo de uma autêntica capacidade contributiva, mas sim uma mera reafectação do bem entre esferas patrimoniais do sujeito passivo, que em nada altera a situação patrimonial global do sujeito passivo ou a sua força económica. Os ganhos em apreço são, efetivamente, **"ficções" de ganhos**.

Também não estamos perante verdadeiras mais-valias realizadas (no âmbito das categorias G ou B), mas sim perante uma situação que apresenta semelhanças com as **mais-valias potenciais ou latentes** – cuja tributação se encontram excluídas da incidência do IRS, em virtude da adoção pelo CIRS de uma conceção moderada de "rendimento-acréscimo", atenuada pelo princípio da realização.

Face ao exposto, o regime previsto no CIRS para os "ganhos" derivados da transferência de bens entre diferentes esferas patrimoniais do mesmo sujeito passivo parece-nos incongruente face à conceção de rendimento adotada pelo CIRS e desconforme com os princípios da capacidade contributiva e da tributação do rendimento real.

Bibliografia

AZEVEDO, MARIA EDUARDA – «As reformas fiscais portuguesas do século XX», *Ciência e Técnica Fiscal*, n.º 425, 2010, pp. 7-107.

BALBÉ, PAULO V. S. – *Justiça Tributária e Capacidade Contributiva – Uma Análise sob a Ótica Liberal Igualitária de John Rawls*, Editora Lumen Juris, Rio de Janeiro, 2018.

BASTO, JOSÉ GUILHERME XAVIER DE – «A Constituição e o sistema fiscal», *Revista de Legislação e de Jurisprudência*, n.º 3956, 2009, pp. 271-284.

— *IRS – Incidência Real e Determinação dos Rendimentos Líquidos*, Coimbra Editora, Coimbra, 2007.

— «O IRS na Reforma Fiscal de 1988/89», in AAVV – *15 Anos da Reforma Fiscal de 1988/89 – Jornadas de Homenagem ao Professor Doutor Pitta e Cunha*, Almedina, Coimbra, 2005, pp. 73-87.

— «O princípio da tributação do rendimento real e a Lei Geral Tributária», *Fiscalidade*, n.º 5, 2001, pp. 5 ss.

BERLIRI, ANTÓNIO – *Principi di Diritto Tributario*, Giuffré, Milão, 1952.

CAMPOS, DIOGO LEITE DE – «Tributação da família: carga fiscal e inconstitucionalidade», *Boletim da Faculdade de Direito da Universidade de Coimbra*, vol. LV (separata), 1979.

CAMPOS, GUSTAVO CALDAS – «O princípio da capacidade contributiva e as normas de simplificação do sistema fiscal: conflitos e convergências», in CAMPOS, DIOGO LEITE DE (Coord.) – *Estudos de Direito Fiscal*, Almedina, Coimbra, 2007, pp. 103-122.

CANOTILHO, JOSÉ GOMES/MOREIRA, VITAL – *Constituição da República Portuguesa – Anotada*, Volumes I e II, 4.ª ed. revista, Coimbra Editora, Coimbra, 2014.

CARDONA, MARIA CELESTE – «Uma política fiscal para o século XXI: contributos para uma reforma», *Fisco*, n.º 97/98, 2001, pp. 21-37.

CARLOS, AMÉRICO BRÁS – *Impostos – Teoria Geral*, 5.ª ed., Almedina, Coimbra, 2016.

— «Os princípios da eficácia e da eficiência fiscais», *Ciência e Técnica Fiscal*, n.º 416, 2005, pp. 163-181.

CATARINO, JOÃO RICARDO – *Redistribuição Tributária – Estado Social e Escolha Individual*, Almedina, Coimbra, 2008.

CATARINO, JOÃO RICARDO/GUIMARÃES, VASCO BRANCO (Coord.) – *Lições de Fiscalidade Vol. I – Princípios Gerais e Fiscalidade Interna*, 5.ª ed., Almedina, Coimbra, 2017.

CNOSSEN, SJBREN (Org.) – *Towards a Dual Income Tax?*, 1996.

COMISSÃO PARA A REFORMA DO IMPOSTO SOBRE O RENDIMENTO DAS PESSOAS SINGULARES de 2014 – *Projeto da Reforma do IRS – Uma Reforma do IRS Orientada para a Simplificação, a Família e a Mobilidade Social*, setembro de 2014, disponível: https://www.portugal.gov.pt/media/1548208/20140930%20mf%20rel%20comissao%20reforma%20irs.pdf (consultado em 1 de fevereiro de 2018).

CORTE-REAL, CARLOS PAMPLONA – *Curso de Direito Fiscal,* Centro de Estudos Fiscais, Lisboa, 1981.

— «Família, dívida de imposto e regime de bens», in AAVV – *Estudos em Homenagem à Dra Maria de Lourdes Órfão de Matos Correia e Vale,* Centro de Estudos Fiscais, Lisboa, 1995, pp. 85-92.

COSTA, JOSÉ MANUEL CARDOSO DA – «O princípio da capacidade contributiva no constitucionalismo português e na jurisprudência do Tribunal Constitucional», *Boletim de Ciências Económicas,* Vol. LVII, Faculdade de Direito da Universidade de Coimbra, 2014, pp. 1159-1185.

COSTA, REGINA HELENA – *Princípio da Capacidade Contributiva,* 4.ª ed., Malheiros Editores, São Paulo, 2012.

CUNHA, PAULO PITTA E – *A Fiscalidade dos Anos 90,* Almedina, Coimbra, 1996.

— *A Reforma Fiscal,* Dom Quixote, Lisboa, 1989.

— «A unicidade do imposto no cerne da reforma fiscal», *Fisco,* n.º 4, 1989, pp. 39-44.

— «Alterações na tributação do rendimento: reforma fiscal ou simples ajustamentos?», *Fisco,* n.º 103/104, 2002, pp. 3 ss.

— «Bases da reforma – exposição de motivos do projeto de reforma fiscal (parte geral)», in CUNHA, PAULO PITTA E – *A Reforma Fiscal,* Dom Quixote, Lisboa, 1989, pp. 81-98.

CURVELO, HERCULANO MADEIRA/GUIMARÃES, VASCO BRANCO/COSTA, JOAQUIM DOS RAMOS – *Código do Imposto sobre o Rendimento das Pessoas Singulares – Comentado e Anotado,* 2.ª ed., Rei dos Livros, Lisboa, 1993.

DOURADO, ANA PAULA – *Direito Fiscal – Lições,* 3.ª ed., Almedina, Coimbra, 2018.

— *O Princípio da Legalidade Fiscal – Tipicidade, Conceitos Jurídicos Indeterminados e Margem de Livre Apreciação,* Almedina, Coimbra, 2007 (reimpresso em 2015).

FAUSTINO, MANUEL – «A tributação do rendimento das pessoas singulares», in CATARINO, JOÃO RICARDO/GUIMARÃES, VASCO BRANCO (Coord.) – *Lições de Fiscalidade Vol. I – Princípios Gerais e Fiscalidade Interna,* 5.ª ed., Almedina, Coimbra, 2017, pp. 205-281.

— *IRS de Reforma em Reforma – Coletânea de Textos (publicados e inéditos),* Áreas Editora, Lisboa, 2003.

— *O Dever de Retenção na Fonte,* Áreas Editora, Lisboa, 2003.

— «O IRS 25 anos depois», *Revista de Finanças Públicas e Direito Fiscal,* n.º 2, 2014, pp. 67-111.

— «Tendências recentes da evolução do imposto sobre o rendimento pessoal», *Ciência e Técnica Fiscal,* n.º 416, 2005, pp. 55-104.

— «Tributação relativa à família (revisitação)», in AAVV – *Estudos em Homenagem ao Professor Doutor Paulo de Pitta e Cunha*, Almedina, Coimbra, 2010.

Faveiro, Vítor – *Noções Fundamentais de Direito Fiscal Português*, II volume, Coimbra Editora, Coimbra, 1986.

— *O Estatuto do Contribuinte – A Pessoa do Contribuinte no Estado Social de Direito*, Coimbra Editora, Coimbra, 2002.

Feio, Diogo – *A Substituição Fiscal e a Retenção na Fonte: O Caso Específico dos Impostos sobre o Rendimento*, Coimbra Editora, Coimbra, 2001.

Ferreira, Eduardo Paz – «Crise, justiça social e finanças públicas», in AAVV – *Crise, Justiça Social e Finanças Públicas: Conferência*, Almedina, Coimbra, 2010, pp. 19-22.

— *Por Uma Sociedade Decente*, Marcador Editora, Lisboa, 2016.

Ferreira, Rogério Fernandes – *A Tributação dos Rendimentos – Retrospetiva, Atualidade, Tendências*, Almedina, Coimbra, 2007.

Franco, António Luciano de Sousa – *Finanças Públicas e Direito Financeiro*, Vol. I e II, 4.ª ed., Almedina, Coimbra, 2004.

Gallego Peragón, José – *Los princípios materiales de justicia tributaria*, Editorial Comares, Granada, 2003.

García Etchegoyen, Marcos F. – *El Principio de Capacidad Contributiva – Evolución Dogmática y Proyección en el Derecho Argentino*, Editorial Ábaco de Rodolfo Depalma, Buenos Aires, 2004.

Gomes, Nuno de Sá – *Manual de Direito Fiscal*, Vol. I, 12.ª ed., Rei dos Livros, Lisboa, 2003.

González, Eusébio/González, Teresa – *Derecho Tributario*, vol. I, Plaza Universitária Ediciones, Salamanca, 2004.

Grecu, Andrei – *Flat Tax – The British Case*, Adam Smith Institute, London, 2004.

Guimarães, Vasco Branco – «A Reforma Fiscal de 1989 (uma visão por dentro)», in AAVV – *15 Anos da Reforma Fiscal de 1988/89 – Jornadas de Homenagem ao Professor Doutor Pitta e Cunha*, Almedina, Coimbra, 2005, pp. 97-105.

Leitão, João Menezes – «Tributação separada da família e relevância das uniões de facto nos sistemas fiscais da Alemanha, Itália, Espanha e Reino Unido», *Ciência e Técnica Fiscal*, n.º 396, 1999, pp. 189-243.

Leitão, Luís Menezes – «Evolução e situação da reforma fiscal», *Ciência e Técnica Fiscal*, n.º 387, 1997, pp. 7-47.

Lopes, Cidália da Mota – *Quanto Custa Pagar Impostos em Portugal? Os Custos de Cumprimento da Tributação do Rendimento*, Almedina, Coimbra, 2008.

Machado, Jónatas/Costa, Paulo Nogueira da – *Curso de Direito Tributário*, 2.ª ed., Coimbra Editora, Coimbra, 2012.

— *Manual de Direito Fiscal – Perspetiva Multinível,* Almedina, Coimbra, 2017.

Marques, Rui – *JusPrático – IRS 2009,* 2.ª ed., Coimbra Editora, Coimbra, 2009.

Martins, António – «Estado social: uma perspetiva económico-fiscal», *Revista de Finanças Públicas e Direito Fiscal,* n.º 1, 2013, pp. 67-82.

Matos, André Salgado de – *Código do Imposto do Rendimento das Pessoas Singulares (IRS)* Anotado, Instituto Superior de Gestão, Lisboa, 1999.

Ministério das Finanças – *Estruturar o Sistema Fiscal do Portugal Desenvolvido: Textos Fundamentais da Reforma Fiscal para o Século XXI,* Almedina, Coimbra, 1998.

— *Relatório do Grupo para o Estudo da Política Fiscal – Competitividade, Eficiência e Justiça do Sistema Fiscal,* Centro de Estudos Fiscais, Lisboa, 2009.

Miranda, Jorge – *Direitos Fundamentais,* Almedina, Coimbra, 2017.

Morais, Rui Duarte – *Sobre o IRS,* 3.ª ed., Almedina, Coimbra, 2014 (reimpresso em 2016).

— «Tributação separada dos cônjuges e o desafio da simplicidade», in AAVV – *Estudos em Homenagem ao Professor Doutor Paulo de Pitta e Cunha,* vol. II, Almedina, Coimbra, 2010, pp. 791-802.

Musgrave, Richard – «A situação atual da teoria da tributação», *Fisco,* n.º 12/13, 1989, pp. 3-10.

Nabais, José Casalta – «Ainda fará sentido o artigo 104.º da Constituição?», *Cadernos de Justiça Tributária,* n.º 1, 2013, pp. 23-34.

— «As bases constitucionais da reforma da tributação do património», *Fisco,* n.º 111/112, 2004, pp. 3-22.

— *Direito Fiscal,* 10.ª ed., Almedina, Coimbra, 2017.

— *Introdução ao Direito Fiscal das Empresas,* Almedina, Coimbra, 2013.

— *O Dever Fundamental de Pagar Impostos – Contributo para a Compreensão Constitucional do Estado Fiscal Contemporâneo,* Almedina, Coimbra, 1998 (4.ª reimpressão em 2015).

— *Por um Estado Fiscal Suportável – Estudos de Direito Fiscal,* Vol.s I a IV, Almedina, Coimbra, 2005 a 2015.

— «Reflexões sobre quem paga a conta do Estado social», *Ciência e Técnica Fiscal,* n.º 421, 2008, pp. 7-46.

— «Reforma tributária num Estado fiscal suportável», in *Por um Estado Fiscal Suportável – Estudos de Direito Fiscal,* Vol. II, Almedina, Coimbra, 2008, pp. 76 ss.

NABAIS, JOSÉ CASALTA/SILVA, SUZANA TAVARES DA – *Sustentabilidade Fiscal em Tempos de Crise,* Almedina, Coimbra, 2011.

PALAO TABOADA, CARLOS – «La propriedad privada como limite al poder tributario», in AAVV – *La Hacienda Pública en La Constitucion Española,* IEF, Madrid, 1979.

PALMA, CLOTILDE CELORICO – «Da evolução do conceito de capacidade contributiva», *Ciência e Técnica Fiscal,* n.º 402, 2001, pp. 111-145.

PEREIRA, MANUEL HENRIQUE DE FREITAS – *Fiscalidade,* 5.ª ed, Almedina, Coimbra, 2014.

— «Tratamento fiscal da transferência de bens imóveis entre o património privado e o património empresarial de uma pessoa singular», *Ciência e Técnica Fiscal,* n.º 367, 1992, pp. 9-26.

PEREIRA, PAULA ROSADO – *Estudos Sobre IRS: Rendimentos de Capitais e Mais-Valias,* Almedina, Coimbra, 2005.

— *Manual de IRS,* 2.ª ed., Almedina, Coimbra, 2019.

— «Novamente a questão da retroatividade da lei fiscal no campo da tributação autónoma de encargos», *Revista de Finanças Públicas e Direito Fiscal,* n.º 3, 2011, pp. 267-284.

— «O princípio da não retroatividade da lei fiscal no campo da tributação autónoma de encargos», *Revista de Finanças Públicas e Direito Fiscal,* n.º 2, 2011, pp. 217-224.

— *Princípios do Direito Fiscal Internacional – Do Paradigma Clássico ao Direito Fiscal Europeu,* Almedina, Coimbra, 2010 (reimpresso em 2016).

PETISCA, JOAQUIM ÁGUEDA – *Uma Opção para a Reforma do IRS,* Centro de Estudos Fiscais, Lisboa, 2000.

PIRES, MANUEL/PIRES, RITA CALÇADA – *Direito Fiscal,* 5.ª ed., Almedina, Coimbra, 2012 (reimpresso em 2017).

— *O Significado do Imposto e da Crise,* Universidade Lusíada, Lisboa, 2014.

POÇAS, LUÍS – «A tributação dos rendimentos de capitais nos seguros e operações do ramo "Vida" e fundos de pensões», *Cadernos de Justiça Tributária,* n.º 9, 2015, pp. 26-45.

PORTO, MANUEL LOPES – «A integração na CEE e a reforma do sistema fiscal português», in AAVV – *Estudos em Homenagem ao Professor Doutor António de Arruda Ferrer-Correia,* FDUC, Coimbra, 1991, pp. 747-791.

RIBEIRO, JOSÉ JOAQUIM TEIXEIRA – *A Reforma Fiscal,* Coimbra Editora, Coimbra, 1989.

— «As opções fiscais da Constituição», *Boletim de Ciências Económicas*, XXVIII, 1985, pp. 87-103.

— *Lições de Finanças Públicas*, 5.ª ed., Coimbra Editora, Coimbra, 1997.

— «O imposto de rendimento e a discriminação do rendimento», *Boletim de Ciências Económicas*, vol. XXVIII (separata), 1985.

Sanches, José Luís Saldanha – *A Quantificação da Obrigação Tributária – Deveres de Cooperação, Autoavaliação e Avaliação Administrativa*, 2.ª ed., Lex, Lisboa, 2000.

— «A reforma fiscal portuguesa numa perspetiva constitucional», *Ciência e Técnica Fiscal*, n.º 354, 1989, pp. 41-73.

— «Conceito de rendimento do IRS», *Fiscalidade*, n.º 7/8, 2001, pp. 33-61.

— *Justiça Fiscal*, Fundação Francisco Manuel dos Santos, Lisboa, 2010.

— *Manual de Direito Fiscal*, 3.ª ed., Coimbra Editora, Coimbra, 2007.

— «O conceito de mais-valia depois da Reforma», *Fisco*, n.º 20/21, 1990, pp. 59-65.

— «O pedido da declaração de inconstitucionalidade do IRS: as consequências possíveis», *Fisco*, n.º 9, 1989, pp. 14-17.

— *Princípios Estruturantes da Reforma Fiscal*, Edifisco, Lisboa, 1991.

— «Retenções na fonte do IRS: uma interpretação conforme à Constituição», *Fisco*, n.º 12/13, 1989, pp. 12-14.

Santos, António Carlos dos – «Da crise fiscal do Estado à crise do Estado fiscal», *Revista da OTOC*, n.º 201, 2016, pp. 28-34.

Santos, António Carlos Dos/Lopes, Cidália da Mota (Coord.) – *Fiscalidade – Outros Olhares*, Vida Económica, Porto, 2013.

Santos, Luís Máximo dos – «A reforma da tributação do rendimento de 2000», *Fisco*, n.º 99/100, 2001, pp. 17-35.

Silva, Fernando Castro – «Reforma Fiscal: âmbito e motivações», *Fisco*, n.º 92, 2000, pp. 35-44.

Slemroad, Joel/Bakija, Jon – *Taxing Ourselves: A Citizen's Guide to the Debate Over Taxes*, The MIT Press, 2004.

Smith, Adam – *Inquérito sobre a Natureza e as Causas da Riqueza das Nações*, Fundação Calouste Gulbenkian, Lisboa, 1983.

Sorensen, Peter Birch – *Dual Income Taxes – A Nordic Tax System*, University of Copenhagen, Copenhagen, 2009.

Tipke, Klaus – *Steuergerechtigkeit in Theorie und Praxis*, Otto Schmidt Verlag, Köln, 1981.

TIPKE, KLAUS/YAMASHITA, DOUGLAS – *Justiça Fiscal e Princípio da Capacidade Contributiva,* Malheiros Editores, São Paulo, 2002.

TOMAZ, JOÃO AMARAL – «A redescoberta do imposto proporcional (flat tax)», in AAVV – *Homenagem a José Guilherme Xavier de Basto*, Coimbra Editora, Coimbra, 2006, pp. 351-405.

TORRES, RICARDO LOBO – *Tratado de Direito Constitucional Financeiro e Tributário – Valores e Princípios Constitucionais Tributários,* 2.ª ed., Ed. Renovar, Rio de Janeiro, 2014.

VASQUES, SÉRGIO – «Capacidade contributiva, rendimento e património», *Fiscalidade,* n.º 23, 2004, pp. 15-45.

— *Manual de Direito Fiscal,* 2.ª ed., Almedina, Coimbra, 2018.

— *O Princípio da Equivalência como Critério de Igualdade Tributária*, Almedina, Coimbra, 2008.

PROIBIÇÃO DA RETROATIVIDADE DA LEI FISCAL NO CONTEXTO DO IRS

SÓNIA MARTINS REIS[1]

> *"In all retroactive laws there must be an element of surprise, by which persons whose rights are affected are taken unawares. Thery are colled upon to act in a manner different from what they have been led by the settled state of the law to anticipate. So repugnant is such a system of legislation to our nature sense of justice, that it has been stigmatized as more unreasonable than that adopted by Caligula, who was said to have written his laws in a very small character and hung them upon high pillars, the more effectually to ensnare the people".*
>
> WILLIAM PRATT WADE

Sumário: O texto que se segue pretende refletir sobre a temática da proibição da retroatividade da lei fiscal em sede do Imposto sobre o Rendimento das Pessoas Singulares ("IRS"), mediante a análise crítica das principais decisões jurisprudenciais no que concerne à proibição da retroatividade no contexto deste imposto. Tem-se também como finalidade perceber se as decisões dos tribunais portugueses têm de facto conseguido garantir a segurança jurídica dos contribuintes da qual deriva o princípio da proibição da retroatividade fiscal. Para tal, afigura-se essencial perceber a evolução do princípio da proibição da retroatividade fiscal antes e após a sua inclusão na Constituição da República Portuguesa ("CRP"), discutir o conceito de retroatividade fiscal que a CRP efetivamente encerra, bem como os diferentes tipos de retroatividade fiscal concebidos pela doutrina e jurisprudência e ainda verificar da aplicabilidade, ou não, da Lei Geral Tributária ("LGT") no que toca à proibição da retroatividade fiscal em sede do IRS, comentando as, por vezes, discrepantes decisões dos nossos Tribunais superiores.

[1] Doutoranda em Direito Fiscal na Faculdade de Direito da Universidade de Lisboa. Mestre em Direito Fiscal na Faculdade de Direito da Universidade de Lisboa. Assistente Convidada na Faculdade de Direito da Universidade de Lisboa. Investigadora Associada do CIDEFF. Consultora em PLMJ ADVOGADOS, SP, RL (PLMJ).

I. O PRINCÍPIO DA PROIBIÇÃO DA RETROATIVIDADE FISCAL – CONSIDERAÇÕES GERAIS

A temática da aplicação da lei retroativa, nomeadamente da lei fiscal, não é uma questão nova.

Na verdade, o princípio da proibição da retroatividade das leis é muito antigo, remontando a uma lei do Código Justiniano (lei 1,14,7), que assim se pode traduzir; "função das leis e constituições é dar forma certa aos factos futuros e não aplicar-se aos factos passados". Esta ideia ínsita no Direito Romano transitou para o Direito Canónico, estando sancionada numa constituição do Pontífice Gregório IX[2]. Durante a revolução francesa, foram adotadas medidas retroativas, sendo que se pretendia fazer prevalecer as novas ideias sobre as anteriores, tendo-se fortalecido o princípio da não-retroatividade. Por sua vez, o Código Napoleão no seu artigo 2.º determinava expressamente que "*A lei dispõe apenas* para *o futuro; ela não tem qualquer efeito retroactivo*".

O Direito lusófono, considerando a sua base romana, foi subscrevendo o princípio da não retroatividade ao longo dos tempos. No século XVIII, esse princípio foi assumido por assentos da Casa da Suplicação de 5-Dez-1770 e de 21-Jul-1797. Acresce também que a ideia de que a lei nova respeitava os direitos adquiridos foi jurisprudencialmente reconhecida. Com estes antecedentes, a doutrina geral do Direito transitório surgia já bastante completa em Borges Carneiro, determinando que a lei não é retroativa, que os direitos adquiridos conservam-se, que os casos julgados são respeitados e a lei interpretativa é retroativa[3].

Também o Código Civil de 1867 determinava que a lei civil não tem efeito retroativo, com excepção da lei interpretativa que era aplicada retroativamente, exceto se dessa aplicação resultasse uma violação dos direitos adquiridos.

Atualmente, o artigo 12.º do Código Civil de 1966 determina que "*A lei só dispõe para o futuro; ainda que, lhe seja atribuída eficácia retroativa, presume-se que ficam ressalvados os efeitos já produzidos pelos factos que a lei se destina a regular*".

[2] Inocêncio Galvão Telles, *Introdução ao Estudo do Direito*, volume I, 11.ª edição (refundida e atualizada), Coimbra Editora, Coimbra, 1999, pp. 278.

[3] António Menezes Cordeiro, *Tratado de Direito Civil I*, 4.ª edição, (reformulada e atualizada), Almedina, Coimbra, 2012, p. 844-850.

Daqui resulta que a regra é a de a lei dispor para o futuro, sendo que os factos como os seus efeitos que ocorreram sob o domínio temporal da "lei antiga" não podem ser objeto do novo regime. Ora, tal significa que a retroatividade da lei nova não se aplica a factos passados ou aos seus efeitos mesmo que os mesmos sejam adiados ou estendidos ao abrigo desta nova lei[4].

Contudo, e apesar de o artigo 12.º do Código Civil consagrar um princípio geral de proibição da retroatividade, ao abrigo do n.º 1 do artigo 13.º do Código Civil admite-se que no caso de uma lei interpretativa, a mesma se integre na lei interpretada, ficando salvos, os efeitos já produzidos pelo cumprimento da obrigação, por sentença passada em julgado, por transação, ainda que não homologada, ou por atos de natureza análoga. Tal significa que a retroatividade, em Direito Civil, é aceite quando estejamos perante normas interpretativas. A lei interpretativa, como é próprio da sua natureza, tem um efeito retroativo integrando-se na lei interpretada, com que fica constituindo um todo único. Mas, esta retroatividade não é aplicável aos efeitos já produzidos por sentença passada em julgado, bem como os já produzidos pelo cumprimento da obrigação, por transação, ainda que não homologada, ou por atos de análoga natureza os que importem o reconhecimento do direito[5].

Resulta assim que à lei pode ser atribuída eficácia retroativa. Portanto, apesar de se consagrar um princípio geral de irretroatividade da lei, o mesmo não impede o legislador de conferir eficácia retroativa a uma determinada lei. Assim e, em caso, de estarmos perante uma lei retroativa, esta lei deve ser direcionada para o passado, sendo que deve aplicar-se aos efeitos pendentes, não sendo extensiva aos factos e efeitos já passados. A não retroatividade da lei nova constitui um reflexo do interesse na estabilidade e uma emanação do princípio da confiança, dado que ela assegura que factos passados e efeitos já produzidos não são abrangidos pela lei nova[6].

Do exposto, flui que a retroatividade da lei é, em si mesma, uma situação de excecionalidade, na medida que uma lei nova não deve, em prin-

[4] Glória Teixeira, *Manual de Direito Fiscal*, 5.ª edição, Almedina, Coimbra, 2018, p. 66.

[5] Inocêncio Galvão Telles, *Introdução ao Estudo ...*, op. cit., pp. 294-295.

[6] Miguel Teixeira de Sousa, *Introdução ao Direito*, Almedina, Coimbra, 2012, p. 281.

cípio, procurar regular situações jurídicas que nasceram e produziram, parte ou todos, os seus efeitos no passado.

Nas palavras de José Gomes Canotilho, a retroatividade perfila-se como uma ficção em que se decreta a validade e vigência de uma norma a partir de um marco temporal (data) anterior à data da sua entrada em vigor[7]. Consagra-se assim o princípio da proibição da retroatividade das leis que tem um alcance geral, sendo extensivo a todos os ramos do Direito, ainda que revele características específicas em cada ramo do Direito. Caso este princípio não seja respeitado, diz-se que a lei nova é retroativa.

A regra no Direito Fiscal, tal como noutros ramos do Direito é a de que a lei nova se aplica para o futuro e a aplicação a factos passados é proibida[8].

Contudo, em Direito Fiscal, a proibição da retroatividade assume uma especial relevância, não se limitando a estar prevista no artigo 12.º da LGT, mas sim tendo assento constitucional no n.º 3 do artigo 103.º da CRP, nos termos do qual "*Ninguém pode ser obrigado a pagar impostos que não hajam sido criados nos termos da Constituição, que tenham natureza retroativa ou cuja liquidação e cobrança se não façam nos termos da lei*"[9].

II. A PROIBIÇÃO DA RETROATIVIDADE NO DIREITO FISCAL

A) A Proibição da Retroatividade Fiscal na Lei Geral Tributária

Previamente à introdução na CRP do Princípio da Proibição da Retroatividade Fiscal[10], este princípio já se encontrava previsto no artigo 12.º da LGT[11].

[7] José Gomes Canotilho, *Direito Constitucional e Teoria da Constituição*, 7.ª edição, Coimbra, 2003, p. 261.

[8] Ana Paula Dourado, *Direito Fiscal: Lições*, 3.ª edição, Almedina, Coimbra, 2018, pp. 167 e 168.

[9] A redação atual do n.º 3 do artigo 103.º da CRP reflete a proposta de redação desta norma apresentada pelo PSD em sede dos trabalhos preparatórios da IV Revisão da Constituição.

[10] Também têm assento constitucional a proibição da retroatividade relativamente às leis restritivas de direitos, liberdades e garantias previsto no n.º 3 do artigo 18.º, bem como a lei penal incriminatória não pode ser retroativa, na medida em que ninguém pode ser sentenciado criminalmente senão devido a lei anterior que declare punível a sua ação ou omissão, prevista no n.º 4 do artigo 29.º.

[11] A LGT foi aprovada pelo Decreto-Lei 38/98, de 12 de Dezembro de 1998, tendo entrado em vigor no dia 1 de Janeiro de 1999.

A LGT, que é uma lei sem valor reforçado, determina no n.º 1 do artigo 12.º que as normas tributárias aplicam-se aos factos posteriores à sua entrada em vigor, não se podendo proceder à criação de quaisquer impostos que tenham natureza retroativa. Esta regra está, naturalmente, em conformidade com o disposto no Código Civil e na CRP.

Por sua vez, o n.º 2 do artigo 12.º deste diploma estabelece, ainda, uma regra *pro rata temporis*, nos termos da qual quando os factos tributários sejam de formação sucessiva, como é o caso do IRS e do Imposto sobre o Rendimento das Pessoas Coletivas ("IRC"), a lei nova só se aplica ao período decorrido a partir da sua entrada em vigor. Ora, tal significa que se for aprovado um aumento em 5% da taxa do escalão máximo de IRS em agosto, entrando a norma em vigor em 1 de Setembro, apenas a partir de 1 de Setembro seria aplicável o referido aumento da taxa em 5%. Até à entrada em vigor da lei continuaria a aplicar-se a anterior taxa.

Como veremos mais adiante, a disposição do n.º 2 do artigo 12.º da LGT está em clara dissonância com a interpretação que o Tribunal Constitucional[12] tem feito da proibição de impostos retroativos prevista no n.º 3 do artigo 103.º da CRP, no que concerne aos impostos de formação sucessiva.

A aplicação da solução *pro rata temporis* não nos parece totalmente desprovida de sentido e tem vindo a ser testada em diferentes contextos jurídicos, nomeadamente em situações em que está em causa a aplicação de normas transitórias.

Já no que concerne às normas procedimentais e processuais de natureza fiscal, a LGT não aceita a retroatividade, sendo que os efeitos de uma lei revogada podem-se manter ao abrigo de um novo regime legal de modo a salvaguardar os direitos dos contribuintes[13]. Está aqui ínsita uma ideia de proteção dos contribuintes e de salvaguarda dos direitos que se têm por adquiridos.

[12] O Tribunal Constitucional tem afastado a aplicação da regra *pro rata temporis* invocando, entre outros argumentos, o princípio da praticabilidade. Este princípio comporta em si mesmo a necessidade de se atribuir alguma flexibilidade às normas fiscais para que as mesmas possam contemplar em termos da sua incidência diferentes realidades que podem ser alteradas e modificadas, procurando-se assim assegurar alguma igualdade fiscal.

[13] cfr. n.º 3 do artigo 12.º da LGT.

Acresce que a aplicação do princípio da proibição da retroatividade fiscal tem um diferente impacto consoante se trate de normas oneradoras ou desoneradoras ou de normas substantivas ou processuais.

Ademais, o alcance do princípio da proibição da retroatividade fiscal é distinto consoante a natureza dos impostos em presença, ou seja, consoante estejamos perante impostos de formação sucessiva ou impostos de obrigação única, ainda que os impostos de formação sucessiva possam em si mesmos assumir, em certos cenários a natureza de impostos de obrigação única[14]. Ora, para este efeito é determinante o momento no tempo em que o facto tributário, que vai dar origem à obrigação tributária, se realiza.

B) A Proibição da Retroatividade Fiscal nas Constituições Portuguesas

O Princípio da Proibição da Retroatividade Fiscal não se encontrava previsto nas Constituições Monárquicas, à exceção da Carta Constitucional de 1826[15], em que se estabelecia uma disposição genérica relativa à proibição de leis retroativas[16].

Nas Constituições subsequentes, nomeadamente nas constituições de 1911 e 1933, a proibição da retroatividade fiscal não teve assento constitucional expresso, o mesmo tendo ocorrido na versão originária da Constituição de 1976 que consagrava apenas a proibição das leis penais retroativas.

Em boa verdade, antes da consagração expressa do princípio da proibição da retroatividade fiscal na CRP, vários autores, como era o caso de Oliveira Salazar[17], Cabral de Moncada[18], Marques Guedes[19] e Braz Tei-

[14] Como ocorre nos casos de retenção na fonte a título definitivo e da tributação autónoma.

[15] A este respeito, veja-se Jorge Miranda, *As Constituições Portuguesas de 1822 ao texto actual da Constituição*, 4.ª Edição, Lisboa, 1997 e Marcello Caetano, *Constituições Portuguesas*, 7.ª edição, Lisboa/São Paulo, 1994.

[16] O n.º 2 do artigo 145 da Carta Constitucional de 1826 determinava que "*A disposição da Lei não terá efeito retroativo*".

[17] António de Oliveira Salazar, "Da não retroatividade das leis em matéria tributária", *in Boletim da Faculdade de Direito de Coimbra*, ano IX, 1925-26, pp. 53 e 54.

[18] Luís Cabral de Moncada, *Lições de Direito Civil*, I vol., Coimbra, 1954, p. 247.

[19] Armando Marques Guedes, "Interpretação, aplicação e integração de normas

xeira[20] defendiam que este princípio não estava de forma alguma previsto no texto constitucional. Como tal, podiam ser livremente criadas leis fiscais retroativas ou ser dado efeito retroativo às leis fiscais.

Outros autores, como é o caso de Soares Martinez[21], Pamplona Corte-Real[22] e Nuno Sá Gomes[23] defendiam que o princípio da proibição da retroatividade fiscal estava implicitamente consagrado no texto constitucional, extraindo este princípio do princípio da legalidade.

Alberto Xavier defendia, igualmente, que o princípio da proibição da retroatividade fiscal devia ser extraído do princípio da legalidade, designadamente da reserva absoluta da lei fiscal, nos termos do disposto no artigo 70.º da CRP de 1933, sendo que o momento adequado para determinar a norma temporalmente aplicável corresponderia ao momento em que ocorria o facto tributário. Para este autor, por razões em tudo análogas às que levaram o princípio da legalidade em matéria penal a configurar-se como uma regra *nullum crimen, nula poena sine lege previa*, devia entender-se que o princípio da legalidade em matéria de impostos contém em si mesmo uma regra *nullum tributum sine lege previa*[24].

Por sua vez, Casalta Nabais considerava que o princípio da proibição da retroatividade fiscal derivava do princípio da segurança jurídica e da proteção da confiança, sendo que a proibição da retroatividade não pode

jurídicas", *in Ciência e Técnica Fiscal*, Lisboa, n.º 44-45, Lisboa, agosto-setembro, 1962, pp. 202 e 201.

[20] António Braz Teixeira, *Princípios de Direito Fiscal*, vol. I, 3.ª edição atualizada e revista, Coimbra, 1985, p. 154. Para este autor, poderia também defender-se que a CRP não proibia, nem direta nem indiretamente, a retroatividade das leis fiscais com base no argumento de que quaisquer propostas, nomeadamente aquando da revisão de 1982, de conceder assento constitucional a este princípio foram sendo manifestamente recusadas pelo Parlamento e, por outro lado, verificava-se com frequência a introdução de leis fiscais retroativas e a inclusão no Orçamento de autorizações legislativas em matéria fiscal de efeito retroativo.

[21] Pedro Soares Martinez, *Manual de Direito Fiscal*, Almedina, Coimbra, 1983, pp. 146-149.

[22] Carlos Pamplona Corte-Real, "Curso de Direito Fiscal", vol. I, *Cadernos de Ciência e Técnica Fiscal*, 124, 1982, pp. 138-140.

[23] Nuno Sá Gomes, *Lições de Direito Fiscal*, vol. II, Editora Rei dos Livros, Lisboa, 2000, pp. 420 e segs.

[24] Alberto Xavier, *Manual de Direito Fiscal*, Lisboa, 1974, p. 190 e segs.

deduzir-se indiretamente, quer do princípio da legalidade fiscal, quer do princípio da proibição das leis retroativas restritivas de direitos, liberdades ou garantias[25].

Como já mencionado acima, até à IV revisão constitucional à CRP de 1976, o princípio da proibição da retroatividade estava consagrado para as normas penais[26], o que permitia que as normas fiscais sancionatórias não tivessem aplicação retroativa. Contudo, continuava sem existir uma consagração expressa da proibição da retroatividade das normas fiscais[27] que só foi efetivamente introduzida em 1997 por força da IV revisão constitucional ainda que já, anteriormente, tivessem sido encetadas iniciativas para a introdução expressa deste princípio, nomeadamente aquando da revisão constitucional de 1982[28].

A necessidade de inclusão expressa de um princípio de proibição da retroatividade fiscal está intimamente ligada à ideia do Estado de Direito e ao facto da CRP de 1976 ser uma Constituição que foi desenhada num contexto pós-revolucionário em que se tomou como fundamental a preservação e a redução a escrito dos direitos dos cidadãos.

De facto, a consagração constitucional da proibição da retroatividade fiscal é de alguma forma uma singularidade portuguesa, na medida em que muitos ordenamentos jurídicos não consagram este princípio na sua Lei Fundamental, mas sim em legislação ordinária, como é o caso do ordenamento jurídico alemão[29], espanhol, francês e holandês, sendo que restringem a consagração da irretroatividade às leis penais e às leis que

[25] José Casalta Nabais, *O Dever Fundamental de Pagar Impostos*, Coimbra, 1998, p. 399.

[26] Cfr. n.º 4 do artigo 29.º.

[27] Ainda quanto à não retroatividade das leis fiscais, veja-se Juan Jose Perulles Bassas, *Manual de Derecho Fiscal*, Barcelona, 1961; Emídio Pires da Cruz, *Da aplicação das leis no tempo*, Lisboa, 1940; Fernando Pessoa Jorge, *Não retroatividade da lei em matéria de benefícios fiscais*, Lisboa, 1968; Manuel Cortes Rosa, *Aplicação temporal das normas fiscais*, *in Ciência e Técnica Fiscal*, n.ºs 25 e 26, 1961; José Manuel Cardoso da Costa, *Curso de direito fiscal*, 2.ª edição, Coimbra, 1972; Manuel Pires, *Direito Fiscal – apontamentos*, Lisboa, 1979/1980.

[28] Aquando da revisão constitucional de 1982, Jorge Miranda e Sá Carneiro manifestaram-se particularmente entusiastas da introdução de um princípio de proibição da retroatividade fiscal na Constituição.

[29] Em Espanha, a proibição da retroatividade fiscal apenas foi introduzida na lei em 2003.

afetem os direitos fundamentais. Aliás, ao nível da Europa, apenas a Suécia e a Grécia consagram de forma expressa, a proibição da retroatividade das normas fiscais[30].

De facto, com a introdução expressa do Princípio da Proibição da Retroatividade Fiscal[31] na CRP[32], procurou consagrar-se um *droit de résistance* ao pagamento de impostos que sejam lesivos para o contribuinte. Esta norma surge como uma forma de garantia dos direitos dos contribuintes, no sentido em que apesar dos contribuintes terem de proceder ao pagamento de impostos, tal não deve abrir a possibilidade de comportamentos abusivos por parte das Autoridades Públicas.

Temos para nós que a consagração expressa deste princípio não trouxe nada de especialmente novo face à até então inexistente consagração constitucional desta regra[33]. Este nosso entendimento baseia-se na falta de clareza e de algum "obscurantismo" que a norma comporta, pois, como veremos mais adiante, não estão de modo algum delimitados

[30] Quanto ao tratamento da proibição da retroatividade fiscal na Grécia e na Suécia, veja-se Eleni Theocharopoulu, Konstantinos Remelis e Panagiotis G. Melissinos, "Greece" *Retroactivity of Tax Legislation*, 2010, EATPL Congress Leuven, Amsterdam, 2013 e Katarina Fast, Peter Melz e Anders Hultqvist, "Sweden", *Retroactivity of Tax Legislation*, 2010, EATPL Congress Leuven, Amsterdam, 2013.

[31] Apesar de não existir qualquer definição do que se deve entender por "impostos de natureza retroativa", é claro que a proibição da retroatividade se alicerça na proibição da aplicação de uma lei nova a factos passados, o que significa que a lei nova deve vigorar para o futuro e não para o passado. Esta regra não deverá ser aplicável se a lei nova que for aprovada for mais favorável do que a lei antiga. Neste cenário, pode-se equacionar a sua aplicação a factos passados, ganhando, neste âmbito, relevo as normas desoneradoras. Entendemos que estas normas podem ser retroativas, porque não põem em causa nem prejudicam a segurança jurídica dos contribuintes, estando protegida a confiança que os cidadãos depositam no Estado de Direito Democrático.

[32] Casalta Nabais interrogou-se se com a introdução da proibição da retroatividade fiscal não estaríamos perante manifestações de fenómenos de "panconstitucionalização" e de "novoriquismo" constitucional que não honram uma constituição digna desse nome (*in Direito Fiscal*, 7.ª ed., Almedina, Coimbra, 2012, p. 151, nota 33), numa postura claramente crítica de introdução desta proibição na CRP.

[33] Naturalmente que não é este o entendimento do Tribunal Constitucional que propugna que o n.º 3 do artigo 103.º da CRP introduziu novidades, argumentando que a proibição da retroatividade está agora isenta de quaisquer análises valorativas, como refere Ana Paula Dourado, *Manual de ...*, op. cit., p. 183.

na CRP de forma clara e inequívoca os cenários em que está vedada a retroatividade da lei fiscal. Ora, tal significa que do preceito constitucional, podemos apenas inferir a proibição de impostos retroativos.

Do exposto, verifica-se que a proibição da retroatividade fiscal, tal como se encontra plasmada na CRP deixa em aberto muitas questões, sendo que seguimos Saldanha Sanches que afirmava que com a introdução deste preceito constitucional não se tinha resolvido a questão essencial que era a de saber se a retroatividade tinha sido consagrada num sentido forte ou fraco, sendo que tal definição ficaria a cargo da jurisprudência[34], o que, como veremos, tem vindo efectivamente a ocorrer e se tem revelado em alguns casos prejudicial, nomeadamente em sede de IRS, para os contribuintes.

III. O TRATAMENTO JURISPRUDENCIAL DO PRINCÍPIO DA PROIBIÇÃO DA RETROATIVIDADE FISCAL

A) A jurisprudência prévia à introdução da proibição da retroatividade fiscal na CRP

A Comissão Constitucional, e posteriormente, o Tribunal Constitucional perfilharam o entendimento de que as leis fiscais retroativas apenas não poderiam ser aplicáveis quando comportassem uma retroatividade intolerável, que afetasse de forma inadmissível e arbitrária os direitos e expectativas legitimamente fundadas dos contribuintes[35].

O entendimento da Comissão Constitucional e, posteriormente, do Tribunal Constitucional era o de que eram aceites impostos retroativos, exceto se a retroatividade da lei fiscal lesasse de forma inadmissível e intolerável a segurança jurídica do contribuinte. Caso contrário seria constitucionalmente aceite, nomeadamente se a confiança dos destinatários da norma fosse materialmente injustificada ou se ocorressem razões

[34] José Luís Saldanha Sanches, *Manual de Direito Fiscal,* 3.ª edição, Coimbra Editora, Coimbra, 2007, pp. 190-191.

[35] A este respeito, vejam-se Pareceres da Comissão Constitucional n.ºs 25/81, 14/82 e Acórdãos do Tribunal Constitucional n.ºs 11/83, 66/84, 141/85, 409/89, 216/90, 410/95, 275/98.

de interesse geral que reclamassem a aplicação retroativa da lei fiscal e o encargo para o contribuinte não fosse desproporcionado[36].

Estávamos, portanto, perante um entendimento que assentava num critério material para definir os limites da retroatividade baseado nos efeitos lesivos da lei retroativa nas expectativas dos contribuintes e que era uma posição que se aproximava da jurisprudência constitucional alemã[37]. A este respeito, Karl Larenz referia que de acordo com o Tribunal Constitucional Federal alemão "*o princípio da confiança proíbe em geral uma retroatividade das leis a hipóteses legais já verificadas, tanto quanto e na medida em que o cidadão devesse confiar na permanência da posição jurídica que daí para si deriva*"[38].

A segurança jurídica não surgia assim como precedente da retroatividade fiscal, mas sim como uma consequência que apenas em situações excecionais permitiria justificar o afastamento das normas fiscais retroativas, sendo a avaliação ou o teste da retroatividade feito de forma casuística pelos tribunais.

O entendimento jurisprudencial solidificou a posição da doutrina que considerava que dar assento constitucional à proibição da retroatividade não seria justificado e seria extremamente perigoso, na medida em que a restrição e o sacrifício que os impostos impõem não poderia equiparar-se ao das sanções penais[39].

Contudo, apesar do entendimento jurisprudencial e doutrinário primordial ser o de que as leis fiscais podiam ser livremente retroativas, já existiam vozes em sentido contrário, como foi o caso de Vital Moreira que em voto de vencido no acórdão 11/83 do Tribunal Constitucional pôs em causa toda a linha de pensamento da jurisprudência dominante até então referindo que "*a retroatividade* não pode ser regra, mas apenas exce-

[36] Cfr. Pareceres da Comissão Constitucional n.ºs 25/81 e 14/82.

[37] José Luís Saldanha Sanches, *Manual de ...*, op. cit., p. 188.

[38] Karl Larenz, *Metodologia do Direito*, 3.ª edição, Fundação Calouste Gulbenkian, tradução de José Lamego, do original alemão intitulado: Methodenlehre Der Rechtswissenschaft, Lisboa, 1997, p. 603.

[39] António Barbosa de Melo/José Manuel Cardoso da Costa/José Carlos Vieira de Andrade, *Estudo e projecto de revisão* da Constituição *da República Portuguesa de 1976*, 1998, p.125.

ção, e que, mesmo quando não seja proibida esta, sempre ela terá de ser justificada".

Na realidade, o pressuposto de onde partia a jurisprudência e a doutrina estava, de acordo com a nossa opinião incorreto, ou seja, permitia-se a retroatividade, só não a admitindo naqueles casos em que chocasse intoleravelmente com a segurança jurídica, em vez de se extrair a proibição da retroatividade do princípio da segurança jurídica.

B) A jurisprudência posterior à introdução da proibição da retroatividade fiscal na CRP

Após a consagração constitucional do Princípio da Proibição da Retroatividade Fiscal, a jurisprudência uniformizada do Tribunal Constitucional tem-se vindo a orientar no sentido de que o n.º 3 do artigo 103.º da CRP pretende proibir a aplicação da lei nova a factos tributários que já tenham produzido todos os seus efeitos ao abrigo da lei antiga. Para este Tribunal, tem assim, proteção constitucional, a chamada retroatividade autêntica, forte ou de primeiro grau ("*echte Rückwirkung*" ou "*Rückbewirkung von Rechtsfolgen*").

Assim, o Tribunal pronunciou-se em vários acórdãos no sentido expresso de que decorre do n.º 3 do artigo 103.º da CRP " (...) que *qualquer norma fiscal desfavorável (não se entrando aqui na questão de saber se normas fiscais favoráveis podem, e em que medida, ser retroativas) será constitucionalmente censurada quando assuma natureza retroativa, sendo a expressão «retroatividade» usada, aqui, em sentido próprio ou autêntico: proíbe-se a aplicação de uma lei fiscal nova, desvantajosa, a um facto tributário ocorrido no âmbito da vigência da lei fiscal revogada (a lei antiga) e mais favorável.*" e que "*A retroatividade proibida no n.º 3 do artigo 103.º da Constituição é a retroatividade própria ou autêntica. Ou seja, proíbe-se a retroatividade que se traduz na aplicação de lei nova a factos (no caso, factos tributários) antigos (anteriores, portanto, à entrada em vigor da lei nova)*[40]."

No Acórdão n.º 575/2014, o Tribunal Constitucional referiu, ainda, expressamente que "*(...) A Constituição proibiu expressamente o recurso, por*

[40] cfr. Acórdãos do Tribunal Constitucional n.ºs 128/2009 e 85/2010. Curiosamente, nestes dois Acórdãos, o Tribunal considerou que não se colocava qualquer questão de retroatividade, na medida em que a lei não se aplicava a factos anteriores à sua entrada em vigor.

parte do legislador, à retroatividade forte, sempre que a medida legislativa que a ela recorre implicar intervenções gravosas na liberdade e (ou) património das pessoas, assim sucedendo quando estejam em causa restrições a direitos, liberdades e garantias (artigo 18.º, n.º 3), a definição de comportamentos criminalmente puníveis (artigo 29.º, n.º 1) ou a criação de impostos ou definição dos seus elementos essenciais (artigo 103.º, n.º 3)".

Este raciocínio de que a CRP apenas encerra uma proibição absoluta de retroatividade autêntica é defendido com base nos trabalhos preparatórios de revisão da CRP, como veremos, mais adiante, quando nos debruçarmos sobre o Acórdão 399/2010.

Portanto, o Tribunal Constitucional considera que só a retroatividade autêntica é proibida à luz da CRP, não podendo ser afastada em quaisquer circunstâncias. Contudo, curiosamente, no Acórdão n.º 135/2012 relativo à comercialização de produtos farmacêuticos, o Tribunal Constitucional considerou estar-se perante uma situação de retroatividade autêntica, mas ainda assim resolveu verificar se existia, ou não, violação da confiança. Portanto, de alguma forma como que retornou à jurisprudência prévia à revisão constitucional de 1997, concluindo, num primeiro momento, pela retroatividade e, em seguida, foi verificar se existia ou não uma violação do princípio da confiança, a cujo teste o Tribunal Constitucional recorre nos ditos casos de retroatividade inautêntica ou de retrospetividade.

Por outro lado, o Tribunal Constitucional entende que a dita retroatividade inautêntica, imprópria ou retrospetividade não é proibida pelo n.º 3 do artigo 103.º da CRP.

A retroatividade inautêntica, imprópria e/ou retrospetividade (*unechte Rückwirkung, "tatbestandliche Rückanknüpfung"*) reporta-se às situações em que uma lei nova se aplica a factos passados, em que o facto tributário tenha ocorrido ao abrigo da lei antiga, mas os seus efeitos, designadamente os relativos à liquidação e pagamento, ainda não estejam totalmente esgotados. Portanto, o que distingue a retroatividade autêntica da retroatividade inautêntica e/ou retrospetividade diz respeito ao alcance que a aplicação de uma lei nova a um facto passado tem na ordem jurídica em vigor[41].

[41] José Casalta Nabais in "Notas a respeito das leis interpretativas e impostos retroactivos", *Revista de Legislação e de Jurisprudência*, ano 147, n.º 4008, Janeiro-Fevereiro de 2018,

Contudo, apesar de o Tribunal Constitucional considerar que a retroatividade inautêntica ou retrospetividade não é proibida pelo n.º 3 do artigo 103.º da CRP, entende que como a lei nova vai retroagir os seus efeitos a factos tributários que ainda não produziram todos os seus efeitos, considera que uma lei com tais contornos deve ser sujeita ao teste resultante dos princípios do Estado de Direito, neste caso, o teste da proteção da confiança.

Pelo que, o Tribunal Constitucional faz depender a decisão acerca da inadmissibilidade ou não da dita retroatividade inautêntica ou retrospetividade da análise do princípio da segurança jurídica na vertente material da confiança.

Assim, o Tribunal Constitucional tem considerado que estaremos perante uma violação do princípio da confiança nos seguintes casos:

i) *Quando haja uma afetação inadmissível, arbitrária ou demasiadamente onerosa de expectativas legitimamente fundadas dos cidadãos*[42]*;*

ii) *A ideia geral de inadmissibilidade poderá ser aferida, nomeadamente, por dois critérios: – a afetação de expectativas, em sentido desfavorável, será inadmissível, quando constitua uma mutação na ordem jurídica com que, razoavelmente, os destinatários das normas delas constantes não possam contar; e quando for ditada pela necessidade de salvaguardar direitos ou interesses constitucionalmente protegidos que devam considerar-se prevalecentes, devendo recorrer-se aqui ao princípio da proporcionalidade, explici-*

p. 150, refere a este respeito que o Tribunal Constitucional com base numa especial analítica, vem procedendo a uma distinção tripartida da retroatividade dos impostos, reconduzindo esta a três situações ou a três graus de gravidade, a saber: a) a retroatividade autêntica ou de 1.º grau, que se verifica nos casos em que o facto tributário que uma lei nova pretende regular já produziu todos os seus efeitos ao abrigo da lei antiga; b) a retroatividade inautêntica ou de 2.º grau, que tem lugar nas situações em que o facto tributário ocorreu ao abrigo da lei antiga, mas os seus efeitos, designadamente os respeitantes à liquidação e pagamento, ainda não se encontram totalmente esgotados; c) a retrospetividade ou retroatividade de 3.º grau, que acontece nos casos em que o facto tributário que a lei nova pretende regular na sua totalidade não ocorreu completamente ao abrigo da lei antiga, continuando-se a formar durante a vigência da lei nova.

[42] Cfr. Acórdãos do Tribunal Constitucional n.ºs 287/90, 303/90, 625/98, 634/98, 186/2009.

tamente consagrado, a propósito dos direitos, liberdades e garantias (artigo 18.º, n.º 2 da Constituição)[43]

Estes dois critérios desdobram-se nos seguintes quatro requisitos que são extraídos do princípio da proporcionalidade e da tutela das expectativas[44]:

i) Num primeiro momento, o Estado, na figura do legislador, tem de ter adoptado comportamentos capazes de gerar nos privados «expectativas» de continuidade;
ii) Estas expectativas devem ser legítimas, justificadas e fundadas em boas razões;
iii) Os privados devem ter feito planos de vida, assumindo a continuidade do «comportamento» do Estado;
iv) Por último, é ainda necessário que não devem ocorrer razões de interesse público que justifiquem, em ponderação, a não continuidade do comportamento que gerou a situação de expectativa.

Estes requisitos seguem de perto a jurisprudência alemã, que refere Karl Larenz, orientava-se no sentido de que nem toda a confiança merece proteção, mas só aquela que parece estar justificada pelas circunstâncias. Além disso, o princípio da confiança pode estar em colisão com outros princípios jurídicos a que pode caber a prevalência, tanto em geral, como no caso concreto. A proteção da confiança não podia ser tida em conta

[43] Cfr. Acórdãos do Tribunal Constitucional n.os 287/90 e 186/2009.

[44] Cfr. Acórdãos do Tribunal Constitucional n.ºs 128/2009; 188/2009; 187/2013; 862/2013. Note-se que no caso do Acórdão do Tribunal Constitucional n.º 862/2013 determina-se que "No juízo de ponderação que é imposto pela proteção da confiança, onde se confronta e valora a *condição de pensionista*, em princípio, sem possibilidade ou impossibilidade de regressar a uma vida ativa que permita recuperar o que lhe é retirado, com os referidos interesses públicos, que podem ser satisfeitos no horizonte mais alargado, a solução justa à luz do princípio da proporcionalidade imporia também que a implementação da medida se fizesse de *forma gradual* e *diferida* no tempo. Aplicá-la de uma só vez, seria ultrapassar, de forma excessiva, a medida de sacrifício que a natureza do direito à pensão poderá admitir". Assistimos aqui, portanto à fixação de um outro requisito em que se determina que a implementação de uma medida deve ser feita gradualmente e diferida no tempo.

quando a confiança numa determinada situação jurídica não estivesse objetivamente justificada. Por isso, a confiança não é digna de proteção «se o cidadão, de acordo com a situação jurídica no momento com o qual a lei relaciona a entrada em vigor da consequência jurídica, tinha de contar com esta regulação», se o Direito até então vigente «é obscuro ou confuso» ou se a lei, até então aparentemente vigente e na qual o cidadão acreditava em poder confiar, não era válida. O legislador tem que poder substituir uma disposição retroativa nula por uma norma à qual não possam opor-se objeções jurídicas[45].

Flui do exposto que no caso da retroatividade inautêntica ou retrospetividade, o Tribunal considera que a proteção da confiança só afastará esta forma de retroatividade ou retrospetividade se estiverem reunidos os quatro requisitos. Como tal, em casos de epidemias e de graves crises económicas em que o interesse público se arroga como prevalecente, é admissível então a retroatividade inautêntica e/ou retrospetividade.

Na realidade, para o Tribunal Constitucional que segue de perto a jurisprudência alemã, o princípio da proteção da confiança é chamado à colação nas situações de retroatividade inautêntica ou de retrospetividade, apesar de se constatar que o valor jurídico da confiança assume uma menor relevância do que nas situações de retroatividade autêntica. Neste cenário, a resistência à retroatividade apresenta uma menor intensidade normativa: o juízo de inconstitucionalidade dependerá essencialmente de uma ponderação de bens ou interesses em confronto[46]. Daí que não haja, com efeito, "um direito à não-frustração de expectativas jurídicas ou à manutenção do regime legal em relações jurídicas duradoiras ou relativamente a factos complexos já parcialmente realizados."[47]

Em suma, decorre do exposto que o Tribunal Constitucional entende que a CRP apenas consagra a proibição da retroatividade autêntica, sendo admissível a retroatividade inautêntica ou retrospetividade que apenas é afastada se a proteção da confiança for violada.

Acresce que para o Tribunal Constitucional, a natureza retroativa da norma não se traduz em qualquer tipo de retroatividade ou em retroa-

[45] KARL LARENZ, *Metodologia ...*, op. cit., pp. 603 e 604.

[46] JORGE REIS NOVAIS, *Os Princípios Constitucionais Estruturantes da República Portuguesa*, Reimpressão, Coimbra, 2014, p. 266.

[47] Cfr. Acórdão do Tribunal Constitucional n.º 287/90.

tividade de qualquer grau. É apenas relevante a retroatividade própria ou autêntica, sendo que automaticamente à luz do preceito constitucional apenas atua a denominada retroatividade de 1.º grau[48], na graduação delineada por Alberto Xavier[49].

Do exposto, resulta que o contributo da jurisprudência tem sido crucial para a determinação da retroatividade que se tem por protegida ao abrigo do n.º 3 do artigo 103.º da CRP, mas não podemos deixar de ressaltar que a atuação da jurisprudência do Tribunal Constitucional tem trazido também, para nós uma considerável, insegurança jurídica[50].

A este respeito, Johanna Hey indica três tipos de alterações na jurisprudência. O primeiro reporta-se aos "saltos jurídicos" (*Rechtsprung*) em que ocorrem modificações jurisprudenciais abruptas. O segundo tipo, mais comum, corresponde às modificações graduais e paulatinas, de modo a que, muitas vezes, as mudanças não sejam sequer percetíveis. Por último, tem-se o retorno a uma orientação jurisprudencial originalmente adotada ("*Zick-zack-Rechtsprechung*"), atestando o caráter experimental da jurisprudência[51].

[48] Manuel Faustino, "Retroatividade, retrospetividade e alguma serenidade", *in RFPDF*, Ano 3, n.º 3, Outono, 2010, p. 190.

[49] Tal como mencionado, Alberto Xavier estabeleceu uma graduação da retroatividade fiscal. Assim, Alberto Xavier distinguia três níveis ou graus de retroatividade, em função da importância dos seus efeitos e da lesão da confiança do contribuinte.
A retroatividade de 1.º grau teria lugar quando o facto se verificou por inteiro ao abrigo da lei antiga, tendo produzindo todos os seus efeitos no âmbito dessa lei.
A retroatividade de 2.º grau teria lugar quando os factos se tinham produzido inteiramente ao abrigo da lei antiga, mas os seus efeitos continuam a produzir-se no domínio temporal da lei nova.
Na retroatividade de 3.º grau o facto não se verificaria por inteiro ao abrigo da lei antiga, mas prolongaria a sua produção concreta no domínio temporal da lei nova. Estas situações ocorreriam sobretudo no campo dos impostos periódicos, nomeadamente dos impostos sobre o rendimento.

[50] Um exemplo claro foram as diferentes alterações jurisprudenciais relativas à qualificação de cenários de tributação autónoma como factos tributários de formação sucessiva ou factos tributários instantâneos que naturalmente teve um impacto direto para efeitos do alcance da proibição da retroatividade fiscal.

[51] Karoline Marchiori de Assis, *Segurança Jurídica dos Benefícios Fiscais, in* file:///C:/Users/snrs/Downloads/Versao_Parcial_2013_Tese_de_Doutorado_Karoline_Mar-

Resulta, assim claro que o poder judicial por força das decisões jurisprudenciais poderá trazer insegurança ao sistema jurídico-fiscal, sendo que é de ressaltar que o Tribunal Constitucional já foi protagonista de saltos jurídicos no que concerne à aplicação retroativa da lei fiscal que consideramos não terem garantido o nível de segurança jurídica que seria desejável, de que é exemplo a jurisprudência respeitante à tributação autónoma em sede de IRC.

Na realidade, a segurança jurídica deve ser ponderada com a justiça. Como referiu Klaus Tipke, o que é importante é que exista "segurança diante da arbitrariedade da falta de regras" (*Sicherheit vor regelloser Willkür*), pois a "segurança jurídica é a segurança da regra" (*Rechtssicherheit ist Regelsicherheit*)[52].

Assim, o Princípio da Segurança Jurídica surge como uma expressão do Princípio do Estado de Direito, que tem ínsita a ideia de proteção de confiança que é sem dúvida um dos aspetos mais relevantes da segurança jurídica[53].

Trata-se, portanto, de um princípio essencial na Constituição material do Estado de Direito, imprescindível para os particulares, para a necessária estabilidade, autonomia e organização dos seus próprios planos de vida[54].

Em boa verdade, o Princípio da Segurança Jurídica pretende assegurar que os particulares não sejam surpreendidos, entre outras, com alterações abruptas da legislação vigente, na medida em que tem de existir sempre um certo grau de previsibilidade e de calculabilidade no que diz respeito à atuação dos órgãos legitimamente eleitos pelos cidadãos e que agem como garante dos direitos dos particulares, de modo a assegurar

chiori_de_Assis%20(1).pdf, p. 19, citando Johanna Hey, *Steuerplanungssicherheit als Rechtsproblem*, Köln, Dr. Otto Schmidt, 2002, pp.86-87.

[52] Ricardo Lobo Torres, *Tratado de Direito Constitucional Financeiro e Tributário – Volume II- Valores e Princípios Constitucionais Tributários,* 2005, p. 173, remetendo este autor para Klaus Tipke, "Rechtsetzung durch Steuergerichts und Steuerverwaltungsbehörden?", *Steuer und Wirtschaft* 58 (3): 189-200, 1981.

[53] José Casalta Nabais, *O Dever Fundamental de Pagar Impostos*, Coimbra, 1998, p. 395.

[54] Jorge Reis Novais, *Os Princípios Constitucionais ...*, op. cit., p. 261. Acerca do princípio da segurança jurídica, veja-se ainda Carlos Blanco de Morais, "Segurança jurídica e justiça constitucional", *in Revista da Faculdade de Direito de Lisboa*, 2000.

que não são violadas as suas legítimas expectativas. Ora, essas alterações abruptas e, por vezes, inesperadas e que põem em causa a confiança que o contribuinte tem no sistema fiscal podem surgir sob a forma de leis fiscais retroativas.

Contudo, a interpretação e/ou as construções jurisprudenciais que os Tribunais fazem acerca da legislação em vigor nem sempre são claras, bem como o facto da emissão das decisões judiciais ser frequentemente morosa é um factor de insegurança jurídica para o contribuinte, a que acrescem as diferentes interpretações jurisprudenciais que os tribunais vão fazendo ao longo do tempo acerca da mesma norma e que podem conduzir a diferentes organizações e planeamentos fiscais do contribuinte.

Resulta, assim, do referido que o entendimento do Tribunal Constitucional em sede do princípio da segurança jurídica pressupõe que os cidadãos mantenham a expectativa na manutenção de situações de facto já atingidas em consequência do direito em vigor. Naturalmente, se forem aprovadas normas que venham alterar a situação jurídica dos cidadãos e que não eram expectáveis, a confiança que esses cidadãos depositam no ordenamento jurídico fica lesada, frustrando as expectativas que tinham face à ideia que tinham de estarem protegidos pelo direito e pelo Estado[55].

Tal como já referido, a jurisprudência do Tribunal Constitucional tem seguido de perto a jurisprudência fiscal alemã no que toca à aplicação do Princípio da Segurança Jurídica na sua vertente positiva do princípio da confiança.

O Tribunal Constitucional tem efetuado um raciocínio dedutivo em que extrai do princípio do Estado de Direito, o princípio da segurança jurídica e do princípio da segurança jurídica extrai o princípio da confiança.

Contudo, seria fundamental não esquecer e seguindo Casalta Nabais que o princípio constitucional da não retroatividade dos impostos não pode deixar de se apresentar como um princípio iminentemente dirigido à tutela dos contribuintes[56], o que entendemos que nem sempre é possível através da aplicação do princípio da confiança.

[55] A este respeito, veja-se o Acórdão do Tribunal Constitucional n.º 86/84.

[56] José Casalta Nabais, "Notas a respeito das leis ...", op. cit., p. 151.

De facto, o princípio da confiança relacionado com a previsibilidade das soluções pretende garantir a proteção da confiança dos cidadãos e da comunidade na ordem jurídica, sendo que as alterações a serem introduzidas na ordem jurídica devem considerar os direitos adquiridos, as expectativas criadas e as situações jurídicas estabilizadas que justifiquem o sacrifício que comporta a aplicação da lei nova. Contudo, se a aplicação de uma nova lei vier a implicar alterações na ordem jurídica que venham a ferir, em absoluto, a confiança que o cidadão depositava no sistema jurídico e que lhe sejam desvantajosas face àquilo com que podia e devia contar, podemos considerar estarmos perante uma violação do princípio da confiança.

Mais recentemente, é de salientar uma análise muito interessante e inovadora feita pelo Juiz Conselheiro Gonçalo de Almeida Ribeiro que tomou a seguinte posição relativamente às distinções que são utilizadas para efeitos da qualificação do tipo de retroatividade fiscal: *"Ora, não só se dá o caso de estas distinções serem tudo menos evidentes e previsíveis para os contribuintes cuja segurança está em causa, como também se verifica que, ao acolhê-las, se frustrou largamente o desiderato de cindir a proibição da retroatividade fiscal do princípio geral da proteção da confiança. Com efeito, não só a distinção entre retroatividade autêntica e inautêntica atira todos os casos de legislação tributária subsumível neste último conceito para o âmbito de aplicação do princípio da proteção da confiança – restringindo de forma expressiva o alcance da proibição da retroatividade fiscal em sentido estrito –, como o único critério para essa distinção é a ideia de que, ceteris paribus, os casos de retroatividade autêntica consubstanciam as ofensas mais graves ao princípio da proteção da confiança. Significa isto que na delimitação de um conceito complexo – retroatividade fiscal –, o Tribunal tem-se socorrido, ainda que implicitamente, dos métodos de concretização da Constituição que a suposta consagração de uma regra neste domínio se destinava justamente a excluir. Por um lado, ao fazer depender integralmente da distinção entre retroatividade autêntica e inautêntica o nível de proteção constitucional contra impostos retroativos, o Tribunal não só valoriza apenas uma das variáveis – a reversibilidade dos planos económicos dos cidadãos –, relevantes para graduar a ofensa de um encargo fiscal retroativo ao princípio da proteção da confiança, como o faz em termos absolutos, que se traduzem numa dicotomia entre duas categorias mutuamente excludentes e conjuntamente exaustivas de efeito retroativo. Ora, na graduação da lesão da confiança legítima, é indispensável levar em linha de conta três aspetos. Em primeiro lugar, como já se assinalou, a natureza autêntica ou inau-*

têntica da retroatividade fiscal, nos termos acolhidos pela jurisprudência constitucional, depende até certo ponto, não das repercussões da medida tributária na vida dos contribuintes, mas da forma jurídica através da qual o legislador a consagrou; para evitar que se caia, neste domínio, na armadilha do formalismo, é necessário que se considere a substância e não a forma dos encargos fiscais. Em segundo lugar, tão relevante quanto a variável temporal, é a da dimensão do agravamento fiscal, o que se torna evidente se compararmos o encargo resultante de um aumento retroativo de meio ponto percentual no imposto sobre o rendimento do ano anterior com um aumento de cinco pontos percentuais incidente sobre o rendimento do ano em curso. Por último, a reversibilidade dos planos económicos varia em função, quer da margem de tempo que o contribuinte tem, quer da elasticidade dos seus investimentos, de modo que a retroatividade é uma variável contínua, o que se revela com clareza no facto de um aumento no imposto sobre o rendimento no último dia do ano, apesar de formalmente constituir um caso de retroatividade dita inautêntica, ser indistinguível nos seus efeitos de um aumento idêntico no primeiro dia do ano subsequente. De tudo isto resulta que a distinção entre retroatividade autêntica e inautêntica tem, na melhor das hipóteses, um valor heurístico, o de servir como uma etapa preliminar no exercício compósito de graduar a lesão da confiança legítima dos contribuintes.

Por outro lado, nem todos os casos de retroatividade fiscal autêntica, mesmo abstraindo das imperfeições desse conceito como critério de graduação da lesão da confiança, merecem reprovação constitucional. O sacrifício da confiança legítima tem de ser ponderado, no caso de cada medida concreta, com eventuais razões de equidade tributária, justiça social ou interesse público – todos valores constitucionais de máxima intensidade – subjacentes à lei. Nos termos de um princípio de não retroatividade da lei fiscal, a confiança dos contribuintes é protegida na exata medida do seu valor relativo – nem mais, nem menos –, como é próprio de um Estado de direito vinculado à proibição do excesso"[57].

Não obstante, esta refrescante abordagem do Conselheiro Gonçalo Almeida Ribeiro à problemática da proibição da retroatividade fiscal, os nossos tribunais e a doutrina para efeitos da qualificação de uma situação jurídica como de retroatividade autêntica ou de retroatividade inautêntica têm-se socorrido ao nível do tributo imposto dos conceitos de

[57] Cfr. Acórdão do Tribunal Constitucional n.º 171/2017.

imposto de formação sucessiva e de imposto de obrigação única, como, em seguida, analisamos.

C) A jurisprudência em sede de proibição de retroatividade aplicável ao tributo imposto

Tal como já acima referimos, a aplicação, bem como o afastamento do Princípio da Proibição da Retroatividade Fiscal tem sido efetuado pelos nossos tribunais com base na construção dos conceitos de retroatividade autêntica e de retroatividade inautêntica e/ou retrospetividade.

Por sua vez, para efeitos da qualificação de uma norma jurídica como estando ferida de retroatividade autêntica ou inautêntica, os tribunais e a doutrina têm recorrido a distinções subsidiárias entre "factos tributários instantâneos" e "factos tributários de formação continuada", "impostos periódicos" e "impostos de obrigação única", e "tributação do rendimento" e "tributação autónoma".

Como referia Cardoso da Costa, "[*a*] *linha demarcadora do âmbito da retroatividade fiscal constitucionalmente admissível passará, desde logo, pela distinção entre situações tributárias «permanentes» e «periódicas» e «factos» cuja eficácia fiscal se esgota ou se firma «instantaneamente», para cada um deles «de per si» (maxime, pela distinção entre «impostos periódicos» e «impostos de obrigação única»), e passará provavelmente, depois, no que concerne àquele primeiro tipo de situações, pela distância temporal que já tiver mediado entre o período de produção dos rendimentos e a criação (ou modificação) do correspondente imposto. Isto, de todo o modo, sem prejuízo do relevo de outras circunstâncias, cujo possível peso não poderá ignorar-se*"[58].

A distinção entre impostos de formação sucessiva e impostos de obrigação única tem-se revelado crucial para a aplicação de uma lei que possa ser considerada como comportando uma retroatividade autêntica ou inautêntica.

Nos impostos de formação sucessiva, é adotado um parâmetro temporal em que o facto tributário nasce e se vai formando ao longo do tempo e apenas se tem por concretizado num determinando momento no tempo.

[58] J. M. Cardoso da Costa – "O Enquadramento Constitucional do Direito dos Impostos em Portugal", in *Perspectivas Constitucionais nos 20 anos da Constituição*, Vol. II, Coimbra, 1997, p. 418.

Em Portugal, nos impostos de formação sucessiva, como é o caso do IRS, o facto tributário tem-se por concretizado no dia 31 de dezembro do ano em questão, na medida em que o ano civil coincide com o ano fiscal[59].

Já nos impostos de obrigação única, a retroatividade implica o respeito pelos factos tributários passados, ou seja, a não aplicação da lei nova a esses factos, porque a obrigação tributária nasceu e está concluída, tendo já produzido todos os seus efeitos[60]. Esta qualificação tem assumido especial relevância no campo da tributação autónoma e, mais recentemente no âmbito das mais-valias derivadas da alienação de ações que tenha tido lugar antes da entrada em vigor da Lei n.º 15/2010.

Na verdade, para efeitos de aplicação da lei no tempo é essencial determinar em que momento nasce e se realiza o facto tributário que dará origem à obrigação tributária. Assim, um facto tributário instantâneo esgota-se por natureza num determinado lapso de tempo. Já um facto tributário duradouro não se esgota num determinado momento, tendendo por natureza a reiterar-se. No caso dos factos tributários duradouros, a lei sente a necessidade de os friccionar juridicamente no tempo, sendo que o período de imposto é precisamente o critério temporal pelo qual a lei fragmenta no tempo um facto duradouro, via de regra correspondente ao período anual, até porque a cada período tributário vai corresponder uma obrigação nova e autónoma[61].

Com a verificação do facto tributário nasce a obrigação tributária, sendo que nos impostos de formação sucessiva, como é o caso do IRS, o facto tributário considera-se concluído no final do período fiscal. Contudo, a utilização do período fiscal como critério definidor para efeitos de qualificação de uma norma como retroativa em termos autênticos ou inautênticos pode conduzir a situações desvantajosas para o contribuinte.

Assim, num primeiro momento, se compararmos um facto tributário que produziu todos os seus efeitos ao abrigo da lei antiga com um facto tributário que teve lugar ao abrigo da lei antiga, mas que ainda não produziu todos os seus efeitos, naturalmente que estas duas situações não podem ter o mesmo valor constitucional, nomeadamente considerando

[59] Cfr. artigo 143.º do Código do IRS.

[60] Ana Paula Dourado, *Direito Fiscal...*, op. cit., p.167.

[61] Alberto Xavier, *Manual ...*, op. cit., pp. 251-252.

que no primeiro cenário ficaria muito mais ferida a segurança jurídica e a confiança dos contribuintes no sistema fiscal.

Contudo, num segundo momento, se houver lugar ao lançamento de um imposto adicional sobre os rendimentos do ano anterior com taxa de 1% e ao mesmo tempo houver o lançamento de um imposto adicional com taxa de 5% sobre os rendimentos do próprio ano em curso, este último pode-se revelar mais gravoso do que aumento da taxa em 1%, ainda que tenha efeitos para o ano anterior[62].

Estamos em crer que o Tribunal Constitucional na senda da sua jurisprudência entenderia que no caso do lançamento de um imposto adicional de 1% sobre os rendimentos do ano anterior que estaríamos perante um cenário de retroatividade autêntica e no caso de um lançamento de um adicional com taxa de 5% sobre os rendimentos do próprio ano em curso, estaríamos perante um cenário de retroatividade inautêntica que ainda assim seria sujeito ao crivo do princípio da proteção da confiança.

Resulta do exposto que um cenário de retroatividade inautêntica se pode revelar mais prejudicial do que um cenário de retroatividade autêntica, o que também espelha a insegurança jurídica que as decisões deste Tribunal comportam.

Aliás, a utilização do período fiscal como elemento distintivo de retroatividade autêntica e retroatividade inautêntica e/ou retrospetividade, levou o Tribunal Constitucional à semelhança do que aconteceu na Alemanha a considerar que o facto tributário não está concluído até ao fim do ano, pois as respetivas consequências legais ainda estão em aberto[63], o que condiciona a aplicação da lei no tempo relativamente aos impostos de formação sucessiva. Há, contudo, autores que consideram, como é o caso de Alberto Xavier, que a obrigação de IRS apesar de ter caráter duradouro e do seu elemento temporal poder ser juridicamente fracionado em cada ano fiscal, a obrigação de IRS ocorre no momento em que o rendimento é recebido pelo sujeito passivo, existindo tantos factos sujeitos a tributação que se enquadram nas categorias de rendimento

[62] SÉRGIO VASQUES, *Manual de Direito Fiscal,* 2.ª edição, Almedina, Coimbra, 2018, p. 295.

[63] JOHANNA HEY, "Germany", *Retroactivity of Tax Legislation,* 2020 EATPL Congress, Leuven, 27-20 May 2010, IBFD, 2013, p. 239.

para efeitos de IRS num determinado ano fiscal[64]. Tal permitiria putativamente o recurso ao n.º 2 do artigo 12.º da LGT, o que, aliás, foi adotado pela jurisprudência do CAAD em sede de IRS.

A respeito do recurso ao n.º 2 do artigo 12.º da LGT, Sérgio Vasques considera que estamos perante uma inconsequência óbvia ao ter-se estabelecido uma regra desta natureza num diploma que não tem valor reforçado, até porque se trata de uma sugestão com pouca ou nenhuma utilidade prática, pois obrigaria a administração e os contribuintes a fracionar o rendimento anual para lhes aplicar taxas de impostos distintas em função do momento em que fosse gerado[65]. Outros autores consideram viável a solução *pro rata temporis*, devendo ser esse o critério a aceitar em termos gerais[66].

Independentemente do grau de dificuldade da aplicação prática da solução *pro rata temporis*, e do seu afastamento por alguma da nossa jurisprudência, a questão que nos devemos colocar é se na realidade esta disposição legal tem ou pode ter alguma aplicabilidade ou não.

A LGT, não tendo valor reforçado, nunca prevalece sobre o preceito constitucional que proíbe a retroatividade fiscal. Como tal, considerando que a interpretação que o Tribunal Constitucional faz do n.º 3 do artigo 103.º da CRP é a de que a retroatividade inautêntica não está vedada pela CRP, ainda que sujeita ao teste da proteção da confiança, na eventualidade de ser aprovada uma lei em maio de 2020 que aumente a taxa de IRC de 21% para 30% para o ano de 2020, a interpretação que o Tribunal Constitucional faz do n.º 3 do artigo 103.º da CRP é a de que estamos perante um cenário de retroatividade inautêntica, afastando a aplicabilidade do n.º 2 do artigo 12.º da LGT.

[64] ALBERTO XAVIER, *Manual...*, op. cit. p. 252.

[65] SÉRGIO VASQUES, *Manual*, op. cit. p. 294. No mesmo sentido da impraticabilidade da solução *pro rata temporis*, veja-se Américo Brás Carlos, *Impostos – Teoria Geral, 5.ª edição atualizada, Almedina, Coimbra, 2016*, p. 131.

[66] Neste sentido, ANTÓNIO CARLOS DOS SANTOS/CLOTILDE CELORICO PALMA, "Os Princípios da Proteção da Confiança Legítima e da não retroatividade das normas tributárias em tempos de crise: O Caso Português", *Revista do Instituto do Direito Brasileiro*, Ano 2, n.º 4, 2013, p. 3159.

IV. DA PROIBIÇÃO DA RETROATIVIDADE NO IRS

A) O IRS: Considerações Introdutórias

O IRS foi introduzido pela reforma fiscal de 1988/1989[67], tendo o Código do IRS sido aprovado pelo Decreto-Lei n.º 442-A/88, de 30 de novembro, e entrado em vigor no dia 1 de Janeiro de 1989.

Antes da criação do Código do IRS, o sistema fiscal português de tributação do rendimento era um sistema parcelar ou cedular de tributação nos termos do qual sobre diferentes tipos de rendimentos incidiam diferentes impostos[68] que não tinham em atenção a situação pessoal dos contribuintes. Existia ainda o Imposto Complementar que era uma espécie de imposto de sobreposição global que incidia sobre o conjunto dos rendimentos que já tinham sido sujeitos a tributação em sede dos impostos parcelares e que atendia à situação pessoal do contribuinte[69]. Porém, o Imposto Complementar na realidade não se aplicava a todos os rendimentos, o que era um claro obstáculo a qualquer ideia de progressividade que lhe pudesse estar subjacente.

Com a entrada em vigor do IRS extinguiu-se este regime de tributação cedular e dual, estabelecendo-se um regime de tributação unificada e global dos rendimentos obtidos pelas pessoas singulares, independentemente da natureza dos rendimentos. A criação do IRS teve igualmente o propósito de adaptar o sistema de tributação ao disposto na CRP que previa até à data no n.º 1 do artigo 104.º da CRP a existência de um imposto sobre o rendimento pessoal único e progressivo, tendo em conta as necessidades e os rendimentos do agregado familiar[70].

[67] A Reforma Fiscal iniciou-se em 1986, com a entrada em vigor do Imposto sobre o Valor Acrescentado e teve o seu momento alto em 1988 com a aprovação dos Códigos do IRS, do Imposto sobre o Rendimento das Pessoas Colectivas e da Contribuição Autárquica (vigentes desde 1 de Janeiro de 1989) e em 1989 com a entrada em vigor do Estatuto dos Benefícios Fiscais. A este respeito, veja-se Rui Duarte Morais, *Sobre o IRS*, Almedina, Coimbra, 2016, p. 5.

[68] O Imposto Profissional, a Contribuição Industrial, o Imposto sobre a Indústria Agrícola, o Imposto de Capitais, a Contribuição Predial e o Imposto de Mais-Valias.

[69] Paula Rosado Pereira, *Estudos sobre IRS: Rendimentos de Capitais e Mais-Valias*, Cadernos IDEFF, n.º 2, 2004, p. 11.

[70] Paula Rosado Pereira, *Manual de IRS*, 2.ª edição, Almedina, Coimbra, 2019, p. 5.

O IRS é, portanto, definido como um imposto sobre o rendimento, pessoal[71], periódico, progressivo e direto. Uma das principais características do IRS prende-se com a sua qualificação como um imposto periódico em que se verifica uma formação sucessiva do facto tributário. Ora, sendo o IRS um imposto de formação sucessiva, tal como já referimos a obrigação de pagamento de imposto vai-se formando ao longo do tempo até se considerar consumada num determinado momento no tempo, sendo que no caso do IRS o facto tributário se considera consumado no dia 31 de dezembro do ano em questão.

Acresce que a caracterização do IRS como um imposto de formação sucessiva está intrinsecamente conexa e revela-se fundamental para a abordagem que é efetuada pelos nossos tribunais em sede da apreciação da aplicação de normas fiscais de natureza retroativa, na medida em que o entendimento jurisprudencial acerca da admissibilidade ou não de impostos retroativos, tal como já abordado, prende-se com a natureza e caracterização dos impostos como impostos de formação sucessiva ou de formação instantânea ou única.

B) O tratamento jurisprudencial da proibição da retroatividade em sede de IRS

i) *O Acórdão 399/2010*

O Acórdão 399/2010, de 27 de outubro, foi um dos arestos mais relevantes quanto à problemática da aplicação da lei retroativa em sede de IRS.

Neste acórdão, o Tribunal pronunciou-se acerca da constitucionalidade das seguintes normas:

i) Artigo 1.º da Lei n.º 11/2010, de 15 de junho, que criou um novo escalão de rendimento anual aplicável aos sujeitos passivos que tivessem rendimentos globais anuais superiores a 150.000 eu-

[71] A caracterização do IRS como um imposto pessoal também não deixa de ser isenta de discussão, nomeadamente tendo em conta que no caso dos não residentes o IRS é um imposto real e não pessoal, pois são tributados pelos rendimentos única e exclusivamente auferidos em Portugal em obediência ao princípio da territorialidade. A única excepção a esta regra encontra-se no artigo 17.º-A do Código do IRS.

ros[72], ao qual passou a ser aplicável uma nova taxa de 45%[73]. Este diploma foi publicado em 15 de junho de 2010 e entrou em vigor no dia 16 de Junho, sendo que continha uma norma transitória nos termos da qual a taxa de 45% e as adaptações decorrentes da sua aplicação eram aplicáveis aos rendimentos obtidos entre os anos de 2010 e 2013, inclusive;

ii) Artigo 1.º da Lei n.º 12-A/2010, de 30 de junho, que alterava o n.º 1 do artigo 68.º do Código do IRS, procedendo ao aumento das taxas gerais de IRS de todos os escalões. Este diploma foi publicado no dia 30 de junho de 2010 e entrou em vigor no dia 1 de Julho de 2010. Este diploma não estabelecia qualquer regime transitório[74].

Em ambos os casos, o Tribunal Constitucional considerou que estas disposições não violavam o princípio da proibição da retroatividade fiscal consagrado no n.º 3 do artigo 103.º da CRP.

O Tribunal para chegar a esta conclusão, seguiu a seguinte linha condutora: (i) começou por delimitar o conceito de retroatividade fiscal previsto no n.º 3 do artigo 103.º da CRP, para seguidamente (ii) analisar se as referidas disposições legais estavam feridas de inconstitucionalidade por serem contrárias à proibição da retroatividade fiscal prevista na Constituição e para por fim (iii) verificar que não estando as normas feridas de inconstitucionalidade, ainda assim deveriam ser submetidas aos testes

[72] No que concerne especificamente à criação de um novo escalão de IRS para os rendimentos anuais superiores a 150.000 euros sujeitos a tributação à taxa de 45%, o Tribunal considerou que o escalão tinha um carácter anual, pretendendo-se aplicar a todos os rendimentos auferidos ao longo do ano de 2010, incluindo assim os rendimentos obtidos antes da entrada em vigor da Lei n.º 11/2010. Aliás, este entendimento saía reforçado pelo facto da disposição transitória prevista no n.º 2 da Lei n.º 11/2010 estabelecer claramente que a taxa de 45% se aplicava aos rendimentos auferidos entre os anos de 2010 e 2013. Portanto, resultava claro que este diploma não acolhia a solução *pro rata temporis* prevista no n.º 2 do artigo 12.º da LGT.

[73] Anteriormente à publicação deste diploma, a taxa de tributação mais elevada era de 42%, que se aplicava aos rendimentos superiores a 64.623 euros.

[74] Em sede de trabalhos preparatórios foi discutida a solução *pro rata temporis*, mas que acabou por ser rejeitada na especialidade, tendo-se argumentado que a mesma era impraticável e impensável, levantando problemas relativamente aos contribuintes da categoria B cujos rendimentos e custos estivessem concentrados apenas num semestre.

resultantes do princípio do Estado de Direito, nomeadamente da proteção da confiança.

No que concerne à delimitação do conceito de retroatividade fiscal, o Tribunal escuda-se no argumento histórico para justificar que a Constituição apenas pretende proibir a retroatividade autêntica. Este argumento histórico é retirado dos trabalhos preparatórios da IV Revisão Constitucional, com base nos quais o Tribunal concluiu que existiu um consenso no sentido de uma consagração da proibição da retroatividade pura e simples da lei fiscal apenas para as leis que criassem ou aumentassem impostos, não se tendo pretendido abranger as situações de alterações de taxas sobre rendimentos dos anos anteriores no que diz respeito aos impostos sobre o rendimento, como é o caso do IRS.

Como tal, entendeu o Tribunal que resultava claramente dos trabalhos preparatórios que não se pretendia contemplar no n.º 3 do artigo 103.º da CRP as situações em que o facto tributário que a lei nova pretende regular não ocorreu totalmente ao abrigo da lei antiga, antes continuando a formar-se na vigência da lei nova, quando estejam em causa impostos sobre o rendimento. Logo, as normas em causa aprovadas pelas Leis n.º 11/2010 e 12-A/2010 não se encontravam feridas de inconstitucionalidade, sendo que estaríamos perante cenários de retroatividade inautêntica e/ou retrospetividade que o Tribunal entende não ser proibida pela CRP.

Esta retroatividade inautêntica e/ou retrospetividade aplicar-se-ia aos casos em que a lei nova tem como objectivo regular factos tributários que não ocorreram na, sua totalidade, ao abrigo da lei antiga, que ainda se continuam a formar ao abrigo da lei nova, o que se pode eventualmente entender que se verificava no caso em concreto, pois o IRS é um imposto de formação sucessiva, sujeito à regra da anualidade, o que significa que, em princípio, os factos tributários só se consideram consumados e totalmente produzidos no fim do ano fiscal.

Perante o cenário de retroatividade inautêntica e/ou retrospetividade, o Tribunal determinou que se deveria analisar se a mesma lesava, ou não, os princípios do Estado de Direito[75], nomeadamente o princípio da proteção da confiança.

[75] António Carlos dos Santos/Clotilde Celorico Palma, "Os Princípios da Proteção ...", op. cit., p. 3716.

A este respeito, chegou à conclusão de que o princípio da proteção da confiança não era violado, na medida em que tendo em conta a conjuntura económico-financeira internacional, acompanhada da crise financeira em que Portugal se encontrava mergulhado e que reclamava a obtenção de receitas para fazer face à referida crise, não eram lesadas as legítimas expectativas dos contribuintes, pois o aumento dos impostos não era algo com que os contribuintes não pudessem contar ou estar à espera. O Tribunal entendeu ainda que o facto dos referidos diplomas retroagirem os seus efeitos ao início do ano de 2010, não era intolerável nem insuportável para os contribuintes e que o grau de tolerância da medida legislativa tomada face ao princípio da confiança era diretamente correspondente ao grau de relevância do interesse público constitucionalmente tutelado.

Concluiu, portanto, o Tribunal que os respetivos artigos 1.º das Leis n.º 11/2010 e 12-A/2010 por prosseguirem fins constitucionalmente legítimos, assumiam caráter urgente num contexto de crise financeira não afetando o princípio da confiança em sede do Estado de Direito[76] e não existindo violação do princípio da proibição da retroatividade fiscal.

Esta decisão do Tribunal Constitucional foi objeto de extensa controvérsia, sendo que há autores que consideram que a Constituição não distingue entre os diferentes tipos de retroatividade, sendo que a dita retroatividade inautêntica ou imprópria é por natureza contrária ao princípio consagrado no n.º 3 do artigo 103.º. Mais, consideram que tratando-se de um princípio constitucional pode e deve ceder quando se manifestem com maior intensidade outros valores merecedores de tutela[77].

Por sua vez, outros autores entendem que no Acórdão 399/2010, o Tribunal desvalorizou as expectativas dos cidadãos fundadas na lei e desconsiderou a ligação existente entre a problemática da aplicação da lei fiscal no tempo e o princípio da boa-fé do Estado e, sobretudo, o princípio da segurança jurídica e da proteção da confiança dos cidadãos[78].

[76] Esta decisão não foi, contudo, isenta de discussão, tendo havido vários votos de vencido, como foi o caso de Maria Lúcia Amaral, José Borges Soeiro, Carlos Pamplona Corte Real e Rui Manuel Moura Ramos (neste último caso votou vencido parcialmente).

[77] Sérgio Vasques, *Manual ...*, op. cit., p. 356-357.

[78] Jónatas E.M. Machado/Paulo Nogueira da Costa, *Manual de Direito Fiscal – Perspetiva Multinível*, Almedina, Coimbra, 2016, p. 90.

António Carlos do Santos e Clotilde Celorico Palma, por sua vez, pugnaram pela aplicação da solução *pro rata temporis*, prevista no n.º 2 do artigo 12.º da LGT, entendendo que esta solução a ser afastada, apenas o deveria ser por razões puramente jurídicas e não pragmáticas, o que se concretizaria na aplicação da nova taxa de imposto a partir da entrada em vigor da lei nova, aplicando-se ao primeiro período a lei que se encontrava em vigor e ao segundo período a nova lei.[79]

Em sentido oposto, Manuel Faustino defendeu que o n.º 2 do artigo 12.º da LGT é totalmente impraticável para efeitos de aplicação da lei no tempo no caso do Acórdão 399/2010, na medida em que se trata de uma norma incompleta que nada diz sobre como se distribuiriam rendimentos e deduções por cada período de tributação e não responde à questão de saber como se garante, se é que se garante ou se há obrigação de garantir, uma tributação que ainda que feita em obediência à regra *pro rata temporis,* respeite a progressividade anual do imposto, como decorrência do disposto no n.º 1 do artigo 104.º da Constituição[80].

Eduardo Paz Ferreira considerou, por sua vez, que a nova taxa de imposto seria apenas aplicável ao período fiscal seguinte ao da aprovação da nova lei[81]. Tal significaria que as alterações introduzidas por estes diplomas apenas vigorariam a partir do ano de 2011.

Já Américo Brás Carlos subscreveu a jurisprudência do Tribunal Constitucional neste Acórdão, considerando que estamos perante a chamada retroatividade de 3.º grau, considerando que a mesma não é uma verdadeira retroatividade. Este autor considerou também não existir qualquer violação do princípio da proteção da confiança, na medida em que o aumento das taxas era inferior a 1 ponto percentual e não era inesperado, ficando assim aquém da zona de intolerabilidade, quando confrontado

[79] Esta posição é assumida por Nuno Sá Gomes, Carlos Pamplona Corte-Real, Alberto Xavier e mais recentemente Jónatas Machado e Paulo Nogueira da Costa.

[80] Manuel Faustino, "Retroatividade, Retrospectividade ...", op.cit., pp. 207 e 208.

[81] Foi o caso de Eduardo Paz Ferreira, "Anotação", *in* Jorge Miranda/Rui Medeiros, *Constituição da República Portuguesa Anotada*, II, Coimbra Editora, Coimbra, 2006, p. 223.

com a ideia de Estado de direito democrático consagrada no artigo 2.º da CRP[82].

Considerações críticas

Da nossa parte, temos as maiores dúvidas que a CRP apenas pretenda proibir em absoluto a retroatividade autêntica. Aliás, consideramos que a CRP proíbe a criação de impostos de natureza retroativa, sem efetuar, de forma clara e inequívoca, qualquer distinção entre os diferentes tipos de retroatividade, que correspondem a construções jurisprudenciais e doutrinárias que não têm um efetivo assento legal.

Ademais, consideramos que o argumento histórico invocado pelo Tribunal Constitucional para justificar que o legislador apenas pretendia consagrar a dita retroatividade autêntica, em que uma nova lei não se poderia aplicar a factos tributários que já tivessem produzido todos os seus efeitos ao abrigo da lei anterior, parece-nos redutora e forçada, até mesmo porque o legislador limitou-se a proibir a retroatividade dos impostos e como referiu Maria Lúcia Amaral em voto de vencido ao Acórdão 399/2010, o que se retira quando muito dos trabalhos preparatórios é a convicção segura de que o mesmo legislador, sabendo que o fenómeno da retroatividade se poderia revestir de gradações diferentes, teve consciência das dificuldades de interpretação que a redação do novo texto traria[83].

Aliás, na proposta do PS estabelecia-se expressamente que "*A lei fiscal não pode ser aplicada retroativamente, sem prejuízo de as normas respeitantes a impostos diretos poderem incidir sobre os rendimentos do ano anterior*"[84]. Ora, daqui extrai-se exatamente o oposto do que o Tribunal defende que foi o espírito do legislador em pretender reconduzir a proibição de retroatividade à retroatividade autêntica.

Acresce que não se percebe como a interpretação da Constituição pode ser reduzida ao que seria supostamente pretendido pelos diferentes grupos parlamentares aquando da introdução do n.º 3 do artigo 103.º,

[82] Américo Brás Carlos, *Impostos ..., op. cit.*, pp. 128-129. Manuel Faustino adota a mesma posição *in* "Retroatividade, Retrospectividade .., op. cit., pp. 207 e 208.

[83] Acórdão 399/2010, p. 22.

[84] Cfr. DAR, II Série, RC, n.º 36, 10 de Outubro 1996, p. 1081.

até mesmo porque tal pretensão sobre a qual temos as maiores dúvidas não se encontra de forma alguma vertida na Lei Fundamental.

Pelo que, consideramos que o argumento histórico não é por si só suficiente para afirmar que o n.º 3 do artigo 103.º encerra uma proibição tão só e apenas de retroatividade autêntica.

Por outro lado, não é para nós, salvo melhor opinião, isenta de discussão a classificação das normas previstas nas Leis 11/2010 e 12-A/2010 como normas que se devam considerar como feridas de uma retroatividade inautêntica.

De facto, esta posição que é adotada pelo Tribunal Constitucional de estarmos perante normas às quais subjaz uma retroatividade inautêntica sujeitando posteriormente essas mesmas normas ao teste da proteção da confiança ignora, em absoluto, a existência do n.º 2 do artigo 12.º da LGT que regula a aplicação da lei no tempo de impostos de formação sucessiva, como é o caso do IRS, e que já existia previamente à consagração expressa do preceito constitucional. Note-se que ao ignorar-se a putativa aplicação do n.º 2 do artigo 12.º da LGT pelo menos no caso do aumento das taxas gerais (já que no caso dos escalões consideramos que tal não se afigura possível), o Tribunal Constitucional está a fazer desta disposição legal letra morta e a fazer naturalmente prevalecer a interpretação que faz do n.º 3 do artigo 103.º da CRP.

Ainda no âmbito da admissão de uma retroatividade inautêntica como sendo absolutamente admissível à luz da CRP, mas devendo estar sujeita ao teste da proteção da confiança tal é discutível, até mesmo porque o que aqui está em causa, parece-nos, é a segurança jurídica e tratando-se a retroatividade de um princípio que como qualquer princípio pode ceder sob outros princípios que se sobreponham, a análise feita pelo Tribunal Constitucional para considerar as normas como constitucionais é, desde logo, dúbia.

Por outro lado, o teste da proteção da confiança como se encontra delineado pela jurisprudência portuguesa, na senda da jurisprudência alemã, dificilmente permitirá que uma lei que seja retroativa em termos inautênticos seja considerada como ofendendo este princípio, até mesmo porque, em última instância, desde que verificados os já referidos quatro critérios, o interesse público acabará por prevalecer sobre o interesse individual dos contribuintes.

Na verdade não se pode deixar de concluir que o Tribunal analisa as normas cuja constitucionalidade estava a ser discutida tendo enveredado por uma posição pragmática assente em elementos históricos e numa certa leitura da sua jurisprudência anterior, tendo em mente a justificação pública das medidas e as possíveis consequências administrativas e financeiras que poderiam resultar de outras interpretações, determinando se tratar de uma solução excecional que não deveria constituir precedente para casos futuros[85].

Em suma, do nosso ponto de vista, este Acórdão do Tribunal Constitucional faz uma análise redutora do princípio da proibição da retroatividade fiscal, alicerçada nos trabalhos preparatórios à IV Revisão Constitucional e no âmbito dos quais se pretendeu com a introdução do n.º 3 ao artigo 103.º da CRP supostamente limitar a proibição da retroatividade fiscal aos casos de retroatividade autêntica. Como já referimos, parece-nos que o que deve estar em causa em qualquer cenário de retroatividade da lei fiscal, independentemente de quaisquer tipificações doutrinárias e/ou jurisprudenciais, é a segurança jurídica e é à luz deste princípio que se deverá analisar se a lei retroativa deverá ou não ser admissível.

Acresce que um elemento que auxilia na compreensão da jurisprudência do Tribunal Constitucional em matéria de retroatividade fiscal é o facto da mesma ser influenciada pela jurisprudência alemã. Note-se, contudo, que existe uma diferença crucial face ao ordenamento fiscal alemão que se prende com o facto de em Portugal a retroatividade ter assento constitucional e na Alemanha tal não se verificar, sendo que as leis fiscais retrospetivas são tidas por absolutamente legais e permitidas[86] .

Mas, a grande conclusão que pensamos que se pode tirar deste Acórdão para além da já referida limitativa análise do princípio da proibição da retroatividade fiscal, relativamente ao qual temos as maiores dúvidas, prende-se com o confronto de situações de dita retroatividade inautêntica e o princípio da confiança, até mesmo porque quanto aos pressupostos que permitem tutelar o princípio da confiança e que se desdobram nos quatro requisitos acima referidos, é de salientar que o primeiro e o

[85] António Carlos dos Santos, "Cada cor seu paladar: sobre a aplicação do princípio da irretroatividade às taxas e escalões de IRS. Comentário ao Acórdão do Tribunal Constitucional n.º 399/2010, de 27 de Outubro", *RFPDP*, ano III, n.º 4 (01/11), pp. 301-302.
[86] Johanna Hey, "Germany", op. cit., p. 238.

quarto requisito conjugados têm tornado rara a probabilidade de aplicação da proteção de confiança e a proibição da retrospetividade, até mesmo porque o interesse público relevante prevalece sendo encarado pelo Tribunal Constitucional como "*um fundamento material .. capaz de justificar a mutação que... [na ausência desse fundamento material] ..., se apresentaria como imprevisível e justificada, não podendo os cidadãos contar com ela*"[87]. Logo, é quase forçoso concluir que o interesse público irá sempre prevalecer face às legítimas expectativas dos contribuintes e à eventual lesão dos seus direitos, sendo que a análise dos critérios subjacentes ao princípio da proteção da confiança comporta, para nós, igualmente um grau de subjetividade francamente considerável.

ii) *A proibição da retroatividade fiscal nas mais-valias mobiliárias em sede de IRS*

A) *Do conceito de mais-valias*

O Código do IRS qualifica as mais-valias, mobiliárias e imobiliárias, como incrementos patrimoniais[88], integrando-as na categoria G[89], não estabelecendo, contudo, uma noção do que se deve entender por mais-

[87] Acórdão do Tribunal Constitucional n.º 6/2014, Processo n.º 905/2012, 3.ª Secção e Ana Paula Dourado, *Direito Fiscal...*, op. cit., pp. 191-192.

[88] Vários autores consideram que a designação de Incrementos Patrimoniais escolhida para a categoria G é inapropriada e infeliz, na medida em que todos os rendimentos são incrementos patrimoniais, sendo aumentos do valor do património resultantes da entrada de novos ativos ou da valorização dos já existentes. A este respeito, veja-se José Guilherme Xavier de Basto, *IRS: Incidência e Determinação dos Rendimentos Líquidos*, Coimbra, 2007, p. 359 e Paulo de Pitta e Cunha, "Alterações na tributação do rendimento: reforma fiscal ou simples ajustamentos?", *Fisco*, Ano XII, n.º 103/104, junho de 2002, p. 5.

[89] Cfr. artigo 1.º que remete para a alínea a) do n.º 1 do artigo 9.º e artigo 10.º, todos do Código do IRS. Note-se que aquando da introdução do Código do IRS, as mais-valias estavam qualificadas como rendimentos da categoria G não havendo qualquer referência a incrementos patrimoniais. A referência a incrementos patrimoniais no Código do IRS foi introduzida pela Lei n.º 30-G/2000, de 29 de dezembro de 2000 e resultou da junção da categoria G que contemplava as mais-valias e da categoria I que se reportava a outros rendimentos.

-valia, limitando-se a elencar os diferentes tipos de mais-valias que são sujeitas a IRS[90].

Uma mais-valia, enquanto rendimento da categoria G, corresponde a um ganho derivado da alienação de um bem móvel ou imóvel que não tem um caráter permanente e que não está associado ao exercício de uma atividade profissional e/ou económica, como se verifica com os rendimentos do trabalho[91]. Trata-se, portanto, de um ganho inesperado, não tendo, em princípio, um carácter de continuidade e de permanência, permitindo com a sua obtenção o aumento do património dos seus beneficiários o que originará um aumento da sua capacidade contributiva. Exatamente pelo seu carácter inesperado, se diz muitas vezes na terminologia anglo-saxónica que as mais-valias são "ganhos trazidos pelo vento" ou *windfall gains*. O que, só por si, parece justificar a sua tributação.[92]

Assim, a tributação das mais-valias surge na medida em que a alienação de um determinado bem por um valor superior àquele por que foi adquirido tem por resultado um acréscimo patrimonial na esfera do sujeito alienante, em relação ao qual o princípio da capacidade contributiva reclama a existência de normas de incidência objetiva[93].

Considera-se assim que a tributação é justificada pelo ganho derivado da detenção de património e não pelo esforço de trabalho do sujeito passivo tendente à obtenção de rendimento.

Apesar de se considerar que as mais-valias devem estar sujeitas a tributação em sede de impostos sobre o rendimento, a verdade é que temos vindo a assistir com frequência à consagração de regimes tributários especiais e/ou mais favoráveis para quem obtenha rendimentos desta natureza. Este tratamento preferencial das mais-valias concretiza-se

[90] A este respeito, veja-se Rogério Fernandes Ferreira, "A tributação das mais-valias", *Fisco*, n.º 101 e 102, 2002, p. 3 e segs.

[91] Naturalmente que existem mais-valias que podem ser obtidas no exercício de uma atividade profissional, o que ocorre quando se procede à alienação de bens que fazem parte do ativo de uma empresa a título individual, qualificando-se em sede de IRS como rendimentos da categoria B.

[92] Rui Duarte Morais, *Sobre ...*, op. cit., p. 130.

[93] André Salgado Matos, *Código do Imposto sobre o Rendimento das Pessoas Singulares (IRS) Anotado*, Instituto Superior de Gestão, Lisboa, 1999, p. 163.

através da consagração de isenções ou da exclusão de tributação deste tipo de ganho.

Aliás, já anteriormente à entrada em vigor do Código do IRS, e na lógica cedular de tributação *supra* referida, era aplicável o Imposto de Mais-Valias, mas que não contemplava, entre outras, as mais-valias derivadas da alienação de ações, pois considerava-se que em matéria de incidência tinha que se reconhecer a impossibilidade de atingir de forma direta as mais-valias realizadas através da transmissão de quotas ou de ações[94].

Com a entrada em vigor do Código do IRS, as mais-valias derivadas da alienação de ações passaram a ser sujeitas a tributação, determinando o artigo 10.º, n.º 1 do Código do IRS, na sua redação originária, que constituíam "*mais-valias os ganhos obtidos que, não sendo considerados rendimentos comerciais, industriais ou agrícolas, resultem de: [...] b) alienação onerosa de partes sociais, incluindo a sua amortização e de outros valores mobiliários*".

Estabelecia-se, contudo, todo um regime fiscal mais favorável de exclusão de tributação aplicável às mais-valias mobiliárias na alínea b) do n.º 2 do artigo 10.º do Código do IRS que determinava que estavam excluídas de tributação as mais-valias derivadas da alienação de obrigações e outros títulos de dívida, bem como de unidades de participação em fundos de investimento e no caso de alienação de ações detidas pelo seu titular por um período superior a 24 (vinte e quatro) meses.

Estava assim consagrado um regime geral de sujeição das mais-valias a tributação em sede de IRS que era excecionado com uma regra de delimitação negativa de incidência que estabelecia uma exclusão de tributação nos termos já referidos.

Posteriormente, a Lei 30-/2000, de 29 de Dezembro veio alterar o regime de tributação aplicável às mais-valias mobiliárias, determinando que em caso de alienação de valores mobiliários e de partes sociais adquiridos após 31 de Dezembro passariam a estar sujeitos a um regime de englobamento parcial, deixando de se aplicar a exclusão de incidência na tributação das mais-valias mobiliárias. Sucede que este regime nunca chegou a ser aplicado. Vários foram os regimes que se sucederam, pre-

[94] *Código do Imposto de Mais-Valias*, Decreto-Lei n.º 46 373, de 9 de junho de 1965, Imprensa Nacional de Lisboa, 1965, p. 6.

vendo regimes transitórios aplicáveis às mais-valias derivadas da alienação de bens mobiliários, como é o caso dos regimes previstos na Lei do Orçamento do Estado para 2002[95] que veio suspender o regime criado pela Lei n.º 30-G/2000. A Lei do Orçamento de Estado para 2002 estabeleceu um regime transitório aplicável às mais-valias mobiliárias apuradas nos anos de 2001 e de 2002.

O Decreto-Lei n.º 228/2002, de 31 de outubro, veio determinar novamente a aplicação do regime de tributação de mais-valias mobiliárias que tinha vigorado até à publicação da Lei n.º 30-G/2000.

Em 2010 e num contexto de profunda crise económica foi publicada a Lei n.º 15/2010 que revogou a exclusão de tributação aplicável às mais-valias derivadas da alienação de obrigações e outros títulos de dívida, bem como de ações detidas pelo seu titular durante mais de 12 meses. A alteração deste regime implicou naturalmente que, pela primeira vez, as mais-valias mobiliárias da natureza acima descrita passassem a ficar sujeitas a tributação em sede de IRS[96]. Contudo, este regime não continha qualquer norma de cariz transitório, que protegesse e salvaguardasse especificamente os contribuintes que cumprissem com os requisitos previstos no referido n.º 2 do artigo 10.º do Código do IRS.

Como tal, em sede da Lei n.º 15/2010[97] e perante a inexistência de um regime transitório, colocou-se a questão de saber se no caso de as ações serem alienadas antes da entrada em vigor da Lei 15/2010 se estaríamos perante uma situação de retroatividade autêntica ou inautêntica, como em seguida, analisaremos.

[95] Lei n.º 109-B/2001, de 27 de dezembro de 2001.

[96] Paula Rosado Pereira, *Manual de IRS*, pp. 229 a 232. Atualmente, as mais-valias mobiliárias derivadas da alienação de participações sociais são sujeitas a tributação à taxa especial de 28%, sendo concedida às pessoas singulares que se qualifiquem como residentes fiscais em Portugal a opção pelo englobamento.

[97] Aquando da aprovação da Lei 15/2010, um conjunto considerável de fiscalistas subscreveu um documento a solicitar a introdução de um regime transitório, na medida em que defendiam que a lei só não violaria a Constituição se se viesse a aplicar, apenas, às mais-valias realizadas após a data da sua publicação", assim se salvaguardando as legítimas expectativas que os contribuintes têm no sistema fiscal.

B) *O tratamento jurisprudencial da Proibição da Retroatividade e das mais-valias mobiliárias em IRS*

B.1.) Considerações introdutórias

A interpretação que a nossa jurisprudência tem efetuado da aplicação das leis fiscais retroativas no que concerne às mais-valias mobiliárias, na sequência da entrada em vigor da Lei n.º 15/2010, tem vindo a alterar-se ao longo do tempo, sendo que curiosamente e ao contrário das já referidas Leis 11/2010 e 12-A/2010, aquele diploma não foi sujeito ao crivo do Tribunal Constitucional para efeitos de apreciação da sua (in) constitucionalidade.

Tal como já anteriormente referido, ao abrigo da anterior redação da alínea b) do n.º 2 do artigo 10.º do Código do IRS, estavam excluídas de tributação as mais-valias derivadas da alienação de ações, desde que as mesmas tivessem sido detidas pelo menos durante um ano pelo seu titular. As mais-valias derivadas da alienação de ações que não cumprissem este requisito estariam sujeitas a tributação a uma taxa especial de 10% (desde que não fosse exercida a opção pelo englobamento). Na verdade, apesar de se arguir que este regime era francamente mais benéfico quando comparado com o aplicável a outros rendimentos, a sua manutenção foi sempre justificada pela intenção de fomentar o desenvolvimento e crescimento do subsetor dos valores mobiliários dos mercados financeiros.

A Lei n.º 15/2010 para além de determinar que as mais-valias derivadas da alienação de ações passariam a ser tributadas à taxa de 20%[98], estabelecia que a lei entrava em vigor no dia seguinte ao da sua publicação. Não foi fixado nenhum regime transitório, nem qualquer regra concreta quanto aos putativos efeitos retroativos da norma, o que deu origem à questão de saber se a nova lei se aplicava às mais-valias que tivessem sido obtidas antes da sua entrada em vigor.

Apenas em 2017, o STA veio uniformizar a jurisprudência a este respeito, na sequência de um recurso de uma decisão arbitral no processo

[98] A taxa especial anteriormente aplicável, ao abrigo do artigo 72.º do Código do IRS, era de 10%, havendo no caso dos residentes a possibilidade de opção pelo englobamento.

n.º 453/2014-T, de 20 de novembro de 2014, que emitiu uma jurisprudência contrária a alguns acórdãos anteriormente proferidos pelo STA[99].

De facto, o tratamento fiscal retroativo das mais-valias derivadas da alienação de ações foi colocado várias vezes ao Centro de Arbitragem Administrativa ("CAAD"), como, em seguida, analisamos.

B.2.) O contributo da jurisprudência fiscal arbitral

A jurisprudência arbitral do CAAD não foi uniforme acerca desta questão, tendo decidido ora pela aplicação do n.º 2 do artigo 12.º da LGT[100], ora considerando que a regra de sujeição das mais-valias mobiliárias a tributação retroagia os seus efeitos ao início do ano.

Nos casos em que o CAAD optou pela aplicação do n.º 2 do artigo 12.º da LGT, isto é, quando decidiu que a regra de sujeição a tributação das mais-valias só se aplicava aos ganhos desta natureza obtidos após a data de entrada em vigor da Lei 15/2010, fê-lo alicerçado nos seguintes argumentos:

a) A regra *pro rata temporis* que o n.º 2 do artigo 12.º da LGT encerra não é impraticável, atendendo ao facto de não existir dificuldade em determinar no tempo o acréscimo patrimonial obtido, pois o mesmo resulta da alienação dos ativos que tem uma data definida no tempo (neste caso no dia 21.04.2010);
b) Não se colocava qualquer questão relativa à progressividade do imposto, na medida em que a consequência da aplicação do n.º 2 do artigo 12.º da LGT é a não consideração das mais-valias obtidas antes da entrada em vigor da nova lei para efeitos da liquidação do imposto;
c) A Lei n.º 15/2010 não estabeleceu qualquer regime transitório, sendo aplicável a lei em vigor à data da ocorrência do facto gerador, decorrendo a obrigação de imposto da alienação das ações. Pelo que, entendeu o CAAD que o n.º 2 do artigo 12.º da LGT

[99] Acórdãos de 3 de Dezembro de 2013, processo n.º 1582/13; de 8 de Janeiro de 2014, processo n.º 1078/12 e acórdão de 16 de Setembro de 2015, recurso n.º 1292/14.

[100] Processos n.ºs 25/2011-T e 135/2013-T.

constituía lei expressa que dava a solução para este caso determinando que "*se o facto tributário for de formação sucessiva, a lei nova só se aplica ao período decorrido a partir da sua entrada em vigor*", sendo que os tribunais arbitrais devem decidir de acordo com o direito constituído, como aliás determina o n.º 2 do artigo 4.º do Regime Jurídico da Arbitragem Tributária;

d) A Lei n.º 15/2010 entrou em vigor a 27 de julho. Pelo que este diploma apenas poderia ter aplicação, por força do n.º 2 do artigo 12.º da LGT relativamente às mais-valias obtidas a partir de tal data, e não antes. O CAAD faz ainda a ressalva de que se a lei nova determinasse a sua vigência a partir do início do ano, não seria aplicável o n.º 2 do artigo 12.º, mas refere que a lei nada dispôs nesse sentido. Pelo que, a lei nova não era aplicável às mais-valias obtidas previamente à entrada em vigor da mesma.

Já no Acórdão 135/2013-T do CAAD, foi conferida especial ênfase ao facto de ter existido uma única transação em todo o ano de 2010 que originou uma mais-valia. Pelo que, entendeu este tribunal arbitral que não se colocava qualquer questão de praticabilidade e que sendo as mais-valias obtidas com a alienação de participações sociais sujeitas a uma tributação autónoma não se colocavam também quaisquer dificuldades relativamente às demais operações que a liquidação do imposto implica, quando feita em observância ao disposto no n.º 2 do artigo 12.º da LGT e mais uma vez que impedir a aplicação desta disposição legal neste tipo de casos, seria ignorar a sua existência, o que é vedado a qualquer Tribunal.

O n.º 2 do artigo 12.º da LGT pode ser encarado como encerrando uma retroatividade de 3.º grau, na terminologia utilizada por Alberto Xavier, na medida em que estamos perante uma lei nova que se aplica a atos ainda em formação, que não se verificaram por inteiro à sombra da lei antiga e que prolongam a sua produção concreta no domínio temporal da lei nova[101].

Contudo, várias vozes mostraram-se contra a aplicação da solução *pro rata temporis* nas mais-valias, defendendo que o n.º 2 do artigo 12.º da LGT

[101] ALBERTO XAVIER, *Manual de Direito* ..., op. cit., p. 199.

por questões de impraticabilidade e por não estar preservado o princípio da progressividade anual previsto no n.º 1 do artigo 104.º da CRP[102].

Tal como já referido em outros Acórdãos, o CAAD adotou outra posição[103], em que considerou que a norma retroagia os seus efeitos ao início do ano de 2010, já que a Lei n.º 15/2010, de 26 de Julho, ao ter revogado a norma que estabelecia a exclusão de tributação das mais-valias em caso de alienação de ações que tivessem sido detidas por um período de 12 meses, reporta-se a um facto tributário respeitante ao ano de 2010 que resulta do saldo entre as mais-valias e as menos-valias obtidas no ano de 2010, não comportando uma retroatividade proibida no sentido que lhe é atribuído pelo Tribunal Constitucional.

Acresce que na decisão arbitral de 20 de abril de 2015, processo n.º 784/2014-T, um dos argumentos que se invocou para fazer retroagir os efeitos da norma a 1 de janeiro de 2010 repousa no facto de no contexto da crise financeira acentuada que se vivia em 2010, não podia deixar de se concluir que as condições em que a lei foi elaborada explicariam a adoção de uma solução deste tipo. Parece-nos forçado este argumento para fazer retroagir os efeitos da lei a 1 de janeiro de 2010, até mesmo porque o argumento, para nós, tem de ser um argumento de natureza jurídica.

Note-se, porém, que em várias decisões dos tribunais portugueses, o entendimento havia sido o de que estaríamos perante uma retroatividade inautêntica e/ou retrospetividade em que não existiria uma violação do princípio da confiança, pois não era imprevisível a tributação das mais-valias com efeitos a 1 de janeiro de 2010.

Tal significaria que esta regra ao ser aplicável desde o início do ano de 2010, implicaria que houvesse lugar a uma aplicação retroativa da lei, nomeadamente considerando aqueles casos em que antes da entrada em vigor da Lei n.º 15/2010 tivessem sido alienadas ações, cuja mais-valia cumpria os requisitos para beneficiar da exclusão de tributação. Na verdade, será que aqui não se deveria ter considerado como data relevante para efeitos de aplicação da lei no tempo o momento em que foram alie-

[102] A este respeito, veja MANUEL FAUSTINO, "Retroatividade...", op. cit., p. 208 e MANUEL FREITAS PEREIRA, *Fiscalidade*, Almedina, 2005, p. 199/AMÉRICO BRÁS CARLOS, *Impostos*, op. cit., pp.131/132. 126-127.

[103] Processos n.ºs 107/2014-T e 340/2014-T.

nadas as ações? Não será que é nesse momento que o facto tributário se considera verificado?

Como já referido, a jurisprudência não foi uniforme a este respeito, sendo que em vários acórdãos se considerou que o facto tributário não se traduzia na mais-valia gerada e considerada de forma isolada e singular, através do ato da alienação, mas como um facto tributário de formação sucessiva, sendo que o facto tributário resultaria de um saldo apurado num determinado período de tributação, em conformidade com a característica da anuidade do imposto, que está presente no imposto sobre o rendimento das pessoas singulares[104].

Na sequência desta jurisprudência dissonante do CAAD, a partir de 2013, o STA adotou outro tipo de entendimento quanto a este tema. Assim, o STA nos seus acórdãos de 4 de dezembro de 2013[105] e de 4 de janeiro de 2014[106] decidiu que as mais-valias resultantes da alienação de participações sociais obtidas antes da entrada em vigor da Lei 15/2010 não estavam sujeitas à disciplina prevista neste diploma, na medida em que as mais-valias obtidas constituíam factos tributários instantâneos e prévios à sua vigência.

Aliás, e desde 2013 que, o STA vinha defendendo que nas mais-valias resultantes da alienação de participações sociais há uma similitude com o regime das tributações autónomas, sendo que o tributo incide sobre operações que se produzem e esgotam de modo instantâneo, surgindo o facto gerador do tributo isolado no tempo[107]. Como tal, o que deve relevar *não é o momento da liquidação, mas sim o momento em que ocorre o ato que determina o pagamento desse imposto.*

Nesta senda de raciocínio, estaremos, então, perante uma retroatividade autêntica, absolutamente proibida à luz da interpretação que o Tribunal Constitucional faz do n.º 3 do artigo 103.º da CRP, caso se pretenda tributar as mais-valias obtidas antes da entrada em vigor da Lei n.º 15/2010.

[104] Decisão arbitral, processo n.º 340/2014-T e processo n.º 784/2014-T.

[105] Processo 1582/13.

[106] Processo 1078/12.

[107] cfr. Acórdão do STA, processo 1582/13.

B.3.) A jurisprudência uniformizadora do STA

O Acórdão do STA n.º 5/2017, de 7 de junho de 2017, processo n.º 1471/2014[108], veio uniformizar a jurisprudência respeitante à aplicação retroativa da lei fiscal no caso de mais-valias derivadas da alienação de *ações obtidas antes da entrada em vigor da Lei 15/2010*. Este Tribunal considerou que nas mais-valias derivadas da alienação de participações sociais o facto tributário reporta-se ao momento em que se realizam as mais-valias, ou seja, o facto tributário que as origina e conforma, nasce e esgota-se no momento da alienação e realização das mais-valias.

Nas palavras do STA "*consideramos que o facto tributário se reporta ao momento em que se realizam as mais-valias, ou, por outras palavras, o facto tributário que as origina e conforma nasce e esgota-se no preciso momento (autónomo e completo) da alienação e coetânea realização das mais-valias, sendo, por isso um facto tributário instantâneo, e não um facto tributário complexo de formação sucessiva ao longo de um ano*".

Como tal, entendeu o STA estar-se perante um facto tributário instantâneo e que "*a operação de agregação entre as mais e menos-valias não tem a virtualidade de alterar ou transmutar a natureza dos factos tributários subjacentes*".

Para o STA, o que vai condicionar a regra da aplicação da lei no tempo é a regra de incidência prevista no n.º 3 do artigo 10.º do Código do IRS, nos termos da qual o ganho que dá lugar a tributação considera-se obtido no momento da prática do ato, ou seja, no momento da alienação. E é, portanto, esse momento o momento relevante para efeitos de aplicação da lei nova. Pelo que, a questão essencial que se coloca aqui é a de saber em que momento nasce o facto tributário que é o que vai determinar como é que a lei se aplica no tempo.

[108] De alguma forma, o STA recupera a sua jurisprudência de 1995 em que estabelece o seguinte: "*Ora é bom de ver que no caso das mais-valias de participações sociais sendo o facto gerador do imposto a sua alienação onerosa, não estamos perante um facto tributário complexo, de formação sucessiva ao longo de um ano, mas sim perante um facto tributário instantâneo. O facto tributário que dá origem ao imposto esgota-se na realização da mais-valia (Atente-se que já o imposto de mais-valias era tido como de obrigação única – cf. Ac. do STA de 18.1.1995, P. 18287*"). Esta jurisprudência do STA foi recentemente confirmada pelo Acórdão de 22/11/2017, proferido no processo n.º 1100/16.

Assim, de acordo com esta linha de raciocínio, o facto tributário reporta-se ao momento em que se realizam as mais-valias, ou seja, o facto tributário que as origina e conforma nasce e esgota-se no momento da alienação e realização das mais-valias, o que implica a sua qualificação como um tributário instantâneo.

Mais, e tal como já referido, para este Tribunal, reitera-se que o facto de a tributação das mais-valias ser efetuada com base no saldo entre as mais e menos-valias no final do ano não é a norma relevante para efeitos de determinação do momento em que nasce o facto tributário não tendo a capacidade de alterar ou transmutar a natureza dos factos tributários subjacentes. Logo não é relevante para efeitos de aplicação da lei no tempo.

Portanto, o STA uniformiza a jurisprudência relativa à tributação das mais-valias mobiliárias face ao regime introduzido pela Lei n.º 15/2010 determinando que "*As alterações introduzidas ao regime tributário das mais-valias mobiliárias pela Lei n.º 15/2010, de 26 de Julho apenas podem aplicar-se aos factos tributários ocorridos em data posterior à da sua entrada em vigor (27 de Julho de 2010 – artigo 5.º da Lei n.º 15/2010)*".

Como tal, a aplicabilidade da Lei n.º 15/2010 desde 1 de janeiro de 2010 até à data de entrada em vigor desta lei é considerada inconstitucional por força da violação do Princípio da Proibição da Retroatividade Fiscal, sendo a norma inconstitucional, permanecendo as mais-valias mobiliárias obtidas antes da entrada em vigor da Lei n.º 15/2010 excluídas de tributação.

Este Acórdão à semelhança do que ocorreu com o Acórdão 399/2010 foi objeto de diferentes entendimentos doutrinários, sendo que há autores que subscrevem a posição do STA e outros que consideram que estamos perante um cenário de retroatividade inautêntica que deve ser analisado à luz do princípio da proteção da confiança.

Quem subscreve a decisão do STA considera que o facto tributário nasce com a alienação onerosa do bem que é o momento em que se obtém a mais-valia[109]. Ademais, o facto tributário deve ser localizado no

[109] A este respeito, Paula Rosado Pereira refere mesmo que as linhas orientadoras da jurisprudência do STA em matéria de mais-valias mobiliárias e de aplicação da lei fiscal são plenamente válidas também para as mais-valias imobiliárias, nomeadamente pelo facto do n.º 3 do artigo 10.º do Código do IRS, ao determinar que a obtenção do ganho

tempo de acordo com a respetiva norma de incidência e não de acordo com uma norma de determinação do rendimento coletável, pois se fossem estas normas de determinação do rendimento coletável a determinar o momento da formação e verificação do facto tributário, então todos os factos tributários em sede de IRS e de IRC ocorreriam no final do ano, o que não parecer suceder, designadamente em sede de tributações autónomas, em que os factos tributários inerentes não são complexos, nem de formação sucessiva, mas autónomos e temporalmente precisos, ou até mesmo no momento da apresentação das declarações de rendimentos, pois só nesse momento, afinal se apura o rendimento coletável, incluindo o saldo das mais e das menos-valias.

Outro argumento em favor desta tese é o de que o próprio Tribunal Constitucional já em 2010 considerou que o facto gerador da obrigação tributária em sede de mais-valias é o momento da alienação dos ativos. Para quem sustenta esta posição, parece aliás, que o Tribunal Constitucional – e, em sede, precisamente, de mais-valias – já revelou, como momento tributário determinante, o da "alienação". Assim, no seu Acórdão 85/2010, de 3 de Março, e a propósito da questão da aplicação retroativa da "limitação em apenas metade da diferença negativa entre as mais e as menos-valias realizadas com a transmissão onerosa de partes de capital", considerou como facto gerador da obrigação tributária o da "alienação" dos ativos e que, aí, ocorreu na vigência da lei nova e em que, portanto, não considerou existir retroatividade da lei fiscal[110].

Outros autores, como é o caso de Ana Paula Dourado, não concordam com a decisão do STA, pois defende que a determinação da matéria tributável é um elemento relevante para determinar se o imposto é periódico ou de obrigação única, sendo que apenas a determinação da matéria tributável pode esclarecer se o imposto incide sobre o acréscimo patrimonial anual ou não. Tal significa que as normas de determinação da matéria coletável têm consequências para a aplicação da lei no tempo

deve considerar-se verificada no momento da prática dos atos geradores de tais ganhos, o fazer de modo que abarca as mais-valias tanto mobiliárias como imobiliárias. Paula Rosado Pereira, *Manual...*, op. cit., p. 41.

[110] Rogério Fernandes Ferreira, "A propósito da recente jurisprudência constitucional sobe retroatividade fiscal (breve apontamento)", *Estudos em Homenagem ao Prof. Doutor J.L. Saldanha Sanches*, Vol. III, Direito Fiscal: Parte Geral, Coimbra, 2011, p. 655.

e que questão diferente seria a de saber se as mais-valias realizadas antes da entrada em vigor da lei nova deveriam ficar protegidas pelo princípio da protecção da confiança[111].

B.4) Considerações críticas

Da nossa parte, consideramos, antes de mais, que ter-se-ia evitado qualquer discussão acerca da constitucionalidade da norma caso se tivesse previsto um regime transitório em que se tivesse acautelado que as mais-valias obtidas antes da entrada em vigor da lei não ficariam sujeitas a tributação. Assim, ter-se-iam protegido as legítimas expectativas dos contribuintes que adquiriram as ações e optaram por mantê-las por um período de 12 meses para só posteriormente proceder à sua alienação, beneficiando assim da exclusão de tributação. Tal solução teria privilegiado o princípio da segurança jurídica. Já as mais-valias obtidas após a entrada em vigor da lei não violariam o princípio da segurança jurídica, na medida em que o contribuinte ao alienar as ações e no caso de obter um saldo positivo saberia de antemão que as mais-valias estariam sujeitas a tributação.

Quanto à decisão do STA e à problemática da aplicação da lei no tempo, consideramos que no que concerne à aplicação da lei nova a ações alienadas após a entrada em vigor da Lei 15/2010 não existe qualquer questão de retroatividade, pois a lei aplica-se para o futuro, ainda que se possa questionar se ainda assim não há uma violação das legítimas expectativas dos contribuintes.

Relativamente às mais-valias obtidas antes da entrada em vigor da Lei 15/2010, a questão da retroatividade coloca-se na medida em que não existe nenhuma disposição neste diploma que determine a partir de que momento se aplica o regime previsto neste diploma. Pelo que, o cerne da questão é o de determinar em que momento se verifica o facto tributário. Na realidade, o facto tributário que dá lugar à relação jurídico-tributária ocorre no momento da alienação, sendo, portanto, um facto tributário que nasce e se concretiza num momento limitado no tempo, configurando um facto tributário instantâneo. Logo, seguindo a linha de racioci-

[111] Ana Paula Dourado, *Direito Fiscal ...*, op.cit., p.175.

nio do STA, estaríamos perante um cenário de retroatividade autêntica, em que é claro que a decisão do STA vem proteger as legítimas expectativas dos contribuintes.

Consideramos, porém, que a questão também poderia ser alternativamente analisada sob outro prisma que é o seguinte: (i) a Lei 15/2010 não estabeleceu qualquer regime transitório; (ii) logo, não afastou, de modo claro e inequívoco, a aplicabilidade do n.º 2 do artigo 12.º da LGT o que também permitiria desde logo que ficassem salvaguardadas de tributação as mais-valias obtidas pelos contribuintes antes da entrada em vigor da Lei 15/2010, pugnando assim pela sua segurança jurídica.

Quanto à aplicação da Lei 15/2010 às mais-valias obtidas após a entrada em vigor deste diploma, consideramos estar perante uma situação de retrospetividade, autonomizando-se este conceito do conceito de retroatividade inautêntica.

O termo "retrospetividade" usa-se quando a lei nova se aplica a situações existentes à data da sua publicação ou entrada em vigor[112]. Temos para nós que a retroatividade inautêntica e a retrospectividade não são uma única e mesma realidade[113]. Aliás, a retrospetividade consistindo na

[112] A este respeito, veja-se Hans Gribnau/Melvin Pauwels, *Retroactivity of Tax Legislation – General Report presented at the EATPL Congress*, 2010, EATPL Congress Leuven, Amsterdam, 2013, pp. 42-43 e Catherine S. Bobett, "Retroactive or retrospective? A note on terminology", *British Tax Review*, n. .º 1, 2006, pp. 15-18.

[113] Uma parte considerável da doutrina portuguesa divide a retroatividade em dois tipos: retroatividade autêntica e retroatividade inautêntica ou retrospetividade, não autonomizando o conceito de retrospetividade (Ana Paula Dourado, *Direito Fiscal ...*, cit., p. 180; Américo Fernando Brás Carlos, *Impostos...*, op. cit., pp. 123 e segs.; Henrique Freitas Pereira, *Fiscalidade*, 5.ª edição, Almedina, Coimbra, 2014, pp. 232-240.), o que se nos afigura compreensível, na medida em que não existe uma definição legal do que se deve entender por retroatividade autêntica, por retroatividade inautêntica ou até por retrospetividade. Ao nível da União Europeia e tendo em conta a utilização que tem sido dada aos termos "retroatividade" e "retrospetividade" pelo Tribunal de Justiça da União Europeia, a retroatividade corresponde à aplicação de uma disposição legal a factos que tiveram lugar antes da sua publicação ou da sua entrada em vigor. Já o termo retrospetividade utilizar-se-á quando a nova lei se aplicar a situações existentes à data da sua publicação/entrada em vigor, como será o caso de transações ou atividades económicas que, embora iniciadas no passado, ainda estejam por terminar. Neste último sentido se incluiria o caso de uma lei, relativa a um imposto periódico, entrada em vigor no decurso do período, que se aplique a todo o período, incluindo a parte deste já decorrida. Existem vários paí-

aplicação da lei nova com efeitos para o futuro, mas alicerçada em legítimas expectativas do passado tem um alcance mais vasto do que a retroatividade, sendo livremente admitida a sua aplicação, estando apenas e eventualmente limitada pelo princípio da segurança jurídica, sendo que pode ser sempre arguido que todos os novos diplomas afetam atividades económicas que foram iniciadas no passado[114]. O mesmo se poderia dizer para fundamentar uma lesão ao princípio da segurança jurídica.

Acresce que há doutrina que distingue a retroatividade inautêntica da retrospetividade, arguindo que o conceito de retrospetividade diria respeito aos casos em que a lei nova se aplica aos efeitos futuros dos atos ocorridos num momento anterior ao início da sua vigência, estando fora do escopo de aplicação do n.º 3 do artigo 103.º da CRP, sendo que qualquer afastamento da retrospetividade teria de operar por força da prevalência do princípio da segurança jurídica. Portanto, a lei nova ainda que disponha quanto a factos futuros, lesa expectativas fundadas no passado. Neste âmbito, como refere Sérgio Vasques a noção de retrospetividade, conhecida entre nós ao menos desde os tempos da Comissão Constitucional, deve ser reservada exclusivamente para os casos em que a lei fiscal se aplica a factos futuros, não apenas por razões de rigor e simplicidade, até porque existe uma diferença entre a lei que olha para frente e a lei que olha para trás, mas também porque a proibição constitucional da retroatividade abrange indistintamente os casos de retroatividade forte ou fraca.

Como menciona este autor, a retrospetividade poderá manifestar-se quer aquando da criação de benefícios fiscais, nomeadamente naqueles casos em que a lei encoraja um determinado comportamento com efeitos duradouros por parte do contribuinte que confiando num determinado regime mais favorável adota uma determinada conduta, sendo depois

ses (Alemanha, Bélgica, Espanha, França. Itália, Luxemburgo e Turquia) em que neste caso se considera que se estará perante retrospetividade e não retroatividade e por isso tal aplicação a todo o período é considerada como legal. Nestes países uma lei relativa a um imposto periódico só é considerada como retroativa se for aplicada ao período de tributação anterior ao que está a decorrer na data em que entrar em vigor (A este respeito, veja-se Manuel Henrique de Freitas Pereira, *Fiscalidade...*, op. cit., pp. 233-234).
Manuel Henrique de Freitas Pereira, *Fiscalidade...*, op. cit., pp. 233-234.

[114] Johanna Hey – "Germany", op. cit., p. 243.

confrontado com uma determinada alteração legislativa que apesar de vir a ter efeitos para o futuro é extremamente lesiva para o contribuinte, pois vai deixar de beneficiar desse regime. Para salvaguardar este tipo de situação, este Autor sugere a utilização de cláusulas de salvaguarda de modo a proteger os contribuintes que fizeram as suas opções de investimento confiando na lei anterior[115].

Neste sentido, a retrospetividade pode então ocorrer quando uma lei nova se aplica a novos factos, mas com base numa situação jurídica anterior que criou expectativas legais ditas legítimas. Um exemplo que pode ser enquadrável nesta conceção de retrospetividade era a disposição que existia anteriormente no Código do IRS e que determinava que as pessoas que tivessem adquirido ações e que as tivessem mantido na sua titularidade pelo período de 12 meses quando procedessem à alienação das mesmas, estariam excluídos de tributação em sede de IRS. Portanto, em não raros casos, as pessoas adquiriam as ações com a expectativa legitimamente fundada de que quando alienassem as mesmas, desde que cumprissem os requisitos previstos na lei, estariam excluídas de tributação. Se pensarmos na aprovação de uma lei que revogue esta norma e que determinasse que as mais-valias derivadas da alienação das ações após a entrada em vigor da lei passariam a ser tributadas teria a mesma uma natureza retrospetiva, sendo que não existiria aqui qualquer questão de retroatividade, pois estaríamos a falar da aplicação de uma lei nova para factos futuros, mas com base em atos ocorridos antes da sua entrada em vigor, que neste caso corresponderiam à aquisição das ações.

Concluímos, portanto, que no caso em análise poderia também considerar-se um cenário de retrospetividade, entendida enquanto conceito autónomo, no caso das mais-valias obtidas após a entrada em vigor da Lei 15/2010, sendo que a questão que se poderia colocar seria sempre a de saber se a aprovação de uma lei nestes termos não ofenderia o princípio da segurança jurídica.

[115] SÉRGIO VASQUES, *Manual de...*, op. cit., pp. 298-299.

V. CONCLUSÕES

a) A temática da aplicação da lei retroativa, nomeadamente da lei fiscal, não é uma questão nova, sendo que a regra é de que a lei nova se aplica para o futuro e a aplicação a factos passados é proibida;
b) O Princípio da Proibição da Retroatividade Fiscal foi apenas expressamente introduzido no texto constitucional aquando da IV Revisão Constitucional de 1997 à CRP de 1976;
c) A introdução do princípio da proibição da retroatividade fiscal na CRP consagra um *droit de résistance* ao pagamento de impostos que sejam lesivos para o contribuinte, sendo uma forma de garantia dos direitos dos contribuintes, no sentido em que apesar de terem de proceder ao pagamento de impostos, tal não deve abrir a possibilidade de comportamentos abusivos por parte das Autoridades Públicas;
d) Antes da consagração expressa na CRP, este princípio já estava anteriormente previsto no artigo 12.º da LGT, sendo que o n.º 2 deste artigo estabelece uma regra *pro rata temporis*, nos termos da qual quando os factos tributários sejam de formação sucessiva, como é o caso do IRS e do IRC, a lei nova só se aplica ao período decorrido a partir da sua entrada em vigor. A aplicação desta disposição tem vindo a ser afastada pelo Tribunal Constitucional, relegando-a para um plano de letra morta;
e) Previamente à introdução do princípio da proibição da retroatividade fiscal na CRP, a Comissão Constitucional, e posteriormente, o Tribunal Constitucional perfilharam o entendimento de que eram aceites impostos retroativos, exceto se a retroatividade da lei fiscal lesasse de forma inadmissível e intolerável a segurança jurídica do contribuinte;
f) O pressuposto de onde partia a jurisprudência e a doutrina estava, de acordo com a nossa opinião incorreto, pois em vez de se extrair do princípio da segurança jurídica que pretende proteger os cidadãos a proibição da retroatividade, apenas se admitia o seu afastamento quando chocasse intoleravelmente com a segurança jurídica;
g) Atualmente, o Tribunal Constitucional, de acordo com a interpretação que faz do n.º 3 do artigo 103.º da CRP, considera que esta

disposição legal apenas encerra uma proibição absoluta de retroatividade autêntica, o que implica que uma lei nova não se possa aplicar a factos tributários que se formaram e já produziram todos os seus efeitos ao abrigo da lei antiga;

h) Entende também o Tribunal Constitucional que a retroatividade inautêntica e/ou retrospetividade não é proibida pelo n.º 3 do artigo 103.º da CRP, mas que deve ser sujeita ao teste resultante dos princípios do Estado de Direito, neste caso, o teste da proteção da confiança;

i) O Tribunal Constitucional para efeitos da qualificação de uma norma jurídica como estando ferida de retroatividade autêntica ou inautêntica tem recorrido a distinções subsidiárias entre "factos tributários instantâneos" e "factos tributários de formação continuada", "impostos periódicos" e "impostos de obrigação única", e "tributação do rendimento" e "tributação autónoma", bem como utiliza o critério do período fiscal como elemento distintivo de retroatividade autêntica e retroatividade inautêntica e/ou retrospetividade, o que levou o Tribunal Constitucional à semelhança do que aconteceu na Alemanha a considerar que o facto tributário não está concluído até ao fim do ano, pois as respetivas consequências legais ainda estão em aberto. Este critério tem vindo a acarretar uma forte insegurança jurídica para os contribuintes, atendendo a que a jurisprudência dos Tribunais se tem vindo a alterar ao longo do tempo;

j) O IRS é um imposto periódico em que se verifica uma formação sucessiva do facto tributário que se considera consumado no dia 31 de dezembro do ano em questão. Pelo que, a caracterização do IRS como um imposto de formação sucessiva vai ter uma influência direta na aplicação de normas fiscais de natureza retroativa;

k) No Acórdão 399/2010, o Tribunal Constitucional afirmou que resultava claramente dos trabalhos preparatórios que o n.º 3 do artigo 103.º da CRP apenas pretende proibir a retroatividade autêntica;

l) Logo, concluiu que os respetivos artigos 1.º das Leis n.º 11/2010 e 12-A/2010 estariam feridos de um retroatividade inautêntica, mas que por prosseguirem fins constitucionalmente legítimos, assumiam carácter urgente num contexto de crise financeira não afetando o princípio da confiança em sede do Estado de Direito, não existindo assim violação do princípio da proibição da retroatividade fiscal;

m) Considerando os testes ao princípio da confiança é quase forçoso concluir que o interesse público irá sempre prevalecer face às legítimas expectativas dos contribuintes e à eventual lesão dos seus direitos, sendo que a análise dos critérios subjacentes ao princípio da proteção da confiança comporta igualmente um grau de subjetividade francamente considerável;

n) Temos as maiores dúvidas que a CRP apenas pretenda proibir em absoluto a retroatividade autêntica, até mesmo porque a CRP limita-se a proibir a criação de impostos de natureza retroativa, sem efetuar qualquer distinção entre os diferentes tipos de retroatividade, que correspondem, na verdade, a construções jurisprudenciais e doutrinárias que não têm assento legal;

o) O Princípio da Proibição da Retroatividade Fiscal, tal como se encontra plasmado na CRP, tem vindo a ser concretizado através de interpretações efetuadas pelos nossos tribunais, não se verificando uma diferença prática considerável face ao anterior cenário em que este princípio não tinha assento constitucional;

p) Do nosso ponto de vista, o Acórdão 399/2010 faz uma análise redutora do princípio da proibição da retroatividade fiscal, alicerçada nos trabalhos preparatórios à IV Revisão Constitucional, não colhendo, salvo melhor opinião, o argumento histórico adotado pelo Tribunal Constitucional. Parece-nos que o que deve estar em causa em qualquer cenário de retroatividade da lei fiscal, independentemente de quaisquer tipificações doutrinárias e/ou jurisprudenciais, é a segurança jurídica e é à luz deste princípio que se deverá analisar se a lei retroativa deverá ou não ser admissível;

q) O Código do IRS qualifica as mais-valias, mobiliárias e imobiliárias, como incrementos patrimoniais, integrando-as na categoria G, não estabelecendo, contudo, uma noção do que se deve entender por mais-valias, que sendo ganhos inesperados, permitem com a sua obtenção o aumento do património dos seus beneficiários o que originará um aumento da sua capacidade contributiva, o que permite justificar a sua tributação;

r) A interpretação que a nossa jurisprudência tem efetuado da aplicação das leis fiscais retroativas no que concerne às mais-valias mobiliárias, na sequência da entrada em vigor da Lei n.º 15/2010, não foi uniforme ao longo do tempo, o que comportou um grau de insegurança jurídica considerável para os contribuintes;

s) O CAAD decidiu ora pela aplicação do n.º 2 do artigo 12.º da LGT, ora considerando que a regra de sujeição das mais-valias mobiliárias a tributação retroagia os seus efeitos ao início do ano;

t) A partir de 2013, o STA orientou a sua jurisprudência no sentido de que as mais-valias resultantes da alienação de participações sociais obtidas antes da entrada em vigor da Lei 15/2010 não estavam sujeitas à disciplina prevista neste diploma, na medida em que as mais-valias obtidas constituíam factos tributários instantâneos e prévios à sua vigência;

u) O Acórdão do STA n.º 5/2017 veio uniformizar a jurisprudência respeitante à aplicação retroativa da lei fiscal no caso de mais-valias derivadas da alienação de ações obtidas antes da entrada em vigor da Lei 15/2010. Este Tribunal considerou que nas mais-valias derivadas da alienação de participações sociais o facto tributário reporta-se ao momento em que se realizam as mais-valias, ou seja, o facto tributário que as origina e conforma, nasce e esgota-se no momento da alienação e realização das mais-valias. Pelo que, tratando-se de um facto tributário instantâneo, a aplicação da Lei 15/2010 às mais-valias obtidas antes da entrada em vigor da Lei 15/2010 configura uma situação de retroatividade autêntica, proibida à luz da interpretação que o Tribunal Constitucional faz do n.º 3 do artigo 103.º, determinando que as alterações introduzidas ao regime tributário das mais-valias mobiliárias pela Lei n.º 15/2010, de 26 de Julho apenas podem aplicar-se aos factos tributários ocorridos em data posterior à da sua entrada em vigor;

v) Relativamente às mais-valias obtidas antes da entrada em vigor da Lei 15/2010, a questão da retroatividade coloca-se na medida em que não existe nenhuma disposição neste diploma que determine a partir de que momento se aplica o regime previsto neste diploma. Pelo que, o cerne da questão é o de determinar em que momento se verifica o facto tributário. Na realidade, o facto tributário que dá lugar à relação jurídico-tributária ocorre no momento da alienação, sendo, portanto, um facto tributário que nasce e se concretiza num momento limitado no tempo, configurando um facto tributário instantâneo, em que a aplicação da lei nova a factos passados estará ferida de retroatividade autêntica;

w) A aplicação da Lei 15/2010 às mais-valias obtidas após a entrada em vigor deste diploma pode ser encarada como uma situação de retrospetividade, enquanto conceito autónomo, pois estaríamos a falar da aplicação de uma lei nova aplicável a factos futuros (a alienação das ações), mas com base em atos ocorridos antes da sua entrada em vigor, que neste caso corresponderiam à aquisição das ações, sendo que ainda assim a questão que se poderia colocar seria sempre a de saber se a aprovação de uma lei nestes termos não ofenderia o princípio da segurança jurídica.

Bibliografia

Assis; Karoline Marchiori de Assis, *Segurança Jurídica dos Benefícios Fiscais, in* file:///C:/Users/snrs/Downloads/Versao_Parcial_2013_Tese_de_Doutorado_Karoline_Marchiori_de_Assis%20(1).pdf

Bassas, Juan Jose Perulles, *Manual de Derecho Fiscal*, Barcelona, 1961

Basto, José Guilherme Xavier de, *IRS: Incidência e Determinação dos Rendimentos Líquidos*, Coimbra Editora, Coimbra, 2007

Bobett, Catherine S., "Retroactive or retrospective? A note on terminology", *British Tax Review*, n. .º 1, 2006

Caetano, Marcello, *Constituições Portuguesas*, 7.ª edição, Lisboa/São Paulo, 1994

Canotilho, José Gomes Canotilho, *Direito Constitucional e Teoria da Constituição*, 7.ª edição, Coimbra, 2003

Carlos, Américo Brás, *Impostos – Teoria Geral*, 5.ª Edição atualizada, Almedina, Coimbra, 2016

Cordeiro, António Menezes, *Tratado de Direito Civil I*, 4.ª edição, (reformulada e atualizada), Almedina, Coimbra, 2012

Corte-Real, Carlos Pamplona, "Curso de Direito Fiscal", vol. I, *Cadernos de Ciência e Técnica Fiscal*, 124, 1982

Costa, José Manuel Cardoso da, *Curso de direito fiscal*, 2.ª edição, Coimbra, 1972

— "O Enquadramento Constitucional do Direito dos Impostos em Portugal", in *Perspetivas Constitucionais nos 20 anos da Constituição*, Vol. II, Coimbra, 1997,

CRUZ, Emídio Pires da Cruz, *Da aplicação das leis no tempo*, Lisboa, 1940

CUNHA, Paulo de Pitta e, "Alterações na tributação do rendimento: reforma fiscal ou simples ajustamentos?", *Fisco*, Ano XII, n.º 103/104, Junho de 2002

DOURADO, Ana Paula, *Direito Fiscal: Lições*, 3.ª Edição, Almedina, Coimbra, 2018, pp. 191-192.

FAST, Katarina/MELZ, Peter/HULTQVIST, Anders, "Sweden", *Retroactivity of Tax Legislation*, 2010, EATPL Congress Leuven, Amsterdam, IBFD, 2013

FAUSTINO, Manuel, "Retroatividade, Retrospetividade e alguma serenidade", *RFPDF*, Ano 3, número 3, Outono, 2010

FERREIRA, Eduardo Paz, "Anotação", *in* Jorge Miranda/Rui Medeiros, *Constituição da República Portuguesa Anotada*, II, Coimbra Editora, Coimbra, 2006

FERREIRA, Rogério Fernandes, "A tributação das mais-valias", *Fisco*, n.º 101 e 102, 2002

— "A propósito da recente jurisprudência constitucional sobe retroatividade fiscal (breve apontamento)", *Estudos em Homenagem ao Prof. Doutor J.L. Saldanha Sanches*, Vol. III, Direito Fiscal: Parte Geral, Coimbra, 2011

GOMES, Nuno Sá, *Lições de Direito Fiscal, Vol. II*, Editora Rei dos Livros, Lisboa, 2000

GRIBNAU, Hans/PAUWELS, Melvin, *Retroactivity of Tax Legislation – General Report presented at the EATPL Congress*, 2010, EATPL Congress Leuven, Amsterdam, IBFD, 2013

GUEDES, Armando Marques Guedes, "Interpretação, aplicação e integração de normas jurídicas", *in Ciência e Técnica Fiscal*, Lisboa, n.º 44-45, Lisboa, agosto-setembro, 1962

HEY, Johanna, "Germany", *Retroactivity of Tax Legislation*, 2020 EATPL Congress, Leuven, 27-20 May 2010, IBFD, 2013

JORGE, Fernando Pessoa, *Não retroatividade da lei em matéria de benefícios fiscais*, Lisboa, 1968

LARENZ, Karl, *Metodologia do Direito*, 3.ª edição, Fundação Calouste Gulbenkian, tradução de José Lamego, do original alemão intitulado: METHODENLEHRE DER RECHTSWISSENSCHAFT, Lisboa, 1997

MACHADO, Jónatas E.M./COSTA, Paulo Nogueira da, *Manual de Direito Fiscal – Perspetiva Multinível*, Almedina, Coimbra, 2016

MARTINEZ, Pedro Soares, *Manual de Direito Fiscal*, Almedina, Coimbra, 1983

MATOS, André Salgado Matos, *Código do Imposto sobre o Rendimento das Pessoas Singulares (IRS) Anotado*, Instituto Superior de Gestão, Lisboa, 1999

Melo, António Barbosa de/Costa, José Manuel Cardoso da/Andrade, José Carlos Vieira de, *Estudo e projeto de revisão* da Constituição *da República Portuguesa de 1976*, 1998

Miranda, Jorge, *As Constituições Portuguesas de 1822 ao texto atual da Constituição*, 4.ª Edição, Lisboa, 1997

— *As Constituições Portuguesas de 1822 ao texto atual da Constituição*, 4.ª Edição, Lisboa, 1997

Moncada, Luís Cabral de, *Lições de Direito Civil*, I vol., Coimbra, 1954

Morais, Carlos Blanco de, "Segurança jurídica e justiça constitucional", *in* Revista da Faculdade de Direito de Lisboa, 2000

Morais, Rui Duarte, *Sobre o IRS*, Almedina, Coimbra, 2016

Nabais, José Casalta, *O Dever Fundamental de Pagar Impostos*, Coimbra, 1998

— *Direito Fiscal*, 7.ª ed., Almedina, Coimbra, 2012

— "Notas a respeito das leis interpretativas e impostos retroativos", *Revista de Legislação e de Jurisprudência*, ano 147, n.º 4008, Janeiro-Fevereiro de 2018

Novais, Jorge Reis, *Os Princípios Constitucionais Estruturantes da República Portuguesa*, Reimpressão, Coimbra, 2014

Pereira, Manuel Henrique de Freitas, Fiscalidade, 5.ª edição, Almedina

Pereira, Paula Rosado, *Estudos sobre IRS: Rendimentos de Capitais e Mais-Valias*, Cadernos IDEFF, n.º 2, 2004

— *Manual de IRS*, 2.ª edição, Almedina, Coimbra, 2019.

Pires, Manuel, *Direito Fiscal – apontamentos*, Lisboa 1979/1980

Rosa, Manuel Cortes, *Aplicação temporal das normas fiscais, in Ciência e Técnica Fiscal*, n.ºs 25 e 26, 1961

Salazar, António de Oliveira, "Da não retroatividade das leis em matéria tributária", *in Boletim da Faculdade de Direito de Coimbra*, ano IX, 1925-26

Sanches, José Luís Saldanha, *Manual de Direito Fiscal*, 3.ª edição, Coimbra Editora, Coimbra, 2007

Santos, António Carlos dos, "Cada cor seu paladar: sobre a aplicação do princípio da irretroatividade às taxas e escalões de IRS. Comentário ao Acórdão do Tribunal Constitucional n.º 399/2010, de 27 de Outubro", *RFPDP*, ano III, n.º 4 (01/11)

Santos, António Carlos dos/Palma, Clotilde Celorico, "Os Princípios da Proteção da Confiança Legítima e da não retroatividade das normas tributárias em tempos de crise: O Caso Português", Revista do Instituto do Direito Brasileiro, Ano 2, n.º 4, 2013

Sousa, Miguel Teixeira de, *Introdução ao Direito*, Almedina, Coimbra, 2012

TEIXEIRA, António Braz, *Princípios de Direito Fiscal*, vol. I, 3.ª edição atualizada e revista, Coimbra, 1985

TEIXEIRA, Glória, *Manual de Direito Fiscal*, 5.ª edição, Almedina, Coimbra, 2018

TELLES, Inocêncio Galvão Telles, *Introdução ao Estudo do Direito*, volume I, 11.ª edição (refundida e atualizada), Coimbra Editora, Coimbra, 1999

THEOCHAROPOULU, Eleni/REMELIS, Konstantinos/MELISSINOS, Panagiotis G. Melissinos, "Greece" *Retroactivity of Tax Legislation*, 2010, EATPL Congress Leuven, Amsterdam, IBFD, 2013

TORRES, Ricardo Lobo, *Tratado de Direito Constitucional Financeiro e Tributário – Volume II – Valores e Princípios Constitucionais Tributários*, 2005

VASQUES, Sérgio, Manual de Direito Fiscal, 2.ª edição, Almedina, Coimbra, 2018

XAVIER, Alberto, *Manual de Direito Fiscal*, Lisboa, 1974

PARTE II

Tributação em Sede de IRS: Estudos Sobre Rendimentos Específicos

O CICLO DO PRÉMIO DE SEGURO E O IRS: ENTRE A DEDUÇÃO À COLETA E A TRIBUTAÇÃO NA CATEGORIA A

LUÍS POÇAS[1]

> Nem quem acha que é justo e que é direito
> Guardar-se a lei do Rei severamente, [...]
> Pera taxar, com mão rapace e escassa,
> Os trabalhos alheios que não passa.
>
> Luís de Camões, *Os Lusíadas*, VII, 86, 1-2/7-8

[1] Doutor em Direito (Ciências Jurídico-Empresariais), pela Faculdade de Direito da Universidade de Lisboa. Licenciado em Direito (Faculdade de Direito da Universidade de Lisboa) e em Sociologia (ISCTE-IUL). Diretor Jurídico, de Compliance e de Recursos Humanos da Una Seguros. Vice-Presidente da AIDA-Portugal (Associação Internacional de Direito dos Seguros). Investigador Doutorado Integrado (e membro do Conselho Científico) do DINÂMIA'CET (ISCTE-IUL).

I. Introdução

I – São amplas as referências a seguros na legislação fiscal, sendo estes encarados, ora na perspetiva da dedução à coleta dos valores pagos pelo sujeito passivo ao segurador, ora sob o prisma da tributação do rendimento obtido pelo sujeito passivo em virtude do recebimento de valores que lhe sejam pagos pelo segurador.

Quer numa situação quer na outra, a interseção entre o universo segurador e o fiscal revela-se desconcertante para os menos familiarizados com o hermetismo da linguagem e com a coerência interna de cada um daqueles dois mundos. Com efeito, os falantes do *segurês* raramente dominam o *fiscalês*, e vice-versa. Não é, certamente, por acaso que os estudos e manuais de Direito fiscal prudentemente se alheiam, em regra, das problemáticas relacionadas com os seguros, o mesmo sucedendo, quanto às temáticas fiscais, com os estudos e manuais de Direito dos seguros.

Acresce que o regime fiscal dos seguros, embora complexo e denso – e apto, portanto, a inibir o interesse dos juristas das áreas fiscal e securitária – proporciona uma análise mais descritiva do que problematizante. Com efeito, o caráter algo hermético da terminologia acolhida e a circularidade remissiva do texto legal desafiam mais à descoberta da chave interpretativa do labirinto normativo do que à identificação de problemas jurídicos (*quid iuris?*) carecidos de solução.

Ilustrativo é o facto de a arquitetura do referido regime remontar, nos seus traços essenciais, a 1995 – portanto, há mais de duas décadas – e de pouca ter sido a literatura jurídica entretanto produzida sobre a matéria (mesmo essa, especialmente centrada na tributação dos rendimentos de categoria E de IRS[2]).

[2] Cfr., p. ex., Teresa Soares Gomes, "O agravamento crescente da tributação dos seguros de vida com componente de investimento", *Fisco*, Ano XIII, n.º 103-104 (jun. 2002), pp. 55-83; António Martins, "Aspetos do tratamento fiscal dos seguros *Unit Linked* em sede de IRS", *Boletim da Faculdade de Direito*, Vol. LXXXIX, Tomo II (2013), pp. 801-824; Ricardo Seabra Moura e Francisco Cabral Matos, "O estranho caso da tributação dos seguros de vida", *Fiscalidade*, Lisboa, n.º 35 (jul.-set. 2008), pp. 59-68; Luís Poças, "A tributação dos rendimentos de capitais nos seguros e operações do ramo «Vida» e fundos de pensões", *in* António Menezes Cordeiro *et al.* (Orgs.), *Estudos em Homenagem ao Professor Doutor Carlos Pamplona Côrte-Real*, Coimbra, Almedina, 2016, pp. 619-650.

II – O presente texto – com os constrangimentos de espaço que o condicionam – tem, precisamente, por objeto o estabelecimento de uma ponte entre a esfera tributária e a dos seguros, propondo-se clarificar, na sua coerência interna, o enquadramento fiscal dos seguros em IRS. Ora, sendo inviável, num escrito em formato de artigo, dar adequadamente conta de todo o regime fiscal dos produtos de seguros, nas suas múltiplas vertentes e implicações, houve que delimitar o objeto deste estudo.

Assim, se num texto anterior tivemos já oportunidade de nos concentrarmos na tributação, na categoria E de IRS, dos rendimentos gerados por seguros e operações do ramo Vida[3], o objeto do presente estudo é bem outro, focando-se no enquadramento fiscal, não do ciclo de vida do seguro, mas do que podemos designar por *ciclo do prémio*, isto é, do tratamento em IRS do prémio à entrada (quando é pago ao segurador) e à saída (quando o segurador liquida o correspondente valor, que regressa, assim, à esfera originária ou à de um terceiro). Vejamos melhor em que se traduz o objeto deste texto.

III – Em certas modalidades de seguro, o prémio – expressão que designa a prestação pecuniária que o cliente paga ao segurador – pode ser custeado por pessoas singulares, no seu próprio interesse, ou por pessoas coletivas a favor dos respetivos trabalhadores. Estamos no momento inicial do que designámos por ciclo do prémio (o respetivo pagamento ao segurador), quadro em que, em determinadas circunstâncias, a lei fiscal beneficia, com uma dedução fiscal, o sujeito passivo que haja suportado o respetivo valor[4]. Veremos adiante quais os casos e em que termos há lugar à dedutibilidade e quais as problemáticas que o regime suscita.

Em certas modalidades de seguro, que configuram contratos aleatórios, o prémio custeia um risco e é consumido pela cobertura do mesmo: o segurador só efetua uma prestação pecuniária ao segurado se ocorrer o

[3] Luís Poças, "A tributação dos rendimentos de capitais nos seguros e operações do ramo «Vida» e fundos de pensões", *cit.*

[4] Sobre o recurso a benefícios fiscais como incentivo aos instrumentos de proteção social, cfr. José de Campos Amorim, "Benefícios fiscais em matéria de proteção social", *in* Ana Isabel Lambelho Costa *et al.* (Orgs.), *Atas do I Congresso Internacional de Ciências Jurídico-Empresariais – As Novas Relações Laborais*, Leiria, Instituto Politécnico de Leiria – Escola Superior de Tecnologia e Gestão, 2012, pp. 191-224, https://iconline.ipleiria.pt/bitstream/10400.8/770/1/actas_I_CICJE.pdf (consult. 22/07/2015).

sinistro na vigência do contrato e o valor da prestação do segurador é de uma grandeza potencialmente muito superior ao prémio. Nestas modalidades, consideramos que não há propriamente um ciclo do prémio, quedando-se a respetiva relevância fiscal no pagamento ao segurador.

Porém, em modalidades de seguro do ramo Vida com componente de investimento, verifica-se, no plano da função económica do contrato, uma lógica de *poupança*. Sendo certo que, ao nível jurídico, o prémio, uma vez pago, passa a integrar a esfera jurídico-patrimonial de titularidade do segurador, a verdade é que, no plano económico, o prémio se converte em fundos (correspondentes ao capital seguro), cuja titularidade, por via de um direito de crédito (o direito de resgate), é do cliente do segurador. É em atenção à substância económica destes contratos que, como veremos, a lei fiscal valora o reembolso ou a transmissão desses fundos, o que se traduz, respetivamente, na imagem do "regresso do prémio" à sua esfera originária (a do cliente pessoa singular), ou na da "transmissão do prémio" da esfera de uma pessoa coletiva (entidade empregadora) para a dos respetivos trabalhadores. Ora, se no primeiro caso não há um acréscimo patrimonial[5] inerente ao referido "regresso do prémio", já no segundo caso a mencionada "transmissão do prémio" do empregador para o trabalhador é assimilada a uma remuneração do trabalho dependente e como tal tributada na categoria A de IRS[6]. Veremos em que termos e quais as problemáticas suscitadas.

E neste segundo momento se completa o que, de forma pouco rigorosa, é certo, designámos por *ciclo do prémio*, contexto em que, na articulação das duas vertentes, encontramos o sentido de unidade do objeto do presente texto.

[5] Sobre a noção de rendimento-acréscimo, cfr. PAULA ROSADO PEREIRA, *Manual de IRS*, 2.ª Ed., Coimbra, Almedina, 2019, pp. 12 ss.

[6] Já quanto ao valor, "regressado" à esfera do cliente ou "transmitido" a outrem, que excede o montante do prémio inicialmente pago, estamos perante um acréscimo patrimonial que a lei fiscal tributa de outra forma: como rendimento de capitais (equivalente a um juro), isto é, na categoria E de IRS. Cfr., sobre o tema, LUÍS POÇAS, "A tributação dos rendimentos de capitais nos seguros e operações do ramo «Vida» e fundos de pensões", *cit.*, bem como a bibliografia aí referida. Também se a prestação do segurador consistir, não no pagamento de um capital (*lump sum*), mas no de uma prestação periódica (uma renda ou pensão), as regras de tributação aplicáveis são as da categoria H de IRS.

IV – O regime que, no essencial, prevalece ainda hoje no Código do IRS (doravante CIRS) na matéria em apreço foi fundamentalmente marcado por dois momentos. O primeiro, que data de 1991, concerne à tributação na categoria E. Esse regime acompanhou a emergência recente de novas modalidades contratuais de seguros do ramo Vida, de pendor financeiro[7], que se caracterizam pelo retorno, à esfera do cliente (chamemos-lhe, por agora, assim) dos valores, majorados por uma componente de capitalização, que haja pago ao segurador no âmbito de tais contratos.

O segundo momento, que teve lugar em 1995, decorreu de uma tomada de consciência, por parte do legislador, de que algumas modalidades de seguro geravam e envolviam outros tipos de rendimentos, nomeadamente quando os valores pagos ao segurador eram custeados pela entidade patronal da pessoa que beneficiava do seguro, ou quando o benefício proveniente do seguro era análogo ao recebimento de uma pensão. Houve então lugar a uma complexificação do regime em sede de categorias A e H de IRS.

V – Como decorre do acima exposto, o propósito do presente texto implica, num momento inicial, o enquadramento conceptual do leitor na gíria, operações e produtos de seguros relevantes em matéria fiscal, fornecendo-lhe uma primeira chave que permita descodificar, pelo menos em parte, o texto legal. Sem esta fase, penosa para alguns, cremos que a lógica e a *ratio* das regras fiscais permaneceriam incompreensíveis.

Com efeito, uma das grandes dificuldades do regime de IRS dos produtos de seguros consiste na falta de domínio, pelas pessoas que são convocadas a interpretá-lo e a aplicá-lo, do universo algo hermético da atividade seguradora e da sua gíria própria. Apelando para a paciência do leitor, procurar-se-á de seguida, de forma simplificadora (portanto,

[7] Como então referia Brás Carlos, «a crescente sofisticação do seguro de vida veio introduzir-lhe novos conteúdos, aumentar a sua relevância fiscal e, paralelamente, tornar urgente a sua classificação legal» – Américo Brás Carlos, "Subsídios para um regime fiscal do seguro de vida", *Fisco*, Ano II, n.º 25 (nov. 1990), p. 19. Neste quadro, o princípio da neutralidade fiscal obrigou à incidência de imposto sobre os rendimentos resultantes destes contratos financeiros, à semelhança do que ocorria com aplicações financeiras funcionalmente equivalentes – *ibidem*. Sobre o princípio da neutralidade fiscal ou da eficiência económica, Manuel Freitas Pereira, *Fiscalidade*, 4.ª Ed., Coimbra, Almedina, 2011, p. 69.

em pinceladas largas e com sacrifício de algum rigor) deixar uma ideia clara das situações – produtos, sujeitos e operações – objeto do regime tributário.

II. Contextualização

II.1 – O jargão de seguros

II.1.1 – Os sujeitos envolvidos na relação de seguro

I – O sujeito passivo de imposto pode assumir várias posições perante o contrato de seguro: pode ser a contraparte do segurador ou um terceiro que beneficia da prestação deste. Importa, assim, referir quais as posições fiscalmente relevantes dos sujeitos da relação de seguro.

O *seguro* é contratado entre, por um lado, a *empresa de seguros* (ou *segurador*) e, por outro lado, o *tomador do seguro*, que pode ser uma pessoa singular ou coletiva[8 9].

II – Se a prestação devida *ao* segurador (o *prémio*, na gíria seguradora) está a cargo do tomador do seguro, já a prestação devida *pelo* segurador pode dirigir-se a diferentes categorias de potenciais credores. Assim, entre os seguros de danos, dos ramos Não-Vida (cujo *sinistro* dá lugar ao pagamento, pelo segurador, de uma *indemnização*), os de responsabilidade civil têm por credor o *terceiro lesado*.

Já a generalidade dos restantes seguros de danos (por exemplo, o seguro de incêndio) tem por credor o *segurado* (que corresponde ao titular do interesse seguro, isto é, à pessoa, contratualmente determinada, que sofre na sua esfera o dano resultante da ocorrência do *sinistro* sobre o bem seguro). O *segurado* pode coincidir com o *tomador* (seguro por conta própria) ou ter identidade diferente (seguro por conta de outrem).

[8] Nas operações de capitalização a contraparte do segurador designa-se por *subscritor*, o qual é responsável pelo pagamento da *prestação*.

[9] Sobre os sujeitos envolvidos na relação de seguro, cfr. Luís Poças, *O Dever de Declaração Inicial do Risco no Contrato de Seguro*, Coimbra, Almedina, 2013, pp. 537 ss.; e Margarida Lima Rego, *Contrato de Seguro e Terceiros – Estudo de Direito Civil*, Coimbra, Coimbra Ed., 2010, pp. 41 ss.

III – Dos seguros de danos, cujo risco assenta em bens ou responsabilidades do segurado, distinguem-se os seguros de pessoas, em que o *risco* incide sobre a vida, a saúde ou a integridade física de uma pessoa. Nestes, o segurado assume a designação de *pessoa segura*, podendo coincidir ou não com o tomador do seguro.

Entre os seguros de pessoas contam-se os de vida, em que a prestação do segurador depende da morte ou da sobrevivência da pessoa segura. Podem aqui distinguir-se os seguros em caso de vida, em que o segurador se obriga a pagar (à própria *pessoa segura* ou a um *beneficiário* contratualmente designado) o *capital* seguro se a pessoa segura sobreviver ao termo do contrato (operação de *vencimento*) ou a determinadas datas contratualmente definidas. Já nos seguros em caso de morte, o segurador obriga-se a pagar (ao *beneficiário* designado) o *capital* seguro se a pessoa segura falecer na vigência do contrato (ocorrência de *sinistro*).

Como veremos melhor, assumem particular relevância fiscal as situações de seguros de pessoas em que a posição de tomador do seguro é assumida por uma pessoa coletiva e a de pessoas seguras pelos respetivos trabalhadores.

II.1.2 – Os produtos de seguros

I – O *seguro* ou *produto de seguros* (para utilizar terminologia entretanto consagrada pelo Regime Jurídico da Distribuição de Seguros e de Resseguros – RJDSR, aprovado pela Lei n.º 7/2019, de 16/01) é titulado por uma *apólice*, de onde constam as condições gerais, especiais e particulares acordadas.

Constituindo o seguro um tipo contratual legal amplo, são múltiplos os subtipos contratuais passíveis de assumir relevância tributária. Articulando as disposições do Regime Jurídico do Contrato de Seguro (RJCS, aprovado pelo Decreto-Lei n.º 72/2008, de 16 de abril) com os artigos 8.º e 9.º do Regime Jurídico de Acesso e Exercício da Atividade Seguradora e Resseguradora (RJASR, aprovado pela Lei n.º 147/2015, de 9 de setembro), podemos, desde logo, distinguir os seguros e operações do ramo Vida dos seguros dos ramos Não-Vida.

Considerando que, no contrato de seguro, o segurador cobre o risco da ocorrência fortuita de um evento (sinistro), obrigando-se a efetuar a sua prestação pecuniária nessa eventualidade (cfr. artigo 1.º do RJCS), o subtipo *seguro de vida* caracteriza-se especialmente pela natureza do risco, que surge relacionado com a morte ou a sobrevivência da pessoa segura (artigo 183.º do RJCS)[10].

Já a generalidade dos seguros não-vida assume maior diversidade, compreendendo, por exemplo, riscos de responsabilidade civil, riscos sobre bens materiais (edifícios, automóveis, mercadorias, máquinas, etc.). Falamos, neste caso, de *seguros de danos de bens e responsabilidades*.

Mas nos seguros não-vida os riscos podem incidir também sobre a saúde (seguro de saúde, ou de doença, como é também designado) ou sobre a integridade física da pessoa segura (seguro de acidentes pessoais). Estes subtipos de seguros não-vida, juntamente com os seguros de vida, constituem, assim, os chamados *seguros de pessoas*.

II – Os seguros de danos de bens e responsabilidades assumem caráter indemnizatório. Neste caso, o sinistro pressupõe um dano patrimonial efetivamente incorrido pelo segurado e a prestação pecuniária do segurador cumpre uma função indemnizatória, ficando limitada ao valor desse dano[11].

O mesmo não se verifica nos seguros de vida, onde, atendendo à natureza do risco e ao valor incomensurável da vida humana, a prestação do segurador é independente de qualquer quantificação de um dano associado ao sinistro. Assim, enquanto nos seguros de bens e responsabilidades a prestação do segurador tem caráter indemnizatório, nos seguros de vida a mesma tem caráter convencionado, resultando dos termos contratados.

Já os seguros de pessoas dos ramos Não-Vida (seguros de saúde e de acidentes pessoais) assumem caráter híbrido, no sentido em que podem, simultânea ou alternativamente, garantir prestações convencionadas (de valor predeterminado e independente do dano) e prestações de natureza indemnizatória.

III – A generalidade dos seguros pode designar-se (numa expressão cujo rigor é discutível) como "de puro risco". Significa isto que o prémio, pago antecipadamente, é devido ao segurador quer ocorra ou não o

[10] Sobre a relevância social e económica do seguro de vida e sobre as preocupações na base da sua disciplina tributária, cfr. José Carlos Gomes Santos, "Tributação dos seguros de vida: que evolução?", *Fisco*, Ano II, n.º 25 (nov. 1990), pp. 25 ss.

[11] Cfr. artigo 128.º ss. do RJCS. Sobre o princípio indemnizatório, cfr. Francisco Rodrigues Rocha, *Do Princípio Indemnizatório no Seguro de Danos*, Coimbra, Almedina, 2015.

sinistro e independentemente do valor do dano que este eventualmente represente. Num exemplo simplista, imagine-se que num seguro multirriscos habitação o prémio anual devido pelo tomador do seguro seja de € 100,00. Se não ocorrer qualquer sinistro na anuidade, o tomador terá despendido € 100,00 e nenhum valor terá recebido do segurador. Se, em contrapartida, ocorrer um incêndio no bem seguro que provoque um dano de € 50.000,00, o segurador terá desembolsado esse montante, apenas tendo recebido € 100,00. Significa isto, com maior rigor, que o contrato de seguro é um exemplo académico de contrato aleatório, porquanto, à data da conclusão do mesmo, é imprevisível para as partes o ganho ou a perda económica que cada uma delas obterá na vigência contratual, sendo, em qualquer caso, a medida do ganho de uma correspondente à medida da perda da outra[12].

Do mesmo modo que os seguros dos ramos Não-Vida são, todos eles, "de puro risco" (aleatórios), também algumas modalidades de seguro de vida o são. Nestas, o montante da prestação do segurador é convencionado contratualmente (*capital seguro*), caso em que a prestação (*prémio*) a cargo do tomador resulta da probabilidade de ocorrência do *sinistro* (morte da pessoa segura, nos seguros em caso de morte) ou sobrevivência da mesma (nos seguros em caso de vida). Em termos simplistas, essa probabilidade multiplicada pelo capital seguro determina o valor do prémio.

Entre os seguros de vida que designaremos genericamente como de "puro risco" (aleatórios) encontramos, como exemplo de seguro em caso de morte, o *Temporário*, contratado por um prazo predefinido. Em caso de óbito da pessoa segura durante a vigência do contrato, o segurador obriga-se a pagar o capital convencionado aos beneficiários designados na apólice. Caso o óbito não ocorra naquele prazo, o segurador não está obrigado a pagar qualquer valor[13].

[12] Cfr., sobre o tema, cfr. Luís Poças, "Os seguros de capitalização", *in* Luís Poças, *Estudos de Direito dos Seguros*, Porto, Almeida & Leitão, 2008, pp. 83 ss.; Luís Poças, *O Dever de Declaração Inicial do Risco no Contrato de Seguro, cit.*, pp. 123 ss.

[13] Cfr. Associação Portuguesa de Seguradores, *Seguros de Vida*, Lisboa, APS, 1997, p. 33; Pedro Martinez, *Teoria e Prática dos Seguros*, Lisboa, Imprensa Artística, 1953, p. 273; Luís Lugo y Reymundo, *Tratado de Seguros*, Vol. III, Madrid, Instituto Editorial Réus, 1955, pp. 176 ss; e Álvaro Villela, *Seguro de Vidas – Esboço Histórico, Económico e Jurídico*, Coimbra, Imprensa da Universidade, 1898, p. 200.

Entre os seguros de vida em caso de vida de "puro risco" encontram-se as *rendas*. Nestas, o benefício é pago, não em capital (*lump sum*), mas sob a forma de renda, garantindo-se o pagamento de prestações pecuniárias de acordo com uma periodicidade contratualmente pré-definida e com outras variáveis convencionadas, podendo, consequentemente, configurar diversas modalidades[14]. Tratando-se de uma renda vitalícia imediata, o tomador do seguro paga um prémio único e o segurador inicia o pagamento das rendas, efetuando-o até que ocorra o óbito da pessoa segura (rendeiro). Caso este se produza num curto espaço de tempo, o segurador terá recebido um prémio muito superior ao das rendas pagas. Caso, diversamente, a pessoa segura atinja uma longevidade superior à média, o segurador terá desembolsado um montante total superior ao que recebeu do tomador.

Se os seguros de "puro risco" correspondem à totalidade dos contratos não-vida e a uma parte dos seguros de vida, encontramos entre estes uma outra categoria: a dos seguros com componente de investimento (capitalização ou *unit linked*)[15]. Nestes, o montante da prestação do segurador não é convencionado, mas determinado em cada momento, cor-

[14] Assim, desde logo, podemos distinguir as rendas temporárias (as que são pagas durante um período máximo de tempo convencionado, desde que a morte da pessoa segura não ocorra nesse período) e as vitalícias (que são pagas durante todo o tempo de vida da pessoa segura). Por outro lado, em ambos os casos, é possível convencionar-se outras condições, nomeadamente: a de que o pagamento das rendas começa imediatamente com o início de vigência da Apólice ou é diferido no tempo (sendo este o caso, poderá o tomador do seguro contratar a Apólice a prémio único inicial ou a prémios nivelados, pagos durante o período de diferimento); etc. Cfr. Associação Portuguesa de Seguradores, *Seguros de Vida, cit.*, p. 36-7; Pedro Martinez, *Teoria e Prática dos Seguros, cit.*, p. 276 ss.; Luis Lugo y Reymundo, *Tratado de Seguros, cit.*, pp. 180 ss.; e Álvaro Villela, *Seguro de Vidas, cit.*, pp. 197-8.

[15] Esta terminologia poderá causar arrepios a alguns atuários. Desde logo, porque todos os seguros de vida contêm, na composição da respetiva tarifa, uma tábua de mortalidade (que evidencia a componente *risco*) e uma taxa de juro (que acentua a componente *investimento*). Neste quadro, o que designamos por seguros de "risco" e seguros de "investimento" não são categorias puras, como uma dicotomia branco/preto. Na verdade, os seguros do ramo Vida comportam uma paleta ampla de cinzentos que, nuns casos, se aproximam muito do "puro risco" e, noutros casos, do "puro investimento". Há também evidentes cinzentos, mais ou menos equidistantes entre a vertente *risco* e a vertente *investimento*. Por uma questão de clarificação interpretativa do regime fiscal, abstrair-nos-e-

respondendo à totalidade dos prémios pagos, acrescida dos resultados dos investimentos de que os mesmos tenham sido objeto. Neste caso, o que é convencionado contratualmente é o valor do prémio pago e o tipo de investimento que será efetuado. Este pode traduzir-se na garantia dos valores investidos (totalidade dos prémios pagos) ou até de uma taxa de juro mínima, a que acrescerá a participação nos resultados dos investimentos efetuados (caso dos seguros de capitalização[16]), ou, diversamente, envolver um risco financeiro que corra por conta do tomador do seguro (caso dos seguros *unit linked*)[17].

Não estamos já no plano do "puro risco" de mortalidade, mas no de seguros de investimento, que não assumem o caráter aleatório daqueles. Com efeito, em circunstâncias de normalidade dos mercados, são relativamente previsíveis as vantagens que do contrato resultarão para ambas as partes nos seguros de capitalização, enquanto, no caso dos seguros *unit*

mos do rigor atuarial, insistindo na polaridade entre seguros de risco (com caráter aleatório) e seguros de investimento (sem caráter aleatório).

16 Os seguros de capitalização (mais rigorosamente designados por seguros de vida de capitais diferidos) são de emergência relativamente recente, evidenciando-se pela sua generalização e relevância económica. Neste (sub)tipo contratual, o segurador obriga-se a liquidar aos beneficiários designados um capital – constituído a partir da sucessiva revalorização e capitalização dos prémios pagos – quer em caso de sobrevivência da pessoa segura no termo do contrato, quer em caso de morte desta durante o período de vigência do mesmo. Desenvolvidamente, Luis Poças, "Os seguros de capitalização", *cit.*

17 Os seguros ligados a fundos de investimento (*unit linked*), que constituem instrumentos de captação de aforro estruturado (ICAE), caracterizam-se por os prémios e os capitais serem traduzidos em unidades de participação de fundos de investimento, cuja cotação é variável. Esta modalidade distingue-se dos seguros de capitais diferidos por não assumir uma lógica de capitalização, isto é, de atribuição de uma taxa de juro aos prémios e sua capitalização sucessiva. Enquanto nos seguros de capitalização se verifica, pelo menos, a garantia do capital investido (prémio pago), normalmente com uma garantia de rendibilidade mínima, essa garantia não existe, em regra, nos *unit linked*, podendo o contravalor das unidades de participação adquiridas depreciar-se de acordo com a evolução dos mercados financeiros. Finalmente, enquanto nos seguros de capitalização o risco financeiro, quando exista, é suportado pelo segurador, nos *unit linked* esse risco é, em regra, suportado pelo próprio tomador do seguro. Cfr. n.ºs 1 e 2 do artigo 206.º do RJCS. Sobre os traços típicos dos seguros *unit linked*, cfr. António Martins, "Aspetos do tratamento fiscal dos seguros *Unit Linked* em sede de IRS", *cit.* Sobre a distinção entre esta figura e os seguros de capitalização, cfr. Luís Poças, "Os seguros de capitalização", *cit*, pp. 44-45.

linked, a margem de aleatoriedade se apresenta reduzida e incide apenas na esfera do tomador do seguro.

As operações de capitalização[18], que não constituem seguros[19], contemplam também uma componente de investimento, assumindo igualmente relevância fiscal. Enquanto o seguro de vida é celebrado entre o *tomador do seguro* (que paga um *prémio*) e o segurador, formalizando-se numa *apólice*, a operação de capitalização é contratada entre um *subscritor* (que paga uma *prestação*) e o segurador, traduzindo-se na emissão de *títulos de crédito*[20].

Quanto aos fundos de pensões, e na definição da alínea c) do artigo 2.º do Decreto-Lei n.º 12/2006, de 20 de janeiro, os mesmos constituem patrimónios autónomos exclusivamente afetos à realização de um ou mais planos de pensões e ou planos de benefícios de saúde[21].

A referência da lei fiscal a outros regimes complementares de segurança social não constitui uma noção precisa, mas antes uma cláusula de conteúdo algo indeterminado, permitindo casuisticamente a aplicação do regime em causa a realidades contratuais que, não se reconduzindo a

[18] Cfr. Paulo Pitta e Cunha, "O regime fiscal das «operações de capitalização» das empresas seguradoras", *Fisco*, n.º 25 (nov. 1990), pp. 3-8 – consubstanciando um parecer anterior ao atual regime.

[19] José Vasques, *Contrato de Seguro – Notas Para Uma Teoria Geral*, Coimbra, Coimbra Ed., 1999, pp. 53-4.

[20] Sobre a distinção entre seguros de capitalização e operações de capitalização, cfr. Luís Poças, "Os seguros de capitalização", *cit.*, pp. 45 ss. Cfr. também Maria Inês Oliveira Martins, *O Seguro de Vida Enquanto Tipo Legal Contratual*, Coimbra, Coimbra Ed., 2010, pp. 56-58.

[21] A constituição e o funcionamento dos fundos de pensões e das sociedades gestoras de fundos de pensões são atualmente regulados pelo Decreto-Lei n.º 12/2006, com várias alterações posteriores. Sobre o enquadramento jurídico dos fundos de pensões, cfr. Arnaldo Oliveira, *Fundos de Pensões – Estudo Jurídico*, Coimbra, Almedina, 2003 (com base no regime jurídico anterior). Criticamente, quanto ao desajuste entre o regime fiscal e as especificidades dos fundos de pensões, Maria Inês Oliveira Martins, "Regime de tributação dos planos de pensões "qualificados", no momento da atribuição de rendimentos aos participantes beneficiários de direitos adquiridos", *in* Diogo Leite de Campos (Coord.), *Estudos de Direito Fiscal*, Coimbra, Almedina, 2007, pp. 143 ss.

seguros e operações do ramo Vida ou a fundos de pensões, cumpram uma função e distribuam rendimentos análogos[22] [23].

Finalmente, os planos de poupança-reforma (doravante, PPR), comportando caraterísticas semelhantes às dos seguros com componente de investimento (segundo o modelo dos seguros de capitalização ou dos *unit linked*), distinguem-se fundamentalmente pela rigidez do regime legal a que obedecem e que assume uma vertente fiscal muito marcada[24].

IV – Caso, nesta fase, o leitor esteja já completamente perdido e confuso, fica de seguida um quadro de síntese (tabela 1), com a promessa também de que o presente esforço de concentração será depois compensado com uma visão mais clara da lógica do regime tributário.

[22] Ilídio das Neves, "Os regimes complementares de segurança social – Razão de ser, características e limites", *Revista de Direito e de Estudos Sociais*, Ano XXXVI, n.º 4 (out.-dez. 1994), pp. 270 ss.

[23] Importa ainda referenciar outras situações de poupança de longo termo às quais – no quadro do princípio da neutralidade fiscal – foi estendido o regime do n.º 3 do artigo 5.º do CIRS. Desde logo, nos termos do artigo 20.º-A do Estatuto dos Benefícios Fiscais (doravante, EBF), podem ser abrangidos os rendimentos resultantes da remuneração de depósitos ou de quaisquer aplicações em instituições financeiras ou de títulos de dívida pública, desde que tenha sido contratualmente fixado que o capital investido fique imobilizado por um período mínimo de cinco anos e que o vencimento da remuneração ocorra no final do período contratualizado. Por outro lado, há que considerar ainda, nos termos do n.º 5 do artigo 21.º do EBF, os reembolsos de PPR que ocorram fora das condições legalmente previstas no artigo 4.º do Decreto-Lei n.º 158/2002, de 2 de julho (sendo que, neste caso, e sem prejuízo da aplicação das exclusões parciais de tributação previstas no n.º 3 do artigo 5.º do CIRS, a taxa de tributação autónoma a considerar é de 21,5%).

[24] Nos termos do n.º 3 do artigo 1.º do Decreto-Lei n.º 158/2002, de 2 de julho, que regula os PPR, os fundos de poupança podem assumir a forma de fundo de investimento mobiliário, de fundo de pensões ou, equiparadamente, de fundo autónomo de uma modalidade de seguro do ramo Vida. É no contexto desta última possibilidade que os PPR são analisados no presente estudo, tendo em conta, adicionalmente, que os mesmos são, em grande parte, comercializados por seguradores. Com efeito, no final de 2017, os PPR sob a forma de seguro representavam 83,7% do montante total investido em PPR – Cfr. Autoridade de Supervisão de Seguros e Fundos de Pensões (ASF), *Relatório do Setor Segurador e dos Fundos de Pensões 2017*, Lisboa, ASF, 2018, p. 184. Sobre as diferenças entre os PPR e os seguros de capitalização, cfr. Luís Poças, "Os seguros de capitalização", *cit*, pp. 47-49.

<table>
<tr><td rowspan="2">Ramo
Vida</td><td rowspan="3">Seguros de Pessoas</td><td rowspan="3">Prestações
convencionadas</td><td>Investimento</td><td>Seg. Capitalização
Op. Capitalização
Unit linked
PPR</td></tr>
<tr><td rowspan="3">Puro risco</td><td>Rendas
Temporário
Vida risco</td></tr>
<tr><td rowspan="2">Ramos
Não-Vida</td><td>Doença
Acidentes Pessoais</td></tr>
<tr><td>Seguros de Bens e
Responsabilidades</td><td>Prestações
indemnizatórias</td><td>Outros (Incêndio,
Responsabilidade Civil,
Automóvel, Mercadorias,
etc.)</td></tr>
</table>

Tabela 1 – Produtos de seguros fiscalmente relevantes (por categorias)

Os vários produtos de seguros acima referenciados assumem, numa ou noutra vertente, relevância fiscal. Nos seguros de "puro risco", em que o valor do prémio corresponde a um "preço do risco" (custo da probabilidade de pagamento da prestação a cargo do segurador) a *alea* contratual consome-o totalmente. Como veremos, em determinadas circunstâncias os prémios de seguros de vida de "puro risco", de doença e de acidentes pessoais relevam fiscalmente como custos dedutíveis à coleta. Também as prestações do segurador em caso de sinistro suscitam a problemática de saber se constituem ou não rendimento tributável.

Relativamente às rendas, a respetiva relevância fiscal ocorre na categoria H de IRS, com uma lógica e especificidades próprias.

Quanto ao conjunto de modalidades de seguro de vida com componente de investimento – em particular, os seguros de capitalização[25] – os valores correspondentes aos *prémios* pagos pelo tomador do seguro são configurados, à luz do regime fiscal, como *fundos* que consubstanciam o *capital seguro*. A lei fiscal valora a transferência da titularidade desses fundos (tributando-a na categoria A de IRS) bem como o rendimento

[25] Para uma análise mais aprofundada deste subtipo de seguro de vida, cfr. Luís Poças, "Os seguros de capitalização", *cit.*, pp. 13 ss.

que acresce aos mesmos (juro, mais-valia), tributando-o na categoria E de IRS.

II.1.3 – As prestações pecuniárias das partes

I – Como já referimos, a prestação a cargo do tomador designa-se por *prémio*, embora, por prudência, o legislador fiscal tenha recorrido a formulações mais abrangentes, de modo a assegurar maior eficácia à previsão normativa. Assim, no n.º 3 do artigo 5.º do CIRS alude-se a «prémios pagos ou importâncias investidas»[26] e, no n.º 3) da alínea b) do n.º 3 do artigo 2.º do mesmo código, fala-se de «importâncias despendidas [...] com seguros e operações do ramo "Vida"»[27].

Nos seguros de vida com componente de investimento o prémio pode assumir a forma de *prémio periódico* (cujo montante e periodicidade são estipulados no próprio contrato) ou único (quando o contrato assenta no pagamento de um único prémio inicial), podendo, em ambos os casos, verificar-se o pagamento de prémios *suplementares* (correspondendo a prestações extraordinárias, cuja data e valor são da iniciativa do tomador do seguro).

II – Quanto à prestação pecuniária a cargo do segurador, decorrente da verificação do sinistro, a mesma assume, nos seguros de bens e responsabilidades e, em geral, nos seguros com prestações indemnizatórias, precisamente a designação de *indemnização*.

Já relativamente aos seguros de vida, quer se trate de seguros de "puro risco" ou com componente de investimento, a prestação do segurador designa-se em regra por *capital*. No caso especial dos contratos de rendas, a referida prestação é designada precisamente por *renda*.

[26] Relativamente aos fundos de pensões (ou outros regimes complementares de segurança social, incluindo associações mutualistas), a disposição fala genericamente de *contribuições* pagas.

[27] O preceito acrescenta ainda «contribuições para fundos de pensões, fundos de poupança-reforma ou quaisquer regimes complementares de segurança social». Referindo também «importâncias despendidas [...] na constituição de seguros de doença, de acidentes pessoais e de seguros de vida», cfr. o n.º 1 do artigo 27.º. Na mesma linha, o n.º 7 do artigo 10.º menciona «valor [...] utilizado para a aquisição de um contrato de seguro» e, no CIRC, o n.º 2 do artigo 43.º alude a «gastos [...] suportados com [...] contratos de seguros».

II.1.4 – As operações contratuais relevantes

Durante a vigência do seguro, o contrato pode ser objeto de várias operações com relevância fiscal. Nos seguros de "risco puro" a relevância atém-se à prestação do segurador por sinistro (pagamento da indemnização ou do capital seguro, consoante o caso).

Diversamente, nos seguros de vida com componente de investimento, onde existem *fundos* mobilizáveis, essa mobilização assume relevância tributária, podendo traduzir-se em operações distintas, elencadas na subalínea ii) do n.º 3) da alínea b) do n.º 3 do artigo 2.º e no n.º 3 do artigo 5.º, ambos do CIRS. Assim, na medida em que os seguros com componente de investimento preveem uma prestação em caso de vida (na data de termo do contrato), o pagamento dos fundos – capital seguro – nessa data corresponde à operação de *vencimento*.

O *resgate* constitui uma operação de mobilização antecipada, total ou parcial, dos fundos que constituem o capital seguro. Quando se trate de um resgate total decorrente de uma instrução do tomador do seguro, esta operação é causa de cessação do contrato por caducidade (artigos 109.º e 110.º do RJCS). Quando diga respeito a PPR, o resgate assume a designação de *reembolso*, de acordo com a terminologia do regime legal que disciplina esta modalidade.

Quanto ao *adiantamento*, trata-se de uma operação que assume a natureza de um mútuo, concedido pelo segurador a pedido do tomador do seguro. O adiantamento é garantido pelos fundos inerentes ao contrato e é remunerado a uma taxa de juro definida[28].

A *remição*, por seu turno, designa o pagamento antecipado de prestações de renda vincendas, mediante a transformação das mesmas numa *lump sum* (capital), ficando o segurador definitivamente exonerado de prestações futuras.

Por fim, e à cautela, alude-se ainda na subalínea ii) do n.º 3) da alínea b) do n.º 3 do artigo 2.º e no n.º 3 do artigo 5.º, ambos do CIRS, a outras

[28] Sobre o adiantamento, André Rochex e Guy Courtieu, *Le Droit du Contrat d'Assurance Terrestre*, Paris, Librairie Générale de Droit et de Jurisprudence, 1998, pp. 458 ss. Esta figura existe nas mesmas modalidades de seguro de vida que conferem direito de resgate. Porém, em virtude de a taxa de juro sobre o valor objeto de adiantamento ser, em regra, superior ao juro pago pelo segurador sobre os fundos subjacentes ao contrato, não existe, na prática, interesse atual no adiantamento.

formas de antecipação da disponibilidade, de modo a que a previsão normativa não descure qualquer outro tipo de mobilização antecipada de fundos.

II.2 – Ponto de ordem

Passados preliminarmente em revista, em modo de glossário, os principais termos e significados do léxico de seguros para os quais nos remete a lei fiscal, bem como os principais produtos e categorias de produtos de seguros que assumem relevância tributária, é o momento de iniciarmos a incursão no objeto central do presente texto: o regime de IRS aplicável ao *ciclo do prémio*, como inicialmente o caracterizámos.

Para tanto, e como aflorámos atrás, importa distinguir dois momentos: (i) o tratamento fiscal do prémio pago, considerado, em certas circunstâncias, um custo dedutível à coleta; e (ii) o regime tributário dos rendimentos de categoria A provenientes de (ou relacionados com) produtos de seguros.

O primeiro passo consistirá, assim, na valoração do prémio de seguros como custo dedutível dos sujeitos passivos, nos restritos moldes em que a mesma é hoje consagrada.

III. O PRÉMIO COMO DESPESA DEDUTÍVEL

III.1 – A *ratio* da dedutibilidade

Os seguros de vida, de saúde e de acidentes pessoais assumem uma função relevante de proteção social[29]. Com efeito, para além da natureza previdencial que caracteriza transversalmente todas as modalidades de contrato de seguro, os referidos subtipos contratuais cobrem riscos que coincidem com as eventualidades garantidas pelo Sistema Previdencial de Segurança Social e pelo Sistema Nacional de Saúde, acrescendo-lhes e assumindo, portanto, natureza complementar a tais sistemas.

Esta complementaridade resulta igualmente da lei, encontrando suporte em algumas disposições. Assim, o artigo 84.º da Lei de Bases da

[29] Sobre o tema, cfr. LUÍS POÇAS, "Problemas e dilemas do setor segurador: o RGPD e o tratamento de dados de saúde", *in* LUÍS POÇAS, *Problemas e Soluções de Direito dos Seguros*, Coimbra, Almedina, 2019, pp. 285 ss.

Segurança Social (Lei n.º 4/2007, de 16 de janeiro), esclarece que «os regimes complementares [de segurança social] de iniciativa individual são de instituição facultativa, assumindo, entre outras, a forma de planos de poupança-reforma, de seguros de vida, de seguros de capitalização e de modalidades mutualistas».

Idêntica conclusão se extrai do n.º 3 do artigo 76.º do Código dos Regimes Contributivos do Sistema Previdencial de Segurança Social[30], cuja *ratio* é clara: sendo os seguros de vida, de saúde e de acidentes pessoais complementares dos referidos sistemas de proteção social, não faria sentido que os prémios pagos pela entidade empregadora, a favor do trabalhador, na aquisição de tais seguros, fossem considerados como remuneração efetiva do trabalhador, ficando sujeitos a contribuições para a segurança social. A não sujeição a tais contribuições evidencia a referida complementaridade num propósito comum de proteção social[31].

Este manifesto fim de proteção social, em complementaridade com funções próprias do Estado, constitui a *ratio* da valoração positiva de que beneficiam os prémios de seguros das referidas modalidades, a qual se traduz na respetiva dedutibilidade fiscal.

Porém, se há alguns anos essa dedutibilidade era considerada em moldes relativamente generosos (o artigo 86.º do CIRS, entretanto revogado, consagrava precisamente uma regra geral que acolhia a dedutibilidade parcial de prémios de seguros), a mesma está atualmente confinada a algumas situações de âmbito restrito. Vejamos quais.

[30] Aí se estabelece que, para efeito de (não) sujeição a contribuições para a segurança social, «não integra o conceito de remuneração mensal efetiva as importâncias despendidas pela entidade empregadora, a favor do trabalhador, na constituição de *seguros de doença, de acidentes pessoais e de seguros de vida que garantam exclusivamente o risco de morte, invalidez* ou reforma por velhice, no último caso desde que o benefício seja garantido após os 55 anos de idade, desde que não garantam o pagamento e este se não verifique nomeadamente por resgate ou adiantamento de qualquer capital em vida durante os primeiros cinco anos».

[31] Veja-se também, neste contexto, o regime do n.º 2 do artigo 43.º do CIRC, bem como o das alíneas a) e b) do n.º 1 do artigo 2.º-A do CIRS, a que adiante melhor aludiremos.

III.2 – As profissões de desgaste rápido

I – O artigo 27.º do CIRS estabelece algumas medidas de apoio fiscal aos sujeitos passivos que desenvolvam profissões de desgaste rápido, sendo assim considerados, nos termos do n.º 2 do mesmo artigo, os praticantes desportivos, definidos como tal no competente diploma regulamentar[32], os mineiros e os pescadores.

A especial tutela que esta categoria de profissões merece, pela sua particular vulnerabilidade, justificou o reconhecimento à mesma da dedutibilidade de prémios de seguro nos moldes amplos que seguidamente veremos.

II – Como resulta do n.º 1 do referido artigo, são *dedutíveis ao rendimento*, e até à sua concorrência (mas com o limite de cinco vezes o valor do indexante dos apoios sociais – IAS), as importâncias despendidas pelos sujeitos passivos que desenvolvam profissões de desgaste rápido, na constituição de:

a) Seguros de doença;
b) Seguros de acidentes pessoais;
c) Seguros de vida que garantam *exclusivamente* os riscos de: (i) morte; (ii) invalidez; ou (iii) reforma por velhice, neste último caso desde que o benefício seja garantido após os 55 anos de idade, desde que os mesmos não garantam o pagamento e este se não verifique, nomeadamente, por resgate ou adiantamento, de qualquer capital em dívida (*sic*) durante os primeiros cinco anos.

Acrescenta-se no n.º 3 do mesmo artigo que, sempre que se verifique o pagamento de qualquer capital em vida durante os primeiros cinco anos, observa-se o disposto no n.º 2 do artigo 60.º (obrigação de entrega, no prazo de 30 dias, de uma declaração retificativa de IRS).

Por seu turno, o n.º 4 do referido artigo estende o regime, com as devidas adaptações, às contribuições pagas a associações mutualistas.

[32] Cfr. Abílio Rodrigues, "Uma análise tributária aos rendimentos dos praticantes desportivos", Centro de Pesquisa e Desenvolvimento Desportivo, 2015 – http://formacao.comiteolimpicoportugal.pt/Publicacoes/COP_PFO_EDGD/file029.pdf (consult. 12/08/2019).

III – O artigo em análise pode suscitar dúvidas de que importa dar conta e clarificar. Desde logo, é claro que se abrangem os seguros de saúde (doença) e de acidentes pessoais. Já quanto aos seguros de vida, poderá não ser evidente para o leigo quais as modalidades em causa.

Ora, quando o preceito se refere a seguros de vida *que garantam exclusivamente* os riscos de morte, invalidez *ou* reforma por velhice, não significa isso que tais seguros *apenas possam garantir um* desses riscos. Isso não seria sequer possível porque o risco de invalidez é complementar do risco morte, pelo que é possível contratar um seguro de vida apenas com o risco morte (cobertura base), mas não apenas com o risco de invalidez (que requer necessariamente a contratação da cobertura base: o risco morte). Desta forma, a referência aos seguros que garantem *exclusivamente* os referidos riscos tem o sentido de que os prémios de tais contratos apenas são dedutíveis se não forem cobertos outros riscos para além dos três mencionados. Traduzindo-se a proteção social fiscalmente tutelada na cobertura dos três referidos riscos, é indiferente para o legislador que apenas seja contratada a cobertura de um ou de todos eles e que o seja em contratos separados ou num único contrato.

Em qualquer caso, convém também precisar que as coberturas de morte e invalidez têm por base seguros de vida de "puro risco" em caso de morte, enquanto a cobertura de reforma por velhice assenta na contratação de seguros de vida com componente de investimento (mormente, de seguros de capitalização), sem prejuízo, do nosso ponto de vista, da dedutibilidade de seguros de rendas diferidas (com o início do pagamento das rendas após os 55 anos de idade).

IV – As dúvidas interpretativas não se atêm, porém, a este ponto. Relativamente ao risco de reforma por velhice, exigem-se, para a aceitação da dedutibilidade, duas condições: (i) que o benefício seja garantido após os 55 anos de idade do sujeito passivo que desenvolva a profissão de desgaste rápido; e (ii) que o seguro não garanta o pagamento e este se não verifique, nomeadamente, por resgate ou adiantamento, de qualquer capital em dívida (*sic*) durante os primeiros cinco anos.

Desde logo, cumpre assinalar uma gralha: a referência a capital *em dívida* (que provém da redação da Lei n.º 64-B/2011, de 30 de dezembro) em vez de *capital em vida*, expressão constante da redação originária do Código e plenamente coerente com a redação atual do n.º 3 do mesmo artigo e com a lógica normativa do preceito.

Quanto às referidas condições, a exigência de que *o pagamento se não verifique, nomeadamente, por resgate ou adiantamento*, logo permite concluir que *a possibilidade contratual* do pagamento do capital em vida, nomeadamente, por resgate ou adiantamento, nos primeiros cinco anos de vigência do contrato (e, adiante-se, antes dos 55 anos de idade) não afeta a dedutibilidade dos prémios. De outra forma (isto é, exigindo a lei que tal pagamento fosse contratualmente inadmissível), seria desnecessário o estabelecimento dessa condição[33].

Em suma, portanto, o sentido das referidas condições será, não obstante alguma ambiguidade da formulação legal, o seguinte:

[33] Diverso é o ponto de vista da Autoridade Tributária e Aduaneira (AT) manifestado, a propósito do revogado artigo 86.º do CIRS, no Ofício-Circulado n.º 20117/2006, de 8 de agosto, da Direção de Serviços do IRS, sobre prémios de seguros de vida, disponível em http://info.portaldasfinancas.gov.pt/pt/informacao_fiscal/legislacao/instrucoes_administrativas/Documents/Oficio_Circulado_20117-DSIRS.pdf (consult. 08/06/2019). Aí se lê que «só relevam os prémios de seguros que não garantam o pagamento de qualquer capital em vida ao tomador, excetuada a situação de invalidez, antes da verificação das situações acima mencionadas», acrescentando-se que «os contratos dos seguros em causa não devem permitir o reembolso fora das condições referidas nos pontos anteriores [o sujeito passivo tenha pelo menos 55 anos de idade, tenham decorrido cinco anos após a subscrição e o tomador do seguro se encontre na situação de reforma por velhice], não sendo dedutíveis as importâncias aplicadas naqueles que permitam o reembolso ou o pagamento de qualquer capital anteriormente à verificação dessas situações». Cfr. também a informação vinculativa sobre a dedução à coleta de prémios de seguros – Proc. n.º 1308/06, de 2007-02-08, disponível em http://info.portaldasfinancas.gov.pt/pt/informacao_fiscal/informacoes_vinculativas/rendimento/cirs/Documents/cirs_086_01.pdf (consult. 08/06/2019). Aí se afirma que «pela redação da própria norma se retira que o seguro não deve garantir o pagamento fora das condições referidas, o que não quer dizer que esses pagamentos não possam ocorrer», parecendo sugerir-se que o sentido útil da previsão normativa seria a cobertura dos casos em que, apesar de o contrato vedar o recebimento antes dos 55 anos de idade e cinco de antiguidade, esse recebimento pudesse ocorrer (por erro informático ou incúria do segurador?). Cremos que o sentido da norma (refletido também na diferente redação entre o atual artigo 27.º e o antigo artigo 86.º do CIRS, a que se reporta a informação vinculativa citada) será outro, passando pela distinção entre, por um lado, as garantias contratuais, que se prendem com o objeto do contrato (vencimento da prestação do segurador no prazo contratual convencionado), e, por outro lado, as vicissitudes que, embora contratualmente previstas (nomeadamente, o resgate ou o adiantamento), se afastam do objeto e do curso normal do contrato.

a) O vencimento da prestação de capital do segurador deve ser *contratualmente estabelecido* para data posterior aos 55 anos de idade da pessoa segura e cinco anos de duração do contrato;
b) Não deverá verificar-se, *de facto*, o pagamento do capital em vida, nomeadamente, por resgate ou adiantamento, antes dos 55 anos de idade da pessoa segura e cinco anos de duração do contrato.

As referidas condições terão de verificar-se *mesmo que a reforma por velhice ocorra antes dos 55 anos* de idade[34] da pessoa segura (ou cinco anos de duração do contrato), o que constitui uma ocorrência relativamente normal nas profissões de desgaste rápido.

V – Outro aspeto carece de clarificação no preceito em análise. Como resulta do n.º 1 do artigo 27.º, a dedutibilidade incide sobre os prémios de seguro pagos pelo sujeito passivo que desenvolva profissão de desgaste rápido. Este haverá, assim, no contrato de seguro, de assumir a posição de tomador do seguro.

Também não se suscitam dúvidas de que os seguros em causa (de saúde, de acidentes pessoais ou de vida), haverão de ter o referido sujeito passivo como credor da prestação do segurador. Com efeito, a tutela concedida a quem desempenha profissão de desgaste rápido implica que, na estrutura dos referidos seguros de pessoas, o sujeito passivo em causa assuma também a posição de pessoa segura. Exemplificando, no seguro de saúde, ou no seguro de vida com risco de invalidez ou de reforma por velhice, o risco (respetivamente, de doença, de invalidez ou de sobrevivência) incidirá sobre a pessoa do próprio sujeito passivo: se o mesmo ficar inválido, ser-lhe-á pago pelo segurador o capital seguro.

Sucede, porém, que relativamente ao risco de morte inerente aos seguros de acidentes pessoais (cobertura base de morte por acidente) ou de vida (cobertura base de morte), o seguro constitui por natureza um contrato a favor de terceiro. Como é evidente, o sujeito passivo que desempenha profissão de desgaste rápido não pode, neste caso, ser simultaneamente pessoa segura e beneficiário da prestação do segurador decorrente da morte da pessoa segura.

[34] Neste sentido, cfr. a citada informação vinculativa sobre a dedução à coleta de prémios de seguros – Proc. n.º 1308/06, de 2007-02-08.

Ora, verificando-se a liberdade contratual de estipulação da designação beneficiária, e não havendo constrangimentos legais (do RJCS ou do CIRS) neste domínio, nada impede a pessoa que desempenha profissão de desgaste rápido (tomador do seguro e pessoa segura) de nomear, como beneficiário do capital seguro em caso de morte, uma pessoa singular que seja estranha ao seu agregado familiar ou uma pessoa coletiva (congregação religiosa, clube de futebol, associação, etc.).

É certo que situações deste teor (em que o beneficiário nomeado não sofre uma lesão patrimonial com a morte do sujeito passivo) não merecem estar no âmbito da tutela inerente ao regime da dedutibilidade fiscal do prémio de seguro. Porém, uma multiplicidade de fatores (inaplicabilidade do requisito de interesse segurável aos seguros de vida[35]; alterabilidade, a todo o tempo, da designação beneficiária; insuscetibilidade de aferição da existência de uma lesão patrimonial dos beneficiários e do respetivo montante, etc.) torna inexequíveis restrições quanto a esta matéria. Quando muito, poderia o CIRS estipular, como condição adicional de dedutibilidade do prémio, que, relativamente ao risco morte, os beneficiários designados fossem os herdeiros legais da pessoa segura.

III.3 – Pessoas com deficiência

I – Outra situação que mereceu especial tutela fiscal por parte do Estado é a das pessoas com deficiência, considerando-se como tal, nos termos do n.º 5 do artigo 87.º do CIRS, as pessoas que apresentem um grau de incapacidade permanente, devidamente comprovado mediante atestado médico de incapacidade multiuso emitido nos termos da legislação aplicável, igual ou superior a 60%.

Neste quadro, estabelece o n.º 2 do mesmo artigo que são dedutíveis à coleta 25% da totalidade dos prémios de seguros de vida ou contribuições pagas a associações mutualistas que garantam exclusivamente os riscos de morte, invalidez ou reforma por velhice, acrescentando, porém, o n.º 4 do mesmo artigo que essa dedução não pode exceder 15% da coleta de IRS.

[35] Cfr. Luís Poças, *O Dever de Declaração Inicial do Risco no Contrato de Seguro*, *cit.*, pp. 539 ss.

Por seu turno, estabelece-se no n.º 3 do mesmo artigo que, no caso de contribuições pagas para reforma por velhice, a dedução depende de o benefício ser garantido, após os 55 anos de idade e cinco anos de duração do contrato[36], ser pago por aquele ou por terceiros, e desde que, neste caso, tenham sido comprovadamente tributados como rendimento do sujeito passivo, com o limite de € 65,00, tratando-se de sujeitos passivos não casados ou separados judicialmente de pessoas e bens, ou de € 130,00, tratando-se de sujeitos passivos casados e não separados judicialmente de pessoas e bens.

Por comparação com as profissões de desgaste rápido, evidencia-se, desde logo, a não dedutibilidade dos prémios com seguros de saúde ou de acidentes pessoais. Quanto às modalidades de seguro de vida em causa e ao sentido da expressão «garantam exclusivamente», cfr. *supra*, III.2.III.

II – O texto legal não é claro quanto a saber-se se a dedutibilidade dos prémios de seguros de vida depende de coincidirem na mesma pessoa as qualidades de: (i) sujeito passivo; (ii) portador de deficiência; (iii) pessoa segura; e (iv) tomador do seguro.

Com efeito, quanto aos seguros que garantem o risco de reforma por velhice, é duvidoso se o prémio é dedutível quando suportado pelo sujeito passivo não deficiente (tomador do seguro), a favor de um membro do agregado familiar deficiente (que assumiria, portanto, a posição de pessoa segura)[37]. A lógica de um tal seguro seria, naturalmente, a de proporcionar ao dependente deficiente um rendimento, após os 55 anos de idade e cinco de duração do contrato, numa fase da vida em que, portanto, pudesse faltar (designadamente, por falecimento) o sujeito passivo não deficiente do qual aquele dependesse[38].

[36] Sobre o sentido e alcance desta condição, cfr. *supra*, III.2.IV.

[37] Note-se que, nos termos do n.º 5 do artigo 13.º do CIRS, consideram-se dependentes, para efeito de composição do agregado familiar, os filhos, adotados, enteados e os sujeitos a tutela, maiores, *inaptos para o trabalho e para angariar meios de subsistência.*

[38] Note-se que a referência a um *seguro que garanta o risco de reforma por velhice* nos coloca, como referimos atrás, no plano dos seguros com componente de investimento, e não nos de "puro risco". Neste quadro, o contrato garante o pagamento, pelo segurador, do capital seguro, numa determinada data de vencimento (que deverá corresponder, para garantia da dedutibilidade fiscal, a um momento posterior àquele em que a pessoa segura tenha mais de 55 anos de idade e o contrato mais de 5 anos de antiguidade). Em suma, a prestação do segurador não deverá depender da condição de que a pessoa segura

Ora, quanto à dedutibilidade de tais prémios, o artigo 87.º lança-nos pistas contraditórias. Por um lado, da primeira parte do n.º 2 («são ainda dedutíveis à coleta 30% da totalidade das despesas efetuadas com a educação e a reabilitação do sujeito passivo *ou dependentes com deficiência*») parece resultar uma intenção clara do legislador no sentido de beneficiar também, no plano fiscal, as despesas com dependentes deficientes.

Porém, o teor do n.º 3 do mesmo artigo logo se revela desconcertante. Como referimos, estabelece-se aí que, «no caso de contribuições pagas para reforma por velhice a dedução depende de o benefício [...] *ser pago por aquele ou por terceiros*, e desde que, neste caso, tenham sido comprovadamente tributados como rendimento do sujeito passivo». A lei não esclarece a quem se reporta a expressão *aquele* (o sujeito passivo? ou o sujeito passivo *deficiente*?). A parte subsequente é clara (no sentido de que a despesa é dedutível se for suportada pela entidade patronal do sujeito passivo e considerada rendimento do trabalho dependente deste), mas nada esclarece quanto à questão suscitada.

A desajeitada redação do n.º 3 data da Lei n.º 55-A/2010, de 31 de dezembro. Anteriormente, a matéria era regulada pelo n.º 2, onde se lia que «são ainda dedutíveis à coleta 30% da totalidade das despesas efetuadas com a educação e a reabilitação do sujeito passivo *ou dependentes com deficiência*, bem como 25% da totalidade dos prémios de seguros de vida ou contribuições pagas a associações mutualistas que garantam exclusivamente os riscos de morte, invalidez ou reforma por velhice, neste último caso desde que o benefício seja garantido após os 55 anos de idade e cinco anos de duração do contrato, *e que aqueles figurem como primeiros beneficiários*, nos termos e condições estabelecidos no n.º 1 do artigo 86.º». À luz desta fórmula, era clara a dedutibilidade de prémios de seguros destinados a garantir o risco de reforma por velhice dos dependentes

se encontre efetivamente reformada por velhice (circunstância que deverá ser irrelevante para efeito do contrato de seguro). Por outras palavras, os seguros em causa não cobrem um verdadeiro *risco* (*alea*) de reforma por velhice, dependendo a prestação do segurador apenas de um termo suspensivo, e não de uma condição suspensiva. Não há, portanto, incoerência ou paradoxo na subscrição de um seguro que garanta o "risco de reforma por velhice" de alguém que, em virtude de deficiência, é inapto para o trabalho e para angariar meios de subsistência.

deficientes. Ora, a alteração de redação parece ter tido em vista, não a redução do benefício, mas antes a clarificação de que a dedutibilidade não era afetada pelo facto de o prémio ser pago pela entidade patronal do sujeito passivo, desde que sujeito este a tributação na categoria A pelo valor respetivo.

Em suma, portanto, consideramos que será dedutível o prémio suportado por sujeito passivo não deficiente quando destinado a um seguro que garanta o risco de reforma por velhice de um dependente deficiente.

III – Outra dúvida legítima corresponde à da estrutura que deve assumir o contrato de seguro de vida que garanta o risco de morte (e, eventual e adicionalmente, invalidez), de modo a que o prémio seja dedutível. Com efeito, referimos que, nos seguros de vida, o risco de invalidez é complementar ao de morte, pelo que apenas pode ser garantido se o for também o de morte e em relação à mesma pessoa (pessoa segura).

Neste quadro, não parecem desenhar-se dúvidas sobre a dedutibilidade de prémios de seguro, pagos por sujeitos passivos deficientes, para garantia do risco de morte (e invalidez) do próprio sujeito passivo (que assume, pois, a qualidade de pessoa segura). Haverá, porém, que ter em conta que, relativamente ao risco morte, o capital seguro não beneficia (obviamente) o sujeito passivo deficiente, mas terceiros (beneficiários designados), que poderão pertencer ou não ao mesmo agregado familiar, e que poderão, no limite, não ter qualquer perda patrimonial com o falecimento do dito sujeito passivo (pessoa segura). A lei fiscal não estabelece aqui quaisquer restrições.

IV – Outras questões reclamam clarificação. Desde logo, a da dedutibilidade – ou não – de prémios de seguro, pagos por sujeitos passivos não deficientes, para garantia do risco de morte (e invalidez) de dependente deficiente (pessoa segura). Cremos que esta possibilidade carece de sentido normativo, encontrando-se fora da *ratio* do preceito.

Com efeito, quanto ao risco morte, a configuração do dependente deficiente como pessoa segura significaria que o mesmo não beneficiaria da cobertura desse risco, sendo antes o sujeito passivo (tomador do seguro e, provavelmente, beneficiário designado) a tirar proveito do capital seguro por morte do seu dependente. Ora, repugna, no plano ético e de coerência da lei fiscal, a dedutibilidade do prémio de seguro que se destinasse a beneficiar o sujeito passivo pela morte do seu dependente deficiente. Dependendo das circunstâncias concretas do caso, o referido contrato de seguro poderia ser mesmo ilícito, por violação da alínea d) do n.º 1 do artigo 14.º do RJCS[39].

Também relativamente ao risco complementar de invalidez, não se afigura que tal risco possa verificar-se (por impossibilidade) relativamente a dependentes maiores, *inaptos para o trabalho e para angariar meios de subsistência* (n.º 5 do artigo 13.º do CIRS). Por outras palavras, essa *inaptidão para o trabalho* eliminará a situação de incerteza que caracteriza o risco segurável, pelo que um contrato de seguro que cobrisse tal eventualidade seria nulo por inexistência de risco (artigo 44.º do RJCS).

V – Por fim, outro caso dúbio é o da dedutibilidade de prémios de seguro, pagos por sujeitos passivos não deficientes, para garantia do seu próprio risco de morte (e invalidez), tendo, no primeiro caso, como beneficiário designado, um ou mais dependentes deficientes.

Relativamente a esta hipótese, cremos ser de afastar, desde logo, a dedutibilidade do prémio correspondente ao risco complementar de invalidez. Com efeito, sendo o capital pago, nesta circunstância, à própria pessoa segura (o sujeito passivo não deficiente), não se vê razão para a dedutibilidade do prémio.

Já o mesmo não se passa relativamente ao risco de morte. Na verdade, sendo o deficiente um dependente do sujeito passivo, a morte do sujeito passivo afetará diretamente no plano patrimonial as condições vida do deficiente. Nestas circunstâncias, encontra-se no âmbito da tutela fiscal visada pelo artigo 87.º do CIRS um seguro de vida que cubra o risco de morte do sujeito passivo não deficiente e que tenha como beneficiário designado o dependente deficiente.

VI – Em suma, a atual redação do artigo 87.º é de molde a suscitar mais dúvidas do que certezas. Mais feliz era a redação anterior da regra, já acima transcrita, a qual concedia a dedutibilidade de prémios de seguro em que o sujeito passivo ou dependentes com deficiência figurassem como *primeiros beneficiários*.

Apesar das dúvidas que a expressão *primeiro beneficiário* pudesse suscitar, a *ratio* da dedutibilidade era clara, fornecendo o legislador um critério de aferição da mesma face aos objetivos de proteção social visados. Neste

[39] Nos termos do preceito, «sem prejuízo das regras gerais sobre licitude do con-

quadro, a atual redação representa um significativo e incompreensível retrocesso.

III.4 – Seguros de saúde

I – Reconhecendo o caráter relevante de proteção social desempenhado pelos seguros de saúde, o artigo 78.º-C do CIRS equipara a dedutibilidade dos respetivos prémios às próprias despesas de saúde.

Assim, na alínea b) do n.º 1 do referido artigo estabelece-se que, à coleta do IRS devido pelos sujeitos passivos, é dedutível um montante correspondente a 15% do valor suportado a título de despesas de saúde por qualquer membro do agregado familiar, com o limite global de € 1 000, que corresponda a *prémios de seguros* ou contribuições pagas a associações mutualistas ou a instituições sem fins lucrativos que tenham por objeto a prestação de cuidados de saúde *que*, em qualquer dos casos, *cubram exclusivamente os riscos de saúde relativamente ao sujeito passivo ou aos seus dependentes*.

II – A dedutibilidade dos prémios de seguro de saúde concorre, portanto, como acima adiantámos, com as próprias despesas de saúde constantes de faturas que titulem prestações de serviços e aquisições de bens, isentos do IVA ou tributados à taxa reduzida, cujos emitentes estejam enquadrados nos seguintes setores de atividade: de saúde humana; de comércio a retalho de produtos farmacêuticos ou de produtos médicos e ortopédicos ou de material ótico, em estabelecimentos especializados (alíneas a), c) e d) do n.º 1 do artigo 78.º-C).

É de notar, porém, que, nos termos do n.º 6 do mesmo artigo, a referida dedução de despesas de saúde não abrange a parte de tais despesas que tenha sido comparticipada por seguradoras, associações mutualistas ou instituições sem fins lucrativos que tenham por objeto a prestação de cuidados de saúde.

III – Como resulta da parte final da alínea b) do n.º 1 do artigo 78.º-C, a dedutibilidade dos prémios depende de os mesmos serem pagos pelo sujeito passivo ou por terceiros, desde que, neste caso, tenham sido com-

teúdo negocial, é proibida a celebração de contrato de seguro que cubra os seguintes riscos: [...] morte de crianças com idade inferior a 14 anos ou daqueles que por anomalia psíquica ou outra causa se mostrem incapazes de governar a sua pessoa».

provadamente tributados como rendimento do sujeito passivo. O trecho final visa os casos em que os prémios sejam pagos pela entidade patronal do sujeito passivo.

Sucede, porém, como melhor veremos, que, como decorre da alínea e) do n.º 1 do artigo 2.º-A do CIRS, não se consideram rendimentos do trabalho dependente (e não são, portanto, tributados como rendimento do sujeito passivo) as importâncias suportadas pelas entidades patronais com seguros de saúde ou doença em benefício dos seus trabalhadores ou respetivos familiares desde que a atribuição dos mesmos tenha caráter geral. Neste caso, portanto, os prémios não são dedutíveis nos termos da alínea b) do n.º 1 do artigo 78.º-C.

III.5 – Planos de poupança-reforma

III.5.1 – Aspetos gerais

Os PPR foram concebidos como instrumentos de política económica[40], tendo em vista vários objetivos:

a) Desde logo, incentivar, através da concessão de benefícios fiscais, a mobilização das poupanças individuais para uma *poupança de longo prazo*. Na verdade, já o preâmbulo do Decreto-Lei n.º 205/89, de 27 de junho, acentua «a relevância da poupança na economia portuguesa» como justificação para os benefícios fiscais então estabelecidos, e reconhece o «importante papel» dos PPR «como fomentadores da poupança».

b) Por outro lado, visam *complementar o sistema geral de segurança social*. Como se refere no preâmbulo do mesmo diploma, a criação dos PPR obedece a uma «orientação estratégica nas políticas macroeconómicas e da Segurança Social que consiste em criar todo um conjunto de esquemas diversificados complementares do sistema geral de segurança social».

[40] Sobre o tema e, designadamente, sobre a eficácia dos PPR em termos de poupança e equidade, cfr. MIGUEL GOUVEIA, *Uma Análise dos Planos de Poupança Reforma*, Lisboa, Ministério das Finanças – Direção Geral de Estudos e Previsão, 1997 (polic.).

c) Por fim, pretendem *estimular o desenvolvimento do mercado de capitais*, tendo em consideração os parâmetros definidos para a composição do património dos fundos de poupança.

Neste quadro, entre as principais características dos planos de poupança conta-se, desde logo, o âmbito exaustivo da respetiva regulação legal. De facto, diferentemente de outros tipos de aplicações financeiras, nomeadamente os seguros de capitalização e reformas, os planos de poupança são exaustivamente regulados por lei, por exemplo, quanto às condições de reembolso. O detalhe regulamentar atinge o extremo de serem estabelecidos por portaria (n.º 1453/2002, de 11 de novembro) os documentos habilitados a comprovar a verificação das situações que permitem o reembolso nos termos legais.

Por outro lado, tendo em vista os objetivos subjacentes aos planos de poupança, estes estiveram sempre (até há alguns anos) associados a importantes benefícios fiscais – quer na fase de poupança, quer na de reembolso – designadamente: um elevado montante de dedução do prémio à coleta; e a exclusão parcial de tributação dos rendimentos de categoria E[41].

III.5.2 – Condições de dedutibilidade

Na sua origem – citado Decreto-Lei n.º 205/89 – a dedutibilidade dos prémios com PPR estava prevista em moldes francamente generosos: dedutibilidade ao rendimento coletável de IRS, até à concorrência deste, com o limite máximo do menor dos seguintes valores: 20% do rendimento total bruto englobado e 500 contos (€ 2.493,99)[42]. Posteriormente, as condições de dedutibilidade vieram a flutuar de forma inconstante, sendo hoje, por comparação com o passado, quase simbólicas.

[41] Sobre o tema, cfr. José de Campos Amorim, "Benefícios fiscais em matéria de proteção social", *cit.*, pp. 206-214.

[42] Quanto à questão de saber se o limite se teria por aplicável a cada sujeito passivo, no caso de sujeitos passivos casados e não separados de pessoas e bens, ou a ambos conjuntamente, cfr. Fernando Martins Rodrigues, "Regime legal dos PPR", *Fisco*, n.º 35 (out. 1991), pp. 26-29.

Com efeito, estabelece-se no n.º 2 do artigo 21.º do EBF que são dedutíveis à coleta do IRS[43], nos termos e condições previstos no artigo 78.º do CIRS[44], 20% dos valores aplicados no respetivo ano por sujeito passivo não casado, ou por cada um dos cônjuges não separados judicialmente de pessoas e bens, em PPR, tendo como limite máximo: (a) € 400 por sujeito passivo com idade inferior a 35 anos; (b) € 350 por sujeito passivo com idade compreendida entre os 35 e os 50 anos; e (c) € 300 por sujeito passivo com idade superior a 50 anos. Como se esclarece no n.º 9 do mesmo artigo, considera-se a idade do sujeito passivo à data de 1 de janeiro do ano em que efetue a aplicação.

Releva igualmente o disposto no n.º 8 do artigo 21.º, nos termos do qual o mencionado benefício é aplicável às entregas efetuadas pelas entidades empregadoras em nome e a favor dos seus trabalhadores[45]. Com efeito, nos PPR, o direito ao "reembolso" dos prémios pagos (por resgate antecipado ou por vencimento) pertence sempre à pessoa segura (que assume a designação de *participante*). Por esta razão, o prémio pago pela entidade empregadora ingressa na esfera jurídico-patrimonial do trabalhador, que imediatamente adquire um direito de crédito sobre o segurador. Está, portanto, como melhor veremos, sujeito a tributação na categoria A de IRS, tendo o mesmo efeito como se fosse pago diretamente pela pessoa segura por conta dos seus rendimentos líquidos disponíveis.

III.5.3 – Reposição do benefício fiscal

I – Como referimos atrás, os PPR obedecem a um regime legal rígido, que verte, em grande parte, do Decreto-Lei n.º 158/2002, de 2 de julho, aí

[43] Como resulta do n.º 10 do mesmo artigo, não são, porém, dedutíveis os valores aplicados pelos sujeitos passivos após a data da passagem à reforma.

[44] De acordo com o regime do artigo 78.º do CIRS, os benefícios fiscais (onde se enquadra a dedutibilidade de prémios para PPR) concorrem, no seu conjunto (alínea k) do n.º 1), com outras deduções à coleta (alíneas c) a h) do n.º 1), não podendo a respetiva soma exceder, por agregado familiar (e, no caso de tributação conjunta, após aplicação do divisor previsto no artigo 69.º), os apertados limites constantes do n.º 7 do citado artigo 78.º e sem prejuízo das regras constantes nos números subsequentes.

[45] O mesmo não se passa se o PPR for subscrito por uma pessoa singular, tendo como pessoa segura outra pessoa singular. Nestes casos, como se explica na Circular 17, de 31/05/2002, da Direção de Serviços dos Benefícios Fiscais, o contrato é válido, mas não confere direito aos benefícios fiscais previstos no artigo 21.º do EBF.

se estabelecendo em detalhe as circunstâncias em que podem ser mobilizados os fundos investidos.

Neste quadro, o *reembolso* (na expressão legal, correspondente a operações de resgate, de vencimento ou de sinistro que oportunamente referenciámos[46]) do valor dos PPR pode licitamente ocorrer nos seguintes casos, previstos no n.º 1 do artigo 4.º do referido diploma: (a) reforma por velhice do participante (pessoa segura) ou, quando o PPR seja um bem comum, do cônjuge; (b) desemprego de longa duração do participante ou de qualquer dos membros do seu agregado familiar; (c) incapacidade permanente para o trabalho do participante ou de qualquer dos membros do seu agregado familiar, qualquer que seja a sua causa; (d) doença grave do participante ou de qualquer dos membros do seu agregado familiar; (e) a partir dos 60 anos de idade do participante ou, quando o PPR seja um bem comum, do cônjuge; (f) frequência ou ingresso do participante ou de qualquer dos membros do seu agregado familiar em curso do ensino profissional ou do ensino superior, quando geradores de despesas no ano respetivo; (g) utilização para pagamento de prestações de contratos de crédito garantidos por hipoteca sobre imóvel destinado a habitação própria e permanente do participante; ou ainda, nos termos do n.º 7, por morte do participante ou do cônjuge.

Quanto às citadas alíneas a), e), f) e g) do n.º 1 do artigo 4.º (e também, por força do n.º 4, quanto às alíneas b) a d), nos casos em que o sujeito em cujas condições pessoais se funde o pedido de reembolso se encontrasse, à data de cada entrega, numa dessas situações), dispõem os n.ºs 2 e 3 do mesmo artigo que o reembolso só pode verificar-se quanto a entregas relativamente às quais já tenham decorrido pelo menos cinco anos após as respetivas datas de aplicação pelo participante, podendo, não obstante, verificar-se o reembolso total[47] se, tendo decorrido o prazo de cinco anos após a data da primeira entrega, o montante das entregas efetuadas na primeira metade da vigência do contrato representar, pelo menos, 35% da totalidade das entregas.

[46] Aludindo ao sentido amplo da expressão reembolso, Francisco Luís Alves, "O regime jurídico dos Planos Poupança Reforma", *Revista de Direito e de Estudos Sociais*, Ano LVII, n.º 1-4 (jan.-dez. 2016), p. 352.

[47] Ou, por maioria de razão, um reembolso parcial.

II – As condições de *reembolso* legalmente previstas – que acabamos de enunciar – correspondem às circunstâncias em que o mesmo é normativamente admissível e, portanto, lícito. A circunscrição desse leque de circunstâncias não impede que, no plano dos factos, o reembolso possa ocorrer fora desses casos, por decisão discricionária do participante (a pessoa segura, que, no caso dos PPR, é a titular do direito ao reembolso[48]). Neste caso, porém, não estamos no plano da indiferença normativa, mas antes no de comportamentos que, sendo materialmente possíveis, são negativamente valorados pelo Direito e, portanto, ilícitos[49].

É no quadro desta margem de ilicitude fiscal que o n.º 5 do citado artigo 4.º estabelece que, fora das situações previstas nos números anteriores, o reembolso do valor do PPR pode ser exigido a qualquer tempo, nos termos contratualmente estabelecidos e com as consequências previstas nos n.ºs 4 e 5 do artigo 21.º do EBF. Essas consequências são, em virtude do caráter normativamente desviante da conduta, a reposição do benefício fiscal acrescido de uma *penalização*. Vejamos em que termos.

III – Em virtude de os PPR visarem promover a poupança de longo prazo, o incentivo à mesma – traduzido, designadamente, na dedução dos prémios à coleta – depende da restrição das circunstâncias em que o reembolso é legalmente admissível.

[48] Apesar de o direito ao reembolso se situar na esfera da pessoa segura – e não do tomador do seguro, quando não coincida com aquela – pensamos que (embora a lei o não exija) o segurador deverá informar o tomador da operação. Neste sentido, Francisco Luís Alves, "O regime jurídico dos Planos Poupança Reforma", *cit.*, p. 350, n. 53.

[49] A ilicitude fiscal do reembolso fora das condições legalmente previstas não tem obstado ao reconhecimento jurisprudencial da penhora do *direito* (de crédito) ao reembolso. Numa perspetiva pragmática, assente na materialidade subjacente, de ponderação entre o interesse do credor (exequente) na conservação do seu crédito e o interesse do devedor (executado) em não sofrer a penalização fiscal prevista, a jurisprudência assume o reembolso fora das condições legais como um ato normativamente neutro, configurado como um direito do participante: «os diversos Planos de Poupança visam, além de eventuais critérios de justiça social, cativar e estimular as poupanças e nunca como um meio de os devedores porem os seus bens a salvo das medidas processuais coercivas com que os credores procurem recuperar os seus créditos» – Ac. TRL de 23/06/2005 – Proc. n.º 4218/2005-8 (António Valente). Cfr. também, por exemplo, Ac. TRP de 06/05/2008 – Proc. n.º 0723831 (Maria Eiró). Aludindo à problemática, Francisco Luís Alves, "O regime jurídico dos Planos Poupança Reforma", *cit.*, p. 352, n. 58.

Diversamente, quando o reembolso é fiscalmente ilícito, dispõe o n.º 4 do artigo 21.º do EBF que a fruição do benefício previsto no n.º 2 (dedução à coleta) fica sem efeito, devendo as importâncias deduzidas, majoradas em 10%, por cada ano ou fração, decorrido desde aquele em que foi exercido o direito à dedução, ser acrescidas à coleta do IRS do ano da verificação dos factos[50], se aos participantes for atribuído qualquer rendimento ou for concedido o reembolso dos certificados, salvo em caso de morte do subscritor ou quando tenham decorrido, pelo menos, cinco anos a contar da respetiva entrega e ocorra qualquer uma das situações definidas na lei.

A majoração em 10% por cada ano ou fração constitui atualmente uma pesada penalização, autêntica sanção proporcional ao elevado desvalor tributário do reembolso fora das condições legalmente previstas, fundamentando a qualificação de tal reembolso como um ilícito fiscal[51]. Com efeito, se tiverem decorrido 10 anos a contar da entrega objeto do reembolso, o sujeito passivo que tenha beneficiado da dedução terá de repô-la em dobro (acréscimo de 100%).

O trecho «se aos participantes for *atribuído qualquer rendimento* ou for *concedido o reembolso* dos certificados» toma o termo *reembolso*, não no sentido amplo (e também ambíguo e pouco rigoroso), que encontramos no

[50] O ano da verificação dos factos corresponderá, assim, ao ano em que é executado o reembolso. Consumando-se a ilicitude fiscal com a operação correspondente ao reembolso, será esse o momento – coincidente com o pagamento ou colocação à disposição do valor de reembolso – que determina o ano em que haverá de verificar-se o acréscimo à coleta (mesmo que a instrução de reembolso do participante tenha sido emitida em momento que corresponda ao ano civil anterior).

[51] Na sua origem, o reembolso fora das condições legais constituía uma operação normativamente neutra. Assim, na versão inicial do EBF, o n.º 4 do artigo 21.º previa apenas, em caso de reembolso fora das condições legais, a devolução do benefício fiscal acrescido de *juros compensatórios*. A majoração em 10% foi introduzida pela Lei n.º 34-B/94, de 27/12 (Lei do Orçamento do Estado para 1995), assentando então, como se pode ler na respetiva nota justificativa, em «razões de simplicidade e eficácia, e salvaguardando-se a reparação dos prejuízos sofridos pela Fazenda Pública». A inflação e as taxas de juro bancárias situavam-se então em patamares tais que os 10% rondavam os referidos juros compensatórios. Atualmente, com a descida gradual da inflação e das taxas de juro, a manutenção no texto da lei da referida majoração constitui uma penalização descontextualizada e desproporcionada.

Decreto-Lei n.º 158/2002 (como sinónimo de resgate), mas num sentido mais rigoroso, distinguindo, por um lado, o *reembolso* do valor correspondente aos prémios pagos e, por outro, a atribuição de um *rendimento* gerado pela aplicação daquele valor.

Já a parte subsequente do n.º 4 do artigo 21.º do EBF padece, do nosso ponto de vista, de uma redação descuidada, pouco rigorosa e desalinhada do Decreto-Lei n.º 158/2002, o que não é compreensível[52]. Na verdade, não pode haver, em substância, uma cisão entre o regime contratual injuntivo dos PPR e o respetivo regime fiscal, já que, em matéria de condições de reembolso, a relevância daquele se coloca exclusivamente no plano fiscal, como bem resulta do n.º 5 do artigo 4.º do Decreto-Lei n.º 158/2002. Assim, a prevalência da parte final do n.º 4 do artigo 21.º do EBF sobre o artigo 4.º do Decreto-Lei n.º 158/2002 (designadamente, os respetivos n.ºs 2 e 3) teria como efeito prático eliminar qualquer conteúdo útil a este. Por outras palavras, seria absurdo que, tendo-se o legislador dedicado a regular à exaustão as condições de reembolso dos PPR (cujas únicas implicações ou consequências são de âmbito tributário), fosse, afinal, o mesmo o tratamento fiscal do reembolso com respeito por aquelas condições ou com inobservância das mesmas[53].

[52] A Lei do Orçamento do Estado para 2003 introduziu também uma redação no n.º 2 do artigo 21.º do EBF que exigia, para a aceitação da dedução, uma imobilização mínima de 5 anos para todas as entregas. Sobre esta incoerência adicional com o regime dos PPR foi a AT questionada pela ASF, tendo o entendimento então emitido sido divulgado através da Circular da ASF n.º 25/2003, de 30/09. Tal entendimento, tentando retirar um sentido útil das incongruências do texto legal, identificava três tipos de situações: (i) nos casos de reembolso fora das condições legais, haveria reposição, com majoração de 10%, do valor deduzido; (ii) no caso de reembolso dentro das condições legais, haveria, quanto às entregas com menos de 5 anos, reposição do benefício fiscal (exceto nos casos de morte do participante), sem majoração; (iii) no caso de reembolso dentro das condições legais e para todas as entregas com mais de 5 anos (ou em caso de morte do participante), não haveria reposição do benefício fiscal.

[53] Acresce que a redação vigente dos n.ºs 2 e 3 do artigo 4.º do Decreto-Lei n.º 158/2002 provém da Lei n.º 44/2013, de 3 de julho, sendo, portanto, posterior à do n.º 4 do artigo 21.º do EBF (que tem por fonte a Lei n.º 64-B/2011, de 30 de dezembro). Em caso de conflito insanável, sempre haveria, portanto, de prevalecer a regra posterior (artigo 4.º do Decreto-Lei n.º 158/2002).

Ora, consideramos que a referência aos cinco anos a contar da respetiva entrega, feita no n.º 4 do artigo 21.º do EBF, haverá apenas de se reportar aos casos em que a circunstância legitimadora do reembolso fosse previsível (alíneas a), e), f) e g) do n.º 1 do artigo 4.º deste diploma, como resulta do n.º 2 do mesmo artigo) ou em que o participante se encontrasse já nessa circunstância à data do pagamento do prémio (n.º 4 do artigo 4.º). Não chega, por outro lado, mencionar os cinco anos a contar da respetiva entrega (n.º 2 do artigo 4.º) sem mencionar a exceção prevista no n.º 3 do mesmo artigo (contrato com mais de 5 anos e pagamento de 35% da totalidade dos prémios na primeira metade de vigência do mesmo). Por fim, a referência à morte do "subscritor", não só configura uma das circunstâncias que legitima o reembolso sem penalização (alínea a) do n.º 7 do artigo 4.º), mas haverá que atender, não apenas à morte do participante, mas também à do respetivo cônjuge (alínea b) do n.º 7 do artigo 4.º). Em suma, mais valeria que o n.º 4 do artigo 21.º do EBF terminasse com uma formulação como: «se aos participantes for atribuído qualquer rendimento ou for concedido o reembolso dos certificados *fora das circunstâncias e condições legalmente definidas*».

IV – O Decreto-Lei n.º 158/2002 foi regulamentado, quanto a algumas matérias, pela Norma Regulamentar n.º 5/2003-R, da ASF, de 12 de fevereiro, que teve, entre outros aspetos, a virtualidade de ampliar, com conteúdo inovador, o leque de situações em que o reembolso se considera admissível (portanto, dentro das condições legais).

Assim, no n.º 4 do artigo 2.º da referida Norma estabelece-se que no caso de reembolso parcial em que a pessoa segura optou por não exigir a totalidade do valor do plano de poupança que reunia as condições legais para ser reembolsável, o reembolso do remanescente pode ser livremente exigido pela pessoa segura a qualquer tempo. Tomada literalmente, esta solução não se refere apenas aos casos em que, por força do disposto no n.º 3 do artigo 4.º do Decreto-Lei n.º 158/2002, a pessoa segura tivesse direito ao reembolso total e, efetuando apenas um reembolso parcial, deixasse de cumprir a regra dos 35% de entregas feitas na primeira metade de vigência do contrato[54]. Com efeito, a solução, na sua

[54] Os n.ºs 5 a 7 da Norma referenciada estabelecem um regime de imputação dos reembolsos parciais às entregas efetuadas, recontando, em função dos reembolsos parciais

literalidade, abrange mesmo os casos em que o motivo que fundamenta o reembolso dentro das condições legais (por exemplo, o desemprego prolongado) deixe de verificar-se, considerando-se então que a pessoa segura conserva o direito a reclamar, dentro das condições legais, o valor não reembolsado. Independentemente de ser discutível a bondade da solução[55] – que incoerentemente, aliás, não equipara ao reembolso parcial os casos em que a pessoa segura não tivesse efetuado qualquer reembolso tendo podido fazê-lo nas condições legais[56] –, é, no mínimo, muito duvidoso que a referida Norma Regulamentar possa ter por consequência a ampliação de um benefício fiscal.

Com efeito, assumindo a Norma referida a natureza de regulamento, o respetivo conteúdo inovador, atenta a relevância fiscal do mesmo, afigura-se incompatível com o princípio da legalidade e, designadamente, com o teor do n.º 2 do artigo 103.º da Constituição da República Portuguesa.

III.6 – Prémios pagos pelo empregador a favor dos trabalhadores

Matéria que tem especial relevância em IRS é a tributação do rendimento inerente aos prémios pagos por entidades patronais em benefício dos respetivos trabalhadores e que, inerentemente, representam um acréscimo patrimonial para estes. O tratamento fiscal de tal rendimento, em sede de IRS, será tema ao qual voltaremos mais adiante.

Por agora, porém, importa contextualizar, sem objetivos de aprofundamento, as circunstâncias em que os prémios pagos pela entidade patronal a favor dos respetivos trabalhadores beneficiam também de um incentivo fiscal (no caso, em sede de IRC) na esfera daquela.

que ocorram, a data de início do plano de poupança a considerar.

[55] Em sentido crítico, Francisco Luís Alves, "O regime jurídico dos Planos Poupança Reforma", *cit.*, pp. 353-354.

[56] Numa lógica de *direito* (irreversivelmente) *adquirido*, a solução parece congelar no tempo o direito da pessoa segura ao reembolso nas condições legais, ainda que as mesmas deixem de verificar-se. Porém, incoerentemente, esse congelamento do direito depende, não da ocorrência de uma circunstância legalmente prevista, mas do exercício parcial do direito ao reembolso. Exemplificando: uma pessoa em situação de desemprego prolongado que efetuasse um reembolso parcial poderia posteriormente exigir o reembolso total do remanescente, mesmo depois de voltar a estar empregado. Porém, se, estando desempregado, não tivesse solicitado um reembolso parcial, não poderia já, voltando a estar empregado, vir a solicitar o reembolso do valor a que tinha tido direito.

III.6.1 – A regra do artigo 23.º do CIRC

Quanto à dedutibilidade dos prémios de seguros em IRC, o regime-regra resulta do artigo 23.º do Código do IRC (doravante, CIRC). Nos termos do n.º 1 do preceito, para a determinação do lucro tributável, são dedutíveis todos os gastos e perdas incorridos ou suportados pelo sujeito passivo para obter ou garantir os rendimentos sujeitos a IRC. Acrescenta depois a alínea d) do n.º 2 que se consideram abrangidos pelo número anterior, nomeadamente, os gastos e perdas de natureza administrativa, tais como seguros, incluindo os de vida, doença ou saúde, e operações do ramo Vida, contribuições para fundos de poupança-reforma, contribuições para fundos de pensões e para quaisquer regimes complementares da segurança social.

No preceito em análise podemos identificar três tipos distintos de situações: (i) os seguros de bens e responsabilidades (multirriscos, responsabilidade civil, etc.) ou de acidentes de trabalho inerentes à atividade da entidade em questão, contratados no interesse da mesma ou por determinação legal; (ii) os seguros de puro risco, contratados no interesse de alguns trabalhadores e que constituirão remunerações em espécie dos mesmos; e (iii) os seguros com componente de investimento cujos prémios consubstanciam valores que ingressam imediata e irreversivelmente na esfera jurídico-patrimonial dos trabalhadores. Quanto às situações (ii) e (iii), o facto de se tratar de rendimentos do trabalho dependente dos trabalhadores determina que sejam gastos efetuados para a manutenção da fonte geradora de rendimentos sujeitos a IRC[57].

Quanto a este terceiro tipo de situações, verifica-se, na substância económica da operação, uma transferência de fundos da esfera da entidade patronal (tomadora do seguro) para a do trabalhador (pessoa segura), titular do direito ao resgate ou do direito ao capital na respetiva data de vencimento. No plano fiscal, tudo se passa como se houvesse o pagamento direto de uma remuneração do empregador ao trabalhador, sendo fundamental que a titularidade dos fundos constitua um direito adquirido e individualizado do trabalhador, isto é, que essa titularidade seja incondicional e irreversível (designadamente, que não fique dependente

[57] Duarte Galhardas, "A tributação em sede de imposto sobre o rendimento dos regimes complementares de segurança social", *Fisco*, n.º 76/77 (mar.-abr. 1996), p. 50.

da manutenção do vínculo laboral até uma data futura, designadamente, até à data de reforma do trabalhador).

Do mesmo modo que as remunerações são gastos dedutíveis em IRC, também o são, portanto, os prémios de seguro que consubstanciam remunerações.

III.6.2 – As realizações de utilidade social (artigo 43.º do CIRC)

I – Fora da situação-regra do artigo 23.º do CIRC, são também dedutíveis os prémios de seguros subscritos pela entidade patronal, a favor dos respetivos trabalhadores, que consubstanciem realizações de utilidade social[58]. A dedutibilidade desses prémios obedece a uma multiplicidade de condições que, na impossibilidade de desenvolvimento no presente contexto, nos limitaremos seguidamente a descrever.

Assim, nos termos da alínea a) do n.º 2 do artigo 43.º do CIRC, são considerados gastos do período de tributação, até ao limite de 15%[59] das

[58] As insuficiências do regime geral de segurança social estão associadas a problemas de ordem demográfica e financeira que comprometem a garantia, para os atuais trabalhadores no ativo, de um benefício de reforma coerente com os níveis de rendimentos e de contribuições efetuadas por estes durante a vida ativa – Cfr., por exemplo, AAVV, *O Financiamento das Reformas – Contribuição do Setor dos Seguros*, Lisboa, Associação Portuguesa de Seguradores, 1994; Henrique Medina Carreira, *O Estado e a Segurança Social*, Lisboa, ICS/O Público, 1996. Estes problemas levaram a equacionar-se regimes mistos que contemplam, para além do benefício assegurado pelo regime geral de segurança social (de caráter público), também regimes privados que garantem benefícios de reforma constituídos a partir de contribuições da entidade patronal e do próprio trabalhador. Este regime misto tem sido referido como regime dos três pilares, em que o primeiro pilar se reporta ao regime geral de segurança social, o segundo pilar se refere a regimes de previdência empresarial (em que o financiamento do benefício futuro de reforma dos trabalhadores é assegurado por dotações da entidade patronal, assentando, essencialmente, em seguros de grupo ou fundos de pensões), e o terceiro pilar respeita a dotações efetuadas pelo próprio trabalhador, essencialmente para seguros individuais ou PPR – Cfr. José Paulo Noronha Alberto, "Incentivos fiscais às reformas no âmbito de um regime de três pilares", *Fisco*, Ano II, n.º 25 (nov. 1990), pp. 9 ss. É ao nível do chamado segundo pilar que se coloca o problema do enquadramento fiscal, em sede de IRS, das dotações efetuadas pela entidade patronal a favor do trabalhador no quadro das realizações de utilidade social.

[59] Nos termos do n.º 3 do mesmo artigo, este limite é elevado para 25% se os trabalhadores não tiverem direito a pensões da segurança social. Na perspetiva de Duarte

despesas com o pessoal contabilizadas a título de remunerações, ordenados ou salários respeitantes ao período de tributação, os suportados com contratos de seguros de *acidentes pessoais*, bem como com contratos de *seguros de vida*, de *doença ou saúde*, contribuições para fundos de pensões e equiparáveis ou para quaisquer regimes complementares de segurança social, *que garantam, exclusivamente, o benefício de reforma, pré-reforma, complemento de reforma, benefícios de saúde pós-emprego, invalidez ou sobrevivência a favor dos trabalhadores da empresa*[60] [61] [62].

Galhardas, o limite seria por trabalhador, e não um limite geral para toda a população segura – Duarte Galhardas, "A tributação em sede de imposto sobre o rendimento dos regimes complementares de segurança social", *cit.*, p. 51, n. 23. Discordamos desta perspetiva, que não encontra apoio na letra da lei. Note-se que a questão não é despicienda, na medida em que, estando em causa um plano de pensões de benefício definido, os trabalhadores mais idosos requererão dotações mais elevadas, que poderão exceder o referido limite por trabalhador (ainda que acomodáveis, por compensação com dotações inferiores para os trabalhadores mais jovens, no limite geral para toda a população segura). O propósito da realização de utilidade social, estribado nos requisitos do artigo 43.º do CIRC, aponta, portanto, para um limite da massa salarial global, e não para um limite da massa salarial de cada trabalhador. Sobre a diferença entre planos de benefício definido e de contribuição definida, cfr. *infra*, nota 62.

[60] Nos termos da alínea b) do n.º 2 do mesmo artigo, no caso dos seguros de doença ou saúde, os mesmos são também dedutíveis se, para além dos trabalhadores, forem também estabelecidos em benefício dos reformados ou respetivos familiares.

[61] Para os efeitos destes limites de 15% ou 25%, como resulta do n.º 5 do artigo 43.º, não são considerados os valores atuais dos encargos com pensionistas já existentes na empresa à data da celebração do contrato de seguro ou da integração em esquemas complementares de prestações de segurança social previstos na respetiva legislação, devendo esse valor, calculado atuarialmente, ser certificado pelas seguradoras ou outras entidades competentes. Por outro lado, nos termos do n.º 13 do artigo 43.º, não concorrem também para os referidos limites de 15% ou 25% as contribuições suplementares para fundos de pensões e equiparáveis destinadas à cobertura de responsabilidades com benefícios de reforma que resultem da aplicação: (a) das normas internacionais de contabilidade por determinação do Banco de Portugal às entidades sujeitas à sua supervisão, sendo consideradas como gastos durante o período transitório fixado por esta instituição; (b) do Plano de Contas para as Empresas de Seguros em vigor, aprovado pela ASF, sendo consideradas como gastos, de acordo com um plano de amortização de prestações uniformes anuais, por um período transitório de cinco anos contado a partir do exercício de 2008; (c) das normas internacionais de contabilidade adotadas pela União Europeia ou do SNC, consoante os casos, sendo consideradas como gastos, em partes iguais, no

Recordemos que os seguros de doença (ou saúde), de acidentes pessoais ou de vida que garantem exclusivamente os riscos de morte ou invalidez constituem *seguros de puro risco*, enquanto os seguros de vida que garantem benefícios de reforma, pré-reforma ou complemento de reforma constituem *seguros com componente de investimento*. Esta ressalva ajudar-nos-á a compreender o complexo (e confuso, a uma primeira leitura) regime do artigo 43.º.

II – Para que os referidos prémios de seguros sejam considerados despesas dedutíveis, enquanto realizações de utilidade social, terão de verificar-se várias condições (n.º 4 do artigo 43.º), a saber: (*i*) os benefícios devem ser estabelecidos para a generalidade dos trabalhadores permanentes da empresa[63] ou no âmbito de instrumento de regulamentação

período de tributação em que se aplique pela primeira vez um destes novos referenciais contabilísticos e nos quatro períodos de tributação subsequentes.

[62] Os contratos de seguro de vida, com componente de investimento, que garantam benefícios de reforma, pré-reforma ou complemento de reforma, podem ter por base planos de pensões de contribuição definida ou de benefício definido. No primeiro caso, o plano define o critério de determinação e distribuição dos prémios por cada trabalhador (por exemplo, 2% do respetivo salário anual), caso em que o benefício na idade normal de reforma será, à partida, indeterminado, correspondendo à soma dos prémios pagos, acrescida da rendibilidade dos investimentos efetuados. No segundo caso, o plano define o benefício que cada trabalhador deverá ter, em regra, no momento em que atinja a idade normal de reforma ao serviço do empregador. Assim, os planos de benefício definido implicam uma gestão atuarial e financeira no sentido de determinar, em cada ano, qual o prémio que o tomador do seguro deverá pagar para cada trabalhador, de modo a assegurar-lhe o benefício pretendido. Esta gestão depende de parâmetros (evolução do quadro de pessoal da empresa, da massa salarial e da rendibilidade dos investimentos) que podem vir a revelar-se desadequados ao longo do tempo, redundando num subfinanciamento do plano que venha a carecer de correção. Para estes casos, estabelece-se nos n.ºs 7 e 8 do artigo 43.º a possibilidade, nos termos aí definidos, da dedução de contribuições suplementares pelo tomador do seguro, quando decorrentes da alteração dos pressupostos atuariais em que se basearam os cálculos iniciais, mediante certificação pelas entidades competentes.

[63] Os benefícios são também extensíveis aos membros dos órgãos sociais – João Espanha, "Life insurance and tax planning for portuguese clients", *Fiscalidade*, n.º 25 (jan.-mar. 2006), p. 143; João Espanha, *Do Regime Fiscal dos Produtos do Ramo Vida*, s.l., s.d. (1993), p. 23, n. 68, http://www.espanhaassociados.pt/fotos/editor2/regimefiscaldosprodutosdoramovida.pdf (consult. 14/07/2015). Por outro lado, o requisito de generalidade não implicará necessariamente a abrangência da totalidade dos trabalhadores.

coletiva de trabalho (IRCT) para as classes profissionais onde os trabalhadores se inserem[64]; (*ii*) os benefícios devem ser estabelecidos segundo um critério objetivo e idêntico para todos os trabalhadores[65] ainda que não pertencentes à mesma classe profissional, salvo em cumprimento

Assim, por exemplo, se o critério de atribuição do benefício contemplar todos os trabalhadores com mais de três anos de antiguidade, verifica-se o requisito da generalidade, que segue um critério não discriminatório (na medida em que todos os trabalhadores terão a expectativa de atingir o referido tempo de antiguidade, independentemente da sua posição hierárquica).

[64] Esta primeira condição estabelece um requisito de generalidade, de tal forma que, se o seguro abranger apenas alguns trabalhadores, o mesmo não é dedutível pela entidade patronal como realização de utilidade social. A exceção a esta regra consiste nos casos em que uma convenção coletiva de trabalho horizontal (celebrada por associações sindicais que representem apenas algumas categorias de trabalhadores da empresa) confere o direito a um seguro apenas para essas categorias de trabalhadores.

[65] No quadro desta condição, a atribuição do benefício não deverá ser substancialmente discriminatória (ainda que sob a aparência de um critério objetivo de diferenciação, que deverá, ademais, ser atendível). Neste sentido, discordamos de Pedro Marinho Falcão e Adriana Monteiro quando defendem que o *grau de risco* (de morte ou invalidez), sendo mais elevado entre os quadros superiores de uma empresa (em virtude da sujeição a deslocações frequentes e a uma maior pressão psicológica) justificaria um critério diferenciado de atribuição do benefício em seguros de vida de puro risco (capital seguro correspondente a 28 meses de salário, sendo de 14 meses de salário para os restantes trabalhadores) – Pedro Marinho Falcão e Adriana Monteiro, "Relevância fiscal dos gastos suportados com a apólice de seguro de grupo", *Cadernos de Justiça Tributária*, n.º 4 (abr.-jun. 2014), pp. 26-28. Consideramos discutível a existência de um *grau de risco* diferenciado e que o mesmo constitua um critério objetivo (como se afere objetivamente o grau de risco?). Do nosso ponto de vista, sendo o capital seguro fixado num idêntico número de salários mensais para toda a população abrangida, já o critério seria objetivo e idêntico para todos (embora, em termos absolutos, beneficiasse mais, justificadamente, os quadros superiores, com salários mais elevados). Cremos que a solução adequada para o problema equacionado seria a implementação de um seguro de vida de puro risco nos moldes que acabamos de enunciar (realização de utilidade social), a que acresceria um seguro de acidentes pessoais (cobrindo, portanto, o risco de morte por acidente em deslocação) destinado apenas aos quadros superiores. Este último seguro não constituiria uma realização de utilidade social, mas os respetivos prémios seriam dedutíveis no quadro do artigo 23.º do CIRC (*supra*, III.6.1).

de IRCT[66]; (*iii*) os referidos limites de 15% (ou de 25%)[67] haverão de ser respeitados, não sendo o excedente considerado gasto do período de tributação[68]; (*iv*) relativamente apenas a seguros de vida com componente de investimento[69], devem ser efetivamente pagos sob a forma de prestação pecuniária mensal vitalícia (renda) pelo menos dois terços dos benefícios em caso de reforma, invalidez ou sobrevivência, sem prejuízo da admissibilidade da remição de rendas vitalícias em pagamento que não tenham sido fixadas judicialmente, nos termos e condições estabelecidos em norma regulamentar emitida pela ASF, e desde que seja apresentada prova dos respetivos pressupostos pelo sujeito passivo[70]; (*v*) também no que respeita apenas a seguros de vida com componente de investimento[71], as disposições de regime legal da pré-reforma e do regime geral de segurança social devem ser acompanhadas, no que se refere à idade e aos titulares do direito às prestações de pré-reforma ou de reforma, sem prejuízo de regime especial de segurança social, de regime previsto em IRCT ou de outro regime legal especial, ao caso aplicáveis; (*vi*) a gestão

[66] Na verdade, o n.º 14 do artigo 43.º estabelece uma outra exceção. Com efeito, a condição em análise pode também deixar de verificar-se desde que seja demonstrado que a diferenciação introduzida tem por base critérios objetivos, designadamente em caso de entidades sujeitas a processos de reestruturação empresarial, devendo esta alteração ser comunicada à AT até ao termo do período de tributação em que ocorra.

[67] Para este limite concorrem os rendimentos da categoria A isentos nos termos do n.º 1 do artigo 18.º do EBF (disposição que, como melhor veremos, se aplica apenas a seguros de vida com componente de investimento).

[68] Poder-se-á ultrapassar estes limites em caso de cobertura de responsabilidades por serviços passados, nos termos previstos no n.º 6 do artigo 43.º do CIRC, disposição que respeita apenas a seguros com componente de investimento.

[69] O teor da alínea d) do n.º 4 aplica-se apenas a seguros que garantam benefícios de reforma, pré-reforma ou complemento de reforma – portanto, com componente de investimento –, como resulta, *a contrario*, do corpo do n.º 4 e da própria lógica da referida alínea.

[70] A referida norma regulamentar é a 16/95-R, de 12/09, cujo n.º 31 estabelece as condições em que é admissível a remição de rendas em pagamento. Esta só é possível se o montante da prestação periódica mensal for inferior à décima parte do salário mínimo nacional em vigor para a generalidade das profissões à data da remição.

[71] A alínea e) do n.º 4 apenas abrange seguros que garantam benefícios de reforma, pré-reforma ou complemento de reforma, como resulta, *a contrario*, do corpo do n.º 4 e da própria lógica da referida alínea.

e disposição das importâncias despendidas não devem pertencer à própria empresa[72], devendo os contratos de seguro ser celebrados com seguradores que possuam sede, direção efetiva ou estabelecimento estável em território português (ou autorizados a operar em Portugal, em livre prestação de serviços), e os fundos de pensões ou equiparáveis devem ser constituídos de acordo com a legislação nacional ou geridos por instituições de realização de planos de pensões profissionais às quais seja aplicável a Diretiva n.º 2003/41/CE, do Parlamento Europeu e do Conselho, de 3 de junho, que estejam autorizadas a aceitar contribuições para planos de pensões de empresas situadas em território português; e, finalmente, (*vii*) no que respeita apenas a seguros de vida com componente de investimento[73], os prémios em questão não devem constituir rendimentos do trabalho dependente, *nos termos da primeira parte do n.º 3) da alínea b) do n.º 3 do artigo 2.º do CIRS*[74].

III – O regime em análise (realizações de utilidade social) comporta uma vantagem fiscal em sede de IRC (a dedutibilidade dos prémios),

[72] Por outras palavras, essa gestão deverá caber a uma entidade terceira (segurador, no caso).

[73] Como veremos mais adiante, a primeira parte do n.º 3) da alínea b) do n.º 3 do artigo 2.º do CIRS apenas visa, na sua *ratio* e lógica interna, os prémios de seguros de vida com componente de investimento, consubstanciando, na lógica da lei fiscal, fundos cuja titularidade transita irreversivelmente para a esfera jurídico-patrimonial do trabalhador. Nos seguros de puro risco, com caráter aleatório, em que o prémio custeia a probabilidade de ocorrência do sinistro nos termos do seguro contratado, não há, mesmo numa lógica estritamente económica, uma transferência de fundos para a esfera do trabalhador, mas apenas a aquisição do direito à prestação pecuniária do segurador, condicionada à ocorrência do sinistro.

[74] A presente condição (alínea g) do n.º 4 do artigo 43.º) é, talvez, aquela cuja redação mais se presta a equívocos. Note-se que não se diz aí que os prémios em causa não devem constituir rendimento do trabalho dependente (*tout court*). Diz-se, sim, que não devem ser um rendimento do trabalho dependente *nos termos da primeira parte do n.º 3) da alínea b) do n.º 3 do artigo 2.º do CIRS*. Com efeito, como melhor veremos adiante, os prémios que constituam rendimento do trabalho dependente *nos termos da referida primeira parte do n.º 3) da alínea b) do n.º 3 do artigo 2.º* são enquadráveis, na esfera da entidade patronal, no âmbito do artigo 23.º do CIRC, já analisado, e não do artigo 43.º, cuja aplicabilidade fica, assim, afastada.

que depende da verificação das condições atrás referenciadas[75]. À semelhança do regime que referimos a propósito dos PPR, o incumprimento de tais condições implica uma penalização a cargo do sujeito passivo de IRC, o tomador do seguro (e entidade patronal) que tenha beneficiado do regime.

Assim, estabelece-se no n.º 10 do artigo 43.º que, no caso de incumprimento das condições estabelecidas nos n.ºs 2, 3 e 4 do mesmo artigo (à exceção das referidas nas alíneas c) e g) deste último número[76]), *ao valor do IRC liquidado* relativamente ao período de tributação em que se verificar o incumprimento deve ser *adicionado o IRC correspondente aos prémios e contribuições considerados como gasto em cada um dos períodos de tributação anteriores*, nos termos deste mesmo artigo, *agravado de uma importância que resulta da aplicação ao IRC correspondente a cada um daqueles períodos de tributação do produto de 10% pelo número de anos decorridos desde a data em que cada um daqueles prémios e contribuições foram considerados como gastos*[77].

Embora não conste expressamente do n.º 4 do artigo 43.º, o resgate a favor do tomador do seguro constitui uma modalidade de incumprimento das condições estabelecidas naquele número[78], como literalmente verte do n.º 10 do mesmo artigo. Ora, nesta modalidade de incumprimento, como também decorre do mencionado n.º 10, não é considerado como rendimento do período de tributação a parte do valor do resgate correspondente ao capital aplicado[79].

Verificam-se, não obstante, duas circunstâncias em que o resgate a favor da entidade patronal não é considerado um incumprimento das condições estabelecidas no n.º 4. A primeira encontra-se prevista no n.º 11 do artigo 43.º e visa os casos em que, *para a transferência de responsabi-*

[75] À exceção das alíneas c) e g) do n.º 4 do artigo 43.º, a primeira das quais tem consequências específicas associadas (a não dedutibilidade do excedente) e a segunda com implicações relativamente inócuas em sede de IRC.

[76] Cfr. nota anterior.

[77] Como pode verificar-se, trata-se de uma verdadeira e pesada penalização, em tudo idêntica à estabelecida para reembolsos de PPR fora das condições legais.

[78] Na verdade, o sistema coerente de condições estabelecidas no n.º 4 do artigo 43.º, ao determinar em que circunstâncias e a favor de quem pode o resgate ser efetuado, implica que, sendo o mesmo executado em benefício da entidade patronal, saiam frustradas tais condições e o próprio propósito de realização de utilidade social do plano.

[79] De outra forma, haveria uma dupla penalização sobre o mesmo valor.

lidades, sejam celebrados contratos de seguro de vida com outros seguradores, que possuam sede, direção efetiva ou estabelecimento estável em território português, ou com empresas de seguros que estejam autorizadas a operar neste território em livre prestação de serviços, ou se forem efetuadas contribuições para fundos de pensões constituídos de acordo com a legislação nacional, ou geridos por instituições de realização de planos de pensões profissionais às quais seja aplicável a Diretiva n.º 2003/41/CE, do Parlamento Europeu e do Conselho, de 3 de junho, que estejam autorizadas a aceitar contribuições para planos de pensões de empresas situadas em território português, *em que, simultaneamente, seja aplicada a totalidade do valor do resgate e se continuem a observar as condições estabelecidas neste artigo*[80].

A segunda circunstância encontra-se prevista no n.º 12 do mesmo artigo e visa as situações em que o tomador do seguro demonstre a existência de excesso de fundos originada por cessação de contratos de trabalho. Assim, verificando-se um sobrefinanciamento do plano de benefícios decorrente da extinção de contratos de trabalho, o resgate desse excesso a favor da entidade patronal não é considerado um incumprimento do artigo 43.º[81].

IV. O valor do prémio como rendimento do trabalho dependente

IV.1 – Ponto de ordem: o rendimento de categoria A e o *ciclo do prémio*

I – Como tivemos oportunidade de referenciar, podemos distinguir os seguros (do ramo Vida e dos ramos Não-Vida) que designámos como *de*

[80] Por outras palavras, pretendendo a entidade patronal (tomadora do seguro) transferir os fundos geridos por um segurador para outro, com suporte num novo contrato de seguro, não se verifica um incumprimento do n.º 4 do artigo 43.º, desde que: (*i*) todo o valor resgatado seja transferido para o novo segurador; e (*ii*) se mantenha a conformidade às condições estabelecidas no n.º 4 do referido artigo.

[81] A demonstração é simples quando esteja em causa um plano de contribuição definida, caso em que o excesso corresponderá ao valor alocado às pessoas seguras que tenham deixado de ter vínculo com o tomador. Já num plano de benefício definido, sem alocações de valores às pessoas seguras, a demonstração requerida pela disposição legal deverá assentar num estudo atuarial que ateste o excesso de fundos.

puro risco – que assumem caráter aleatório e cujo prémio, consequentemente, se destina a custear a cobertura de um risco pelo segurador[82] – dos seguros e vida com componente de investimento. Quanto a estes, embora o prémio, uma vez pago, integre a esfera jurídico-patrimonial do segurador, o respetivo valor (quer esteja contratualmente garantido ou não), passando a assumir a designação de *capital seguro*, será objeto de investimento por conta do tomador do seguro, que mantém quanto ao mesmo – pelo menos, por via do direito ao resgate – um direito de crédito sobre o segurador.

Ora, relativamente aos seguros de *puro risco*, não podemos propriamente falar de um *ciclo do prémio*, esgotando-se a relevância fiscal deste no momento do respetivo pagamento ao segurador. Já quanto aos seguros de vida com componente de investimento, a lei fiscal capta bem a materialidade económica do referido ciclo do prémio, valorando, quer o momento do respetivo pagamento ao segurador, quer o do reembolso do respetivo valor, isto é, o do regresso desse valor à esfera do tomador do seguro ou, mais propriamente, a transferência do mesmo para a esfera da pessoa segura.

II – Relativamente aos *seguros de puro risco*, identificámos as circunstâncias em que o pagamento do prémio é fiscalmente valorado, não só como dedução à coleta de IRS, mas igualmente no quadro da respetiva dedutibilidade em sede de IRC, na medida em que o pagamento seja feito por uma entidade patronal em benefício de assalariados seus.

Importa ver, quanto a estes seguros, se e em que medida os prémios, sendo pagos a favor de trabalhadores do tomador do seguro – e não obstante consumirem-se no custeio da cobertura de um risco – são passíveis de tributação na categoria A de IRS (portanto, como rendimento do trabalho dependente). Será o tema do subcapítulo seguinte.

III – É nos seguros de vida com componente de investimento que recuperamos totalmente a ideia e a lógica do *ciclo do prémio* como ponte

[82] Se abstrairmos da função previdencial do seguro, os seguros de puro risco assemelham-se, no estrito plano da estrutura do contrato, aos contratos de jogo e aposta. Em tom jocoso, poder-se-ia dizer que o tomador do seguro aposta que o sinistro se produzirá, enquanto o segurador aposta que o mesmo não ocorrerá. A parte que perder, sairá desembolsada (o tomador, terá pago o prémio, enquanto o segurador terá pago a indemnização ou capital, de valor potencialmente muito superior ao do prémio).

entre, por um lado, a dedução fiscal e, por outro, a tributação na categoria A, autêntico elemento agregador e garante de coerência do presente estudo.

Com efeito, é quanto a estes seguros que a lei fiscal é sensível à materialidade económica do valor do *prémio* (convertido, logo que pago, em *capital seguro*) como *bem*, com expressão pecuniária, que se mantém, ao longo do contrato e por via de um direito de crédito (direito de resgate), na esfera patrimonial do tomador (quando o prémio é custeado pelo próprio sujeito passivo de IRS), ou que se transfere, aquando do pagamento ou em momento posterior, da esfera patrimonial do tomador (entidade patronal) para a da pessoa segura (trabalhador).

IV – No primeiro caso – prémio pago diretamente por uma pessoa singular, sujeito passivo de IRS – o *ciclo do prémio* não se traduz fiscalmente, como é óbvio, na tributação do respetivo valor aquando do seu regresso à esfera jurídica do tomador (por efeito de resgate ou do vencimento do contrato). Com efeito, tendo sido pago à custa dos rendimentos disponíveis do sujeito passivo (já depois da sujeição a imposto dos rendimentos dos quais proveio), o "reembolso do prémio" constitui uma operação fiscalmente inócua.

O mesmo não poderá dizer-se dos rendimentos gerados pelos investimentos de que tais valores tenham sido objeto. Quanto a estes – isto é, ao acréscimo patrimonial resultante da diferença positiva entre o prémio pago, no início do contrato, pelo tomador do seguro, e o valor do capital que o mesmo receba do segurador aquando do resgate ou do vencimento do seguro – os mesmos são qualificados (e tributados) como rendimentos da categoria E de IRS[83]. Em qualquer caso, o valor do prémio constitui bitola incontornável de cômputo do rendimento de capitais objeto de tributação.

[83] Esse acréscimo patrimonial (correspondente a um juro, no caso dos seguros de capitalização, ou a uma valorização das unidades de participação, no caso dos seguros *unit linked*) constitui, assim, um rendimento de capitais, como se se tratasse de juros que remunerassem, por exemplo, um depósito a prazo bancário (alínea b) do n.º 2 do artigo 5.º do CIRS). Cfr., sobre a tributação na categoria E, destes rendimentos, Luís Poças, "A tributação dos rendimentos de capitais nos seguros e operações do ramo «Vida» e fundos de pensões", *cit.*

Também no caso de o valor do prémio ser "reembolsado" (isto é, retornar à esfera do tomador), não sob a forma de capital, mas de uma renda, temporária ou vitalícia, esse valor é fiscalmente inócuo (no sentido em que não é objeto de tributação) mas influenciará a tributação da renda na categoria H. Com efeito, como resulta do n.º 1 do artigo 54.º do CIRS, o valor do prémio (aqui denominado *reembolso de capital*) que tenha estado na origem da aquisição da renda não é sujeito a tributação na categoria H, só o sendo o acréscimo patrimonial (rendimento de pensões) que exceda aquele valor[84].

V – Ainda em matéria de seguros de vida com componente de investimento, cumpre distinguir, como referimos, das mencionadas situações de prémios pagos pelo próprio tomador do seguro (sujeito passivo de IRS), as de prémios pagos pela entidade patronal, a favor dos respetivos trabalhadores, configurando o inerente valor um rendimento do trabalho dependente (categoria A de IRS).

Relativamente a estas situações, dois grupos de casos podem verificar-se. Desde logo, aqueles em que o valor do prémio, logo que é pago ao segurador, ingressa – por efeito do direito de resgate – na esfera jurídico-patrimonial da pessoa segura (trabalhador). É o caso, que oportunamente referimos, dos PPR, em que o direito de resgate (*reembolso*, na terminologia dos PPR) cabe, por inerência, à pessoa segura. Ora, sendo o tomador do seguro a entidade patronal da pessoa segura, logo que o prémio é pago o respetivo valor transfere-se irreversivelmente para a esfera desta. São os casos a que se reporta a expressão *direitos adquiridos*, que traduz precisamente essa transmissão definitiva e irreversível do valor, da esfera da entidade patronal para a do trabalhador.

Outro grupo de casos reúne aqueles em que o valor do prémio só ingressa na esfera do trabalhador em momento posterior ao do respetivo pagamento ao segurador: em regra, quando o trabalhador passa à situação de reforma, na condição de que, à data, se encontre ainda ao serviço da entidade patronal. Nestes casos, tem sido prática traduzir a posição da

[84] Acrescenta-se no n.º 2 do mesmo artigo que, quando não seja possível discriminar, no valor da renda, a parte correspondente ao referido *reembolso de capital*, apenas 15% do valor da renda são sujeitos a tributação na categoria H.

pessoa segura, relativamente ao valor do prémio, por *meras expectativas*[85]. Estas só se convertem num direito (e só se transferem, portanto, para a esfera da pessoa segura), mediante a verificação da referida condição, só então constituindo um rendimento do trabalho dependente. Em regra, essa transferência coincide com o efetivo pagamento ou colocação à disposição do respetivo valor pelo segurador.

É, portanto, nos seguros de vida com componente de investimento que melhor se traduz a ideia de *ciclo do prémio*, que cimenta a ligação entre a dedução fiscal do respetivo valor e a tributação na categoria A dos sujeitos passivos que beneficiam do mesmo.

IV.2 – Seguros de puro risco e tributação na categoria A

Como referimos, focar-nos-emos, por ora, na análise da eventual sujeição a imposto, na categoria A de IRS (portanto, como rendimento do trabalho dependente), dos prémios de seguros de puro risco pagos por uma empresa tomadora do seguro a favor de trabalhadores seus, considerando, como já sublinhado, que o valor de tais prémios não é objeto de investimento (nem ingressa, de algum modo, na esfera do trabalhador), mas antes se destina integralmente a custear a cobertura de um risco pelo segurador.

Aqui chegados, duas hipóteses se equacionam: (i) ou estamos perante realizações de utilidade social, que cumprem os termos e requisitos do n.º 4 do artigo 43.º do CIRC; (ii) ou os seguros e situações em causa não são qualificáveis, no quadro do artigo 43.º do CIRC, como realizações de utilidade social. Analisemos os dois casos.

IV.2.1 – Realizações de utilidade social

Para o primeiro caso (realizações de utilidade social, com observância, portanto, das condições previstas no n.º 4 do artigo 43.º do CIRC) rege o

[85] Embora sem consagração no artigo 2.º do CIRS, a expressão *meras expectativas* foi desde o início referenciada pela doutrina para qualificar as situações que não constituem direitos adquiridos e individualizados – Cfr., por exemplo, Manuel Faustino, *Alguns Aspetos Decorrentes das Alterações ao Quadro da Tributação do Rendimento, em IRS, Introduzidas Pela Lei N.º 39-9/94*, s.l., 1995 (polic.), p. 4; Duarte Galhardas, "A tributação em sede de imposto sobre o rendimento dos regimes complementares de segurança social", *cit.*, p. 45.

artigo 2.º-A (sob a epígrafe *delimitação negativa dos rendimentos da categoria A*) do CIRS. Nos termos do respetivo n.º 1, não se consideram rendimentos do trabalho dependente os benefícios imputáveis à utilização e fruição de realizações de utilidade social mantidas pela entidade patronal, desde que observados os critérios estabelecidos no artigo 43.º do CIRC (alínea b) do n.º 1 do artigo 2.º-A), nem as importâncias suportadas pelas entidades patronais com seguros de saúde ou doença em benefício dos seus trabalhadores ou respetivos familiares desde que a atribuição dos mesmos tenha caráter geral (alínea e) do mesmo número).

A redação do preceito é de molde a causar muitas dúvidas e apreensões. Desde logo, se à luz das alíneas a) e b) do n.º 2 do artigo 43.º do CIRC, os seguros de saúde são qualificáveis como realizações de utilidade social exatamente na mesma medida que os seguros de vida de puro risco ou os de acidentes pessoais, então porque se autonomiza a alínea e) do n.º 1 do artigo 2.º-A do CIRS relativamente à alínea b) do mesmo número[86]? A própria diferença de redações entre as duas alíneas – a alínea b) refere «benefícios imputáveis à utilização e fruição de realizações de utilidade social mantidas pela entidade patronal», enquanto a alínea e) alude às «*importâncias suportadas* pelas entidades patronais com seguros de saúde» – parece sugerir que *as importâncias suportadas pelas entidades patronais com seguros de vida de puro risco e com seguros de acidentes pessoais* não se traduziriam em realizações de utilidade social, pelo que, na falta de previsão específica, as mesmas não estariam ao abrigo do artigo 2.º-A e ficariam, portanto, sujeitas a IRS. Será assim?

[86] A própria autonomização entre as alíneas a) e b) do n.º 2 do artigo 43.º não é clara, já que em ambas as alíneas surgem contemplados os seguros de doença (ou de saúde, o que é o mesmo). A única razão plausível para esta autonomização é que a alínea a) do n.º 2 apenas admite que o benefício seja constituído «a favor dos trabalhadores da empresa», enquanto a alínea b) permite a constituição «em benefício dos trabalhadores, reformados ou respetivos familiares». Melhor teria sido, então, que os seguros de doença apenas fossem referidos na alínea b), ou que o legislador, com alguma habilidade, fundisse a redação das duas alíneas, contemplando a ressalva de que, no caso dos seguros de doença, também é admissível a cobertura de reformados e de agregados familiares. Na verdade – e em rigor –, também os seguros de vida de puro risco e os de acidentes pessoais (em ambos os casos, quanto à cobertura base, correspondente ao risco de morte) são estabelecidos, não a favor do trabalhador (a pessoa segura), mas a favor dos beneficiários designados, que são, em regra, os familiares.

Pensamos que não, isto é, que apesar da equívoca e desajeitada redação do artigo 2.º-A, os prémios de seguros de acidentes pessoais, de doença e de vida de puro risco, que sejam, em qualquer dos casos, qualificáveis como realizações de utilidade social, em função dos critérios do n.º 4 do artigo 43.º do CIRC, não estão sujeitos a IRS.

E as razões são várias. Desde logo, não faria sentido tratar de forma diferente as diversas realizações de utilidade social, sujeitando, nuns casos, o benefício a IRS, e não o sujeitando noutros casos. Mais absurdo seria tratar de forma diferenciada os próprios seguros, sem fundamento sólido, beneficiando umas modalidades em prejuízo de outras, quando o artigo 43.º do CIRC não faz essa distinção.

O argumento decisivo, será, porém, de ordem prática e lógica. Se os prémios de seguros de puro risco pagos pelo empregador a favor dos respetivos trabalhadores, respeitando as condições do artigo 43.º do CIRC, fossem sujeitos a IRS na categoria A, então que vantagem teria a entidade patronal em enquadrá-los como realizações de utilidade social, sujeitando-os aos apertados requisitos e limites do n.º 4 do artigo 43.º? Com efeito, a serem rendimentos do trabalho dependente dos trabalhadores, sempre poderia a entidade patronal enquadrá-los, sem limites, na alínea d) do n.º 2 do artigo 23.º do CIRC – onde, recorde-se, se abrangem os «seguros, *incluindo* os de vida, doença ou saúde» – não necessitando então de respeitar o exigente espartilho do n.º 4 do artigo 43.º.

Portanto, apesar da desajeitada e enganadora redação do artigo 2.º-A, não está sujeito a IRS na categoria A o valor dos prémios de seguros de puro risco que, nos termos do artigo 43.º do CIRC, constituam realizações de utilidade social.

IV.2.2 – Outras situações

I – Já nos casos em que não estejamos, à luz das condições e limites do artigo 43.º do CIRC, perante realizações de utilidade social, não parece haver fundamento para não sujeitar a IRS, na categoria A, os prémios pagos pela entidade patronal.

Com efeito, o artigo 2.º do CIRS qualifica, nos seus n.ºs 1 e 2, como rendimento do trabalho dependente a remuneração principal, descrevendo e identificando as múltiplas formas que pode revestir.

Já outras regalias complementares da remuneração principal – como é o caso dos prémios de seguro subscritos no interesse e em benefício do trabalhador – recaem na fórmula ampla da alínea b) do n.º 3 do artigo 2.º, sendo qualificadas como *remuneração acessória*. Com efeito, estabelece a referida disposição: «consideram-se ainda rendimentos do trabalho dependente [...] as remunerações acessórias, nelas se compreendendo todos os direitos, benefícios ou regalias não incluídos na remuneração principal que sejam auferidos devido à prestação de trabalho ou em conexão com esta e constituam para o respetivo beneficiário uma vantagem económica».

Ora, perante esta formulação de âmbito lato, não haverá fundamento para excluir de tributação, na categoria A de IRS, os prémios de seguros de puro risco pagos pela entidade patronal que, sendo estabelecidos no interesse e em benefício do trabalhador, não constituam realizações de utilidade social (designadamente porque não seja respeitado o requisito de generalidade exigido pelo n.º 4 do artigo 43.º do CIRC)[87].

II – Sendo certo que, como vimos, os prémios de seguro em análise constituem uma remuneração acessória, os mesmos são também qualificáveis como *remuneração em espécie*. Na verdade, embora a lei fiscal não apresente uma definição de remuneração em espécie, a mesma constrói-se facilmente a partir dos vários exemplos constantes do artigo 24.º do CIRS (que ostenta precisamente essa epígrafe).

Assim, a noção de remuneração em espécie traduz as situações em que o empregador não paga diretamente ao trabalhador uma quantia monetária, antes lhe proporcionando um benefício ou regalia que represente para o mesmo uma vantagem económica. Em certos casos, esse benefício é conferido diretamente pela entidade patronal (por exemplo, a cedência de um apartamento propriedade do empregador para habitação do trabalhador), enquanto noutros a entidade patronal paga a um terceiro o custo da vantagem ou regalia de que beneficia o trabalhador. Os prémios de seguros de puro risco estão precisamente entre estas últimas situações. O prémio é pago pelo empregador (na qualidade de tomador do seguro) ao segurador, mas é o trabalhador que beneficia da cobertura do risco, sendo, portanto, a esfera e o interesse deste que são protegidos pela cobertura do seguro.

[87] A sujeição a imposto decorre também expressamente do n.º 3 do artigo 87.º (cfr. *supra*, III.3) e da alínea b) do n.º 1 do artigo 78.º-C (cfr. *supra*, III.4.III), ambos do CIRS.

Poderá suscitar-se, neste quadro, a questão de saber se a entidade patronal deverá efetuar retenção na fonte de IRS relativamente ao valor do prémio pago ao segurador. Em termos práticos – e porque, como vimos, está em causa uma remuneração em espécie – a retenção teria de ser efetuada, não sobre o valor do prémio, mas sobre os restantes rendimentos disponíveis do trabalhador. Sobre a matéria rege a alínea a) do n.º 1 do artigo 99.º do CIRS, nos termos da qual «são obrigadas a reter o imposto no momento do seu pagamento ou colocação à disposição dos respetivos titulares as entidades devedoras de rendimentos de trabalho dependente, com exceção dos rendimentos em espécie [...]»[88].

A retenção na fonte é, portanto, estabelecida relativamente aos rendimentos pagos diretamente ao trabalhador sob forma monetária, de tal modo que a retenção sobre eles, sendo meramente parcial, não afeta a disponibilidade de parte essencial desse rendimento. A ter sido estabelecida a possibilidade de retenção relativamente a rendimentos em espécie, a mesma teria de ser efetuada à custa dos outros rendimentos disponíveis (diretamente atribuídos sob forma monetária), os quais poderiam ser insuficientes para suportar o próprio valor do imposto a reter ou implicar que o sujeito passivo ficasse privado da disponibilidade de um valor mínimo de subsistência[89].

Naturalmente que o facto de os referidos rendimentos não serem submetidos a retenção na fonte não obsta à sua sujeição a IRS nem, por inerência, ao cumprimento das obrigações declarativas de que depende a tributação.

III – Por fim, sendo os prémios de seguro em análise sujeitos a imposto, os mesmos são dedutíveis à coleta pelo trabalhador (como se tivessem sido por si diretamente pagos), nos termos analisados *supra*, no capítulo III. Esta circunstância encontra-se, aliás, expressamente prevista para os

[88] Sobre as noções de pagamento ou colocação à disposição, cfr. Manuel Faustino, *O Dever de Retenção na Fonte e Outros Deveres Autónomos de Cooperação em IRS*, Lisboa, Áreas, 2003, pp. 44 ss.

[89] Sobre a problemática, cfr. Diogo Feyo, "Retenção na fonte e rendimentos em espécie", *Fiscalidade*, n.º 10 (abr. 2002), pp. 113-126.

casos de pessoas com deficiência (n.º 3 do artigo 87.º do CIRS)[90] e para os seguros de saúde (alínea b) do n.º 1 do artigo 78.º-C do CIRS)[91].

Também nestas situações – embora, em rigor, não possamos identificar aqui um *ciclo do prémio*, na orientação que definimos – encontramos um outro elo de ligação entre a dedução fiscal (no caso, tanto em IRS como em IRC) e a tributação na categoria A, a reforçar o sentido de unidade deste texto.

IV.3 – Seguros de vida com componente de investimento e tributação na categoria A

Passaremos agora a analisar as situações de tributação na categoria A de IRS cujo regime é mais complexo, a saber, as que se reportam a prémios, pagos pela entidade patronal, relativamente a seguros com componente de investimento.

Anteriormente ao CIRS, era entendimento pacífico que os inerentes benefícios ou vantagens económicas para o trabalhador não se encontravam sujeitos a tributação[92], o mesmo sucedendo, em grande medida, nos primeiros anos de vigência do Código[93]. Após as alterações de regime introduzidas em 1995, porém, a situação alterou-se. A disciplina fiscal da matéria encontra-se, desde então, estruturada em torno da noção de *direitos adquiridos*, por oposição aos casos que têm vindo a ser designados

[90] *Supra*, III.3.

[91] *Supra*, III.4.III.

[92] Cfr. o Acórdão STA de 09/07/1997: «está viciada de violação de lei uma liquidação de Imposto Complementar que, ao abrigo dessa norma do Código de Imposto Profissional, tributou como rendimentos de um administrador de uma sociedade anónima os prémios, por esta suportados, de um seguro de capitais diferidos celebrado por essa sociedade em favor daquele administrador em virtude do trabalho prestado» – *Acórdãos Doutrinais do Supremo Tribunal Administrativo*, Ano XXXVI, n.º 432 (dez. 1997), pp. 1475-1480.

[93] Como afirmava José Noronha Alberto, «as contribuições efetuadas por entidades patronais para seguros de grupo ou fundos de pensões não constituem matéria coletável para IRS (Código do IRS – art. 51.º)» – José Paulo Noronha Alberto, "Incentivos fiscais às reformas no âmbito de um regime de três pilares", *cit.*, p. 11 (*idem*, p. 15). Sobre o regime fiscal anterior a 1995, cfr. João Espanha, *Do Regime Fiscal dos Produtos do Ramo Vida*, *cit.*, pp. 20 ss.; Rogério Fernandes Ferreira, "Enquadramento fiscal do setor segurador (resenha legislativa)", *Fisco*, n.º 37 (dez. 1991), p. 4.

como de *meras expectativas*. Vejamos detidamente o sentido e alcance destas noções.

IV.3.1 – A noção de charneira de "direitos adquiridos"

I – Fixemo-nos, em primeira linha, na noção de *direito subjetivo*, recorrendo a definições formuladas por diferentes autores. Assim, segundo Carlos Mota Pinto – adepto da conceção voluntarista da *teoria do poder da vontade* (Savigny) – o *direito subjetivo stricto sensu* «pode definir-se como o poder jurídico (reconhecido pela ordem jurídica a uma pessoa) de livremente exigir ou pretender de outrem um comportamento positivo (ação) ou negativo (omissão)»[94]. Já de acordo com Castro Mendes – defensor da *teoria objetivista do interesse* (Jhering) – o direito subjetivo consiste no «poder concedido pela ordem jurídica para tutela de um interesse ou de um núcleo de interesses de uma ou mais pessoas determinadas»[95].

Na perspetiva de Gomes da Silva, o direito subjetivo consiste numa faculdade juridicamente consagrada de agir ou não agir de certa forma[96], ou, mais rigorosamente, na «afetação jurídica dum bem à realização dum ou mais fins de pessoas individualmente consideradas»[97]. Segundo Carvalho Fernandes, consiste no «poder jurídico de realização de um fim de determinada pessoa, mediante a afetação jurídica de um bem»[98]. Por seu turno, para António Menezes Cordeiro, trata-se de uma «permissão normativa específica de aproveitamento de um bem»[99].

[94] Carlos Mota Pinto, *Teoria Geral do Direito Civil*, 3.ª Ed., Coimbra, Coimbra Ed., 1985, p. 169.

[95] João de Castro Mendes, *Direito Civil – Teoria Geral*, Vol. I, Lisboa, AAFDL, 1978 (Reimp. 1993), p. 325. Nesta mesma linha, para Santoro-Passarelli o direito subjetivo decorre de um reconhecimento legal direto a um indivíduo de um poder para a realização de um interesse seu – Francesco Santoro-Passarelli, *Dottrine Generali del Diritto Civile*, 8.ª Ed., Napoli, Eugenio Jovene, 1964 – trad. port., *Teoria Geral do Direito Civil*, Coimbra, Atlântida, 1967, p. 50.

[96] Manuel Gomes da Silva, *O Dever de Prestar e o Dever de Indemnizar*, Lisboa, Faculdade de Direito da Universidade de Lisboa, 1944, p. 28.

[97] Manuel Gomes da Silva, *idem*, p. 85.

[98] Luís Carvalho Fernandes, *Teoria Geral do Direito Civil*, Vol. II, 3.ª Ed., Lisboa, Universidade Católica Ed., 2001, p. 549.

[99] António Menezes Cordeiro, *Tratado de Direito Civil Português*, I – Parte Geral, Tomo I, 3.ª Ed., Coimbra, Almedina, 2007, p. 332.

Abstraindo das particularidades de cada formulação, ou do contexto teórico que lhe subjaz, o *direito subjetivo stricto sensu* traduz-se, portanto, num poder, faculdade ou permissão normativa conferida a um sujeito. Numa relação jurídica, o direito corresponde à posição ativa – à qual se opõe um dever da contraparte – tendo por corolário a possibilidade de obter coercivamente (por recurso aos meios judiciais ou à autoridade pública) a respetiva satisfação.

II – A expressão *direitos adquiridos* encontra-se refletida em diversos contextos. À primeira vista, a adição do adjetivo *adquiridos* ao substantivo *direitos* parece despicienda e redundante, nada acrescentando ao seu sentido e alcance. É percetível o propósito de realçar que se trata de direitos subjetivos cuja aquisição pelo titular se consumou já no tempo, isto é, que não de trata de direitos ainda em formação (expectativa de aquisição futura de direitos subjetivos), mas de direitos já consolidados, com caráter incondicional e irreversível, na esfera de titularidade de um sujeito. Porém, tal decorre já da noção de direito subjetivo acima analisada, porquanto não há conceptualmente *direitos não adquiridos*: os direitos subjetivos são, por definição e natureza, *adquiridos*, ou não seriam *direitos*.

A expressão é frequentemente usada a propósito da salvaguarda das situações jurídicas constituídas perante o alcance retroativo da lei[100], ou no contexto do Direito do trabalho. Neste último domínio, a expressão reporta-se à irredutibilidade dos direitos adquiridos, no sentido de que não pode verificar-se uma diminuição dos direitos do trabalhador no quadro de uma relação laboral[101].

No contexto que ora nos prende, a expressão é utilizada no n.º 3) da alínea b) do n.º 3 do artigo 2.º do CIRS, onde se estabelece que se consideram rendimentos do trabalho dependente as remunerações acessórias, nelas se compreendendo todos os direitos, benefícios ou regalias não incluídos na remuneração principal que sejam auferidos devido à prestação de trabalho ou em conexão com esta e constituam para o respetivo beneficiário uma vantagem económica, designadamente as importâncias

[100] Cfr., p. ex., José de Oliveira Ascensão, *O Direito – Introdução e Teoria Geral*, 3.ª Ed., Lisboa, Fundação Calouste Gulbenkian, 1984, pp. 389 ss.

[101] Cfr., p. ex., Carlos Cadilha, *Direitos Adquiridos na Relação Laboral Pública e Privada*, s.l., s.d., – https://www.stj.pt/wp-content/uploads/2012/10/carlos_cadilha.pdf (consult. 09/08/2019).

despendidas, obrigatória ou facultativamente, pela entidade patronal: (i) com seguros e operações do ramo Vida, contribuições para fundos de pensões, fundos de poupança-reforma ou quaisquer regimes complementares de segurança social, *desde que constituam direitos adquiridos e individualizados dos respetivos beneficiários*; ou (ii) para os fins previstos na subalínea anterior e que, *não constituindo direitos adquiridos e individualizados dos respetivos beneficiários*, sejam por estes objeto de resgate, adiantamento, remição ou qualquer outra forma de antecipação da correspondente disponibilidade.

Sem prejuízo de adiante regressarmos, numa análise mais detida, à disposição transcrita, logo se verifica que a expressão *direitos adquiridos* é, com efeito, estruturante do regime. Entretanto, no n.º 9 do mesmo artigo esclarece-nos o legislador que, para efeitos da referida disposição, se consideram direitos adquiridos «*aqueles cujo exercício não depende da manutenção do vínculo laboral, ou como tal considerado para efeitos fiscais, do beneficiário com a respetiva entidade patronal*»[102].

O que a disposição fiscal, portanto, significa, na lógica de *ciclo do prémio* a que vimos aludindo, é que ao trabalhador são atribuídos *direitos adquiridos* quando o mesmo detém (e mantém) a titularidade dos fundos decorrentes dos prémios de seguro pagos pelo empregador, mesmo quando cesse o vínculo laboral que o ligava a este. Por outras palavras, que o trabalhador (pessoa segura) tem direitos adquiridos quando lhe é contratualmente[103] atribuído um direito de crédito, perante o segurador (correspondente ao direito de resgate ou, pelo menos, ao vencimento do

[102] Acrescenta o n.º 10 do mesmo artigo: «considera-se entidade patronal toda a que pague ou coloque à disposição remunerações que, nos termos deste artigo, constituam rendimentos de trabalho dependente, sendo a ela equiparada qualquer outra entidade que com ela esteja em relação de grupo, domínio ou simples participação, independentemente da respetiva localização geográfica». Igualmente relevante é o n.º 11 do citado artigo, onde se esclarece que «para efeitos da alínea b) do n.º 3, consideram-se rendimentos do trabalho do sujeito passivo os benefícios ou regalias atribuídos pela respetiva entidade patronal a qualquer outra pessoa do seu agregado familiar ou que a ele esteja ligado por vínculo de parentesco ou afinidade até ao 3.º grau da linha colateral, ao qual se equipara a relação de cada um dos unidos de facto com os parentes do outro».

[103] Esse direito tem uma vertente laboral (inerente ao contrato de trabalho), mas tem também de encontrar-se refletido no contrato de seguro, ou seria ineficaz perante o segurador.

capital seguro), o qual é irreversível e incondicional[104], isto é, que não cessa com a extinção do vínculo laboral.

III – Como vimos, o n.º 3) da alínea b) do n.º 3 do artigo 2.º do CIRS utiliza a expressão direitos adquiridos e *individualizados*, não esclarecendo, porém, qual o sentido deste último termo.

Ora, o sentido da *individualização* do direito remete-nos para os seguros individuais (onde a titularidade de todo o capital seguro pertencerá à pessoa segura) ou para os seguros de grupo com alocações (isto é, com contas segregadas por pessoa segura, normalmente correspondentes a planos de contribuição definida), nos quais é, portanto, possível saber em cada momento qual o valor cuja titularidade pertence a cada pessoa segura. Essa individualização não se verifica nos seguros de grupo sem alocações, correspondentes, em regra, a planos de benefício definido geridos coletivamente. Nestes casos, o valor cuja titularidade pertence a cada pessoa segura, sendo atuarialmente determinável, permanece, não obstante, indeterminado, só vindo a apurar-se no momento em que se vence o respetivo benefício.

Sendo este o contexto subjacente ao adjetivo *individualizados*, certo é que individualizadas são (ou não) as contas das pessoas seguras. Os direitos, esses, serão por natureza individualizados porquanto da titularidade de cada trabalhador. Melhor teria sido que o legislador aludisse a direitos adquiridos sobre contas individualizadas.

IV – Como vimos, a subalínea ii) do n.º 3) da alínea b) do n.º 3 do artigo 2.º do CIRS reporta-se a situações que, *não constituindo direitos adquiridos e individualizados dos respetivos beneficiários*, sejam por estes objeto de resgate, adiantamento, remição ou qualquer outra forma de antecipação da correspondente disponibilidade. Esta redação suscita uma apreensão prévia, que importa descartar: como pode haver um resgate, adiantamento, etc., a favor da pessoa segura, se a mesma não tinha a ele direito?

Ora, o preceito visa as situações em que inexistiam direitos adquiridos, não no momento do resgate (já que este não poderá resultar senão de um direito da pessoa segura sobre o segurador), mas em momento

[104] O exercício de tal direito pode ficar sujeito a um termo suspensivo (só podendo, por exemplo, ser exercido no momento da passagem à reforma do trabalhador), mas não a uma condição. Se a sua atribuição for condicionada, então, até à verificação de tal condição suspensiva, estamos perante uma mera expectativa e não um direito adquirido.

anterior, designadamente, aquando do pagamento do prémio pelo tomador do seguro. Melhor teria sido que o legislador tivesse dito «que, *não tendo constituído direitos adquiridos e individualizados dos respetivos beneficiários*, sejam por estes objeto de resgate», etc.

Visam-se, assim, as situações que têm vindo a ser referenciadas como de *meras expectativas*. Na formulação de Carlos Mota Pinto, a *mera expectativa* é a «situação ativa, juridicamente tutelada, correspondente a um estádio dum processo complexo de formação sucessiva de um direito. É uma situação em que se verifica a possibilidade, juridicamente tutelada, de aquisição futura de um direito, estando já parcialmente verificada a situação jurídica (o facto jurídico) complexa, constitutiva desse direito»[105]. Assim, como explica António Menezes Cordeiro, nos factos jurídicos complexos de produção sucessiva, a expectativa corresponde à esperança de que, considerada uma sucessão temporal e articulada de eventos tendente à produção de determinado efeito jurídico, o beneficiário veja constituir-se um direito ou uma vantagem similar[106].

Estando em causa, portanto, a tutela de um direito em formação, o n.º 9 do artigo 2.º do CIRS fornece-nos o sentido e alcance da expressão no contexto que nos ocupa: por contraste com os direitos adquiridos, há *meras expectativas* se o direito ao capital seguro ficar sujeito à condição suspensiva de que, durante um determinado período ou até um determinado momento (em regra, a passagem à situação de reforma), não cesse o vínculo laboral por causa diferente da reforma. Assim, até que se verifique a referida condição, a pessoa segura (o trabalhador) não tem, verdadeiramente, a titularidade de quaisquer fundos nem tem direitos de crédito sobre o segurador, os quais se mantêm na esfera do tomador do seguro (entidade patronal).

[105] Carlos Mota Pinto, *Teoria Geral do Direito Civil*, *cit.*, p. 180. Em sentido convergente, alude Carvalho Fernandes à «situação juridicamente relevante de tutela de interesses durante o curso de constituição (ou aquisição) de um direito [a qual] depende de um facto complexo de produção sucessiva» – Luís Carvalho Fernandes, *Teoria Geral do Direito Civil*, Vol. II, *cit.*, p. 595.

[106] António Menezes Cordeiro, *Tratado de Direito Civil Português*, I, Tomo I, *cit.*, p. 348.

V – Em suma, se, no momento em que o prémio é pago ao segurador, os fundos correspondentes ao respetivo valor ingressarem na esfera de titularidade jurídico-patrimonial do trabalhador/pessoa segura (de tal modo que, mesmo que cesse o vínculo laboral, o mesmo mantenha irreversivelmente essa titularidade), estamos perante uma situação de *direitos adquiridos*.

Diversamente, se, aquando do pagamento do prémio, os fundos inerentes ao valor do mesmo se mantiverem na esfera de titularidade jurídico-patrimonial da entidade patronal/tomador do seguro (que conserva, designadamente, o direito de resgate), só vindo a ingressar na esfera de titularidade do trabalhador/pessoa segura num momento futuro (em regra, a passagem à situação de reforma) na condição de que, até esse momento, se mantenha o vínculo laboral, então estamos perante uma situação de *meras expectativas*.

Como veremos de seguida, é em função da natureza dessa posição ativa do trabalhador (pessoa segura) sobre os fundos correspondentes ao prémio pago que se determina o regime de tributação na categoria A aplicável[107].

IV.3.2 – A tributação dos seguros em regime de direitos adquiridos

I – Seguindo a própria ordem do n.º 3) da alínea b) do n.º 3 do artigo 2.º do CIRS, temos em primeiro lugar as situações de direitos adquiridos. Nos termos da subalínea i) da citada disposição, «consideram-se rendimentos do trabalho dependente [...] as importâncias despendidas, obrigatória ou facultativamente, pela entidade patronal, com seguros e operações do ramo "Vida", contribuições para fundos de pensões, fundos de poupança-reforma ou quaisquer regimes complementares de segurança social, *desde que constituam direitos adquiridos e individualizados dos respetivos beneficiários*».

[107] Como cremos resultar evidente do que antecede, a relevância da referida posição ativa (direitos adquiridos ou meras expectativas) só se verifica, por natureza, relativamente aos seguros de vida com componente de investimento. Em todos os outros casos (seguros de puro risco), esgotando-se o prémio no custeio da cobertura de um risco, o trabalhador não tem qualquer posição ativa sobre o valor do prémio, mas apenas sobre a prestação (eventual) do segurador em caso de sinistro.

A *ratio* da citada disposição é a de clarificar que o valor dos referidos prémios (as importâncias despendidas, obrigatória ou facultativamente, pela entidade patronal) constitui rendimento do trabalho dependente. Em virtude da existência de direitos adquiridos, o trabalhador adquire imediatamente a titularidade sobre os fundos correspondentes às referidas importâncias (mesmo que, nos termos do contrato de seguro, as mesmas só sejam passíveis de resgate em momento posterior). O que releva, à luz da lei fiscal, é o momento em que essa titularidade se torna irreversível, sendo esse, portanto, o momento em que se produz o rendimento do trabalho dependente.

Assim, se no momento em que o prémio é pago o trabalhador tiver já direitos adquiridos (originários), o rendimento coincide com o pagamento do prémio ao segurador. Se, diversamente, o trabalhador só vier a ter direitos adquiridos ao fim de um certo tempo (supervenientes), será esse o momento da aquisição do rendimento.

Certo, em qualquer caso, é que, estando em causa um rendimento em espécie (na medida em que não há um pagamento direto de um benefício monetário ao trabalhador), não há lugar, nos termos do n.º 1 do artigo 99.º do CIRS, já analisado, a retenção na fonte de imposto, sem prejuízo das obrigações declarativas da entidade patronal e do próprio sujeito passivo de IRS reportadas ao ano da obtenção do rendimento[108].

II – São múltiplas as configurações de seguros de vida com componente de investimento em que podemos verificar a existência de direitos adquiridos das pessoas seguras. Porque os planos de benefícios que observam os requisitos do n.º 4 do artigo 43.º do CIRC seguem um regime próprio, que analisaremos adiante, focaremos agora os casos que não respeitam esses requisitos, sobretudo o da *generalidade*, o do pagamento de parte do benefício em *renda*, e o da *idade* de acesso ao benefício.

Encontramos, assim, situações em que o contrato de seguro é estabelecido apenas a favor de alguns trabalhadores (quadros dirigentes da empresa tomadora do seguro, por exemplo); em que o benefício é total-

[108] Neste Sentido, João Espanha, "Life insurance and tax planning for portuguese clients", *cit.*, p. 142. Sustentando a existência de retenção na fonte a cargo da entidade patronal, José de Campos Amorim, "Benefícios fiscais em matéria de proteção social", *cit.*, p. 219.

mente pago sob a forma de capital; ou em que a pessoa segura pode aceder ao benefício (pelo exercício do direito de resgate) de forma imediata ou ao fim de um curto período de tempo.

Um caso típico de seguro em regime de direitos adquiridos que não segue os requisitos do n.º 4 do artigo 43.º do CIRC é o dos PPR. Na verdade, como vimos atrás, trata-se de um contrato em que, por natureza (decorrente do seu regime legal exaustivo) o direito ao "reembolso" pertence sempre à pessoa segura (participante), e não ao tomador do seguro (cfr. *supra*, III.5.2), pelo que, logo que o prémio é pago pela entidade patronal, o respetivo valor entra na esfera de titularidade do trabalhador (pessoa segura). Por outro lado, também por efeito do regime legal rígido, as condições de reembolso legalmente estabelecidas (cfr. *supra*, III.5.3.I) não coincidem com o previsto no n.º 4 do artigo 43.º do CIRC, podendo, ademais, ocorrer totalmente em capital. Como referimos também, o próprio n.º 8 do artigo 21.º do EBF reconhece a possibilidade de os prémios serem pagos pelas entidades empregadoras em nome e a favor dos seus trabalhadores, caso em que, por estarem sujeitos a tributação, como rendimento da categoria A de IRS, no ano desse pagamento, conferem ao trabalhador (pessoa segura) o direito, quer à dedução fiscal do valor do prémio, quer ao benefício estabelecido no n.º 3 do mesmo artigo, tal como sucederia se o prémio fosse pago diretamente pelo trabalhador à custa dos seus rendimentos disponíveis.

III – Em suma, nos seguros de vida com componente de investimento em regime de *direitos adquiridos* (e em que, como melhor veremos, não se observem os requisitos do n.º 4 do artigo 43.º do CIRC), o prémio pago pela entidade patronal constitui um rendimento do trabalho dependente do ano em que ingressa na esfera jurídico-patrimonial do trabalhador (o ano do pagamento do prémio, no caso de haver direitos adquiridos originários, ou o ano da aquisição desses direitos, no caso de os mesmos serem supervenientes), não estando, no entanto (por se tratar de um rendimento em espécie), sujeito a retenção na fonte de imposto.

IV.3.3 – Os seguros em regime de meras expectativas

I – Vejamos agora o regime de tributação na categoria A dos seguros de vida com componente de investimento nas situações de meras expectativas. Antes de avançarmos, porém, importa recordar que, graças à disciplina incentivadora do artigo 43.º do CIRC, a generalidade dos planos de benefícios em regime de meras expectativas[109] configura realizações de utilidade social, observando, portanto, os requisitos desse artigo.

Ora, como vimos, um dos requisitos dos seguros com componente de investimento correspondentes a realizações de utilidade social, previsto na alínea d) do n.º 4 do artigo 43.º do CIRC, é o de que, «sejam efetivamente pagos sob a forma de prestação pecuniária mensal vitalícia [isto é, de *renda vitalícia*] pelo menos dois terços dos benefícios em caso de reforma, invalidez ou sobrevivência», sem prejuízo da possibilidade legal da respetiva remição. A parte do benefício paga sob a forma de renda constitui um rendimento da categoria H de IRS (alínea d) do n.º 1 do artigo 11.º do CIRS), estado fora do âmbito do presente estudo. Quanto à parte do benefício paga sob a forma de capital (ou seja, numa única prestação), podemos identificar duas componentes: uma delas, na lógica do *ciclo do prémio* assumida como objeto do presente texto, equivale ao valor do prémio pago[110], correspondendo ao rendimento da categoria A; a outra, que se reporta ao valor que excede o prémio pago, resulta do investimento efetuado na modalidade de seguro em causa, correspondendo a um rendimento da categoria E de IRS[111]. Como resulta da delimitação do objeto deste estudo, focar-nos-emos exclusivamente na tributação na categoria A.

Antes de prosseguirmos, apelamos, desde já, a uma especial atenção e paciência do leitor para uma disciplina que, sendo complexa e tendo já nascido com incoerências entre a letra da norma e o sentido visado, veio, fruto de intervenções legislativas descuidadas, a tornar-se num dos mais confusos e incongruentes regimes com que podemos deparar-nos na nossa lei fiscal.

[109] Recorde-se que, nos termos da alínea g) do n.º 4 do artigo 43.º do CIRC, um dos requisitos das realizações de utilidade social é o de que os prémios pagos não sejam considerados rendimentos do trabalho dependente, nos termos da primeira parte do n.º 3) da alínea b) do n.º 3 do artigo 2.º do CIRS, isto é, como *direitos adquiridos* (a referência deverá ter-se por feita, atualmente, para a subalínea i) do n.º 3) da alínea b) do n.º 3 do artigo 2.º do CIRS). As realizações de utilidade social são, portanto, o terreno, por excelência, dos contratos em regime de *meras expectativas*.

[110] Mais concretamente, à parte do valor do prémio pago pela entidade patronal não afetada à aquisição da renda vitalícia.

[111] Sobre a tributação nesta categoria, cfr. Luís Poças, "A tributação dos rendimentos de capitais nos seguros e operações do ramo «Vida» e fundos de pensões", *cit.*

Para podermos dar conta do atual tecido normativo, teremos de recuar a 1995, altura em que a tributação das situações em análise foi, pela primeira vez, fixada entre nós (regime introduzido, no essencial, pela Lei n.º 39-B/94, de 27 de dezembro).

II – Nesse quadro legal (e até às alterações ao CIRS introduzidas pelas Leis n.º 82-D/2014 e 82-E/2014, ambas de 31 de dezembro), dispunha o n.º 3) da alínea b) do n.º 3 do artigo 2.º do CIRS que se consideravam rendimentos do trabalho dependente as remunerações acessórias, nelas se compreendendo todos os direitos, benefícios ou regalias não incluídos na remuneração principal que fossem auferidos devido à prestação de trabalho ou em conexão com esta e constituíssem para o respetivo beneficiário uma vantagem económica, designadamente: as importâncias despendidas, obrigatória ou facultativamente, pela entidade patronal com seguros e operações do ramo Vida, contribuições para fundos de pensões, fundos de poupança-reforma ou quaisquer regimes complementares de segurança social, desde que constituíssem direitos adquiridos e individualizados dos respetivos beneficiários, bem como as que, não constituindo direitos adquiridos e individualizados dos respetivos beneficiários, fossem por estes objeto de resgate, adiantamento, remição ou qualquer outra forma de antecipação da correspondente disponibilidade, ou, em qualquer caso, de recebimento em capital, mesmo que estivessem reunidos os requisitos exigidos pelos sistemas de segurança social obrigatórios aplicáveis para a passagem à situação de reforma ou esta se tivesse verificado.

Sucede que esta disposição era – como é ainda hoje – complementada pelo artigo 18.º do EBF, cujo teor analisaremos diante. No que ora releva, adiantemos, desde já, que o n.º 1 do artigo 18.º, estabelecendo um diferimento de tributação, se aplicava, na redação de então, aos «rendimentos a que se refere a *primeira parte* do n.º 3) da alínea b) do n.º 3 do artigo 2.º do CIRS», enquanto o n.º 3 do mesmo artigo, consagrando uma isenção parcial de tributação, estabelecia: «verificando-se o disposto na *parte final* do n.º 3) da alínea b) do n.º 3 do artigo 2.º do CIRS, beneficia de isenção o montante correspondente a um terço das importâncias pagas ou colocadas à disposição, com o limite de € 11 704,70». Em suma, para determinar o âmbito de aplicação destes dois benefícios fiscais, havia que identificar qual a *primeira parte* e qual a *parte final* do n.º 3) da alínea b) do n.º 3 do artigo 2.º do CIRS.

Literalmente, o artigo 18.º do EBF parecia apontar para a autonomização de duas partes na referida redação do n.º 3) da alínea b) do n.º 3 do artigo 2.º do CIRS:

a) A primeira parte, respeitante às situações de *direitos adquiridos e individualizados*, corresponderia ao trecho «as importâncias despendidas, obrigatória ou facultativamente, pela entidade patronal com seguros e operações do ramo "Vida", contribuições para fundos de pensões, fundos de poupança-reforma ou quaisquer regimes complementares de segurança social, desde que constituam direitos adquiridos e individualizados dos respetivos beneficiários»;
b) A parte final, respeitante às situações de *meras expectativas*, reportar-se-ia ao trecho «bem como[112] as que, não constituindo direitos adquiridos e individualizados dos respetivos beneficiários, sejam por estes objeto de resgate, adiantamento, remição ou qualquer outra forma de antecipação da correspondente disponibilidade, ou, em qualquer caso, de recebimento em capital, mesmo que estejam reunidos os requisitos exigidos pelos sistemas de segurança social obrigatórios aplicáveis para a passagem à situação de reforma ou esta se tiver verificado».

Esta divisão da disposição em duas partes, com apoio interpretativo na literalidade e na sistemática da mesma, bem como nos trabalhos preparatórios da intervenção legislativa[113], tinha por consequência que a isenção parcial de tributação estabelecida no n.º 3 do artigo 18.º do EBF beneficiava *todas as situações* em que, em regime de meras expectativas, se verificasse um qualquer resgate a favor da pessoa segura (ainda que o plano de benefícios não contemplasse todos os trabalhadores da empresa, que o benefício fosse integralmente atribuído em capital e que fosse auferido

[112] A conjunção comparativa "bem como" é um indicador interpretativo relevante no sentido de se iniciar aí a segunda parte (ou parte final) da disposição.

[113] O relatório do grupo de trabalho na origem do regime considera precisamente que a isenção agora contida no n.º 3 do artigo 18.º se aplicava, tanto às várias formas de *antecipação da correspondente disponibilidade* como às situações de *recebimento em capital* – AAVV, *Tributação dos Seguros, Fundos de Pensões e Fundos de Poupança Reforma – Relatório do Grupo de Trabalho Constituído para o Efeito*, Lisboa, s.n., 1994 (polic.), p. 53.

pela pessoa segura muito antes da sua passagem à situação de reforma). O facto de não haver no artigo 2.º do CIRS nem no n.º 3 do artigo 18.º do EBF qualquer remissão para os requisitos do artigo 43.º do CIRC, tinha, assim, por consequência, que o benefício fiscal em causa abrangesse indiscriminadamente, tanto as situações que a lei visou estimular (realizações de utilidade social previstas no artigo 43.º do CIRC), como as que não refletem qualquer mérito social ou fiscal[114].

III – Outra interpretação – que parece ter correspondido ao sentido pretendido pelo legislador fiscal[115], mas que, como veremos, não leva a melhor desfecho – é aquela que identifica três partes na citada disposição do n.º 3) da alínea b) do n.º 3 do artigo 2.º do CIRS, a saber:

a) *A primeira parte* (casos de *direitos adquiridos e individualizados*) consistiria no trecho «as importâncias despendidas, obrigatória ou facultativamente, pela entidade patronal com seguros e operações do ramo "Vida", contribuições para fundos de pensões, fundos de poupança-reforma ou quaisquer regimes complementares de segurança social, desde que constituam direitos adquiridos e individualizados dos respetivos beneficiários»;
b) Uma *segunda parte* (casos de *meras expectativas*) à qual não estaria associado qualquer regime especial ou benefício estabelecido pelo artigo 18.º do EBF, corresponderia ao trecho «bem como as que, não constituindo direitos adquiridos e individualizados dos respetivos beneficiários, sejam por estes objeto de resgate, adiantamento, remição ou qualquer outra forma de antecipação da correspondente disponibilidade»[116];

[114] Concretizando, teria a mesma vantagem fiscal tanto o plano de meras expectativas estabelecido para todos os trabalhadores de uma empresa com um capital pago aquando da passagem à reforma, como outro estabelecido apenas para os diretores de topo, a ser-lhes pago por resgate ao fim do prazo de um ano.

[115] Manuel Faustino, *Imposto Sobre o Rendimento das Pessoas Singulares (IRS) nos Seguros, nos PPR e Fundos de Pensões*, Lisboa, Associação Portuguesa de Seguradores, 2003 (polic.), p. 3.

[116] Este trecho seria caracterizado por referenciar as situações de *antecipação do benefício face à passagem à situação de reforma*, na medida em que, estando em causa regimes complementares de segurança social, os mesmos haveriam de visar precisamente o pagamento de complementos de reforma, tendo por pressuposto, portanto, a verificação desta.

c) A *parte final* (respeitante, tanto às situações de *direitos adquiridos* como de *meras expectativas*)[117], reportar-se-ia ao trecho «ou, em qualquer caso[118], de recebimento em capital, mesmo que estejam reunidos os requisitos exigidos pelos sistemas de segurança social obrigatórios aplicáveis para a passagem à situação de reforma ou esta se tiver verificado».

Esta tripartição do n.º 3) da alínea b) do n.º 3 do artigo 2.º do CIRS traria um sentido útil ao n.º 3 do artigo 18.º do EBF. Com efeito, a isenção parcial de tributação ali prevista beneficiaria apenas os casos em que se verificasse um pagamento em capital quando estivessem já reunidos os requisitos exigidos pelos sistemas de segurança social obrigatórios aplicáveis para a passagem à situação de reforma, ou quando a reforma já se tivesse verificado[119]. Seria então indiferente que o plano de benefícios seguisse um regime de meras expectativas ou de direitos adquiridos: se o pagamento do capital ocorresse após a passagem à reforma do trabalhador, a situação seria merecedora de uma isenção parcial de tributação.

Infelizmente, o sentido literal desta "parte final" da disposição é bem outro (na verdade, é o oposto do que teria sido pretendido). Com efeito, a locução conjuntiva "mesmo que", tratando-se de uma subordinativa concessiva, significa, não "de recebimento em capital, *apenas quando* (ou *sempre que*) estejam reunidos os requisitos exigidos pelos sistemas de segurança social obrigatórios aplicáveis para a passagem à situação de reforma ou esta se tiver verificado", mas sim "de recebimento em capital, *quando não estejam* reunidos os requisitos exigidos pelos sistemas de segurança social, etc., *ou ainda que* os mesmos estejam reunidos". Por outras palavras, o trecho *não se restringe aos casos* em que estejam reunidos os referidos requisitos, mas *abrange como regra os casos em que tais requisitos não estão reunidos, estendendo-*

Neste sentido, Manuel Faustino, *Alguns Aspetos Decorrentes das Alterações ao Quadro da Tributação do Rendimento, em IRS, Introduzidas Pela Lei N.º 39-9/94, cit.*, p. 5.

[117] Neste sentido, Manuel Faustino, *ibidem.*

[118] Nesta interpretação, «ou em qualquer caso» significaria *quer nos casos de direitos adquiridos, quer nos de meras expectativas*, e não *qualquer que seja a designação associada ao pagamento efetuado.*

[119] Neste sentido, Manuel Faustino, *Alguns Aspetos Decorrentes das Alterações ao Quadro da Tributação do Rendimento, em IRS, Introduzidas Pela Lei N.º 39-9/94, cit.*, p. 7.

-se mesmo àqueles em que esses requisitos estão reunidos. Em suma, portanto, é indiferente para o trecho em causa se estão ou não reunidos os requisitos exigidos pelos sistemas de segurança social obrigatórios aplicáveis para a passagem à situação de reforma ou se esta já se verificou.

Logo, a consequência desta tripartição do n.º 3) da alínea b) do n.º 3 do artigo 2.º do CIRS é a de que a isenção parcial de tributação prevista no n.º 3 do artigo 18.º do EBF é aplicável a todos os casos de recebimento em capital, quer estejam ou não reunidos os requisitos exigidos pelos sistemas de segurança social obrigatórios aplicáveis para a passagem à situação de reforma ou quer esta se tenha já (ou não) verificado.

IV – Regressando ao presente, o legislador optou, entretanto, pela tripartição enunciada, pelo que, desde a republicação operada pela Lei n.º 82-E/2014, de 31 de dezembro, passou a ser a seguinte a redação, nas partes relevantes, da alínea b) do n.º 3 do artigo 2.º do CIRS:

> Consideram-se [...] rendimentos do trabalho dependente [...], designadamente:
>
> [...]
>
> 3) As importâncias despendidas, obrigatória ou facultativamente, pela entidade patronal:
>
> i) Com seguros e operações do ramo «Vida», contribuições para fundos de pensões, fundos de poupança-reforma ou quaisquer regimes complementares de segurança social, desde que constituam direitos adquiridos e individualizados dos respetivos beneficiários;
>
> ii) Para os fins previstos na subalínea anterior e que, não constituindo direitos adquiridos e individualizados dos respetivos beneficiários, sejam por estes objeto de resgate, adiantamento, remição ou qualquer outra forma de antecipação da correspondente disponibilidade; [...]
>
> 11) As contribuições referidas no n.º 3) da presente alínea, não anteriormente sujeitas a tributação, quando ocorra recebimento em capital, mesmo que estejam reunidos os requisitos exigidos pelos sistemas de segurança social obrigatórios, aplicáveis para a passagem à situação de reforma ou esta se tiver verificado».

Com pequenas alterações de formulação, manteve-se, portanto, no essencial, a redação anterior, com uma nova estrutura tripartida. O legislador conservou, no entanto, a locução subordinativa concessiva "mesmo que", comprometendo o sentido aparentemente visado. Pior ainda, porém, foi a errada intervenção operada sobre o n.º 3 do artigo 18.º do EBF, que reza agora: «verificando-se o disposto na subalínea ii) do n.º 3) da alínea b) do n.º 3 do artigo 2.º do CIRS, beneficia de isenção o montante correspondente a um terço das importâncias pagas ou colocadas à disposição com o limite de (euro) 11 704,70».

Em suma, no termo de tão longa história, o legislador autonomizou a "parte final" do n.º 3) da alínea b) do n.º 3 do artigo 2.º do CIRS, para a qual eventualmente remeteria a anterior redação do n.º 3 do artigo 18.º do EBF, mas não tirou proveito dessa autonomização, já que esta última disposição deixou de remeter para ela. Ao alterar o sentido da remissão do n.º 3 do artigo 18.º do EBF, o legislador acabou por conferir um benefício fiscal precisamente aos casos que o não deveriam ter (situações de pagamento antecipado do capital às pessoas seguras) e não o atribui àquelas que o mereceriam (situações de pagamento do capital quando verificados os requisitos exigidos pela segurança social para a passagem à situação de reforma, em parte abrangidas pelo n.º 11) da alínea b) do n.º 3 do artigo 2.º do CIRS).

A autonomização do n.º 11) acaba por ter uma função meramente taxológica, apenas esclarecendo que o pagamento em capital está sempre sujeito a IRS (quando não tenha já sido anteriormente tributado), quer ocorra em situações de direitos adquiridos ou de meras expectativas, o que, reconheça-se, já resultaria em grande parte do n.º 3) ou, pelo menos, dispensaria a autonomização operada.

V – Aqui chegados, impõe-se um ponto de situação e uma densificação do confuso regime vigente em matéria de seguros com meras expectativas. Assim, apesar de o n.º 4 do artigo 43.º definir um exigente conjunto de requisitos para as realizações de utilidade social, a verdade é que os mesmos não encontram reflexo (sendo, portanto, irrelevantes) em sede de IRS e de benefícios fiscais nos contratos em regime de meras expectativas.

Neste contexto, quaisquer pagamentos em capital efetuados à pessoa segura no âmbito destes contratos, constituem, até ao limite do valor dos prémios pagos[120], rendimento do trabalho dependente (subalínea ii) do n.º 3) e n.º 11) da alínea b) do n.º 3 do artigo 2.º do CIRS).

[120] Como mencionámos já, o montante que exceder os prémios pagos constitui um rendimento da categoria E, cuja análise está fora do âmbito deste estudo.

Por outro lado, como vimos, esse rendimento beneficia de uma isenção parcial de tributação, correspondente a *um terço* do seu valor, com o máximo de € 11.704,70 (n.º 3 do artigo 18.º do EBF). Embora a lei o não esclareça, pensamos que se trata de um limite anual (e não por resgate), pelo que, havendo vários resgates (ou outro tipo de pagamento) no mesmo ano civil, ainda que em apólices distintas, a isenção não deverá exceder os € 11.704,70[121].

Sem prejuízo do n.º 3 do artigo 18.º do EBF, é igualmente aplicável às mesmas situações o n.º 4 do mesmo artigo, no sentido de que a isenção ali prevista não prejudica a obrigatoriedade do englobamento dos rendimentos isentos, para efeitos do disposto no n.º 4 do artigo 22.º do CIRS. Assim, embora não sendo eles próprios objeto de tributação, os rendimentos isentos são englobados para efeito de determinação da taxa a aplicar aos restantes rendimentos coletáveis.

VI – Importa, entretanto, indagar se a remissão do n.º 3 do artigo 18.º do EBF para a subalínea ii) do n.º 3) da alínea b) do n.º 3 do artigo 2.º do CIRS será extensível às situações de meras expectativas previstas no n.º 11) da alínea b) do n.º 3 deste mesmo artigo. Para o efeito, teremos de interpretar a fonte legal, isto é, de extrair do texto o seu sentido e alcance normativo.

De acordo com o n.º 1 do artigo 11.º da Lei Geral Tributária, aprovada pelo Decreto-Lei n.º 398/98, de 17 de dezembro (doravante, LGT), as leis fiscais seguem as regras gerais de interpretação das normas jurídicas[122], sem prejuízo, em *caso de dúvida subsistente*, da relevância do elemento teleológico da interpretação na ponderação da materialidade económica da situação subjacente (n.º 3 do artigo 11.º)[123].

Ora, tomando em consideração os elementos da interpretação, há que partir do *sentido literal* do texto, domínio onde é claro que o benefício

[121] Em contrapartida, ocorrendo resgates em anos diferentes, o sujeito passivo poderá, do nosso ponto de vista, auferir do benefício em cada um desses anos.

[122] Neste sentido, apelar-se-á aos vários elementos da interpretação admitidos pela metodologia jurídica, e não estritamente à interpretação literal – Ana Paula Dourado, *Direito Fiscal*, 3.ª Ed., Coimbra, Almedina, 2018, pp. 267 ss.; J. L. Saldanha Sanches, *Manual de Direito Fiscal*, 3.ª Ed., Coimbra, Coimbra Ed., 2007, pp. 146 ss.; Sérgio Vasques, *Manual de Direito Fiscal*, Coimbra, Almedina, 2011, p. 307.

[123] José Casalta Nabais, *Direito Fiscal*, 10.ª Ed., Coimbra, Almedina, 2017, p. 210.

previsto no n.º 3 do artigo 18.º do EBF se cinge à subalínea ii) do n.º 3), da alínea b) do n.º 3 do artigo 2.º do CIRS. Não obstante, se atendermos ao *pensamento legislativo* originário (para usar a expressão dos n.ºs 1 e 2 do artigo 9.º do Código Civil, doravante CC), conseguimos recuperá-lo no relatório do grupo de trabalho que preparou as alterações legislativas de 1994, sendo clara a intenção de abranger tanto os casos previstos na atual subalínea ii) do n.º 3), como no atual n.º 11), ambos da alínea b) do n.º 3 do artigo 2.º do CIRS[124]. Terá a adaptação do n.º 3 do artigo 18.º do EBF, face à reestruturação do artigo 2.º do CIRS operada em 2014, visado alterar a regra anterior ou clarificar o seu sentido (ou terá apenas resultado de uma intervenção desastrada)? Não podendo alongar-nos na matéria, importará trazer à colação, também por força do n.º 1 do artigo 11.º da LGT, o teor do n.º 3 do artigo 9.º do CC, cumprindo presumir que o legislador consagrou as soluções mais acertadas e que soube exprimir o seu pensamento em termos adequados.

E daqui teremos de concluir por uma intenção de restringir o âmbito da isenção do n.º 3 do artigo 18.º do EBF às situações de *meras expectativas*, que são objeto exclusivo da referida subalínea ii). Para o facto – concorde-se ou não com a solução – há uma justificação plausível: a da atribuição, a cada tipo de situação ativa, de um diferente benefício fiscal (as situações de direitos adquiridos seriam beneficiadas pelo n.º 1 do artigo 18.º do EBF, enquanto as de meras expectativas o seriam pelo n.º 3), não se verificando, portanto, a acumulação dos dois benefícios em nenhuma daquelas situações.

Mas excluir-se-ão também do âmbito do n.º 3 do artigo 18.º as situações de meras expectativas contempladas no n.º 11) da alínea b) do n.º 3 do artigo 2.º do CIRS? Pensamos que aqui a resposta não poderá deixar de ser negativa. Com efeito, a referida subalínea ii) do n.º 3) compreende

[124] Com efeito, pode ler-se no relatório: «considerando-se, por um lado, o facto de *a antecipação da correspondente disponibilidade ou o recebimento em capital* determinam, nos termos da parte final do n.º 3) da alínea c) do n.º 3 do artigo 2.º do Código do IRS, a qualificação dos montantes percebidos como rendimentos do trabalho dependente e, por outro, a progressividade do imposto, considera-se adequado conceder o benefício da isenção a 1/3 das importâncias recebidas a esses títulos e com o limite de 2.000 contos» (sublinhado nosso) – AAVV, *Tributação dos Seguros, Fundos de Pensões e Fundos de Poupança Reforma – Relatório do Grupo de Trabalho Constituído para o Efeito, cit.*, p. 53.

os vários casos de pagamento *antecipado* de capital (face à passagem à reforma da pessoa segura, subentende-se), enquanto o n.º 11) é uma disposição residual que contempla todos os casos de recebimento em capital não anteriormente tributados, ainda que *coincidentes com a passagem à reforma ou posteriores à mesma*. Ora, sendo o propósito da isenção do n.º 3 do artigo 18.º o de estimular a constituição de regimes complementares de proteção social, seria um absurdo lógico e valorativo que se beneficiassem os pagamentos em capital anteriores à reforma e não os contemporâneos ou posteriores à mesma. A tal conclusão se chega por via de interpretação enunciativa (a regra que beneficia o menos, *por maioria de razão* beneficia o mais) ou, ainda que assim se não entenda, de interpretação extensiva, a qual não bule com o facto de o n.º 3 do artigo 18.º consubstanciar um benefício fiscal, assumindo, portanto, caráter excecional[125].

Com efeito, o conteúdo útil do n.º 11) (no que respeita às situações de meras expectativas ali contempladas) está já contido na subalínea ii) do n.º 3) e na isenção que lhe é dirigida. Assim, as formas de antecipação da disponibilidade previstas nesta subalínea funcionarão como um limite mínimo de aplicação do referido benefício fiscal: quando se isenta parcialmente de imposto um pagamento em capital ocorrido quando a pessoa segura tenha, por exemplo, 52 anos e não se encontre reformado, também se isenta quando o pagamento ocorra tendo a mesma 53, 54, ... 68, 69 anos, etc. As perplexidades resultantes da não inclusão do n.º 11) na letra do n.º 3 do artigo 18.º revelam bem o artificialismo da autonomização, entre aquele e a subalínea ii) do n.º 3), operada em 2014, mas não deverão ser de molde a excluir, pelos argumentos apontados, a aplicação da isenção também a esses casos.

VII – Quanto à determinação do rendimento sujeito, e como referimos já atrás, o mesmo tem por limite o valor dos prémios pagos pela entidade patronal (tomador do seguro) em benefício do trabalhador (pessoa segura). O montante do capital, pago pelo segurador à pessoa segura, que exceder o valor dos prémios, corresponderá, como também já referimos, a rendimento de categoria E de IRS, fora do escopo do presente texto.

[125] J. L. Saldanha Sanches, *Manual de Direito Fiscal*, *cit.*, p. 122. Esta circunstância determinaria, no contexto da regra geral do artigo 11.º do CC, a proibição de aplicação analógica, não prejudicando, porém, a admissibilidade de interpretação extensiva, também admitida pelo artigo 10.º do EBF.

Em apólices de seguro individual, ou em apólices de seguro de grupo com alocações e, mormente, em regime de contribuição definida, é relativamente simples o apuramento do rendimento de categoria A. Já o mesmo não se passa em apólices de seguro de grupo em capitalização coletiva (em regra, correspondentes a planos de benefício definido). Nestes casos, tanto os prémios como o rendimento que, fruto dos investimentos efetuados pelo segurador, for gerado pelos mesmos, encontram-se indistintamente afetos à totalidade da população segura no âmbito de uma apólice.

Ora, em tais casos, poderá não ser exequível a discriminação do que, em cada pagamento efetuado a uma pessoa segura, constitui rendimento da categoria A. Para estas situações, o artigo 26.º do CIRS remete para uma tabela aprovada por portaria do Ministro das Finanças, a qual corresponde à Portaria n.º 543/2000, de 4 de agosto. A referida tabela, assumindo como pressupostos a constância do valor e da regularidade do pagamento dos prémios, bem como do rendimento obtido com o respetivo investimento, define, em função do número de anos completos decorridos desde o pagamento do primeiro prémio, a percentagem do capital que, por estimativa, corresponderá ao rendimento da categoria A a considerar.

VIII – Relativamente à retenção na fonte de imposto, dispõe, na parte relevante, a alínea a) do n.º 1 do artigo 99.º do CIRS que são obrigadas a reter o imposto no momento do seu pagamento ou colocação à disposição dos respetivos titulares as entidades devedoras de rendimentos de trabalho dependente, com exceção dos rendimentos em espécie[126], esclarecendo o n.º 3 do mesmo artigo que, nos casos previstos na segunda parte do n.º 3) da alínea b) do n.º 3 do artigo 2.º do CIRS, considera-se, para todos os efeitos legais, como entidade devedora dos rendimentos aquela que os pagar ou colocar à disposição do respetivo beneficiário. No caso dos seguros do ramo Vida com componente de investimento, o preceito atribui o dever de retenção na fonte às entidades seguradoras, sem, não obstante, as nomear expressamente.

Como vimos, a redação n.º 3 do artigo 99.º não foi atualizada aquando da republicação do CIRS pela Lei n.º 82-E/2014, de 31 de dezembro, con-

[126] Não é este agora o caso, em virtude de a perceção do rendimento coincidir com o pagamento direto do capital (benefício monetário), pelo segurador, à pessoa segura.

tinuando a aludir à *segunda parte* do n.º 3) da alínea b) do n.º 3 do artigo 2.º do CIRS. Com a tripartição do referido n.º 3), de que acima demos conta, a remissão deverá ter-se por efetuada para a subalínea ii) do n.º 3) e para o n.º 11) da alínea b) do n.º 3 do artigo 2.º do CIRS (situações de meras expectativas).

Quanto à tabela de retenção na fonte aplicável, a lei não fornece nenhuma especificamente pensada para as situações em análise. Considerando, porém, que os planos de benefícios comportam, em regra, prémios pagos ao longo de vários anos, seria desapropriada a aplicação de qualquer tabela de retenção concebida para remunerações mensais. Aquela que mais facilmente se ajusta à situação em apreço é a constante do artigo 100.º do CIRS, aplicável à retenção na fonte sobre remunerações não fixas, cujas taxas são concebidas em função de uma remuneração anual estimada (n.º 2 do artigo 100.º).

IV.3.4 – Contratos com direitos adquiridos nas condições do n.º 4 do art. 43.º do CIRC

I – Referimos que, nos termos da alínea g) do n.º 4 do artigo 43.º do CIRC, entre os requisitos das realizações de utilidade social está o de que os benefícios não devem ser considerados rendimentos do trabalho dependente, *nos termos da primeira parte do n.º 3) da alínea b) do n.º 3 do artigo 2.º do CIRS*[127], isto é, enquanto direitos adquiridos.

Vimos também que, à luz do CIRS e do EBF, a observância dos requisitos do n.º 4 do artigo 43.º do CIRC pelos contratos em regime de meras expectativas (aqueles que correspondem precisamente às situações-regra das realizações de utilidade social) se revela indiferente para as regras de tributação na categoria A.

Não obstante, embora conceptualmente não devam considerar-se realizações de utilidade social (em virtude do teor da citada alínea g) do n.º 4 do artigo 43.º do CIRC), são configuráveis – e encontram-se legalmente previstos – contratos de seguros de vida com componente de investimento, em regime de direitos adquiridos, que simultaneamente observam os principais requisitos do artigo 43.º do CIRC. Essa previsão

[127] A remissão, que carece de atualização, deve ter-se por efetuada, atualmente, para a subalínea i) do n.º 3) da alínea b) do n.º 3 do artigo 2.º do CIRS.

encontramo-la, quer na alínea c) do n.º 4 do artigo 43.º do CIRC, quer no n.º 1 do artigo 18.º do EBF.

As situações de seguros em regime de direitos adquiridos que, simultaneamente, observam os requisitos do artigo 43.º do CIRC, assumem, sobretudo, relevância prática. Contemplam-se aí os planos de benefícios que seguem os traços caracterizadores das realizações de utilidade social (generalidade, pagamento parcial do benefício em renda e apenas aquando da idade de reforma) mas em que, simultaneamente, a titularidade do valor dos prémios pagos é atribuída, de forma incondicional e irreversível ao trabalhador (isto é, independentemente de este se manter ao serviço da entidade patronal até ao pagamento do benefício).

II – Os planos em análise, pela sua semelhança estrutural com as realizações de utilidade social, seguem um regime de tributação muito semelhante ao destas. Vejamos em que termos.

O n.º 1 do artigo 18.º do EBF estabelece que são isentos de IRS, no ano em que as correspondentes importâncias são despendidas, os rendimentos a que se refere a subalínea i) do n.º 3) da alínea b) do n.º 3 do artigo 2.º do CIRS, quando respeitem a contratos que garantam exclusivamente o benefício de reforma, complemento de reforma, invalidez ou sobrevivência, desde que sejam observadas, cumulativamente, as condições previstas nas alíneas a), b), d), e) e f) do n.º 4 do artigo 43.º do CIRC, na parte em que não excedam os limites previstos nos n.ºs 2 e 3 do mesmo artigo, e sem prejuízo do disposto nos seus n.ºs 5 e 6.

Embora a redação do preceito possa não ser inteiramente clara, a *isenção de tributação no ano em que os prémios são pagos* corresponde, em termos práticos, a um diferimento da tributação para o momento do pagamento ou colocação à disposição, nos mesmos moldes em que ocorre com os planos em regime de meras expectativas. Compreende-se a diferença de tratamento face aos planos com direitos adquiridos que não observam os requisitos do n.º 4 do artigo 43.º do CIRC: nestes, presumindo-se que a disponibilidade do capital não fica postergada para o momento da passagem à situação de reforma (e que pode, portanto, verificar-se em termos quase imediatos ou num curto prazo), entendeu o legislador não se justificar o diferimento da tributação.

Para o caso de inobservância de qualquer das condições previstas no n.º 1 do artigo 18.º do EBF estabelece o n.º 2 do mesmo artigo consequências, quer para o trabalhador ou trabalhadores (pessoas seguras) beneficiados pela violação dos ditos requisitos, quer para a empresa (tomador do seguro). Quanto aos primeiros, o incumprimento determina a perda da isenção e o englobamento como rendimento da categoria A de IRS, no ano em que ocorrer o facto extintivo (isto é, o incumprimento), da totalidade das importâncias que beneficiaram da isenção (diferimento), acrescidas de 10%, por cada ano ou fração, decorrido desde a data em que as respetivas contribuições ou prémios tiverem sido pagos (alínea a) do n.º 2)[128].

Já para a entidade patronal o incumprimento tem por consequência a tributação autónoma, à taxa de 40%, no exercício em que o mesmo ocorra, das contribuições ou prémios que nesse exercício, bem como nos dois exercícios anteriores, tenham beneficiado do regime de isenção (diferimento) previsto no n.º 1 do artigo 18.º (alínea b) do n.º 2).

III – Os planos de direitos adquiridos nas condições do n.º 4 do artigo 43.º do CIRC articulam-se frequentemente com as realizações de utilidade social (artigo 43.º, portanto, em regime de meras expectativas). Encontramos, assim, com alguma frequência, planos mistos, designadamente quando os trabalhadores se mantêm em regime de meras expectativas até um determinado momento (por exemplo, até perfazerem 5 anos de antiguidade na empresa), passando depois, gradualmente, a adquirir direitos sobre os valores que lhes estão alocados, até que, com a aproximação da idade de reforma, todo o capital seguro se encontre já na sua esfera de titularidade.

Para essas situações, e como resulta da alínea c) do n.º 4 do artigo 43.º do CIRC, ambos os planos (regime de meras expectativas e regime de direitos adquiridos) concorrem conjuntamente para efeito dos limites estabelecidos nos n.ºs 2 e 3 do artigo 43.º do CIRC (respetivamente, limite de 15% ou de 25% das despesas com o pessoal contabilizadas a título de remunerações, ordenados ou salários respeitantes ao período de tributação em causa). Como também verte da citada alínea c) do n.º 4, o excedente acima dos referidos limites não é considerado gasto do período de tributação.

[128] A penalização de 10% por cada ano ou fração seguirá o regime tributário da categoria A – Duarte Galhardas, "A tributação em sede de imposto sobre o rendimento dos regimes complementares de segurança social", *cit.*, p. 45, n. 9.

IV – Pode suscitar-se a questão de saber se o benefício fiscal estabelecido no n.º 3 do artigo 18.º do EBF (isenção parcial de tributação) é cumulativamente aplicável às situações que beneficiam também do previsto no n.º 1 do mesmo artigo (regimes de direitos adquiridos que observam o disposto no n.º 4 do artigo 43.º).

Ora, apesar de ser de toda a justiça – até pelo paralelismo de regimes com os planos de meras expectativas que configuram realizações de utilidade social – que o referido benefício contemplasse também as situações de direitos adquiridos[129], foi outro o desígnio do legislador.

Nesta matéria, atenda-se ao que atrás dissemos, em IV.3.3.VI. Recordamos apenas que, ao remeter, no n.º 3 do artigo 18.º do EBF, para a subalínea ii) do n.º 3) da alínea b) do n.º 3 do artigo 2.º do CIRS, o legislador restringiu o âmbito da isenção às situações de meras expectativas. Ora, embora pudessem suscitar-se, relativamente às situações de direitos adquiridos que seguem os requisitos do n.º 4 do artigo 43.º do CIRC, os mesmos argumentos de justiça e maioria de razão que invocámos para sustentar a extensão de tal isenção às situações de meras expectativas incluídas no n.º 11) da alínea b) do n.º 3 do artigo 2.º do CIRS, cremos que a diferente natureza da posição ativa da pessoa segura (direitos adquiridos) colocará aqui reservas a esse passo interpretativo. Com efeito, as especiais cautelas que as regras de benefícios fiscais recomendam – porquanto assumem caráter excecional, antissistemático, e conflituante, nessa medida, com o princípio da capacidade contributiva[130] – levam-nos a considerar justificado, à luz do n.º 3 do artigo 9.º do CC, o tratamento diferenciado que o legislador dispensou às situações de direitos adquiridos (beneficiados pelo n.º 1 do artigo 18.º do EBF) face às de meras expectativas (favorecidas pelo n.º 3 do mesmo artigo).

Tratando-se de espécies distintas de posições ativas (*direitos adquiridos* e *meras expectativas*), não é possível defender-se que os casos de direitos

[129] Neste sentido, relativamente ao regime introduzido em 1995, Manuel Faustino, *Alguns Aspetos Decorrentes das Alterações ao Quadro da Tributação do Rendimento, em IRS, Introduzidas Pela Lei N.º 39-9/94, cit.*, p. 9; e Duarte Galhardas, "A tributação em sede de imposto sobre o rendimento dos regimes complementares de segurança social", *cit.*, p. 47.

[130] J. L. Saldanha Sanches, *Manual de Direito Fiscal, cit.*, pp. 449 ss.; Sérgio Vasques, *Manual de Direito Fiscal, cit.*, pp. 311-312.

adquiridos abrangidos pelo n.º 11) se incluem já, de alguma forma, entre as situações abrangidas pela subalínea ii) do n.º 3). As razões de analogia com a solução que defendemos acima, por via de interpretação enunciativa (argumento de maioria de razão), para os casos de meras expectativas abrangidas pelo n.º 11) chocam agora com a proibição de integração analógica dispensada à lei fiscal (n.º 4 do artigo 11.º da LGT) e, em qualquer caso, às regras excecionais (artigo 11.º do CC).

Assim, na medida em que a remissão do n.º 3 do artigo 18.º do EBF para a subalínea ii) do n.º 3) da alínea b) do n.º 3 do artigo 2.º do CIRS afasta a atribuição do benefício às situações de direitos adquiridos, não haverá fundamento para estender a aplicação daquela isenção a estas situações, ainda que observem os requisitos do n.º 4 do artigo 43.º do CIRC.

V – Por fim, cumpre verificar em que termos deverá proceder-se à retenção de imposto. Ora, como vimos, o n.º 3 do artigo 99.º do CIRS não atualizou a remissão para o n.º 3) da alínea b) do n.º 3 do artigo 2.º, continuando a remeter para a segunda parte do referido n.º 3), isto é, apenas para situações que configuravam meras expectativas.

Desta forma, a assertividade literal do texto legal e o princípio da legalidade impedirão que os prémios fiquem sujeitos a retenção na fonte pela entidade patronal (por, nos termos do n.º 1 do artigo 99.º, serem rendimentos em espécie) e que o capital fique sujeito a retenção na fonte pelo segurador aquando do respetivo pagamento ou colocação à disposição (por, nos termos do n.º 3 do artigo 99.º, essa retenção dever ocorrer apenas nos casos de meras expectativas).

V. Conclusões

I – Na lei fiscal, a regulação dispensada aos produtos de seguros foca-se, ora na dedução à coleta dos prémios pagos pelo sujeito passivo ao segurador (valoração à entrada), ora na tributação como rendimento dos montantes que este paga àquele (valoração à saída). O presente texto assumiu precisamente por objeto o enquadramento em IRS do *ciclo do prémio*, isto é, a relevância tributária do prémio à entrada (quando ingressa na esfera do segurador) e à saída, quando, nos seguros de vida com componente de investimento, o respetivo *valor* transita para a esfera de um terceiro (assalariado do tomador do seguro), assumindo então o caráter de rendimento tributável do trabalho dependente.

A ideia de *ciclo do prémio*, traduz, assim, no plano fiscal, a materialidade económica da transferência do valor do prémio, através do contrato de seguro de vida com componente de investimento, do quadrante do tomador/empregador para o da pessoa segura/trabalhador.

II – Relativamente à primeira vertente do tema (a dedutibilidade do prémio), atento o seu caráter complementar ao Sistema Previdencial de Segurança Social e ao Sistema Nacional de Saúde, os seguros de vida, de saúde e de acidentes pessoais assumem uma função relevante de proteção social, razão porque, em situações delimitadas – profissões de desgaste rápido (quanto a todos eles) e pessoas com deficiência (quanto aos seguros de vida) – é parcialmente aceite a dedutibilidade fiscal dos respetivos prémios. A mesma é igualmente reconhecida, para a generalidade dos sujeitos passivos, quanto a prémios e seguros de saúde ou de PPR. Tal reconhecimento verifica-se, quer quanto a prémios pagos diretamente pelo sujeito passivo, quer quanto àqueles que, tendo sido pagos pela entidade patronal, tenham sido objeto de tributação como rendimento do trabalho dependente (categoria A de IRS).

Também ao nível do IRC, admite-se, no âmbito do artigo 23.º do respetivo código, a dedutibilidade fiscal dos prémios de seguros suportados por pessoas coletivas relativamente às situações, quer de seguros de puro risco contratados no interesse de alguns trabalhadores, quer de seguros com componente de investimento em que o valor dos prémios ingressa, imediata e irreversivelmente, na esfera jurídico-patrimonial dos mesmos. Em ambos os casos, a dedutibilidade fiscal decorre de os respetivos valores constituírem rendimentos do trabalho dependente dos trabalhadores beneficiados.

Ainda no âmbito do IRC, há a considerar também a dedutibilidade fiscal dos prémios de seguros de acidentes pessoais, de vida e de saúde, das contribuições para fundos de pensões ou para quaisquer regimes complementares de segurança social (desde que garantam, exclusivamente, o benefício de reforma, pré-reforma, complemento de reforma, de saúde pós-emprego, invalidez ou sobrevivência), subscritos pela entidade patronal a favor dos respetivos trabalhadores, que consubstanciem realizações de utilidade social, na medida em que se trate de um benefício generalizado e que obedeça ao leque de requisitos previstos no n.º 4 do artigo 43.º do CIRC.

III – Quanto à segunda vertente do tema – a tributação na categoria A de IRS – no que respeita a prémios de seguro pagos pela entidade patronal a favor de trabalhadores, se estivermos perante seguros de puro risco os mesmos são sujeitos a tributação na categoria A, exceto se constituírem realizações de utilidade social.

Relativamente aos seguros de vida com componente de investimento, o regime da tributação na categoria A estrutura-se em torno da natureza da posição ativa da pessoa segura (trabalhador) – de direitos adquiridos ou de meras expectativas – face aos fundos correspondentes ao valor dos prémios pagos pelo tomador do seguro (empregador).

Havendo *direitos adquiridos* (e não se observando os requisitos do n.º 4 do artigo 43.º do CIRC), o prémio pago pela entidade patronal constitui um rendimento do trabalho dependente do ano em que entra na esfera jurídico-patrimonial do trabalhador (o do pagamento do prémio, no caso de haver direitos adquiridos originários), não estando, no entanto (por ser um rendimento em espécie), sujeito a retenção na fonte de imposto.

No caso dos seguros em regime de *meras expectativas* – correspondentes, em regra, a realizações de utilidade social – a parte do valor do prémio pago pela entidade patronal não afetada à aquisição da renda vitalícia (e, portanto, liquidada ao trabalhador em capital) corresponde a um rendimento da categoria A do ano em que tal liquidação ocorra, beneficiando, não obstante, de uma isenção parcial de tributação (n.º 3 do artigo 18.º do EBF). A retenção na fonte de IRS cabe à empresa de seguros que pagar ou colocar à disposição o rendimento.

Quanto aos contratos de seguros de vida com componente de investimento e em regime de direitos adquiridos que, simultaneamente, observem os principais requisitos do artigo 43.º do CIRC, os mesmos beneficiam de isenção de tributação no ano em que os prémios são pagos (diferimento da tributação para o momento do pagamento ou colocação à disposição).

IV – Assim, como vimos ao longo do texto, quando o prémio seja suportado por uma entidade patronal a favor de trabalhadores seus, verifica-se uma interligação tendencial entre a dedutibilidade do prémio e a tributação na categoria A, na medida em que (salvos os contornos específicos das realizações de utilidade social): (i) a dedutibilidade em IRC tem por contraponto a tributação na categoria A do trabalhador; (ii) esta tributação permite ao trabalhador a dedução do prémio em IRS, nos casos legalmente admissíveis.

Desta forma, como mencionámos, é particularmente nos seguros de vida com componente de investimento que a lei fiscal reflete a materialidade económica do *ciclo do prémio*, relevando, quer o momento do respetivo pagamento ao segurador (dedutibilidade fiscal), quer a conversão do valor do *prémio* (enquanto *capital seguro*) num *fundo*, de expressão pecuniária, que se mantém, na vigência do contrato e por via do direito de resgate, na esfera patrimonial do tomador (quando o prémio é suportado pelo próprio sujeito passivo de IRS), ou que se transfere da esfera do tomador (entidade patronal) para a da pessoa segura (trabalhador), caso em que é tributado como rendimento da categoria A. É, portanto, nos seguros de vida com componente de investimento que se evidencia o elo – traduzido na imagem de *ciclo do prémio* – entre a dedução fiscal do respetivo valor e a tributação na categoria A dos sujeitos passivos que dele beneficiam.

V – O regime fiscal assumido como objeto de análise deixa ao jurista (e, por maioria de razão, ao não jurista) um trabalho muito penoso de interpretação e aplicação das respetivas normas. Das inerentes dificuldades, incoerências e problemas demos oportunamente conta ao longo do texto, procurando clarificar o sentido e alcance normativo do regime legal. Não cumprindo, em sede conclusiva, repisar toda a análise interpretativa empreendida, importa, não obstante, deixar uma nota global sobre o referido regime.

Ora, o tecido normativo que consubstancia tal regime encontra-se, em grande parte, eivado de escolhos interpretativos, geradores, por seu turno, de equívocos e de perplexidades. Para tanto contribui, desde logo, a teia de referências cruzadas entre artigos do CIRS, e entre estes e os do EBF, conjugada com a falta de diligência do legislador, em cada intervenção apressada, em manter a coerência lógica que caracterizava o regime gizado em 1995.

Acima de tudo, o alheamento e a indiferença pela lógica própria do universo segurador (quanto às modalidades de seguros abrangidas e respetivas especificidades, bem como quanto à posição dos sujeitos da relação jurídica de seguro), têm vindo, em sucessivas revisões legislativas parcelares, a privar de congruência global e de sentido a arquitetura normativa originária do sistema.

Bibliografia

AAVV, *O Financiamento das Reformas – Contribuição do Setor dos Seguros*, Lisboa, Associação Portuguesa de Seguradores, 1994

AAVV, *Tributação dos Seguros, Fundos de Pensões e Fundos de Poupança Reforma – Relatório do Grupo de Trabalho Constituído para o Efeito*, Lisboa, s.n., 1994 (polic.)

Alberto, José Paulo Noronha, "Incentivos fiscais às reformas no âmbito de um regime de três pilares", *Fisco*, Ano II, n.º 25 (nov. 1990), pp. 9-18

Alves, Francisco Luís, "O regime jurídico dos Planos Poupança Reforma", *Revista de Direito e de Estudos Sociais*, Ano LVII, n.º 1-4 (jan.-dez. 2016), pp. 327-378

Amorim, José de Campos, "Benefícios fiscais em matéria de proteção social", *in* Costa, Ana Isabel Lambelho *et al.* (Orgs.), *Atas do I Congresso Internacional de Ciências Jurídico-Empresariais – As Novas Relações Laborais*, Leiria, Instituto Politécnico de Leiria – Escola Superior de Tecnologia e Gestão, 2012, pp. 191-224, https://iconline.ipleiria.pt/bitstream/10400.8/770/1/actas_I_CICJE.pdf (consult. 22/07/2015)

Ascensão, José de Oliveira, *O Direito – Introdução e Teoria Geral*, 3.ª Ed., Lisboa, Fundação Calouste Gulbenkian, 1984

Associação Portuguesa de Seguradores, *Seguros de Vida*, Lisboa, Associação Portuguesa de Seguradores, 1997

Autoridade de Supervisão de Seguros e Fundos de Pensões, *Relatório do Setor Segurador e dos Fundos de Pensões 2017*, Lisboa, Autoridade de Supervisão de Seguros e Fundos de Pensões, 2018

Cadilha, Carlos, *Direitos Adquiridos na Relação Laboral Pública e Privada*, s.l., s.d. – https://www.stj.pt/wp-content/uploads/2012/10/carlos_cadilha.pdf (consult. 09/08/2019)

Carlos, Américo F. Brás, "Subsídios para um regime fiscal do seguro de vida", *Fisco*, Lisboa, Ano II, n.º 25 (nov. 1990), pp. 19-22

Carreira, Henrique Medina, *O Estado e a Segurança Social*, Lisboa, ICS/O Público, 1996

Cordeiro, António Menezes, *Tratado de Direito Civil Português*, I – Parte Geral, Tomo I, 3.ª Ed., Coimbra, Almedina, 2007

Cunha, Paulo Pitta e, "O regime fiscal das «operações de capitalização» das empresas seguradoras", *Fisco*, n.º 25 (nov. 1990), pp. 3-8

Dourado, Ana Paula, *Direito Fiscal*, 3.ª Ed., Coimbra, Almedina, 2018

Espanha, João, "Life insurance and tax planning for portuguese clients", *Fiscalidade*, n.º 25 (jan.-mar. 2006), pp. 137-148

Espanha, João, *Do Regime Fiscal dos Produtos do Ramo Vida*, s.l., s.d. (1993), http://www.espanhaassociados.pt/fotos/editor2/regimefiscaldosprodutosdoramovida.pdf (consult. 14/07/2015)

Falcão, Pedro Marinho; e Monteiro, Adriana, "Relevância fiscal dos gastos suportados com a apólice de seguro de grupo", *Cadernos de Justiça Tributária*, n.º 4 (abr.-jun. 2014), pp. 26-28

Faustino, Manuel, *Alguns Aspetos Decorrentes das Alterações ao Quadro da Tributação do Rendimento, em IRS, Introduzidas Pela Lei N.º 39-9/94*, s.l., 1995 (polic.)

Faustino, Manuel, *O Dever de Retenção na Fonte e Outros Deveres Autónomos de Cooperação em IRS*, Lisboa, Áreas, 2003

Faustino, Manuel, *Imposto Sobre o Rendimento das Pessoas Singulares (IRS) nos Seguros, nos PPR e Fundos de Pensões*, Lisboa, Associação Portuguesa de Seguradores, 2003 (polic.)

Fernandes, Luís Carvalho, *Teoria Geral do Direito Civil*, Vol. II, 3.ª Ed., Lisboa, Universidade Católica Ed., 2001

Ferreira, Rogério Fernandes, "Enquadramento fiscal do setor segurador (resenha legislativa)", *Fisco*, n.º 37 (dez. 1991), pp. 3-10

Feyo, Diogo, "Retenção na fonte e rendimentos em espécie", *Fiscalidade*, n.º 10 (abr. 2002), pp. 113-126

Galhardas, Duarte, "A tributação em sede de imposto sobre o rendimento dos regimes complementares de segurança social", *Fisco*, n.º 76/77 (mar.-abr. 1996), pp. 41-53

Gomes, Teresa Soares, "O agravamento crescente da tributação dos seguros de vida com componente de investimento", *Fisco*, Ano XIII, n.º 103-104 (jun. 2002), pp. 55-83

Gouveia, Miguel, *Uma Análise dos Planos de Poupança Reforma*, Lisboa, Ministério das Finanças – Direção Geral de Estudos e Previsão, 1997 (polic.)

Lugo y Reymundo, Luís, *Tratado de Seguros*, Vol. III, Madrid, Instituto Editorial Réus, 1955

Martinez, Pedro, *Teoria e Prática dos Seguros*, Lisboa, Imprensa Artística, 1953

Martins, António, "Aspetos do tratamento fiscal dos seguros *Unit Linked* em sede de IRS", *Boletim da Faculdade de Direito*, Vol. LXXXIX, Tomo II (2013), pp. 801-824

Martins, Maria Inês Oliveira, "Regime de tributação dos planos de pensões "qualificados", no momento da atribuição de rendimentos aos participantes beneficiários de direitos adquiridos", *in* CAMPOS, Diogo Leite de (Coord.), *Estudos de Direito Fiscal*, Coimbra, Almedina, 2007, pp. 143-170

MARTINS, Maria Inês Oliveira, *O Seguro de Vida Enquanto Tipo Contratual Legal*, Coimbra, Coimbra Ed., 2010

MENDES, João de Castro, *Direito Civil – Teoria Geral*, Vol. I, Lisboa, AAFDL, 1978 (Reimp. 1993)

MOURA, Ricardo Seabra, e MATOS, Francisco Cabral, "O estranho caso da tributação dos seguros de vida", *Fiscalidade*, Lisboa, n.º 35 (jul.-set. 2008), pp. 59-68

NABAIS, José Casalta, *Direito Fiscal*, 10.ª Ed., Coimbra, Almedina, 2017

NEVES, Ilídio das, "Os regimes complementares de segurança social – Razão de ser, características e limites", *Revista de Direito e de Estudos Sociais*, Ano XXXVI, n.º 4 (out.-dez. 1994), pp. 255-332

OLIVEIRA, Arnaldo, *Fundos de Pensões – Estudo Jurídico*, Coimbra, Almedina, 2003

PEREIRA, Manuel Freitas, *Fiscalidade*, 4.ª Ed., Coimbra, Almedina, 2011

PEREIRA, Paula Rosado, *Manual de IRS*, 2.ª Ed., Coimbra, Almedina, 2019

PINTO, Carlos Mota, *Teoria Geral do Direito Civil*, 3.ª Ed., Coimbra, Coimbra Ed., 1985

POÇAS, Luís, *O Dever de Declaração Inicial do Risco no Contrato de Seguro*, Coimbra, Almedina, 2013

POÇAS, Luís, "Problemas e dilemas do setor segurador: o RGPD e o tratamento de dados de saúde", *in* POÇAS, Luís, *Problemas e Soluções de Direito dos Seguros*, Coimbra, Almedina, 2019, pp. 243-305.

POÇAS, Luís, "Os seguros de capitalização", *in* POÇAS, Luís, *Estudos de Direito dos Seguros*, Porto, Almeida & Leitão, 2008, pp. 11-116

POÇAS, Luís, "A tributação dos rendimentos de capitais nos seguros e operações do ramo «Vida» e fundos de pensões", *in* CORDEIRO, António Menezes *et al.* (Orgs.), *Estudos em Homenagem ao Professor Doutor Carlos Pamplona Côrte-Real*, Coimbra, Almedina, 2016, pp. 619-650; e *Cadernos de Justiça Tributária*, n.º 9 (jul.-set. 2015), pp. 26-45

REGO, Margarida Lima, *Contrato de Seguro e Terceiros – Estudo de Direito Civil*, Coimbra, Coimbra Ed., 2010

ROCHA, Francisco Rodrigues, *Do Princípio Indemnizatório no Seguro de Danos*, Coimbra, Almedina, 2015

ROCHEX, André; e COURTIEU, Guy, *Le Droit du Contrat d'Assurance Terrestre*, Paris, Librairie Générale de Droit et de Jurisprudence, 1998

RODRIGUES, Abílio "Uma análise tributária aos rendimentos dos praticantes desportivos", Centro de Pesquisa e Desenvolvimento Desportivo, 2015 – http://formacao.comiteolimpicoportugal.pt/Publicacoes/COP_PFO_EDGD/file029.pdf (consult. 12/08/2019)

RODRIGUES, Fernando Martins, "Regime legal dos PPR", *Fisco*, n.º 35 (out. 1991), pp. 26-29

SANCHES, J. L. Saldanha, *Manual de Direito Fiscal*, 3.ª Ed., Coimbra, Coimbra Ed., 2007

SANTORO-PASSARELLI, Francesco, *Dottrine Generali del Diritto Civile*, 8.ª Ed., Napoli, Eugenio Jovene, 1964 – trad. port., *Teoria Geral do Direito Civil*, Coimbra, Atlântida, 1967

SANTOS, José Carlos Gomes, "Tributação dos seguros de vida: que evolução?", *Fisco*, Ano II, n.º 25 (nov.1990), pp. 23-28

SILVA, Manuel Gomes da, *O Dever de Prestar e o Dever de Indemnizar*, Lisboa, Faculdade de Direito da Universidade de Lisboa, 1944

VASQUES, José, *Contrato de Seguro – Notas Para Uma Teoria Geral*, Coimbra, Coimbra Ed., 1999

VASQUES, Sérgio, *Manual de Direito Fiscal*, Coimbra, Almedina, 2011

VILLELA, Álvaro, *Seguro de Vidas – Esboço Histórico, Económico e Jurídico*, Coimbra, Imprensa da Universidade, 1898

A TRIBUTAÇÃO DOS RENDIMENTOS PROVENIENTES DE DIREITOS DE IMAGEM AUFERIDOS POR PESSOAS SINGULARES[1]

JOÃO PEDRO SANTOS[2]
MIGUEL SERRÃO[3]

> *"Privacy is something you can sell, but you can't buy it back."*
>
> Bob Dylan

SUMÁRIO: O presente artigo analisa a qualificação para efeitos fiscais dos rendimentos provenientes da cedência de direitos de imagem à luz dos princípios do Direito tributário internacional e das normas do Direito fiscal português. Após um breve enquadramento

[1] O presente artigo não constitui um parecer jurídico e as opiniões dos autores são expressas a título estritamente pessoal, não vinculando o Centro de Estudos Fiscais e Aduaneiros nem a Autoridade Tributária e Aduaneira.

[2] Diretor do Centro de Estudos Fiscais e Aduaneiras (CEF) da Autoridade Tributária e Aduaneira. Representante da administração fiscal portuguesa no *Inclusive Framework on BEPS* e no Grupo de Alto Nível sobre Questões Fiscais do Conselho da União Europeia. Membro de diversos grupos e comissões, nomeadamente da Comissão para a Reforma do Imposto sobre o Rendimento das Pessoas Coletivas. Docente em cursos de mestrado e pós-graduação na área da fiscalidade, em particular do imposto sobre o rendimento das pessoas coletivas, fiscalidade internacional, gestão fiscal e política fiscal. Autor de diversos artigos na área da fiscalidade.

[3] Assessor-Economista do Centro de Estudos Fiscais e Aduaneiros (CEF) da Autoridade Tributária e Aduaneira. Chefe da delegação portuguesa para a negociação de diversas convenções fiscais. Representante da administração fiscal portuguesa no Grupo de Trabalho n.º 1 do Comité dos Assuntos Fiscais da OCDE, no Grupo *Ad hoc* que adotou a Convenção multilateral para a aplicação das medidas BEPS relativas às CDTs e no Fórum Global sobre transparência e troca de informações para efeitos fiscais. Coordenou o Grupo de Trabalho da AT para transposição da Diretiva relativa aos mecanismos de resolução de litígios em matéria fiscal na UE. Autor de vários estudos publicados, nomeadamente "Is there a permanent establishment? – Portugal", *Cahiers de droit fiscal international*, vol. 94a, 2009, IFA, e "A determinação dos lucros imputáveis a um estabelecimento estável: a «abordagem autorizada da OCDE»", *Ciência e Técnica Fiscal*, n.º 417, jan-jun 2006. Foi docente no ISCTE.

histórico, procuramos delimitar o conceito de "direitos de imagem" e qualificar os rendimentos provenientes da cedência destes direitos à luz dos princípios do Direito tributário internacional, com particular enfoque nos Comentários ao Modelo de Convenção Fiscal da OCDE. Em seguida, analisa-se a qualificação, face às normas do Direito fiscal português, dos rendimentos provenientes da cedência de direitos de imagem quando auferidos por pessoas singulares residentes em território português e quando auferidos por pessoas não residentes em território português, analisando-se a doutrina (incluindo a doutrina administrativa) bem como algumas decisões arbitrais recentes proferidas em Portugal. Por último, procurar-se-á apresentar o tratamento dos rendimentos que são objeto do presente estudo na doutrina administrativa e na jurisprudência do Reino Unido, evidenciando os desenvolvimentos mais recentes. O artigo termina com as principais conclusões do presente estudo.

1. Introdução: evolução histórica e delimitação do conceito de "direitos de imagem"

A necessidade de proteção da imagem de uma pessoa e de impedir o seu uso não autorizado surgiu na sequência da invenção da fotografia[4].

Em 1890, é publicado nos EUA um artigo sobre o direito à privacidade ("*The Right to Privacy*"), da autoria de Louis Brandeis e Samuel Warren, que veio influenciar a produção legislativa e a jurisprudência posterior[5]. O "direito à privacidade" foi consagrado pela primeira vez, em 1903, nas leis do Estado de Nova Iorque. Contudo, na jurisprudência norte-americana posterior, este direito não se mostrou suficiente para impedir o uso não autorizado da imagem de uma pessoa, pois os tribunais norte-americanos, para reconhecerem uma violação deste direito, colocaram como condição que o uso não autorizado da imagem de uma pessoa "*ferisse os seus sentimentos*", requisito de difícil verificação no caso de pessoas famosas, pois os mesmos tribunais postularam que essas pessoas procuram a fama e não a privacidade, pelo que renunciam implicitamente a esse direito.

[4] Plaza De Diego, Miguel Ángel, *Fiscalidad Del Derecho a La Propria Imagen – Especial referencia a los Deportistas Profesionales*, Instituto de Estudios Fiscales, Madrid, 2005, p. 17.

[5] Pina, Carolina e Mesa, Cristina, "La Explotación Comercial de la Imagen en las Industrias del Deporte y del Entretenimiento", *Revista Aranzadi de Derecho de Deporte y Entretenimiento*, n.º 7, 2012, Editorial Aranzadi, pp. 28 *et seqs.*

Em 1953, no âmbito do Processo *Haelan Laboratories, Inc. v. Topps Chewing Gum, Inc.*[6], foi reconhecido pela primeira vez o "*right of publicity*". Este processo envolveu duas empresas dos E.U.A., fabricantes de pastilhas elásticas, que ofereciam cromos com imagens de jogadores de basebol com os seus produtos. Uma dessas empresas (*Haelan Laboratories, Inc.*) tinha celebrado contratos com jogadores de basebol que lhe atribuíam, em exclusividade, o direito de usar a sua imagem nos referidos cromos e intentou uma ação em tribunal contra a sua concorrente (*Topps Chewing Gum, Inc.*) por violação desses direitos. Em sua defesa, a *Topps Chewing Gum, Inc* alegou que os referidos contratos eram nulos porque o "direito à privacidade", sendo um direito de personalidade e não um direito patrimonial, não poderia ser transferido[7]. O tribunal norte-americano que apreciou o caso (*Court of Appeals for the Second Circuit*) desconsiderou esta argumentação e sustentou que, além do "direito à privacidade", e de forma independente deste, uma pessoa tem um direito (patrimonial) sobre o valor publicitário da sua imagem e denominou este direito como "*right of publicity*"[8].

Desde então, 19 Estados norte-americanos codificaram o "*right of publicity*" e 28 protegem este direito através do princípio do precedente típico do sistema de "*common law*"[9]. No primeiro grupo, destaca-se, pela sua visibilidade e influência, o *Civil Code* do Estado da Califórnia, cuja *Sec-*

[6] Hylton, J. Gordon, "Baseball Cards and the Birth of the Right of Publicity: The Curious Case of Haelan Laboratories v. Topps Chewing Gum", *Marquette Sports Law Review*, vol. 12, n.º 273, 2001, pp. 273-294.

[7] Pina, Carolina e MESA, Cristina, *op. cit.*, p. 34.

[8] Processo Haelan Laboratories, Inc. v. Topps Chewing Gum, Inc, 202 F.2d 866 (2d Cir. 1953). Decisão do *Court of Appeals for the Second Circuit* proferida em 16 de fevereiro de 1953: "*In addition to and independent of the right of privacy, a man has a right in the publicity value of his photograph. This right might be called a "right of publicity." For it is common knowledge that many prominent persons (especially actors and ball-players), far from having their feelings bruised through public exposure of their likenesses, would feel sorely deprived if they no longer received money for authorizing advertisements, popularizing their countenances, displayed in newspapers, magazines, busses, trains and subways. This right of publicity would usually yield them no money unless it could be made the subject of an exclusive grant which barred any other advertiser from using their pictures.*" (nosso sublinhado).

[9] Pina, Carolina e Mesa, Cristina, *op. cit.*, p. 34.

tion 3344[10] proíbe o uso, sem o consentimento prévio da pessoa em causa, do seu nome, voz, assinatura, fotografia (ou imagens em movimento) em que a pessoa em causa seja imediatamente identificável, bem como quaisquer imitações ("*likenesses*"). O legislador da Califórnia, sede da indústria cinematográfica, optou assim por proteger, de forma explícita, um conjunto amplo de elementos que permitem identificar uma pessoa, não se cingindo apenas ao "retrato". Contudo, a criatividade e o progresso tecnológico (e.g. a "evocação" de uma pessoa através de imagem virtual) têm colocado desafios constantes aos tribunais que têm que aplicar estas disposições.

A partir dos anos 90 do século passado, nos EUA, alguma doutrina e jurisprudência tem vindo a questionar os fundamentos do "*right of publicity*" e até a defender a sua abolição, considerando que este direito constitui uma fonte de rendimento acessória e com efeitos especialmente negativos na indústria do desporto, prejudicando diretamente os fãs, na medida em que, ao conceder aos desportistas direitos exclusivos sobre a

[10] "*3344 (a) Any person who knowingly uses another's name, voice, signature, photograph, or likeness, in any manner, on or in products, merchandise, or goods, or for purposes of advertising or selling, or soliciting purchases of, products, merchandise, goods or services, without such person's prior consent, or, in the case of a minor, the prior consent of his parent or legal guardian, shall be liable for any damages sustained by the person or persons injured as a result thereof. In addition, in any action brought under this section, the person who violated the section shall be liable to the injured party or parties in an amount equal to the greater of seven hundred fifty dollars ($750) or the actual damages suffered by him or her as a result of the unauthorized use, and any profits from the unauthorized use that are attributable to the use and are not taken into account in computing the actual damages. In establishing such profits, the injured party or parties are required to present proof only of the gross revenue attributable to such use, and the person who violated this section is required to prove his or her deductible expenses. Punitive damages may also be awarded to the injured party or parties. The prevailing party in any action under this section shall also be entitled to attorney's fees and costs.*
(b) As used in this section, "photograph" means any photograph or photographic reproduction, still or moving, or any videotape or live television transmission, of any person, such that the person is readily identifiable.
(1) A person shall be deemed to be readily identifiable from a photograph when one who views the photograph with the naked eye can reasonably determine that the person depicted in the photograph is the same person who is complaining of its unauthorized use.(...)" (Disponível em https://leginfo.legislature.ca.gov/faces/codes_displaySection.xhtml?lawCode=CIV&sectionNum=3344).

sua imagem, o Estado estaria a promover o aumento dos preços dos produtos que utilizam essa imagem[11].

*

Diferentemente do que sucede nos EUA, em Portugal, como noutros países europeus, considera-se que o direito à imagem tem uma dupla vertente: por um lado, é um direito fundamental de natureza pessoal que, dada a sua relevância, mereceu consagração constitucional e, por outro lado, tem vindo progressivamente a ser reconhecida a sua vertente patrimonial.

Com efeito, o direito à imagem encontra-se previsto, na categoria dos "direitos pessoais", no n.º 1 do artigo 26.º da Constituição da República Portuguesa[12]. Por outro lado, o artigo 79.º (Direito à imagem) do Código Civil, aprovado pelo Decreto-Lei n.º 47 344, de 25-11-1966, reconduz a "imagem" que é objeto de proteção legal ao "retrato de uma pessoa", salvaguardando a sua exposição, reprodução e exploração comercial[13]. O Tribunal Constitucional assinalou, quanto ao direito à imagem, que o seu objeto é "*o retrato físico da pessoa, em pintura, fotografia, desenho,* slide*, ou outra qualquer forma de representação gráfica, e não a imagem que os outros fazem de cada um de nós. Ele não consiste, por isso, num direito de cada pessoa a ser representada publicamente de acordo com aquilo que ela realmente é ou pensa*

[11] Pina, Carolina e Mesa, Cristina, *op. cit.*, pp. 16 *et seqs.*

[12] O n.º 1 do artigo 26.º (Outros direitos pessoais) da Constituição da República Portuguesa estabelece que "*A todos são reconhecidos os direitos à identidade pessoal, ao desenvolvimento da personalidade, à capacidade civil, à cidadania, ao bom nome e reputação, à imagem, à palavra, à reserva da intimidade da vida privada e familiar e à protecção legal contra quaisquer formas de discriminação.*"

[13] O artigo 79.º (Direito à imagem) do Código Civil estabelece o seguinte: "*1. O retrato de uma pessoa não pode ser exposto, reproduzido ou lançado no comércio sem o consentimento dela; depois da morte da pessoa retratada, a autorização compete às pessoas designadas no n.º 2 do artigo 71.º, segundo a ordem nele indicada. 2. Não é necessário o consentimento da pessoa retratada quando assim o justifiquem a sua notoriedade, o cargo que desempenhe, exigências de polícia ou de justiça, finalidades científicas, didácticas ou culturais, ou quando a reprodução da imagem vier enquadrada na de lugares públicos, ou na de factos de interesse público ou que hajam decorrido publicamente. 3. O retrato não pode, porém, ser reproduzido, exposto ou lançado no comércio, se do facto resultar prejuízo para a honra, reputação ou simples decoro da pessoa retratada.*"

ser. Consiste, antes, no direito de cada um a não ser fotografado, nem a ver o seu retrato exposto publicamente, sem o seu consentimento, e no direito, bem assim, a não ser «apresentado em forma gráfica ou montagem ofensiva e malevolamente distorcida»" (nosso sublinhado)[14].

Ora, a nossa doutrina[15] e jurisprudência[16] têm vindo a considerar que, embora o direito à imagem, enquanto direito de personalidade, seja irrenunciável e inalienável, o seu titular pode, ao abrigo do princípio da liberdade contratual, consentir, de forma livre e esclarecida, na cedência a terceiro do direito à exploração comercial da sua imagem pública associada à carreira profissional.

[14] V. Acórdão TC n.º 319/95, de 20-06-1995, Processo n.º 200/94.

[15] "*(...) uma das objeções lançadas aos contratos denominados de cedência de imagem dos jogadores prende-se com o facto de, através deste, se estar a abdicar de um direito que, enquanto direito de personalidade, é irrenunciável e inalienável. Porém o titular desse direito pode consentir na sua exploração comercial, e sendo esta uma das vertentes do direito à imagem, concluímos que o titular não renuncia, afinal, ao direito, apenas utiliza o mesmo em seu próprio benefício. Por outro lado, a amplitude de cedência da exploração comercial da imagem do jogador não ofende também a ordem pública, porquanto temporalmente há um limite para a cedência – o da duração do contrato de cedência; e em termos de conteúdo da imagem a divulgar há também um limite – só estão em causa os retratos associados à carreira profissional do jogador, excluindo-se por isso quaisquer outros aspetos da sua vida,* maxime *íntimos e familiares. Ou seja, trata-se de um contrato válido, ao abrigo do princípio da liberdade contratual (artigo 405.º do Código Civil), pelo que não está preenchida a previsão dos artigos 81.º, n.º 1, e 280.º, n.º 2, do Código Civil, desde que, naturalmente, exista um consentimento livre e esclarecido*" – *v.* MOURA, Sónia, "Os direitos de personalidade" em MEIRIM, José Manuel (coordenador), *O desporto que os tribunais praticam*, fev. 2014, Coimbra Editora, Coimbra, pp. 64-65.

[16] V. Acórdão do Tribunal da Relação de Lisboa de 18 de dezembro de 2007 (Processo 7379/2007-2): "*I – Embora o direito à imagem seja irrenunciável e inalienável, não estão proibidas limitações ao exercício desse direito, nomeadamente a cedência a terceiro, por futebolistas, do direito à exploração comercial da sua imagem de desportistas profissionais. II – Viola o disposto no artigo 79.º, n.º 1, do Código Civil e no artigo 10.º da Lei n.º 28/98, de 26.6 (Lei do Contrato de Trabalho Desportivo) a empresa, proprietária de uma revista, que nesta publica cromos contendo imagens de futebolistas profissionais, sem obtenção de autorização por parte destes nem da sociedade a quem aqueles haviam concedido o direito de explorar comercialmente, com exclusividade, a sua imagem, sob a forma de cromos, alusiva à sua condição de futebolistas. III – Tal conduta fundamenta a condenação da referida empresa no pagamento, à sociedade detentora do exclusivo, de indemnização por dano patrimonial e no pagamento, aos futebolistas envolvidos, de indemnização por danos não patrimoniais.*"

No âmbito do Regime jurídico do contrato de trabalho do praticante desportivo, do contrato de formação desportiva e do contrato de representação ou intermediação (Lei n.º 54/2017, de 14 de julho), o legislador atribui expressamente a todo o praticante desportivo o direito a utilizar a sua imagem pública ligada à prática desportiva e a opor-se a que outrem a use para exploração comercial ou para outros fins económicos, sem prejuízo da possibilidade de transmissão contratual da respetiva exploração comercial[17] [18].

No plano internacional, a OCDE refere que "*é frequente os artistas e os desportistas obterem, direta ou indiretamente (por exemplo, através de um pagamento efetuado à sociedade de promoção do artista ou desportista* ["star-company"]*), uma parte significativa do respetivo rendimento na forma de um pagamento pelo uso, ou pelo direito de uso, dos respetivos "direitos de imagem", por exemplo, a utilização do seu nome, assinatura ou imagem pessoal*"[19] (nosso sublinhado).

E tal sucede igualmente entre nós, como o atesta a já abundante jurisprudência sobre o tema, como por exemplo, o recente acórdão arbitral do CAAD[20], analisado *infra*, no qual é citado um relatório de inspeção tributária onde se refere que "*nos pressupostos dos contratos celebrados a título de cedência dos direitos de exploração de imagem de jogador profissional de futebol é referido que o alienante é detentor dos direitos de imagem, voz e de utilização do*

[17] V. o n.º 1 do artigo 14.º (Direito de imagem) da Lei n.º 54/2017, de 14 de julho. Anteriormente, o n.º 1 do artigo 10.º da Lei n.º 28/98, de 26 de junho, revogada pela Lei n.º 54/2017, de 14 de julho, constava uma disposição similar, mas com as seguintes diferenças: restringia-se ao praticante desportivo profissional, a quem era atribuído o direito de se opor a que outrem usasse a sua imagem para exploração comercial ou para outros fins económicos, de forma ilícita, e não se referia expressamente a possibilidade de transmissão contratual da exploração comercial do direito de imagem.

[18] O n.º 2 do artigo 14.º da Lei n.º 54/2017, de 14 de julho dispõe que "*Ficam ressalvados os direitos da entidade empregadora desportiva quanto à imagem do coletivo dos praticantes, direitos que podem ser objeto de regulamentação em sede de contratação coletiva.*".

[19] OCDE, *Model Tax Convention on Income and on Capital*, OECD Publishing, Paris, 2017 (tradução portuguesa de Eugénia Lourenço, publicada sob o título "Modelo de Convenção Fiscal sobre o Rendimento e o Património" em *Cadernos de Ciência e Técnica Fiscal*, n.º 216, Centro de Estudos Fiscais e Aduaneiros, Lisboa, 2015), parágrafo 9.5 dos Comentários ao artigo 17.º.

[20] Centro de Arbitragem Administrativa (CAAD) – Arbitragem Tributária, Decisão Arbitral de 24-01-2017, Processo n.º 347/2016-T, disponível em https://caad.org.pt/tributario/decisoes/.

nome do jogador profissional de futebol e que, por aquele contrato, a empresa cede [à sociedade anónima desportiva, Requerente no processo em apreço] *os direitos de exploração comercial, em conjunto ou individualmente, da imagem pública do jogador profissional (...)*" (nosso sublinhado).

Na prática, os "direitos de imagem", tal como são definidos num contrato de cedência típico, são muito amplos, podendo incluir os direitos de utilização, para fins comerciais ou publicitários, das características pessoais de um indivíduo, tais como o seu nome, alcunha, iniciais, número na camisola da equipa, autógrafos/assinaturas, caricaturas, declarações, informação biográfica, testemunhos, apoios, fotografias, vídeos, filmes, gravações de sons, voz, reprodução de imagem, "parecenças" ("*likenesses*"), "presenças" ("*public appearances*"), **juntamente com direitos de propriedade intelectual ou industrial** relevantes, existentes ou futuros, estejam ou não registados ou patenteados[21] [22]. Aparentemente, são excluídos da definição de "direitos de imagem" constante dos contratos de cedência típicos quaisquer aspetos da vida privada e familiar, bem como da imagem pública não associada à carreira profissional (e.g. imagens de uma festa de casamento ou das férias de um jogador), cuja exploração poderá não ter interesse ou sequer justificação para um clube des-

[21] Note-se que o artigo 12.º (Reconhecimento do direito de autor) do Código do direito de autor e dos direitos conexos, aprovado pelo Decreto-Lei n.º 63/85, de 14 de Março, na sua atual redação, prevê que "*o direito de autor é reconhecido independentemente de registo, depósito ou qualquer outra formalidade*".

[22] Na doutrina administrativa publicada pela autoridade tributária do Reino Unido (HMRC), é apresentada a seguinte definição como sendo típica dos contratos de cedência de direitos de imagem de desportistas: "*The legal and beneficial rights and goodwill that subsist in relation to the use, exploitation, reproduction of or in association with or otherwise of the personal attributes of the player including without limitation the name, nickname, initials, shirt number, autograph, caricature, statements, biographies, testimonials, endorsements, photographs, video, film or sound recording, voice, image reproduction and likeness and/or fair likeness or any other means of endorsement or identification, personal appearance or non-endorsement and so forth of the player, together with any relevant registered or unregistered UK and foreign copyrights, trademarks or design rights, which exist either now or in the future which comprise (whether wholly or in part) any of the matters referred to in this clause.*" – v. HMRC, "What are "image rights"?" em *HMRC internal manual: Capital Gains Manual*, disponível em: https://www.gov.uk/hmrc-internal-manuals/capital-gains-manual/cg68450.

portivo ou, eventualmente, devido ao risco de tais contratos poderem vir a ser considerados inválidos[23].

Ora, em face desta definição acima, tal como refere a autoridade tributária do Reino Unido (HMRC) os denominados "direitos de imagem" podem constituir um conjunto de direitos diversos[24], os quais é necessário qualificar no plano jurídico-tributário.

2. Qualificação dos rendimentos da cedência de "direitos de imagem" à luz dos princípios do Direito tributário internacional

O n.º 2 do artigo 8.º da Constituição da República Portuguesa estabelece que "*as normas constantes de convenções internacionais regularmente ratificadas ou aprovadas vigoram na ordem interna após a sua publicação oficial e enquanto vincularem internacionalmente o Estado Português*". Daqui decorre o princípio da eficácia direta e imediata dos tratados internacionais, segundo o qual, os tratados internacionais são fonte imediata de direitos e obrigações, podendo ser invocados perante os tribunais. Em caso de conflito, o tratado sobrepõe-se à lei interna, limitando a sua eficácia[25].

De acordo com a doutrina do Tribunal Constitucional, "*O art. 8.º, n.º 2 da Constituição consagra o princípio da primazia do direito internacional convencional sobre a lei interna, com a consequência de uma norma interna não poder repelir ou contrariar a vigência de uma norma convencional (...) o direito interna-*

[23] Borges e Sousa designam este tipo de direitos de imagem como "puros" por não derivarem de qualquer atividade de prestação de serviços, pelo menos na aceção do artigo 1154.º do Código Civil, que define "*contrato de prestação de serviço*" como "*aquele em que uma das partes se obriga a proporcionar à outra certo resultado do seu trabalho intelectual ou manual, com ou sem retribuição.*". Assim sendo, estes autores consideram que os rendimentos provenientes da cedência de direitos de imagem "puros" não estão sujeitos a IRS, por inexistência de norma de incidência. Vd. Borges, Ricardo da Palma e Sousa, Pedro Ribeiro de, "Portugal: Tax planning for incoming individual sportspersons", *Global Sports Law and Taxation Reports*, vol. 7, n.º 1, mar. 2016, p. 28.

[24] "*What may be referred to as an "image right" is likely to be dependent on a bundle of different rights that may include, for example, contractual rights, registered trademarks, goodwill or copyright.*" – v. HMRC, "Payments for "image rights": background" em *HMRC internal manual: Employment Income Manual*, disponível em: https://www.gov.uk/hmrc-internal-manuals/employment-income-manual/eim00732.

[25] Xavier, Alberto, *Direito tributário internacional*, 2.ª edição atualizada, Almedina, Coimbra, 2007, pp. 120-121.

cional pactício está situado em plano normativo superior ao da lei ordinária – que o não pode revogar" (Ac. TC de 24 de abril de 1985 – Processo n.º 84-0002).

Contudo, "*a orientação unânime da doutrina é no sentido de que os tratados de dupla tributação desempenham uma função negativa, como corolário do princípio da legalidade ou tipicidade da tributação, segundo o qual nenhum tributo pode ser exigido senão com base na lei*". Assim, "*para que exista tributação válida, não basta a existência de uma norma convencional que a* permita; *é ainda necessária a existência de uma norma interna que a* imponha"[26].

Embora os rendimentos da cedência de direitos de imagem não estejam expressamente previstos no articulado do Modelo de Convenção Fiscal da OCDE (MOCDE), deve atender-se aos Comentários ao MOCDE que constituem, inquestionavelmente, uma importante referência interpretativa[27] desse Modelo e das Convenções para evitar a dupla tributação que o seguem, na medida em que traduzem o "consenso internacional" relativamente a essa interpretação, nomeadamente em caso de inexistência de observações a esses comentários[28].

De acordo com o parágrafo 9.5 dos Comentários ao artigo 17.º (Artistas e desportistas) do MOCDE, "*(...) quando esses usos dos direitos de imagem do artista ou do desportista não estejam estreitamente relacionados com a atuação ou prestação do artista ou do desportista num dado Estado, os pagamentos*

[26] *Idem*, pp. 121-122.

[27] *Idem*, p. 152.

[28] Neste sentido, em decisão arbitral recente, relativa à aquisição de direitos de imagem de desportistas, que será analisada *infra*, o CAAD constata que o artigo 17.º de uma determinada CDT celebrada por Portugal corresponde textualmente ao da Convenção Modelo da OCDE (MOCDE) e considera que "*Assim, serão de ter em decisiva conta, na fixação do seu sentido e alcance, os Comentários a essa Convenção Modelo, na parte respetiva. É que, ainda que não podendo ou devendo esses Comentários ser tidos como uma forma de interpretação autêntica da Convenção Modelo, e das convenções nela baseadas, não podem eles, de todo o modo, deixar de constituir (como consensualmente constituem) um elemento incontornável de interpretação das normas dessas convenções, pois que exprimem o entendimento, quanto ao alcance do Modelo (e logo, necessariamente, dos instrumentos convencionais que o reproduzam), dos representantes dos países que participaram na sua elaboração, entre eles Portugal. Ora, o nosso país não suscitou quaisquer reservas ou observações ao conteúdo dos Comentários em causa – ou seja, aceitou interpretar no sentido aí preconizado as normas que deles são objeto*" (v. Centro de Arbitragem Administrativa (CAAD) – Arbitragem Tributária, Decisão Arbitral de 15-06-2018, Processo n.º 597/2017-T, disponível em https://caad.org.pt/tributario/decisoes/).

em causa, de um modo geral, não são abrangidos pelo disposto no artigo 17.º (cf. parágrafo 9 supra). Contudo, existem casos em que os pagamentos efetuados a um artista ou desportista residente de um Estado Contratante ou a uma outra pessoa, pelo uso ou pelo direito de uso dos direitos de imagem desse artista ou desportista, constituem, em substância, remuneração das atividades do artista ou do desportista abrangidas pelo disposto no artigo 17.º e que ocorrem no outro Estado Contratante. Nestes casos, aplica-se o disposto no número 1 ou no número 2, consoante as circunstâncias." (nosso sublinhado).

Daqui se concluindo *a contrario* que, **quando o uso dos direitos de imagem de um artista ou desportista esteja estreitamente relacionado com as atividades exercidas pessoalmente por esse artista ou desportista num dado Estado, os pagamentos em contrapartida desse uso caem no âmbito do artigo 17.º de uma Convenção que siga o MOCDE, ou seja, podem ser tributados no Estado em que são pessoalmente exercidas as atividades do artista ou do desportista[29], ainda que tais rendimentos sejam atribuídos a uma outra pessoa (em virtude do n.º 2 do mesmo artigo). Nestas circunstâncias, esse Estado tem competência tributária primária relativamente aos rendimentos em apreço.**

Contudo, segundo a melhor doutrina internacional[30], a aplicação do Artigo 17.º, n.º 1, do MOCDE depende de cada situação individual, **tendo em conta as disposições contratuais específicas acordadas entre as partes**. A análise de cada situação deve centrar-se na existência de uma conexão suficientemente forte entre o rendimento em apreço e as atividades exercidas pessoalmente pelo artista ou desportista num dado Estado.

Por outro lado, sublinhe-se que, no texto do parágrafo 9.5 dos Comentários ao artigo 17.º do MOCDE, que só foi aditado em 15 de julho de 2014, **há uma remissão explícita para o parágrafo 9** dos mesmos Comentários, anteriormente existente, **no qual era já estabelecido, e definido, o requisito de existência de uma "ligação estreita" entre os rendimentos obtidos** (nesse parágrafo, apenas eram nomeados *royalties, direitos*

[29] No mesmo sentido, v. Matos, Francisco Cabral e Rapoula, João Riscado, "Portugal: Taxation of image rights", *Global Sports Law and Taxation Reports*, vol. 7, n.º 4, dez. 2016.

[30] AAVV, *Klaus Vogel on Double Taxation Conventions*, 4.ª edição, Wolters Kluwer, Alphen aan den Rijn, 2015, vol. II, artigo 17.º, m.no. 101.

publicitários ou de patrocínio) **e o exercício das atividades do artista ou do desportista no país em causa.**

Esse parágrafo 9 refere o seguinte: "*além dos direitos obtidos a título das manifestações desportivas ou espetáculos em que participam diretamente, os artistas e desportistas obtêm frequentemente rendimentos sob a forma de royalties, direitos publicitários ou de patrocínio. Em regra, são aplicáveis outros artigos sempre que não exista uma relação estreita entre os rendimentos e o exercício de atividades no país em causa. Tal relação estreita existe, de um modo geral, quando não se possa razoavelmente considerar que o rendimento teria sido obtido se essas atividades não tivessem sido exercidas*" (nosso sublinhado). Neste mesmo parágrafo refere-se, ainda, que "*Os royalties correspondentes a direitos de propriedade intelectual são normalmente abrangidos pelo artigo 12.º e não pelo artigo 17.º (cf. parágrafo 18 dos Comentários ao artigo 12.º)*" ressalvando-se, todavia, que "*em geral, os direitos de publicidade e patrocínio ficam fora do âmbito de aplicação do artigo 12.º*", pelo que "*O Artigo 17.º aplica-se aos rendimentos obtidos de publicidade ou de patrocínios, etc estreitamente relacionados com a participação em eventos realizados num determinado Estado*" (nossos sublinhados).

Assim, quando o contrato de cedência define os "direitos de imagem" em sentido muito amplo, incluindo certos "direitos de propriedade intelectual ou industrial", a remuneração correspondente deve, evidentemente, ser qualificada como "*royalties*", para efeitos de uma Convenção para evitar a dupla tributação (CDT).

Quando não exista uma relação estreita entre os rendimentos provenientes da cedência de "direitos de imagem" e o exercício das atividades do artista ou desportista num certo Estado, isto é, quando não se possa razoavelmente considerar que o rendimento teria sido obtido se essas atividades não tivessem sido exercidas, a doutrina internacional considera que os rendimentos derivados da cedência dos "direitos de imagem" de um artista ou desportista podem ser abrangidos pelo artigo 7.º (Lucros empresariais), 12.º (Royalties), 15.º (Rendimentos do emprego) ou 21.º (Outros rendimentos) do atual MOCDE, ou ainda pelo antigo artigo 14.º (Profissões independentes) do MOCDE, em função das circunstâncias específicas[31] [32].

[31] *Idem*, m.no. 97.

[32] No mesmo sentido BORGES e SOUSA admitem que os rendimentos da cedência de

Por último, o parágrafo 11 dos Comentários ao artigo 17.º do MOCDE esclarece que, quando o rendimento de um artista ou desportista seja atribuído a outra pessoa e o Estado da fonte não tenha o poder legal para desconsiderar essa outra pessoa e tributar esse rendimento na esfera do artista ou desportista (i.e. aplicar, a este caso, um regime de "transparência fiscal"), o número 2 do artigo 17.º do MOCDE prevê que a parte do rendimento que não pode ser tributada na esfera do artista ou desportista possa ser tributada na esfera da pessoa que recebe o rendimento e que, se a pessoa que recebe o rendimento exercer uma atividade empresarial, o Estado da fonte possa tributar esse rendimento mesmo que ele não seja imputável a um estabelecimento estável aí situado.

O mesmo parágrafo dos Comentários indica três situações principais em que é aplicável o disposto no número 2 do artigo 17.º do MOCDE. A terceira situação diz respeito a certos esquemas de planeamento fiscal em que a remuneração devida pela atuação ou prestação de um artista ou desportista não é paga ao próprio mas a uma outra pessoa, tal como uma sociedade de promoção de artistas ou desportistas ("*star company*"), de tal modo que o rendimento não é tributado no Estado em que é exercida a atividade, nem como remuneração pessoal do artista ou desportista pela prestação dos seus serviços, nem como lucros da empresa, na ausência de um estabelecimento estável. Alguns países desconsideram esses esquemas, nos termos da sua legislação interna, e consideram o rendimento como se fosse auferido pelo artista ou desportista, o que lhes permite tributar esse rendimento ao abrigo do número 1 do artigo 17.º do MOCDE. Nos outros casos, o número 2 do artigo 17.º do MOCDE permite que o Estado em causa tribute os lucros "desviados" do rendimento do artista ou desportista a favor da empresa[33].

"direitos de imagem" possam ser abrangidos pelos artigos sobre "Lucros das empresas", "Mais-valias" ou "Outros rendimentos" (v. Borges, Ricardo da Palma e Sousa, Pedro Ribeiro de, "Portugal: Tax planning for incoming individual sportspersons", *Global Sports Law and Taxation Reports*, vol. 7, n.º 1, mar. 2016, p. 28).

[33] *"If the income of an entertainer or sportsperson accrues to another person, and the State of source does not have the statutory right to look through the person receiving the income to tax it as income of the performer, paragraph 2 provides that the portion of the income which cannot be taxed in the hands of the performer may be taxed in the hands of the person receiving the remuneration. If the person receiving the income carries on business activities, tax may be applied by the source country*

Alberto Xavier refere que, em virtude do disposto no n.º 2 do artigo 17.º, que não constava da redação inicial do MOCDE, tendo sido adotado na revisão de 1977, "*No caso de os serviços serem fornecidos num Estado contratante por uma empresa do outro Estado contratante, os rendimentos recebidos pela empresa em razão do fornecimento desses serviços podem ser tributados pelo Estado da fonte*"[34].

Note-se, ainda, que os Comentários ressalvam que, independentemente do disposto no Artigo 17.º do Modelo de Convenção da OCDE, este não impede a tributação pelo Estado da fonte, seja do artista ou desportista seja da "*star company*", ao abrigo das suas regras gerais anti-abuso quando se verifiquem os respetivos pressupostos (cf. parágrafo 11.3 dos Comentários ao artigo 17.º do MOCDE).

3. Qualificação dos rendimentos da cedência de "direitos de imagem" à luz do Direito fiscal português

3.1. Quando auferidos por pessoas singulares residentes em território português

Borges e Sousa[35] consideram que a maioria das oportunidades de planeamento fiscal para os desportistas que transfiram a sua residência para Portugal estão ligadas aos seus rendimentos acessórios, nomeadamente

even if the income is not attributable to a permanent establishment there. But it will not always be so. There are three main situations of this kind: (...)
c) The third situation involves certain tax avoidance devices in cases where remuneration for the performance of an entertainer or sportsperson is not paid to the entertainer or sportsperson himself but to another person, e.g. a so-called star-company, in such a way that the income is taxed in the State where the activity is performed neither as personal service income to the entertainer or sportsperson nor as profits of the enterprise, in the absence of a permanent establishment. Some countries "look through" such arrangements under their domestic law and deem the income to be derived by the entertainer or sportsperson; where this is so, paragraph 1 enables them to tax income resulting from activities in their territory. Other countries cannot do this. Where a performance takes place in such a country, paragraph 2 permits it to impose a tax on the profits diverted from the income of the entertainer or sportsperson to the enterprise".

[34] Xavier, Alberto, *op. cit.*, pp. 642-643.

[35] Borges, Ricardo da Palma e Sousa, Pedro Ribeiro de, "Portugal: Tax planning for incoming individual sportspersons", *Global Sports Law and Taxation Reports*, vol. 7, n.º 1, mar. 2016, p. 27.

os derivados da cedência de direitos de imagem, pois estes rendimentos não merecem tratamento explícito na legislação fiscal portuguesa, seja porque o sistema fiscal não acompanhou a evolução dos mercados e os arranjos contratuais ou porque o legislador não está consciente ou preocupado com as dificuldades interpretativas decorrentes da falta desse tratamento explícito, surgindo oportunidades e riscos relativamente a essas áreas "cinzentas" da tributação.

Em 2010, Borges, Sousa e Pimentel[36] defendiam que o facto de o Código do IRS "não dedicar uma única linha aos direitos de imagem" permitiria concluir que os rendimentos provenientes da sua cedência não seriam tributáveis, salvo quando tais rendimentos fossem auferidos em conexão com uma atividade profissional ou empresarial (i.e. rendimentos acessórios em relação a uma atividade "principal") ou em conexão com a prestação de trabalho, ao abrigo de contrato de trabalho, ou caso fossem pagos pela entidade empregadora. Na opinião dos mesmos autores, a categoria B não abrangeria os rendimentos derivados da cedência de direitos de imagem obtidos de forma autónoma em relação a outros rendimentos empresariais, pelo que não existiria base legal para tributar tais rendimentos, salvo nas situações antes indicadas. Contudo, os mesmos autores ressalvavam que não tinha sido emitida (até essa data) doutrina administrativa sobre esse tópico e admitiam a possibilidade de opiniões distintas, designadamente a de que tais rendimentos constituiriam rendimentos empresariais e profissionais[37].

Por outro lado, em 2016, Borges e Sousa[38] eram de opinião que os rendimentos da cedência de direitos de imagem no âmbito de contratos publicitários e de patrocínio devem ser sempre qualificados como rendimentos empresariais e profissionais, nos termos da alínea b) do n.º 1 do artigo 3.º do Código do IRS (rendimentos auferidos no exercício, por conta própria, de qualquer atividade de prestação de serviços, qualquer que seja a sua natureza).

[36] Borges, Ricardo da Palma; Sousa, Pedro Ribeiro e Pimentel, Miguel Cortez, "The taxation of sportspeople in Portugal", *Fiscalidade*, n.º 43, jul./set. 2010, pp. 67-68.

[37] Silva, Fernando Castro, "Portugal" em Plaza Romero, Félix (org), *Guide on sportsperson taxation in certain relevant jurisdictions*, Editorial Thomson-Aranzadi, Pamplona, 2008, p. 112.

[38] Borges, Ricardo da Palma e Sousa, Pedro Ribeiro de, *op, cit.*, p. 28.

Já Matos e Rapoula[39] entendiam, em 2016, que, em termos gerais, o Código do IRS prevê um tratamento fiscal dos rendimentos dos direitos de imagem que é distinto em função do seu beneficiário: quando o beneficiário dos rendimentos é o titular originário dos direitos de imagem, os rendimentos deles derivados seriam assimilados a "rendimentos profissionais"; quando o beneficiário dos rendimentos não é o titular originário dos direitos de imagem (por exemplo, uma pessoa singular que adquiriu os direitos de imagem ao seu titular originário), esses rendimentos seriam qualificados como "rendimentos de capitais".

Ao defenderem ser este o tratamento fiscal aplicável, estes autores parecem considerar que os "direitos de imagem" constituem sempre direitos de propriedade intelectual ou industrial. Ora, como vimos acima, os "direitos de imagem" tal como são definidos nos contratos de cedência típicos podem, efetivamente, abranger direitos de propriedade intelectual ou industrial, mas normalmente abrangem outros direitos, de natureza pessoal, ainda que com conteúdo patrimonial[40].

Por outro lado e tornando a discussão ainda mais complexa, Matos e Rapoula consideram que é possível argumentar que, devido à definição geral e abrangente de "rendimentos do trabalho dependente" do CIRS – que engloba as remunerações pagas em conexão com a atividade profissional – os rendimentos dos direitos de imagem também podem ser qualificados como "rendimentos do trabalho dependente" se forem pagos pela entidade empregadora.

Em nosso entender, estas diferentes posições doutrinárias podem dever-se, pelo menos em parte, a distintas (e pouco ou nada explicitadas) conceções ou definições de "direitos de imagem".

[39] Matos, Francisco Cabral e Rapoula, João Riscado, "Portugal: Taxation of image rights", *Global Sports Law and Taxation Reports*, vol. 7, n.º 4, dez. 2016.

[40] Borges e Barros entendem que os direitos de imagem não constituem direitos de propriedade intelectual ou industrial mas sim "direitos de personalidade" – v. Borges, Ricardo da Palma e Barros, José Pedro, "Acquisition of football players' image rights and economic sporting rights by a Portuguese tax resident sporting company from non-tax resident standard companies under article 17 (2) OECD-MTC", *Global Sports Law and Taxation Reports*, vol. 8, n.º 3, set. 2017, final da nota de rodapé n.º 25, p. 25.

Entretanto, em 2011, a então Direcção Geral dos Impostos divulgou a Circular n.º 17/2011, de 19 de maio[41] que veio firmar, no que concerne ao IRS, o seguinte entendimento administrativo:

1. O direito de imagem de um jogador, enquanto elemento de uma equipa, transmite-se implicitamente para o Clube/SAD com o qual celebrou um contrato de trabalho desportivo[42], passando o Clube/ SAD a deter e a poder explorar o direito de imagem do jogador integrado na equipa.
2. O direito de imagem disponível, que o jogador pode ceder mediante contrato a um Clube/SAD ou a uma entidade não desportiva, residente ou não residente, no território nacional, será o seu direito de imagem individual.

[41] Disponível em: http://info.portaldasfinancas.gov.pt/pt/informacao_fiscal/legislacao/instrucoes_administrativas/Documents/Circular%20B.pdf

[42] Conforme dispunha o artigo 10.º da Lei n.º 28/98, de 26 de junho [presentemente, veja-se o disposto no n.º 2 do artigo 14.º da Lei n.º 54/2017, de 14 de julho]. Em nota de rodapé, a Circular 17/2011 refere ainda que: "*No caso de um jogador profissional de futebol, em conjugação com o Contrato Coletivo de Trabalho celebrado entre a Liga [Portuguesa] de Futebol Profissional e o Sindicato dos Jogadores Profissionais de Futebol.*" Com efeito, o artigo 38.º (Direito de imagem) deste Contrato estabelece o seguinte: "*1. Todo o jogador tem direito a utilizar a sua imagem pública ligada à prática do futebol e a opor-se a que outrem a use ilicitamente para exploração comercial ou para outros fins económicos. 2. O direito ao uso e exploração da imagem do jogador compete ao próprio no plano meramente individual, podendo este ceder esse direito ao clube ao serviço do qual se encontra durante a vigência do respetivo contrato. 3. Fica ressalvado o direito de uso da imagem do coletivo dos jogadores de uma mesma equipa por parte do respetivo clube ou sociedade desportiva. 4. A exploração comercial da imagem dos jogadores de futebol enquanto coletivo profissional será da competência do SJPF. 5. A exploração do direito de imagem dos jogadores profissionais integrado nas transmissões televisivas em canal aberto, ou codificado (excluindo, nomeadamente, transmissão na Internet), dos jogos dos campeonatos nacionais confere ao SJPF o direito a receber uma parcela da taxa a pagar pelo clube visitado à LIGA, a pagar pela LIGA ao SJPF, no prazo de 30 dias após efetivo recebimento do clube, no valor de: a) €1.000,00 por jogo transmitido em canal aberto da I Liga; b) €600,00 por jogo transmitido em canal codificado da I Liga; e c) €187,50 por jogo transmitido em canal codificado da II Liga. 6. Os clubes, sociedades desportivas e a LPFP permitem ao SJPF fotografar os jogadores do seu plantel principal, com equipamento oficial, até 31 de agosto, para divulgação exclusivamente no âmbito das cadernetas de cromos exploradas pelo SJPF.*" (Disponível em https://www.ligaportugal.pt/media/15779/cct-liga-portugal-sjpf.pdf).

3. Os rendimentos obtidos por um jogador com a cedência do seu direito de imagem, no plano da equipa e no plano individual, a um Clube/SAD residente em território português, com o qual celebrou um contrato de trabalho desportivo, qualificam-se como rendimentos de trabalho dependente, pelo que, encontram-se sujeitos a IRS e enquadram-se na categoria A, nos termos do artigo 2.º do Código do IRS[43].
4. Os rendimentos obtidos por um jogador com a cedência do seu direito de imagem a uma outra entidade, que não o Clube/SAD com o qual celebrou um contrato de trabalho desportivo, assumem a natureza de rendimentos da exploração de um direito de natureza pessoal, com conteúdo patrimonial, devendo ser qualificados como rendimentos de capitais (categoria E), nos termos do n.º 1 do artigo 5.º do Código do IRS[44].

O entendimento administrativo constante do referido ponto 4 da Circular n.º 17/2011, de 19 de maio, da ex-Direcção Geral dos Impostos, baseado na definição geral de "rendimentos de capitais" introduzida pela reforma de 2000 e que, como refere o Professor Xavier de Basto, veio "*atribuir um caráter residual à categoria E, dentro do conjunto dos rendimentos provenientes de ativos mobiliários*"[45], veio contrariar as posições doutrinárias anteriores, causando alguma surpresa[46].

[43] O Código do IRS, no seu artigo 2.º, n.º 3, estabelece o seguinte "*Consideram-se ainda rendimentos do trabalho dependente: (...) b) As remunerações acessórias, nelas se compreendendo todos os direitos, benefícios ou regalias não incluídos na remuneração principal que sejam auferidos devido à prestação de trabalho ou em conexão com esta e constituam para o respetivo beneficiário uma vantagem económica (...)*"(nosso sublinhado).

[44] "*Consideram-se rendimentos de capitais os frutos e demais vantagens económicas, qualquer que seja a sua natureza ou denominação, sejam pecuniários ou em espécie, procedentes, direta ou indiretamente, de elementos patrimoniais, bens, direitos ou situações jurídicas, de natureza mobiliária, bem como da respetiva modificação, transmissão ou cessação, com exceção dos ganhos e outros rendimentos tributados noutras categorias*" (nosso sublinhado).

[45] V. Xavier de Basto, José Guilherme, *IRS: Incidência Real e Determinação dos Rendimentos Líquidos*, Coimbra Editora, Coimbra, 2007, p. 229.

[46] V. Borges, Ricardo da Palma e Sousa, Pedro Ribeiro de, *op. cit.*, p. 28; Matos, Francisco Cabral e Rapoula, João Riscado, *op. cit.*

Borges e Sousa[47] assinalam que, em teoria, o entendimento administrativo de que os rendimentos provenientes de "direitos de imagem" devem ser qualificados como "rendimentos de capitais" poderia ser proveitoso para os sujeitos passivos, caso o beneficiário seja tributado como residente não habitual, pois nos termos do n.º 5 do artigo 81.º do CIRS, "*aos residentes não habituais em território português que obtenham, no estrangeiro, rendimentos da categoria B (...) bem como das categorias E, F e G, aplica-se o método da isenção, bastando que se verifique qualquer uma das condições previstas nas alíneas seguintes:*

a) Possam ser tributados no outro Estado contratante, em conformidade com convenção para eliminar a dupla tributação celebrada por Portugal com esse Estado; ou

b) Possam ser tributados no outro país, território ou região, em conformidade com o modelo de convenção fiscal sobre o rendimento e o património da OCDE, interpretado de acordo com as observações e reservas formuladas por Portugal, nos casos em que não exista convenção para eliminar a dupla tributação celebrada por Portugal, desde que aqueles não constem de lista (...) relativa a regimes de tributação privilegiada, claramente mais favoráveis e, bem assim, desde que os rendimentos, pelos critérios previstos no artigo 18.º, não sejam de considerar obtidos em território português".

Contudo, como os próprios autores observam, a maior parte dos outros Estados Contratantes qualificam os rendimentos provenientes de "direitos de imagem" como "lucros das empresas", pelo que, nos termos da CDT aplicável, estes rendimentos não poderão ser tributados nesses outros Estados, na ausência de estabelecimento estável ao qual sejam imputáveis[48].

Além disso, embora em seu entender, a qualificação dos rendimentos provenientes dos "direitos de imagem", à luz do Direito interno português, como "rendimentos de capitais" conduzisse à sua qualificação, para efeitos de uma CDT, como "juros" ou "*royalties*", os mesmos autores consideram que uma interpretação literal e de boa fé das definições destes dois termos não parece abranger os rendimentos provenientes de "direitos de imagem", os quais, ainda na opinião destes autores, poderiam, ao

[47] Borges, Ricardo da Palma e Sousa, Pedro Ribeiro de, *op. cit.*, p. 28.

[48] *Ibidem.*

invés, cair no âmbito dos artigos sobre "Lucros das empresas", "Mais-valias" ou "Outros rendimentos", os quais atribuem geralmente competência tributária exclusiva ao Estado da residência[49].

A este respeito, refira-se que, em nossa opinião, o entendimento administrativo constante do ponto 4 da Circular n.º 17/2011, de 19 de maio, deve ser interpretado como reportando-se apenas aos rendimentos provenientes da cedência da exploração do "direito de imagem" definido em sentido estrito (i.e., direito de natureza pessoal, com conteúdo patrimonial). Quando o contrato de cedência define os "direitos de imagem" em sentido amplo, incluindo certos "direitos de propriedade intelectual ou industrial" (i.e., direitos de natureza patrimonial), a remuneração correspondente a estes deve, quando possível, ser autonomizada e qualificada como tal, seja para efeitos de aplicação das convenções para evitar a dupla tributação seja para efeitos de aplicação do Código do IRS, nos termos do qual se prevê que, quando auferidos pelo seu titular originário, os rendimentos provenientes da propriedade intelectual ou industrial consideram-se rendimentos empresariais e profissionais, nos termos da alínea c) do n.º 1 do artigo 3.º do Código do IRS. Note-se, aliás, que a referida definição geral de "rendimentos de capitais", plasmada no n.º 1 do artigo 5.º do Código do IRS, exclui expressamente os ganhos e outros rendimentos tributados noutras categorias.

Por seu lado, Borges e Barros[50] criticam o entendimento firmado pela Circular n.º 17/2011, de 19 de maio, da ex-Direcção Geral dos Impostos, por considerarem, desde logo, que os direitos de imagem de um jogador nem sempre se encontram estreitamente relacionados com o exercício da sua atividade profissional, cabendo à autoridade tributária o ónus da prova dessa "ligação estreita".

Estes autores relembram, ainda, que as orientações genéricas constantes de circulares, visando a uniformização da interpretação e da aplicação das normas tributárias, vinculam a administração tributária, em virtude do n.º 1 do artigo 68.º-A da Lei Geral Tributária, mas não os sujeitos passivos nem os tribunais, e que as circulares não podem criar obrigações tributárias, em virtude do princípio da legalidade consagrado no artigo

[49] *Ibidem.*

[50] Borges, Ricardo da Palma e Barros, José Pedro, *op. cit.*, p. 24.

103.º da Constituição da República Portuguesa. Donde decorre que, na aplicação das normas tributárias a um caso concreto, não bastará à autoridade tributária invocar o entendimento divulgado através da Circular n.º 17/2011, de 19 de maio, da ex-DGCI, devendo esta procurar demonstrar que, nesse caso concreto, se encontram verificados os pressupostos de incidência do imposto ou seja que, *in casu*, os rendimentos atribuídos a título de cedência de direitos de imagem se encontram estreitamente relacionados com o exercício da atividade de desportista, devendo, portanto, ser considerados como derivando dessa atividade.

3.2. Quando auferidos por pessoas não residentes em território português

O legislador português estabeleceu um regime interno em consonância com o regime permitido pelo disposto nos n.ºs 1 e 2 do artigo 17.º do MOCDE. Com efeito, o Código do IRS estabelece, no seu artigo 18.º, n.º 1, "*Consideram-se obtidos em território português: (...) o) Os rendimentos derivados do exercício, em território português, da atividade de profissionais de espetáculos ou desportistas, <u>ainda que atribuídos a pessoa diferente</u>.*"[51] (nosso sublinhado).

Matos e Rapoula[52] observam que o legislador português optou por não questionar, à partida, a transferência dos direitos de imagem de uma pessoa singular para uma entidade não residente bem como por não considerar essa prática como abusiva o que poderia levar, por exemplo, a desconsiderar as "*star companies*" e a tributar os desportistas que, direta ou indiretamente, estão na origem dos direitos de imagem.

Efetivamente, sem prejuízo da eventual aplicação do regime de imputação especial previsto nos n.ºs 3 e 4 do artigo 20.º do Código do IRS,

[51] Em coerência, o n.º 3 do artigo 4.º do CIRC estabelece "*(...) consideram-se obtidos em território português os rendimentos imputáveis a estabelecimento estável aí situado e, bem assim, os que, não se encontrando nessas condições, a seguir se indicam: (...) d) Rendimentos derivados do exercício em território português da actividade de profissionais de espectáculos ou desportistas*". *Naturalmente, o artigo 12.º (Delimitação negativa de incidência) do CIRS prevê, no seu n.º 3, que "O IRS não incide sobre os rendimentos provenientes do exercício da atividade de profissionais de espetáculos ou desportistas quando esses rendimentos sejam tributados em IRC nos termos da alínea d) do n.º 3 do artigo 4.º do Código do IRC".*

[52] Matos, Francisco Cabral e Rapoula, João Riscado, *op. cit.*

quando verificados os respetivos pressupostos[53], a legislação fiscal nacional não prevê, mesmo nos casos em que o desportista detenha o controlo da entidade para a qual esses direitos tenham sido transferidos, a aplicação de um regime de transparência fiscal nos termos do qual os rendimentos relativos a esses direitos fossem tributados na esfera do seu titular originário como se tivessem sido diretamente obtidos por este.

Note-se, ainda, que, quando o contrato de cedência define os "direitos de imagem" em sentido muito amplo, incluindo certos "direitos de propriedade intelectual ou industrial", nos termos da alínea d) do n.º 1 do artigo 18.º do CIRS, consideram-se também obtidos em território português "*Os rendimentos provenientes da propriedade intelectual ou industrial (...) devidos por entidades que nele tenham residência, sede, direção efetiva ou estabelecimento estável a que deva imputar-se o pagamento*"[54].

A Circular n.º 17/2011, de 19 de maio, da então Direcção Geral dos Impostos[55] veio firmar o seguinte entendimento no que concerne aos direitos de imagem detidos por uma entidade não desportiva, não residente em território português:

[53] Nos termos dos n.ºs 3 e 4 do artigo 20.º do Código do IRS, "*3 – Constitui rendimento dos sujeitos passivos de IRS residentes em território português os lucros ou rendimentos obtidos por entidades não residentes em território português e aí submetidos a um regime fiscal claramente mais favorável, no caso em que, nos termos e condições do artigo 66.º do Código do IRC, os mesmos detenham, direta ou indiretamente, mesmo que através de mandatário, fiduciário ou interposta pessoa, pelo menos, 25 % ou 10 % das partes de capital, dos direitos de voto ou dos direitos sobre os rendimentos ou os elementos patrimoniais dessas entidades, consoante os casos, aplicando-se para o efeito, com as necessárias adaptações, o regime aí estabelecido.*
4 – Para efeitos do disposto no número anterior, as respetivas importâncias integram-se como rendimento líquido na categoria B, nos casos em que as partes de capital ou os direitos estejam afetos a uma atividade empresarial ou profissional, ou na categoria E, nos restantes casos".

[54] O n.º 3 do artigo 4.º do CIRC estabelece "*(...) consideram-se obtidos em território português os rendimentos imputáveis a estabelecimento estável aí situado e, bem assim, os que, não se encontrando nessas condições, a seguir se indicam: (...) c) Rendimentos a seguir mencionados cujo devedor tenha residência, sede ou direcção efectiva em território português ou cujo pagamento seja imputável a um estabelecimento estável nele situado: 1) Os provenientes da propriedade intelectual ou industrial (...)*".

[55] Disponível em: http://info.portaldasfinancas.gov.pt/pt/informacao_fiscal/legislacao/instrucoes_administrativas/Documents/Circular%20B.pdf

"5. Quando os direitos de imagem de um jogador são detidos por uma entidade não desportiva, não residente em território português, que os cede a um Clube/SAD residente, com o qual o jogador vai celebrar um contrato de trabalho desportivo, os rendimentos obtidos por essa entidade com a cedência desses direitos encontram-se estreitamente relacionados com os direitos inerentes ao contrato de trabalho desportivo celebrado pelo jogador, porque derivam da imagem deste no exercício da sua atividade profissional e apenas subsistem enquanto durar o contrato de trabalho desportivo. Assim, esses rendimentos configuram «rendimentos derivados do exercício em território português de atividade de desportistas» e encontram-se sujeitos a IRC, nos termos da alínea d) do n.º 3 do artigo 4.º do Código do IRC.

6. Os rendimentos mencionados no ponto anterior, obtidos por uma entidade, não desportiva, não residente, estão sujeitos a retenção na fonte a título definitivo, à taxa de 25% nos termos do n.º 4 do artigo 87.º, conjugado com o n.º 5 do artigo 94.º, ambos do Código do IRC. Por se considerarem rendimentos derivados da atividade de desportistas, a dispensa prevista no n.º 1 do artigo 98.º do Código do IRC não se aplica, mesmo que exista uma Convenção para evitar a Dupla Tributação (CDT) entre Portugal e o país de residência da entidade não residente, quando a CDT siga o disposto no n.º 2 do artigo 17.º da Convenção Modelo da OCDE (Organização de Cooperação e Desenvolvimento Económico).

7. O Clube/SAD residente em território português que adquire a uma outra entidade os direitos de imagem de um jogador com o qual vai celebrar um contrato de trabalho desportivo, deve poder comprovar a mínima adequação entre a sua exploração e os encargos suportados, para que estes possam ser considerados como gastos nos termos do artigo 23.º do Código do IRC."

Matos e Rapoula[56] criticam o entendimento administrativo constante do ponto 5 daquela Circular n.º 17/2011, de 19 de maio, que consideram corresponder a uma "abordagem automática" da verificação dos critérios de territorialidade. Na sua opinião, importa verificar a existência de uma ligação estreita entre os rendimentos em apreço e a performance realizada em Portugal, com base numa análise dos factos e circunstâncias específicas de cada caso.

Na Decisão Arbitral de 16-09-2015 (Processo n.º 108/2015-T), o CAAD rejeitou a aplicação do entendimento constante do ponto 5 da

[56] Matos, Francisco Cabral e Rapoula, João Riscado, *op. cit.*

Circular n.º 17/2011, de 19 de maio, da ex-Direcção Geral dos Impostos, ao caso *sub judice*, com a seguinte fundamentação[57]:

> *"As relações jurídicas estabelecidas entre cada um dos jogadores de futebol e a respectiva entidade que lhe adquiriu o direito de explorar comercialmente a sua imagem esgotou-se com a entrega desse direito, do direito a esse direito, e com o pagamento do preço que as adquirentes certamente terão pago a cada um dos jogadores.*
>
> *As relações jurídicas comerciais que se estabeleceram entre estas empresas e a Requerente são distintas das relações dessas empresas com os jogadores referidos e nada [s] e confundem com as relações laborais desportivas que se geraram entre cada um dos jogadores e a Requerente com base nos respectivos contratos de trabalho desportivo. (...)*
>
> *Mesmo depois da celebração dos contratos de trabalho desportivo entre a Requerente e cada um dos jogadores em causa, nada impedia que as entidades não residentes que antes lhe tinham adquirido o direito a explorar comercialmente o seu direito de imagem continuassem com essa titularidade, não os cedendo à Requerente, o que não afectaria os referidos contratos de trabalho desportivo. (...)*
>
> *Por isso, os rendimentos provenientes da disposição do direito de imagem não são proporcionados pelo próprio exercício da actividade desportiva em território português, mas por um acto jurídico de disposição limitada de um direito de personalidade, que o desportista pode praticar ou não apesar exercer actividade desportiva em território português. Isto é, o exercício da actividade desportiva em território português não proporciona quaisquer rendimentos a título de direitos de imagem, só os podendo obter o desportista se praticar um acto (autónomo em relação ao exercício daquela actividade) de disposição destes direitos, o que revela que os rendimentos correspondentes advêm deste acto de disposição e não do exercício da actividade desportiva.*
>
> *Por outro lado, no caso em apreço os contratos de cedência dos direitos de imagem e os contratos de trabalho desportivo foram celebrados pelos jogadores com entidades diferentes (os primeiros com as referidas empresas não residentes, os segundos com a Requerente), pelo que não é viável um tratamento unitário dos dois contratos que cada um dos jogadores celebrou com se fossem um único contrato de trabalho desportivo, por via da figura da coligação de contratos, assente em relação de dependência, como*

[57] Centro de Arbitragem Administrativa (CAAD) – Arbitragem Tributária, Decisão Arbitral de 16-09-2015, Processo n.º 108/2015-T, disponível em https://caad.org.pt/tributario/decisoes/.

implicitamente propugna a Autoridade Tributária e Aduaneira na referida Circular n.º [17/2011]".

Esta Decisão arbitral foi justamente criticada por Matos e Rapoula[58]. Na opinião destes autores, o Tribunal Arbitral analisou de forma muito superficial a relação entre a cedência dos direitos de imagem e as atividades exercidas pessoalmente pelos desportistas em território português, ignorando por completo a posição da OCDE e não analisando quais os direitos de imagem que, em concreto, eram objeto do contrato de cedência. Estes autores criticaram ainda o Tribunal Arbitral por tomar uma decisão sem sequer discutir porque é que o contrato de cedência de direitos de imagem *sub judice* apenas era válido para o período em que o contrato de trabalho desportivo celebrado entre o Clube e os jogadores estivesse em vigor.

A este respeito, não podemos deixar de assinalar que a afirmação do CAAD de que a Circular n.º 17/2011 assentaria implicitamente "*num tratamento unitário dos dois contratos que cada um dos jogadores celebrou com se fossem um único contrato de trabalho desportivo*" sugere uma errada apreensão das regras em apreço, na medida em que, para que se verifique a sujeição a imposto nos termos da alínea d) do n.º 3 do artigo 4.º do Código do IRC, a única condição, necessária e suficiente, é que os rendimentos em causa derivem do exercício em território português da atividade de profissionais de espetáculos ou desportistas.

Refira-se, ainda, a Decisão Arbitral de 20-05-2015 (Processo n.º 501/2014-T), na qual o CAAD determinou a anulação das liquidações efetuadas relativamente aos rendimentos pagos a entidades não residentes como contrapartida pela aquisição do direito à exploração comercial de direitos de imagem de três jogadores de futebol, considerando erradamente que "*[no] direito convencional o elemento literal aparece claramente direcionado para que o direito de tributar no Estado da fonte se aplique apenas aos rendimentos obtidos «pessoalmente» pelos desportista, isto é, enquanto executantes individuais*" numa clara confusão entre a pessoa que executa as atividades e aquela a quem os rendimentos foram atribuídos, e incompreensivelmente refere que "*no n.º 2 [do artigo 17.º] se ressalva a aplicação do artigo 7.º*

[58] Matos, Francisco Cabral e Rapoula, João Riscado, *op. cit.*

que determina que a tributação dos lucros empresariais só deve ocorrer no Estado da residência" quando, pelo contrário, esta norma afasta precisamente a aplicação do artigo 7.º relativamente aos rendimentos decorrentes da atividade exercida por desportistas, ainda que atribuídos a outra pessoa, tal como definida nos termos do artigo 3.º da Convenção, pelo que, inversamente ao sugerido nesse acórdão, o facto de as beneficiárias dos rendimentos em causa serem pessoas coletivas não obsta à sua tributação pelo Estado da fonte. Assinale-se, por último, que este acórdão postula que os rendimentos objeto de litigio "*não assumem a natureza de rendimentos derivados do exercício de atividades desportistas*" com base em meros exemplos cuja relevância se nos afigura como, para dizer o mínimo, algo questionável[59].

4. Jurisprudência arbitral recente em Portugal

4.1. Decisão do CAAD de 15-06-2018 (Processo n.º 597/2017-T)

Neste Processo[60], a questão central a decidir pelo Tribunal Arbitral consistia em saber se estavam sujeitas a tributação em Portugal as importâncias relativas a pagamentos feitos por uma sociedade desportiva (Requerente) a uma sociedade comercial com sede e direção no Brasil e sem estabelecimento estável em Portugal, devidos pela aquisição a essa sociedade de direitos de imagem de um jogador de futebol.

4.1.1. Matéria de facto

O Tribunal Arbitral considerou provados os seguintes factos, com base no testemunho de duas pessoas que, no entender do Tribunal Arbitral, "*depuseram com verdade e de forma esclarecedora*":

[59] Nomeadamente a situação de "*um pintor* [que] *aliena a um galerista um quadro que previamente pintou*", a qual não se encontra abrangida pelo artigo 17.º, e uma entidade que celebra um contrato com um "*grupo musical estrangeiro*" e outro contrato com "*uma empresa também não residente em Portugal para montar o palco e toda a infraestrutura necessária ao espetáculo*", relativamente à qual seria, aqui sim, aplicável o artigo 7.º.

[60] Centro de Arbitragem Administrativa (CAAD) – Arbitragem Tributária, Decisão Arbitral de 15-06-2018, Processo n.º 597/2017-T, disponível em https://caad.org.pt/tributario/decisoes/.

i) A Requerente considerou que o jogador, à data em que o contrato relativo aos seus direitos de imagem foi celebrado, seria, pelo seu *curriculum* profissional (v.g., internacional pela seleção principal do Brasil), dos mais pretendidos para eventos de *marketing*, manutenção e angariação de patrocinadores, pelo que, para além da sua contratação, adquiriu os seus direitos de imagem para o período em que foi contratado;
ii) A aquisição dos direitos de imagem foi efetuada tendo ainda em vista evitar que o jogador se pudesse associar a marcas concorrentes dos patrocinadores da Requerente ou se recusasse a participar em campanhas de promoção de produtos dos patrocinadores, o que poderia prejudicar a manutenção e obtenção de patrocínios.

O Tribunal Arbitral considerou que não foram provadas as razões e as condições de aquisição, pela sociedade cedente, da titularidade dos direitos de imagem, relativos ao jogador em causa.

4.1.2. Decisão arbitral

O Tribunal Arbitral decidiu que a liquidação deveria ser anulada. Para o Tribunal Arbitral, a questão redundava em saber se as remunerações em causa, pagas à sociedade brasileira, deveriam ou não ser qualificadas como rendimentos resultantes da atividade exercida pessoalmente pelos jogadores de futebol em causa, nessa qualidade, em Portugal, e qual "*o preciso significado e âmbito de aplicabilidade*" do artigo 17.º, n.º 2, da Convenção celebrada por Portugal com o Brasil.

O Tribunal Arbitral teve em consideração o parágrafo 9.5 dos Comentários ao artigo 17.º do MOCDE, tendo concluído que este parágrafo "*é claro em impor a distinção entre as remunerações pela utilização dos direitos de imagem que são uma forma de remuneração da atividade do desportista, enquanto tal, e aquelas que o não são. Em princípio, tais remunerações não caem no âmbito da previsão do artigo 17.º, exceto quando haja uma conexão estreita entre elas e a performance do desportista no Estado da fonte.*"

Contudo, o Tribunal Arbitral concluiu que "*os factos dados como provados* [em i) e ii) supra] *mostram bem que, no caso concreto, a estrita conexão acabada de referir não existe. A aquisição dos direitos de imagem do jogador (...) não visou a promoção da* [sociedade desportiva (Requerente)] *ou de competições em que esta participa, mas sim a promoção de produtos e serviços comercializados pelos patrocinadores e evitar a eventual promoção, pelo jogador, de bens e serviços de concorrentes desses patrocinadores (como que a criação de uma obrigação de não concorrência,* lato sensu*). Acresce que o montante da contraprestação paga pela Requerente não atendeu ao concreto uso que iria ser feito da imagem do jogador, mas sim ao prestígio e notoriedade que o atleta havia adquirido antes de atuar em Portugal. Tais factos revelam bem a inexistência de uma ligação direta – da estrita conexão que os Comentários exigem – entre o montante pago e as performances do jogador em Portugal."*

4.1.3. Declaração de voto "vencido"

Um dos árbitros, o Prof. Doutor Américo Brás Carlos, votou contra, numa parte da decisão constante do Acórdão, pelas razões e nos termos que se seguem:

> *"10. A distinção entre uma utilização do direito de imagem do desportista estreitamente ligada à actividade desportiva – abrangida pelo artigo 17.º da CMOCDE – e a utilização do mesmo direito sem aquela estreita ligação – não abrangida pelo artigo 17.º da CMOCDE está também impressivamente presente nos Comentários à CMOCDE.*
>
> *11. Quanto ao mais consistente critério para determinar o que seja aquela "relação estreita", veja-se o ponto n.º 9 dos referidos "Comentários" «Such a close connection will generally be found to exist where it cannot reasonably be considered that the income would have been derived in the absence of the performance of these activities».*
>
> *12. E, no caso em análise, não se vê como, razoavelmente, a Requerente adquiriria os direitos de imagem do jogador D... se não fosse por ele exercer a sua atividade de futebolista. Não o faria, certamente, se ele não exercesse ou já não exercesse a sua actividade desportiva. Aliás, como o Acórdão confirma, a Requerente celebrou o contrato de cedência dos direitos de exploração de imagem deste jogador por se tratar de um desportista com um bom curriculum profissional (v.g., internacional pela seleção principal do Brasil).*
>
> *13. Que os rendimentos pagos pela Requerente resultam da «atividade exercida pessoalmente pelo jogador, nessa qualidade» alcança-se também do facto de o contrato de cedência de direitos de imagem depender imperativamente dos elementos e vicissitudes do contrato de trabalho desportivo entre aquela e o jogador – v.g. início, termo, caducidade ou rescisão, exigibilidade de prestações.* [Em nota de rodapé: *Dispõe a cláusula Quarta do referido contrato de cedência de direitos de imagem: «1. O presente contrato produz efeitos desde 01/07/2011 e será válido durante o período em que o Terceiro Outorgante (o jogador) mantiver em vigor o contrato de trabalho desportivo com*

a Primeira Outorgante (a requerente), caducando automaticamente quando terminar, independentemente do motivo, o referido contrato sem necessidade de qualquer outra declaração ou interpretação, escrita ou verbal. 2. No caso de caducidade ou rescisão do contrato de trabalho desportivo mantido entre a Primeira Outorgante e o Terceiro, deixarão de ser exigíveis prestações que não se tenham vencido no âmbito deste contrato.».]

14. Pelo que, sem prejuízo do devido respeito pela opinião contrária, afasto-me do Acórdão, considerando ser aplicável aos direitos de imagem sub judice *o disposto no n.º 2 do artigo 17.º da CDTI com o Brasil, de que, conjuntamente com o disposto na alínea d) do n.º 3, do artigo 4.º do CIRC, resulta a consequente tributação dos respectivos rendimentos em Portugal.*" (nosso sublinhado)

4.1.4. Análise da decisão arbitral

O Tribunal Arbitral (ou seja, a maioria dos árbitros que o integraram) ignorou o parágrafo 9 dos Comentários ao artigo 17.º do MOCDE, bem como a remissão explícita para este parágrafo constante do parágrafo 9.5 dos mesmos Comentários.

Por outro lado, surge como surpreendente que a decisão do coletivo arbitral não se tenha baseado na análise das disposições contratuais relevantes mas apenas nas declarações de duas testemunhas.

Com efeito, a decisão em apreço não refere sequer quais os direitos de imagem que foram, em concreto, objeto do contrato de cedência[61], não analisou o âmbito territorial de utilização desses direitos e não atribuiu qualquer relevância ao facto de o contrato de cedência de direitos de imagem depender imperativamente dos elementos e vicissitudes do contrato de trabalho desportivo (e.g., início, termo, caducidade ou rescisão, exigibilidade de prestações).

Esta decisão arbitral fundamentou-se em declarações abstratas de que a aquisição dos direitos de imagem do jogador não visou a promoção da sociedade desportiva requerente ou de competições em que esta participa, mas sim a promoção de produtos e serviços comercializados pelos patrocinadores e evitar a eventual promoção, pelo jogador, de bens e serviços de concorrentes desses patrocinadores (como que a criação de uma obrigação de não concorrência, *lato sensu*), sem que, contudo, tenham

[61] Borges e Barros criticaram o Tribunal Arbitral por não ter definido o que são "direitos de imagem". V. Borges, Ricardo da Palma e Barros, José Pedro, *op. cit.*, p. 24.

sido analisadas, em concreto, quais foram as ações de promoção de produtos e serviços comercializados pelos patrocinadores realizadas, nem sequer identificados na decisão quem eram, em concreto, esses patrocinadores e os respetivos concorrentes.

Além disso, também não foi analisada pelo tribunal nenhuma documentação contemporânea ou prévia à celebração do contrato de cedência sobre a negociação do mesmo, nem uma avaliação independente dos direitos de imagem em apreço, nem sequer um plano ou estratégia de exploração comercial desses direitos. Pelo contrário, o tribunal afirmou, surpreendentemente, "*que o montante da contraprestação paga pela Requerente não atendeu ao concreto uso que iria ser feito da imagem do jogador*", circunstância que, salvo melhor opinião, aponta para a inexistência de uma justificação comercial para o contrato de cedência em apreço.

Por último, também nos suscita reparos o facto de o Tribunal Arbitral ter considerado que, "*uma vez que as questões a apreciar são as mesmas que estiveram subjacentes ao proc. 346/2016-T, acompanhar-se-á, no essencial, o constante de tal acórdão arbitral, a qual mereceu a concordância da maioria dos árbitros que integram o presente coletivo arbitral*".

Efetivamente a Decisão Arbitral de 06-04-2017 (Processo n.º 346/2016-T) foi analisada por Borges e Barros[62], que consideram que, tendo sido proferida na sequência das decisões arbitrais de 20-05-2015 (Processo n.º 501/2014-T) e de 16-09-2015 (Processo n.º 108/2015-T), as quais se referem, em seu entender, a situações similares, veio consolidar jurisprudência anterior e estabelecer uma base para futuras decisões[63].

O que não deixa de ser fator de alguma perplexidade, que deve ser entendido em face da natureza *sui generis* do CAAD, na medida em que, internacionalmente, tem vindo a considerar-se que as decisões arbitrais não devem ter valor de precedente[64], mesmo em países cujo sistema legal

[62] *Idem*, pp. 20-25.

[63] *Idem*, p. 20.

[64] Veja-se, por exemplo, o disposto na parte final da alínea c) do n.º 2 do artigo 23.º (Método de arbitragem) da Convenção multilateral para a aplicação das medidas relativas às convenções fiscais destinadas a prevenir a erosão da base tributária e a transferência de lucros, adotada em Paris, em 24 de novembro de 2016, e no primeiro período do n.º 4 do artigo 15.º da Diretiva (UE) 2017/1852 do Conselho, de 10 de outubro de 2017, relativa aos mecanismos de resolução de litígios em matéria fiscal na União Europeia.

se baseia no princípio do precedente (i.e., "*common law*"), o que não é o caso do sistema legal português.

Mas, ainda mais importante, na medida em que parece assentar no pressuposto de que não será necessário ao tribunal analisar em profundidade todos os factos e circunstâncias específicas de cada caso, afigura-se-nos que esta abordagem implica um grave risco de se concluir, erradamente, que dois casos são similares, quando na realidade não o são – *vide infra* o grau de pormenor da análise constante do acórdão de 22 de março de 2019 do *First-Tier Tribunal* do Reino Unido no Processo que opunha a *Hull City Tigers Limited* à autoridade tributária do Reino Unido.

4.2. Decisão do CAAD de 24-01-2017 (Processo n.º 347/2016-T)

Neste Processo[65], a Requerente era uma sociedade anónima desportiva, que tinha por objeto social "*a participação na modalidade de futebol e participações desportivas de carácter profissional, a promoção e organização de espetáculos desportivos e o fomento e desenvolvimento de actividades relacionadas com a prática desportiva profissionalizada da respectiva modalidade*". Esta sociedade deduziu pedido de anulação parcial da liquidação de IRC e juros compensatórios, na sequência de uma ação de inspeção tributária à sua atividade, em que não foram fiscalmente aceites os encargos suportados com a aquisição dos direitos de imagem de alguns jogadores. Embora respeite ao tratamento dos gastos incorridos pela entidade devedora dos rendimentos da cedência de direitos de imagem este processo reveste-se de interesse para o nosso objeto de estudo na medida em que analisa a questão da relação desses rendimentos com a atividade desportiva exercida em Portugal.

4.2.1. Matéria de facto

O Tribunal Arbitral considerou que as três testemunhas inquiridas aparentaram depor com isenção e com conhecimento dos factos sobre que depuseram e que a prova testemunhal esclareceu que a Requerente tem interesse em adquirir direitos de imagem dos jogadores de futebol com maior mediatismo, para não correr o risco de que eles venham a patroci-

[65] Centro de Arbitragem Administrativa (CAAD) – Arbitragem Tributária, Decisão Arbitral de 24-01-2017, Processo n.º 347/2016-T, disponível em https://caad.org.pt/tributario/decisoes/.

nar produtos de marcas concorrentes das dos seus patrocinadores ou de que venham a recusar participar em campanhas de promoção de produtos dos patrocinadores, o que poderia prejudicar a manutenção e angariação de patrocínios, que constituem uma considerável receita para a Requerente.

4.2.2. Decisão arbitral

O Tribunal Arbitral decidiu que deveriam ser anuladas as correções efetuadas relativas à aquisição de direitos de imagem, que assentaram na irrelevância daqueles direitos para a obtenção de proveitos ou manutenção da fonte produtora, por enfermarem de "*vício de erro sobre os pressupostos de facto*".

O Tribunal Arbitral considerou que, para ser satisfeito o requisito da indispensabilidade previsto no artigo 23.º, n.º 1, do CIRC, basta que os gastos sejam efetuados no interesse da empresa e estejam conexionados com a sua atividade, independentemente de com eles terem sido ou não obtidos proveitos ou se ter confirmado a sua relevância para a manutenção da fonte produtora.

O CAAD recordou que o acórdão do Supremo Tribunal Administrativo de 24-09-2014, processo n.º 0779/12, citado pela Requerente, refere que "*o entendimento que a doutrina e a jurisprudência têm vindo a adoptar para efeito de averiguar da indispensabilidade de um custo (...), a AT não pode sindicar a bondade e oportunidade das decisões económicas da gestão da empresa, sob pena de se intrometer na liberdade e autonomia de gestão da sociedade» e «um custo será aceite fiscalmente caso, num juízo reportado ao momento em que foi efectuado, seja adequado à estrutura produtiva da empresa e à obtenção de lucros, ainda que se venha a revelar uma operação económica infrutífera ou economicamente ruinosa, e a AT apenas pode desconsiderar como custos fiscais os que não se inscrevem no âmbito da actividade do contribuinte e foram contraídos, não no interesse deste, mas para a prossecução de objectivos alheios (quando for de concluir, à face das regras da experiência comum que não tinha potencialidade para gerar proveitos)*", considerando que "*resultou da prova testemunhal produzida que a aquisição de direitos de imagem dos jogadores referidos e apenas desses está efectivamente conexionada com os proveitos obtidos pela Requerente, pois tem em vista assegurar o cumprimento de obrigações decorrentes de contratos celebrados com patrocinadores, criar condições para os realizar em condições mais favoráveis e potenciar a obtenção de novos patrocinadores*" e que "*Por outro lado, provou-se que a Requerente deu efectiva utilização aos direitos de imagem adquiridos, utilizando directamente os jogadores referidos em acções de promoção própria, cedendo os jogadores para acções de patrocinadores e clientes de camarote."*

O Tribunal Arbitral entendeu que "*de qualquer forma, independentemente da utilização que veio a ser dada aos jogadores, a prova testemunhal produzida aponta manifestamente no sentido de a mera titularidade dos direitos de imagem ser uma vantagem na negociação de patrocínios, obtenção de novos patrocinadores e fidelização dos existentes, o que, por si só, justifica que se atribua a essas despesas a natureza empresarial que justifica um juízo de indispensabilidade para a formação dos proveitos*" e salientou que um documento junto ao pedido "*confirma que a Requerente cedeu pelo menos a um dos patrocinadores o direito de «utilizar a imagem dos jogadores profissionais de futebol e dos membros da equipa técnica (...) (respeitando os contratos de imagem de cada um desses jogadores e dos membros de equipa técnica) para três campanhas de comunicação por ano, com um máximo de duração, de duas semanas, por cada campanha».*"

4.2.3. Declaração de voto "vencido"

Um dos árbitros, a Dr.ª Manuela Roseiro, não subscreveu integralmente a decisão que fez maioria, com os seguintes fundamentos:

> *"Atendendo à situação de facto, verifica-se contudo: por um lado, os testemunhos apresentados foram demasiado vagos (concretamente, e sem documentação comprovativa, foi apenas referida a participação de um dos jogadores em sessão de autógrafos num evento de um patrocinador), e por outro, verifica-se que, em qualquer dos casos em discussão, os direitos de imagem foram adquiridos a sociedades detentoras desses direitos representadas na assinatura dos contratos pelos próprios jogadores (sócios ou gestores das referidas sociedades titulares dos direitos).*
>
> *Esta situação suscita-me as maiores dúvidas sobre a real actividade das empresas detentoras dos direitos de imagem dos jogadores pelo que considero que teria exigido não apenas uma demonstração da indispensabilidade de custos assumidos e da utilização pela Requerente da imagem dos atletas (que, aliás, não creio que resulte inequívoca das declarações das testemunhas, todas ligadas profissionalmente à SAD) como a clara comprovação da qualificação da situação*[66].

[66] "*Como referido por Abílio Rodrigues, in O Regime Fiscal das Sociedades Desportivas e o Enquadramento Tributário da Atividade dos Empresários Desportivos, Tese de Mestrado, FDUP, 2012:*

Que este tipo de prática é uma realidade que suscita dúvidas fundadas comprova-o a lei actualmente vigente que apenas permite a dedução de gastos com exploração dos direitos de imagem dos agentes desportivos num montante em percentagem correspondente a 20 % do respectivo total (n.º 2 do artigo 2.º da Lei n.º 56/2013, de 14 de Agosto). Esta restrição foi justificada, pelo Grupo de Trabalho que procedeu à análise do regime jurídico e fiscal das sociedades desportivas, precisamente pelo reconhecimento das dificuldades existentes e encontra-se expressamente afirmada na Exposição de Motivos da Proposta de Lei apresentada pelo Governo na AR, onde se disse: "Deste modo, pretende-se que o novo regime passe a atribuir relevância fiscal às importâncias pagas pelas sociedades desportivas, a título de direitos de imagem, uma vez que tais pagamentos constituem, para as entidades referidas, uma inevitabilidade. Naturalmente que, com o objectivo de garantir o combate à fraude e à evasão fiscais, estabelece-se um critério objectivo, de natureza percentual, que permita a aceitação como custo fiscal, até ao respectivo limite, dos montantes envolvidos.

No caso dos autos, não estava em vigor a Lei n.º 56/2013, de 14/08, não se prevendo então na lei em vigor (Decreto-Lei n.º 103/97, de 13 de Setembro) nada sobre a matéria. Dada a existência de desconfianças justificadas (confirmadas pelas preocupações manifestadas pelo Grupo de Trabalho referido e posteriormente pelo legislador) cremos que seria exigível, numa situação destas, uma comprovação clara da própria relação comercial subjacente à ligação entre jogador e sociedade interposta e entre esta e o clube ou sociedade desportiva, comprovando-se documentalmente as operações e funções desempenhadas[67].

"qualificam-se valores como correspondentes a exploração de direitos de imagem, quando na realidade não o são", e, indica como a maior preocupação nesta matéria a "incorreta qualificação dos encargos das sociedades desportivas, através do recurso a esquemas de fraude fiscal, nomeadamente pela utilização de sociedades interpostas", sendo "frequentemente utilizada pelas sociedades desportivas, a qualificação de montantes correspondentes a salários de jogadores, a título de exploração de direitos de imagem, para com isso atingir vantagens de ordem fiscal", como dedução de custos, diminuição substancial de encargos associados à tributação e às contribuições para a Segurança Social. (estudo citado, pp. 37 e ss.)" [Nota da Autora da Declaração de Voto].

[67] *"Ou seja, que não se trata de uma situação como a descrita também por Abílio Rodrigues: «os direitos de imagem dos jogadores de futebol são frequentemente detidos por sociedades interpostas que, não desempenhando qualquer atividade comercial relacionada com a exploração dos mesmos, recebem a esse título, por parte dos clubes ou sociedades desportivas, montantes que na realidade correspondem a remunerações pelo trabalho do jogador mais penalizadas do ponto de vista fiscal»"* [Nota da Autora da Declaração de Voto].

Por estas razões e na ausência de prova adequada, de acordo com o exposto, não aceitaria os custos relativos à aquisição pela Requerente dos direitos de imagem individual dos jogadores." [sublinhados da Autora da Declaração de voto].

4.2.4. Análise da decisão arbitral

Esta decisão arbitral baseou-se fundamentalmente em declarações abstratas de que os direitos de imagem adquiridos teriam sido utilizados através da participação dos jogadores em ações de promoção do próprio clube ou de patrocinadores e clientes de camarote e que a mera titularidade dos direitos de imagem seria uma vantagem na negociação de patrocínios, obtenção de novos patrocinadores e fidelização dos existentes, não existindo sequer uma referência ao âmbito territorial do direito de uso de tais direitos e sem que tenham sido analisadas com um mínimo de profundidade quais as ações de promoção efetivamente realizadas nem quem eram, em concreto, os patrocinadores e os clientes de camarote, a documentação, contemporânea ou prévia à celebração do contrato de cedência, sobre a negociação do mesmo, uma avaliação independente dos direitos de imagem em apreço ou a existência de um plano ou estratégia de exploração comercial desses direitos, como parece resultar da declaração de voto "vencido" na qual se considera que as declarações das testemunhas inquiridas pelo tribunal, todas ligadas profissionalmente à sociedade desportiva requerente, foram demasiado vagas e refere que, concretamente, e sem documentação comprovativa, foi apenas referida a participação de um dos jogadores em sessão de autógrafos num evento de um patrocinador.

5. Qualificação dos rendimentos da cedência de "direitos de imagem" na doutrina administrativa e na jurisprudência no Reino Unido: desenvolvimentos recentes

No Reino Unido, a criação de "estruturas" para pagamento de direitos de imagem, designadamente com recurso a sociedades *offshore*, é um fenómeno que existe há bastante tempo e que tem vindo a crescer, envolvendo alegadamente mais de 180 jogadores de futebol da primeira liga inglesa no início de 2018[68]. Em 2015, os clubes de futebol e os seus con-

[68] OFFER, Kevin, "UK developments in the taxation of image rights", *Global Sports Law and Taxation Reports*, vol. 8, n.º 4, dez. 2017, p. 14.

sultores fiscais acreditavam que tinham chegado a um acordo com a autoridade tributária do Reino Unido (HMRC) no sentido de esta aceitar, para efeitos fiscais, os pagamentos a sociedades não residentes no Reino Unido pelo uso dos direitos de imagem dos jogadores, até 20% dos salários pagos pelos clubes a esses jogadores. Contudo, a autoridade tributária do Reino Unido, questionada sobre o assunto, negou a existência de um tal acordo com os clubes de futebol[69].

A pressão da opinião pública, na sequência das "*football leaks*" terá levado o Governo britânico a anunciar, no orçamento publicado em 8 de março de 2017, que, tendo consciência de que alguns empregadores efetuam pagamentos pelo uso dos direitos de imagem dos seus empregados, ao abrigo de contratos separados do contrato de trabalho, a autoridade tributária do Reino Unido (HMRC) iria publicar orientações sobre esta matéria, com vista a aumentar a clareza das regras existentes[70].

Entretanto, no Processo *Rangers Football Club*[71], decidido pelo Supremo Tribunal do Reino Unido, em 5 de julho de 2017, o Tribunal

[69] *Ibidem*. V., no mesmo sentido, [2019] UKFTT 227 (TC) (22 de março de 2019) Hull City Tigers Limited v. HMRC (Disponível em http://www.bailii.org/uk/cases/UKFTT/TC/2019/TC07074.html), parágrafo 53(2).

[70] "*4.13. Compliance – Image rights – The government is aware that some employers pay image rights in respect of employees under separate contractual arrangements to employment income. HMRC will publish guidelines for employers who make payments of image rights to their employees to improve the clarity of the existing rules*". HM Treasury, *Policy paper: Spring Budget 2017*, 8 de março de 2017, disponível em https://government-frontend.herokuapp.com/government/publications/spring-budget-2017-documents/spring-budget-2017.

[71] *V.* [2017] UKSC 45 (5 de julho de 2017) RFC 2012 Plc (formerly The Rangers Football Club Plc) v Advocate *General* for Scotland (Scotland) (Disponível em http://www.bailii.org/uk/cases/UKSC/2017/45.html), especialmente o parágrafo: "*39. I see nothing in the wider purpose of the legislation, which taxes remuneration from employment, which excludes from the tax charge or the PAYE regime remuneration which the employee is entitled to have paid to a third party. Thus, if an employee enters into a contract or contracts with an employer which provide that he will receive a salary of £X and that as part of his remuneration the employer will also pay £Y to the employee's spouse or aunt Agatha, I can ascertain no statutory purpose for taxing the former but not the latter. The breadth of the wording of the tax charge and the absence of any restrictive wording in the primary legislation, do not give any support for inferring an intention to exclude from the tax charge such a payment to a third party which the employer and employee have agreed as part of the employee's entitlement. Both sums involve the payment of remuneration for the employee's work as an employee*". Para uma análise deste Processo v. DALBY, Thomas, "The

considerou que o rendimento do trabalho dependente, ainda que pago pelo empregador (no caso julgado, um clube de futebol) a uma terceira entidade (no caso julgado, um *trust* criado em benefício dos jogadores), mantinha a natureza de rendimento do trabalho dependente, sendo tributável enquanto tal.

As orientações da HMRC em matéria de direitos de imagem foram publicadas em 16 de agosto de 2017[72], referindo que os pagamentos pelo uso para fins comerciais do nome, imagem ou outras características pessoais de um indivíduo podem ser tributados de diferentes formas, consoante as circunstâncias (por exemplo, enquanto rendimentos profissionais ou rendimentos do trabalho dependente) e indicando, para informações adicionais, a consulta do *HMRC's Employment Income Manual*[73]. Este manual foi atualizado na mesma data, tendo passado a referir que, quando os chamados "direitos de imagem" incluem elementos de propriedade intelectual ou industrial, os rendimentos da sua cedência poderão ser tributados como "*royalties*", sendo que o Reino Unido toma em consideração, na definição deste termo, os Comentários ao Artigo 12.º do MOCDE.

Refere ainda que, recentemente, tornou-se comum desportistas, profissionais de espetáculos e outras celebridades declararem que cederam um ativo, frequentemente descrito como os seus "direitos de imagem", a uma sociedade que poderão controlar de forma direta ou indireta.

A autoridade tributária do Reino Unido considera que, quando existe um contrato entre a entidade empregadora (e.g. um clube de futebol) e a sociedade que detém os direitos de imagem do jogador, tem que existir uma justificação comercial para a diferenciação entre o pagamento pela prestação do trabalho do jogador e o pagamento pelos "serviços promocionais" (i.e. pelo uso dos seus "direitos de imagem"). Normalmente, esse

final whistle: Rangers in the UK Supreme Court", *Global Sports Law and Taxation Reports*, vol. 8, n.º 3, set. 2017, pp. 12-15.

[72] "Reporting and paying tax on payments received for use of image rights, including payments made to an image rights company" em *HMRC Guidance: Tax on payments for use of image rights*, publicado em 16 de agosto de 2017 (disponível em: https://www.gov.uk/guidance/tax-on-payments-for-use-of-image-rights).

[73] Disponível em https://www.gov.uk/hmrc-internal-manuals/employment-income-manual/eim00731.

contrato é negociado para vigorar em simultâneo com o contrato de trabalho. Se o contrato de trabalho for renegociado antes do seu termo de vigência, o contrato de cedência dos direitos de imagem poderá também ser revisto, o que pode conduzir a crer que os montantes totais a pagar pelo empregador são considerados como um pacote global, tornando pouco nítida a distinção entre o montante devido pela prestação de trabalho e o montante devido pelos "serviços promocionais" (i.e. pelo uso dos "direitos de imagem"). No entanto, os termos do contrato de trabalho e do contrato de cedência de direitos de imagem devem ser distintos e cada um destes contratos deve refletir a realidade comercial. Deve existir documentação sobre como se chegou ao valor atribuído aos direitos de imagem, incluindo registos de acompanhamento dos montantes obtidos pelo empregador através da exploração desses direitos. Espera-se atualmente que as organizações tenham experiência e conhecimentos suficientes para que os contratos de cedência de direitos de imagem sejam robustos do ponto de vista comercial e que as organizações analisem cuidadosamente os rendimentos que esperam obter com a exploração comercial dos direitos de imagem de cada um dos indivíduos em causa[74].

[74] *"If there is an agreement between the employer and an image rights company (IRC) under which the IRC contracts to supply to the employer certain promotional services of the player in return for fees paid by the employer to the IRC then there must be commercial justification for differentiating between payment for performance of the duties of the employment and the promotional services ("image rights"). Typically, such agreements will be negotiated to run concurrently with the contract of employment. If the contract of employment is renegotiated before the end of its designated term, the image rights agreement may also be reviewed. This may create the impression that the total amounts payable by the employer are considered as an overall package, blurring the distinction between the amount that is the reward deriving from the employment and the amount relating to the promotional services. Nevertheless, the terms of the contract of employment and any agreement relating to image rights should be distinct and accordingly should each reflect commercial reality. Best practice may involve having evidence to demonstrate how the amounts in respect of image rights were arrived at, including records monitoring the value achieved by the employer through exploitation of those arrangements. (...) we now expect that organisations will have sufficient experience and expertise to ensure that such agreements are commercially robust. Specifically, we expect that when entering into agreements that provide the organisation that is the employer of the individuals concerned with rights over the exploitation of each employee's image for promotional and merchandising purposes, the employer will have proper regard to the commercial revenues that the employer expects to achieve. In order to clearly distinguish between remuneration and image rights we expect the respective agreements to be demonstrably based in commercial reality".*

A autoridade tributária do Reino Unido considera que a entidade empregadora deve manter registos que possam justificar, do ponto de vista comercial, os contratos de cedência de direitos de imagem, tais como as considerações do Conselho de Administração quanto à utilização pró ativa dos direitos de imagem nas atividades comerciais da organização; um plano de negócios para as atividades promocionais envolvendo a exploração dos direitos de imagem; avaliações de desempenho face ao plano de negócios; ações tomadas, caso a exploração de um determinado contrato de aquisição de direitos de imagem não esteja a produzir um resultado comercial positivo; negociação dos termos de cada contrato de cedência de direitos de imagem; parecer independente referente à avaliação dos direitos de imagem (ou análise interna desse valor, baseada em experiência anterior); diligência devida relativamente à sociedade cedente; eventual aconselhamento aos jogadores sobre a criação de uma sociedade detentora dos seus direitos de imagem; e/ou um registo das atividades promocionais efetivamente realizadas[75].

V. "Employment income: general: payments for "image rights": HMRC enquiries" em *HMRC internal manual: Employment Income Manual* (disponível em: https://www.gov.uk/hmrc-internal-manuals/employment-income-manual/eim00738).

[75] *"Commerciality should be at the heart of an agreement between an employer and a company established by an employee for the exploitation of image rights. Without being prescriptive, HMRC expects this to be demonstrable. The employer may consider keeping records covering:*
•consideration given by the Board of Directors to the active use of image rights as a benefit to the commercial activities of the employer, whether to seek new agreements, reviews of the outcome of existing agreements, and the possibilities for increased value additional to rights existing under the employment contract
•a business plan for promotional activities involving the exploitation of image rights and the outcome of reviews of performance against that plan, including details of actions taken if the employer is not realising a commercial return from an image rights agreement
•negotiation of the terms of each image rights agreement to demonstrate consideration on an individual basis and to reflect any differences between the exploitation of image rights within and outside the UK
•details of independent advice received regarding the valuation of the image rights, or internal analysis of value based on previous experience
•due diligence regarding the image rights company and any advice provided to the employee regarding the establishment of an image rights company
•records of activities performed and any subsequent discussions about the performance of services under the image rights agreement and actions taken". V. "Employment income: general: pay-

Em 22 de março de 2019, o *First-Tier Tribunal* do Reino Unido proferiu uma decisão no Processo que opunha a *Hull City Tigers Limited* à autoridade tributária do Reino Unido[76] relativamente à qualificação para efeitos fiscais dos pagamentos efetuados por esta sociedade desportiva/clube de futebol a uma sociedade não residente no Reino Unido pela exploração comercial dos direitos de imagem de um jogador de futebol com o qual também tinha celebrado um contrato de trabalho desportivo.

Neste acórdão, o tribunal aceitou que não é inverosímil que um clube de futebol celebre um contrato de cedência dos direitos de imagem de um jogador quando contrata esse jogador ou renova o seu contrato, mas considerou que tais contratos devem ser analisados no seu contexto[77].

Inter alia, o tribunal considerou provado[78], que:

- As oportunidades para os clubes de futebol da primeira liga explorarem comercialmente os direitos de imagem advinham principalmente das solicitações dos seus parceiros comerciais para usarem a imagem dos jogadores em campanhas publicitárias e de *marketing*;
- Caso um clube desejasse adquirir os direitos de imagem de um jogador, seria bem aconselhado a separar a negociação do contrato de cedência da negociação do salário do jogador, bem como a assegurar que a avaliação desses direitos de imagem ficasse documentada e fosse objeto de seguimento ao longo da vigência do contrato de cedência;
- Historicamente, os contratos de cedência de direitos de imagem tinham sido usados por clubes da primeira liga como forma de "mascarar" rendimentos de trabalho dependente de forma a obter vantagens fiscais.

ments for "image rights": examples of issues to consider" em *HMRC internal manual: Employment Income Manual* (disponível em: https://www.gov.uk/hmrc-internal-manuals/employment-income-manual/eim00739).

[76] *V.* [2019] UKFTT 227 (TC) (22 de março de 2019) Hull City Tigers Limited v. HMRC (disponível em http://www.bailii.org/uk/cases/UKFTT/TC/2019/TC07074.html).

[77] *Idem*, parágrafo 34.

[78] *Idem*, parágrafo 53.

O tribunal aceitou igualmente que, em princípio, através dos contratos de cedência de direitos de imagem, os clubes de futebol podem evitar que os jogadores apoiem marcas concorrentes das dos seus próprios parceiros comerciais e patrocinadores[79], sendo, ainda, de notar que o contrato de cedência de direitos de imagem em apreço excluía a utilização desses direitos no Reino Unido[80]. Contudo, estes argumentos não foram considerados como relevantes pelo tribunal uma vez que os principais patrocinadores do clube eram duas sociedades sediadas na mesma cidade do clube, não existia qualquer indicação de que qualquer delas, ou os seus concorrentes, tivesse interesse na utilização da imagem do jogador no estrangeiro e não foi apresentada qualquer justificação para aquela exclusão do Reino Unido[81].

O tribunal concluiu também que o clube de futebol não tinha feito as devidas diligências para verificar se a sociedade em causa era efetivamente a detentora dos direitos de imagem do referido jogador[82].

O tribunal considerou que o clube de futebol não conseguiu apresentar provas de que explorou ou de que pensava explorar comercialmente os direitos de imagem do jogador, não tendo existido qualquer "intenção claramente definida ou plano" no ano em que os contratos foram celebrados[83]. Não foi disponibilizada qualquer documentação sobre as negociações dos contratos, nem uma avaliação independente dos direitos de imagem do jogador no ano em que os contratos foram celebrados[84].

O tribunal desvalorizou as declarações do Presidente executivo da sociedade desportiva requerente, à época da contratação do jogador (2008), ou por serem muito vagas[85] ou porque essa testemunha não se recordava pormenorizadamente das negociações, o que o tribunal considerou não ser surpreendente, atendendo ao período de tempo entretanto decorrido (cerca de 10 anos) e na ausência de qualquer documentação sobre essas negociações produzida no ano da contratação do jogador, à

[79] *Idem*, parágrafo 54.
[80] *Idem*, parágrafo 73.
[81] *Idem*, parágrafos 75 e 77.
[82] *Idem*, parágrafo 72.
[83] *Idem*, parágrafos 78, 84, 90 e 97.
[84] *Idem*, parágrafos 80, 89 e 95.
[85] *Idem*, parágrafo 78.

exceção dos próprios contratos, que foram analisados em profundidade pelo tribunal[86].

O tribunal concluiu, tendo em consideração todos os factos "vistos de uma forma realista", que os montantes a pagar pelo clube à sociedade tinham como objetivo assegurar os serviços do atleta enquanto jogador de futebol e que o clube encarava os montantes devidos nos termos do contrato de trabalho desportivo e nos termos do contrato de cedência dos direitos de imagem como um "pacote global" que o jogador exigiu e que o clube estava disposto a pagar para o contratar. Pelo que, os pagamentos à sociedade constituíam, na realidade, uma compensação pelos serviços do atleta enquanto jogador de futebol e faziam parte dos seus rendimentos de trabalho dependente[87].

O tribunal decidiu que os pagamentos à sociedade "vistos de uma forma realista" constituíam rendimentos de trabalho dependente do jogador, ainda que atribuídos a uma sociedade, pelo que não deu provimento ao recurso interposto pela sociedade desportiva para anular a liquidação.

Conclusões

Tal como em outros países, em Portugal, o direito à imagem tem uma dupla vertente: a de direito fundamental de natureza pessoal, consagrado constitucionalmente, e a vertente patrimonial. A doutrina e jurisprudência nacionais têm vindo a considerar que, embora o direito à imagem, enquanto direito de personalidade, seja irrenunciável e inalienável, o seu titular pode consentir, de forma livre e esclarecida, na cedência a terceiro do direito à exploração comercial da sua imagem pública associada à carreira profissional, solução esta acolhida pelo legislador, no âmbito do Regime jurídico do contrato de trabalho do praticante desportivo.

Atualmente, é frequente os artistas e os desportistas obterem uma parte significativa do respetivo rendimento na forma de um pagamento pelo uso, ou pelo direito de uso, dos respetivos "direitos de imagem", seja direta seja indiretamente, por exemplo, através de sociedades de promoção do artista ou desportista às quais cedem esses direitos.

[86] *Idem*, parágrafo 80.

[87] *Idem*, parágrafos 129 e 132.

Esses "direitos de imagem", tal como são definidos num contrato de cedência típico, são muito amplos, podendo incluir os direitos de utilização, para fins comerciais ou publicitários, das suas características pessoais juntamente com direitos de propriedade intelectual ou industrial. Os direitos de imagem podem, assim, constituir um conjunto de direitos distintos, que importa qualificar no plano jurídico-tributário.

Quando o contrato de cedência define os "direitos de imagem" em sentido muito amplo, incluindo certos "direitos de propriedade intelectual ou industrial", a remuneração correspondente a estes últimos deve, sempre que possível, ser autonomizada e qualificada como "*royalties*" para efeitos de aplicação da uma Convenção para evitar a dupla tributação (CDT). Quando o uso dos direitos de imagem de um artista ou desportista esteja estreitamente relacionado com as atividades exercidas pessoalmente por esse artista ou desportista num dado Estado, os pagamentos em contrapartida desse uso caem no âmbito do artigo 17.º de uma Convenção que siga o MOCDE, pelo que podem ser tributados no Estado em que são pessoalmente exercidas as atividades do artista ou do desportista, ainda que tais rendimentos sejam atribuídos a uma outra pessoa. Pelo que nestas circunstâncias, esse Estado tem competência tributária primária relativamente aos rendimentos em apreço.

Contudo, a aplicação do Artigo 17.º do MOCDE depende de cada situação individual, devendo ter-se em conta as disposições contratuais específicas acordadas entre as partes e as circunstâncias concretas de cada caso.

A análise de cada situação deve centrar-se na aferição quanto à existência, ou não, de uma conexão suficientemente forte entre o rendimento em apreço e as atividades exercidas pessoalmente pelo artista ou desportista num dado Estado. De um modo geral, podemos considerar que tal relação estreita existe quando não se possa razoavelmente esperar que o rendimento teria sido obtido se essas atividades não tivessem sido exercidas.

Quando não exista tal relação estreita, os rendimentos derivados da cedência dos "direitos de imagem" de um artista ou desportista que não correspondam a "direitos de propriedade intelectual ou industrial" podem ser abrangidos pelo artigo 7.º (Lucros empresariais), 15.º (Rendimentos do emprego) ou 21.º (Outros rendimentos) do atual MOCDE, ou ainda pelo antigo artigo 14.º (Profissões independentes) do MOCDE, em função das circunstâncias específicas.

Os rendimentos derivados da cedência de direitos de imagem não têm um tratamento explícito na legislação fiscal portuguesa, o que deu azo a que o mesmo tenha sido objeto de posições doutrinárias diversas que, pelo menos em parte, radicam em distintas (e regra geral insuficientemente ou nada explicitadas) conceções ou definições de "direitos de imagem".

A Circular n.º 17/2011, de 19 de maio, da ex-DGCI, veio firmar o entendimento da administração fiscal no que concerne ao tratamento em sede de IRS dos rendimentos obtidos por um jogador com a cedência do seu direito de imagem, no plano da equipa e no plano individual, a um Clube ou SAD residente em território português, com o qual este celebre um contrato de trabalho desportivo, segundo o qual estes qualificam-se como rendimentos de trabalho dependente, pelo que encontram-se sujeitos a IRS e enquadram-se na categoria A, nos termos do artigo 2.º do Código do IRS.

Quanto aos rendimentos obtidos por um jogador com a cedência do seu direito de imagem a uma outra entidade, que não o Clube ou SAD com o qual o atleta celebrou um contrato de trabalho desportivo, a administração fiscal considera que estes assumem a natureza de rendimentos da exploração de um direito de natureza pessoal, com conteúdo patrimonial, devendo ser qualificados como rendimentos de capitais, nos termos do n.º 1 do artigo 5.º do Código do IRS.

Em nossa opinião, este último entendimento deve considerar-se como reportando-se apenas e exclusivamente aos rendimentos provenientes da cedência da exploração do "direito de imagem" definido em sentido estrito (i.e., direito de natureza pessoal, com conteúdo patrimonial). Uma vez que, quando o contrato de cedência define os "direitos de imagem" em sentido amplo, incluindo certos "direitos de propriedade intelectual ou industrial" (i.e., direitos de natureza patrimonial), a remuneração correspondente a estes últimos deve ser qualificada como tal, para efeitos de IRS, considerando-se os mesmos, quando auferidos pelo seu titular originário, como rendimentos empresariais e profissionais, nos termos da alínea c) do n.º 1 do artigo 3.º do Código do IRS.

Relativamente aos rendimentos auferidos por pessoas não residentes em território português, o legislador português estabeleceu um regime interno em consonância com o regime permitido pelo disposto nos n.ºs 1 e 2 do artigo 17.º do MOCDE (v. alínea o) do n.º 1 do artigo 18.º do CIRS).

Quando o contrato de cedência define os "direitos de imagem" em sentido muito amplo, incluindo certos "direitos de propriedade intelectual ou industrial", estes últimos encontram-se abrangidos pela alínea d) do n.º 1 do artigo 18.º do CIRS ou pela subalínea 1) da alínea c) do n.º 3 do artigo 4.º do CIRC.

Quando os direitos de imagem sejam detidos por uma entidade não residente em território português e os rendimentos obtidos por essa entidade com a cedência desses direitos se encontrem estreitamente relacionados com a atividade exercida pelo desportista em território português, tais rendimentos configuram «rendimentos derivados do exercício em território português de atividade de desportistas» e encontram-se sujeitos a IRC, nos termos da alínea d) do n.º 3 do artigo 4.º do Código do IRC.

Para efeitos de aplicação das normas tributárias em apreço relativamente a um jogador com contrato de trabalho desportivo com um clube ou SAD residente em território português, a administração fiscal deverá demonstrar que se encontram verificados os pressupostos de incidência do imposto, identificando os factos e circunstâncias específicos que indiciem a existência de uma ligação estreita entre os rendimentos em apreço e a atividade exercida ao abrigo desse contrato de trabalho.

Quando esta relação estreita não resulte evidente dos termos contratuais especificamente acordados, a aplicação das normas tributárias deve basear-se numa análise factual que poderá ter em conta, designadamente, as relações entre o contrato de cedência dos direitos de imagem e o contrato de trabalho desportivo (e.g., início, termo, caducidade ou rescisão, exigibilidade de prestações), as ações de promoção concretamente realizadas, a documentação contemporânea ou prévia à celebração do contrato de cedência sobre a negociação do mesmo, a existência de uma avaliação independente dos direitos em causa ou a existência de um plano ou estratégia de exploração comercial desses direitos. Esta análise factual deverá ter em conta o âmbito territorial do direito ao uso da imagem contratualmente cedido e o(s) território(s) em que esse direito foi efetivamente utilizado ou em que se planeou que fosse utilizado. Devendo considerar-se, na ausência de elementos que comprovem a existência de uma justificação comercial para os termos contratuais acordados, que os rendimentos em causa se encontram estreitamente relacionados com a atividade exercida, em território português, pelo jogador.

Neste artigo são ainda analisadas duas decisões arbitrais recentes em Portugal: as Decisões do CAAD de 15-06-2018 (Processo n.º 597/2017-T) e de 24-01-2017 (Processo n.º 347/2016-T). Nestas decisões os elementos que poderiam comprovar, ou não, a existência de uma estreita ligação dos rendimentos em causa com a atividade exercida por cada um dos jogadores em território português foram analisados de forma superficial e insuficiente. Em particular não foram identificadas quais as ações de promoção realizadas, nem quem eram, em concreto, os patrocinadores. Também não foi analisada pelo tribunal nenhuma documentação contemporânea ou prévia à celebração do contrato de cedência sobre a negociação do mesmo, nem uma avaliação independente dos direitos de imagem em apreço, nem sequer um plano ou estratégia de exploração comercial desses direitos. Pelo contrário, no primeiro caso, apesar de o tribunal ter afirmado "que o montante da contraprestação paga pela Requerente não atendeu ao concreto uso que iria ser feito da imagem do jogador", o que constituiria, pelo menos, um indício da inexistência de uma justificação comercial para o contrato de cedência em apreço, não retirou a devida consequência dessa circunstância.

As orientações da autoridade tributária (HMRC) do Reino Unido em matéria de direitos de imagem, publicadas em 16 de agosto de 2017, constituem um bom exemplo daquilo que se nos afigura ser uma adequada interpretação e aplicação do disposto no artigo 17.º do MOCDE.

De acordo com estas orientações, quando existe um contrato entre a entidade empregadora (e.g. um clube de futebol) e a sociedade que detém os direitos de imagem do jogador, deve existir uma justificação comercial para a diferenciação entre o pagamento pela prestação do trabalho do jogador e o pagamento pelos "serviços promocionais" (i.e. pelo uso dos seus "direitos de imagem"). Os termos do contrato de trabalho e do contrato de cedência de direitos de imagem devem ser distintos e cada um destes contratos deve refletir a realidade comercial. Deve existir documentação sobre como se chegou ao valor atribuído aos direitos de imagem, incluindo registos de acompanhamento dos montantes obtidos pelo empregador através da exploração desses direitos.

O acórdão do *First-Tier Tribunal* do Reino Unido, de 22 de março de 2019, no âmbito de um Processo que opunha a *Hull City Tigers Limited* à autoridade tributária do Reino Unido relativamente à qualificação para efeitos fiscais dos pagamentos efetuados por esta sociedade desportiva/clube de futebol a uma sociedade não residente no Reino Unido pela exploração comercial dos direitos de imagem de um jogador de futebol com o qual também tinha celebrado um contrato de trabalho desportivo, afigura-se-nos como exemplar pela análise detalhada de todos os factos e circunstâncias relevantes para aferir da existência de uma estreita relação entre esses rendimentos e a atividade do jogador ao serviço daquele clube.

Doutrina administrativa e Jurisprudência

(*Ex*) Direcção Geral dos Impostos

- Circular n.º 17/2011, de 19 de maio de 2011 (Disponível em http://info.portaldasfinancas.gov.pt/pt/informacao_fiscal/legislacao/instrucoes_administrativas/Documents/Circular%20B.pdf)

Autoridade tributária do Reino Unido (HMRC)

- "What are "image rights"?" em *HMRC internal manual: Capital Gains Manual* (Disponível em: https://www.gov.uk/hmrc-internal-manuals/capital-gains-manual/cg68450)
- "Payments for "image rights": background" em *HMRC internal manual: Employment Income Manual* (disponível em: https://www.gov.uk/hmrc-internal-manuals/employment-income-manual/eim00732)
- "Reporting and paying tax on payments received for use of image rights, including payments made to an image rights company" em *HMRC Guidance: Tax on payments for use of image rights*, publicado em 16 de agosto de 2017 (disponível em: https://www.gov.uk/guidance/tax-on-payments-for-use-of-image-rights)
- "Employment income: general: payments for "image rights": HMRC enquiries" em *HMRC internal manual: Employment Income Manual* (disponível em: https://www.gov.uk/hmrc-internal-manuals/employment-income-manual/eim00738)
- "Employment income: general: payments for "image rights": examples of issues to consider" em *HMRC internal manual: Employment Income Manual* (disponível em: https://www.gov.uk/hmrc-internal-manuals/employment-income-manual/eim00739)

Court of Appeals for the Second Circuit (EUA)

- Decision of 16 February 1953, Case Haelan Laboratories, Inc. v. Topps Chewing Gum, Inc, 202 F.2d 866 (2d Cir. 1953)

Tribunal Constitucional

- Acórdão n.º 319/95, de 20-06-1995, Processo n.º 200/94 (Disponível em http://www.tribunalconstitucional.pt/tc/acordaos/)

Supremo Tribunal de Justiça

- Acórdão de 12-09-2007, Processo n.º 06S4107 (Disponível em: http://www.dgsi.pt/jstj.nsf/954f0ce6ad9dd8b980256b5f003fa814/5e19426cc3106edc8025736e004a8381?OpenDocument&Highlight=0,06S4107)

Tribunal da Relação de Lisboa

- Acórdão de 18-12-2007, Processo n.º 7379/2007-2 (Disponível em http://www.dgsi.pt/)

Centro de Arbitragem Administrativa (CAAD): Arbitragem Tributária

- Decisão Arbitral de 20-05-2015, Processo n.º 501/2014-T
- Decisão Arbitral de 16-09-2015, Processo n.º 108/2015-T
- Decisão Arbitral de 24-01-2017, Processo n.º 347/2016-T
- Decisão Arbitral de 06-04-2017, Processo n.º 346/2016-T
- Decisão Arbitral de 15-06-2018, Processo n.º 597/2017-T

(Disponíveis em https://caad.org.pt/tributario/decisoes/)

First-Tier Tribunal (Reino Unido)

- [2019] UKFTT 227 (TC) (22 de março de 2019) Hull City Tigers Limited v. HMRC (Disponível em http://www.bailii.org/uk/cases/UKFTT/TC/2019/TC07074.html)

United Kingdom Supreme Court (Reino Unido)

- [2017] UKSC 45 (5 de julho de 2017) RFC 2012 Plc (formerly The Rangers Football Club Plc) v Advocate General for Scotland (Scotland) (Disponível em http://www.bailii.org/uk/cases/UKSC/2017/45.html)

Bibliografia

AAVV, *Klaus Vogel on Double Taxation Conventions*, 4.ª edição, Wolters Kluwer, Alphen aan den Rijn, 2015

Borges, Ricardo da Palma e Barros, José Pedro, "Acquisition of football players' image rights and economic sporting rights by a Portuguese tax resident sporting company from non-tax resident standard companies under article 17 (2) OECD-MTC", *Global Sports Law and Taxation Reports*, vol. 8, n.º 3, set. 2017, pp. 20-25

Borges, Ricardo da Palma; Sousa, Pedro Ribeiro e Pimentel, Miguel Cortez, "The taxation of sportspeople in Portugal", *Fiscalidade*, n.º 43, jul./set. 2010, pp. 63-78

Borges, Ricardo da Palma e Sousa, Pedro Ribeiro de, "Portugal: Tax planning for incoming individual sportspersons", *Global Sports Law and Taxation Reports*, vol. 7, n.º 1, mar. 2016, pp. 24-30

Dalby, Thomas, "The final whistle: Rangers in the UK Supreme Court", *Global Sports Law and Taxation Reports*, vol. 8, n.º 3, set. 2017, pp. 12-15

Hylton, J. Gordon, "Baseball Cards and the Birth of the Right of Publicity: The Curious Case of Haelan Laboratories v. Topps Chewing Gum", *Marquette Sports Law Review*, vol. 12, 2001, pp. 273-294

Matos, Francisco Cabral e Rapoula, João Riscado, "Portugal: Taxation of image rights", *Global Sports Law and Taxation Reports*, vol. 7, n.º 4, dez. 2016

Moura, Sónia, "Os direitos de personalidade" em MEIRIM, José Manuel (coordenador), *O desporto que os tribunais praticam*, Coimbra Editora, Coimbra, 2014, pp. 39-67

OCDE, *Model Tax Convention on Income and on Capital: Condensed Version (as it read on 21 November 2017)*, OECD *Publishing*, Paris, 2017 (salvo indicação em contrário, nas citações foi utilizada a tradução portuguesa de Eugénia Lourenço, publicada sob o título "*Modelo de Convenção Fiscal sobre o Rendimento e o Património: Versão Condensada (15 de julho de 2014)*" em *Cadernos de Ciência e Técnica Fiscal*, n.º 216, Centro de Estudos Fiscais e Aduaneiros, Lisboa, 2015)

Offer, Kevin, "UK developments in the taxation of image rights", *Global Sports Law and Taxation Reports*, vol. 8, n.º 4, dez. 2017, pp. 14-17

Pina, Carolina e Mesa, Cristina, "La Explotación Comercial de la Imagen en las Industrias del Deporte y del Entretenimiento", *Revista Aranzadi de Derecho de Deporte y Entretenimiento*, n.º 7, 2012, Editorial Aranzadi

Plaza de Diego, Miguel Ángel, *Fiscalidad Del Derecho a La Propria Imagen – Especial referencia a los Deportistas Profesionales*, Instituto de Estudios Fiscales, Madrid, 2005

Silva, Fernando Castro, "Portugal" em Plaza Romero, Félix (org), *Guide on sportsperson taxation in certain relevant jurisdictions*, Editorial Thomson-Aranzadi, Pamplona, 2008

Xavier, Alberto, *Direito tributário internacional*, 2.ª edição atualizada, Almedina, Coimbra, 2007

Xavier de Basto, José Guilherme, *IRS: Incidência Real e Determinação dos Rendimentos Líquidos*, Coimbra Editora, Coimbra, 2007

SOBRE A QUALIFICAÇÃO DOS RENDIMENTOS OBTIDOS NO REEMBOLSO DE OBRIGAÇÕES

MANUEL FAUSTINO[1]

Sumário: **1.** Razão do tema. **2.** O entendimento da AT quanto à qualificação dos rendimentos obtidos em conexão com a amortização de obrigações. **3.** Das obrigações, títulos de crédito e valores mobiliários representativos de dívida. **3.1** Generalidades. **3.2** As obrigações quanto ao seu conteúdo. **3.3** Os limites da autonomia jurídica das obrigações enquanto títulos de crédito e as suas consequências. A aquisição de obrigações pela sociedade emitente. **4.** Da negociação das obrigações em mercado. As obrigações como valores mobiliários. Factos transmissivos dos valores mobiliários. **5.** Do reembolso das obrigações e da *restituição* do título pelo credor ao devedor. Da natureza jurídica da *restituição* do título. A operacionalização, em mercado, do reembolso das obrigações. **6.** Da formação do preço das obrigações em mercado. **7.** A qualificação jurídica tributária dos rendimentos obtidos na transmissão onerosa de obrigações: os rendimentos obtidos por com base na remuneração, implícita ou explícita, do título; o "ganho" ou a "perda" determinados pela diferença entre "valor de alienação" e "valor de aquisição", excepto quanto ao preço de aquisição na emissão do título a desconto **7.1** A noção de rendimento de capitais na transmissão de obrigações. **7.2** A transmissão onerosa como negócio prototípico gerador de mais-valias ou de menos-valias. **7.3** Os regimes de qualificação, em IRS, dos rendimentos obtidos com obrigações. **8.** Conclusão – motivação da dissensão relativamente ao entendimento administrativo sancionado.

Nota Introdutória (Em modo de justificação)

Não era este o tema que tinha previsto apresentar para a Obra Coletiva, comemorativa dos trinta anos da Reforma Fiscal de 1989, em bora hora promovida pela Prof.ª Doutora Paula Rosado Pereira, a quem agradeço a honra do convite para nela participar.

[1] Jurista. Consultor Fiscal. Sócio de *N. Pinto Fernandes, M. Faustino & J. Durão, Consultores Fiscais, Lda.* Agradeço ao Dr. Nuno Pinto Fernandes a leitura atenta que fez do texto, as observações e os comentários que sobre o mesmo produziu e que contribuíram decisivamente para a sua melhoria e consistência. Agradeço igualmente à D. Teresa Almeida a erudita correção ao texto. Nenhum deles, em qualquer das vertentes, é evidentemente responsável pelos erros que o mesmo contenha. Essa, naturalmente, é toda minha.

Na verdade, pretendendo atualizar e dar um outro aprofundamento e dimensão ao estudo já publicado na Ciência e Técnica Fiscal n.º 424, ano de 2009, pp. 99-147, subordinado ao tema *Os Residentes sobre o Rendimento Pessoal (IRS) Português*, sugeri à Prof.ª Paula Rosado Pereira um tema coincidente, mas com perímetro e problemática mais amplos, que teria por título *O Elemento Subjetivo do Facto Tributário em IRS*.

Comecei, de facto, a elaborar o referido estudo. Dificuldades na obtenção de literatura sobre o respetivo objeto, no plano interno praticamente inexistente, a que se somaram outras de natureza profissional que a "ditadura" dos prazos não nos permite adiar, como bem sabe quem com eles lida, impediram que, chegado o termo do prazo para a sua entrega, ele estivesse em condições, muito longe disso, para o efeito.

Rebuscando nas pastas da memória, lembrei-me de que, em 2014, a convite do então Diretor do Centro de Estudos Fiscais e Aduaneiros, o Doutor Mário Alexandre, eu tinha escrito sobre um tema então na ordem do dia, para publicação no que se projetava ser uma separata da CTF comemorativa da celebração dos 50 anos do CEF(A). Infelizmente, por razões que me escapam, a respetiva edição nunca viu a luz do dia. E o meu trabalho por aqui ficou esquecido, quer porque, entretanto, outros Autores sobre ele se debruçaram e publicaram (v. g., António Lobo Xavier *et allii*, in Revista de Finanças Públicas e Direito Financeiro, Ano VII, n.º 2, Novembro de 20114, pp. 43/2016) quer porque a Reforma de 2015, e bem, resolveu de uma vez por todas a questão então solucionada, a meu ver deficientemente, por entendimento administrativo.

Optei, agora, por publicar esse trabalho. Não apenas porque me encontro em "estado de necessidade" desculpante. Mas porque, apesar de a questão nele abordada estar legislativamente resolvida, e bem do meu ponto de vista, creio que acrescenta e desenvolve razões que melhor ajudam a entender a solução que foi consagrada e por que era iníqua, no sentido de não equitativa, ou mesmo no sentido de injusta, a solução administrativa sancionada. Tratava-se, de facto, de uma solução desequilibrada, que não compunha com critérios de justiça os interesses que estavam, no caso concreto, em contraposição perante uma clara lacuna da lei. E uma solução jurídica administrativa que não é justa não pode ser tida como *ius*, como direito e, nesse sentido, como plenamente vinculativa para os seus destinatários.

Este é, pois, um estudo datado e na sua leitura, legislação citada, remissões efetuadas, etc., tal deve ser tido em conta.

Não abandonarei o tema que agora não é publicado. Fica para outro momento. Aqui, reitero o meu pedido de desculpas à Prof.ª Doutora Paula Rosado Pereira por me ter afastado do objetivo inicial e, bem assim, a gratidão pelo privilégio de me fazer presente nesta Obra, a única, ao que parece, que ficará a assinalar o 30.º aniversário da verdadeira reforma da tributação do rendimento pessoal operada nas últimas três décadas. Julgo que tarde teremos outra reforma, em sentido estrito, como foi a de 1989, embora seja certo que o seu período de vida útil se aproxima vertiginosamente do fim. Em meu entendimento, e oxalá eu me engane, à luz de critérios de oportunidade política, por motivos vários que aqui e agora não cabe esmiuçar, não estão reunidas as condições mínimas que se impõem para tornar possível a reforma da tributação do rendimento pessoal para o século XXI.

MANUEL FAUSTINO

1. Razão do tema

A qualificação fiscal dos rendimentos[2] obtidos em conexão com a amortização de obrigações[3] articula-se com a problemática, usualmente pouco estudada, da extinção do valor mobiliário. A ausência de estudos apro-

[2] O que baliza, desde logo, o âmbito do nosso estudo. A qualificação fiscal dos rendimentos obtidos em conexão com a amortização de obrigações relevará aqui, exclusivamente, para efeitos de impostos sobre o rendimento, ou seja, para IRS e IRC. E, mesmo dentro destes impostos, verificam-se discriminações qualitativas em função da qualificação. Em IRS, a discriminação pode decorrer do facto de tais rendimentos serem obtidos no âmbito do exercício de uma atividade empresarial ou profissional (categoria B, seja qual for a qualificação) ou fora de tal âmbito, ou seja, pela pessoa singular enquanto tal (caso em que serão rendimentos da categoria E se forem qualificados como rendimentos de capitais ou da categoria G se forem qualificados como mais valias). Em IRC, a distinção também ocorre quer no âmbito subjetivo, isto é, se os rendimentos forem obtidos por quem exerce a título principal uma atividade de natureza comercial, industrial ou agrícola ou se não exerce a título principal uma atividade de natureza comercial, industrial ou agrícola e, dentro destas, aquelas que, por exemplo, estão normalmente totalmente sujeitas a imposto sobre todos os rendimentos obtidos, ou apenas a "*rendimentos de capi-*

fundados sobre a extinção dos valores mobiliários é justamente sublinhada por Paulo Câmara (2011) quando trata as operações de saída de mercado dos valores mobiliários, ao distinguir a saída de mercado das ações da de outros valores mobiliários e nesta última categoria enquadra a saída de mercado de valores mobiliários com prazo determinado, onde se incluem, no que para aqui nos interessa, os títulos de dívida pública negociáveis e as obrigações emitidas de acordo com o regime previsto no CSC[4]. A falta de estudos aprofundados sobre este tema dificulta, naturalmente, uma conclusão inequívoca sobre a matéria controvertida. Foi também com o intuito de contribuir para a clarificação e o correto enquadramento jurídico tributário de uma situação que, pelo menos na perspetiva das pessoas singulares enquanto tais e de outras entidades (v. g., fundos de investimento mobiliário e, não menos relevantes, os fundos de garantia de depósitos[5] que têm a natureza de institutos públicos e, nessa

tais tal como são definidos para efeitos de IRS". Estas questões, aqui apenas enunciadas esquematicamente, serão, adiante, objeto de análise aprofundada.

[3] Sempre que se não fizer distinção, incluir-se-ão no conceito de "*obrigações*", para efeitos deste estudo, não apenas as obrigações emitidas em conformidade com o regime consagrado nos artigos 348.º a 372.º-B do CSC, como também os títulos de dívida pública, mas também os títulos de dívida pública negociáveis, emitidos em conformidade com a Lei Quadro da Dívida Pública, a Lei n.º 7/98, de 3 de fevereiro, dos quais se destacam, com natureza de *títulos de massa*, as OT e os BT. Como se sabe, não se incluem aqui os Certificados de Aforro, os Certificados de Tesouro (modalidade de dívida pública cuja subscrição foi entretanto suspensa desde 1 de setembro de 2012, nos termos da Instrução n.º 2-A/2012 de 30 agosto) e os Certificados de Tesouro Poupança Mais, entretanto criados, uma vez que estes instrumentos de dívida pública não são transmissíveis por negócio *inter vivos*, logo não são transmissíveis onerosamente.

[4] In CÂMARA, Paulo, *Manual do Direito dos Valores Mobiliários*, 2.ª edição, Almedina, Coimbra, 2011, pp. 731. Aparentemente, também VEIGA, Alexandre Brandão da, parece fugir à questão quando delimita o âmbito do seu estudo *Transmissão de Valores Mobiliários*, Almedina, Coimbra, 2010, pp. 16: "*O objeto do presente estudo versa apenas sobre transmissões de valores mobiliários. Ficam assim de fora outras vicissitudes (criação, modificações objetivas, extinção)*.

[5] Referimo-nos, nomeadamente, ao Fundo de Garantia de Depósito, cujo regime jurídico consta do Título IX do DL 298/92, de 31 de dezembro, que aprovou o Regime Geral das Instituições de Crédito e das Sociedades Financeiras, e ao Fundo de Garantia do Crédito Agrícola Mútuo, cujo regime jurídico foi aprovado pelo DL 345/98, de 9 de novembro. Note-se, porém, que, além destes, existe uma infinidade de outros fundos com a mesma natureza, o menos importante dos quais não seriam os fundos de capitalização geridos

qualidade, estando abrangidos pelo regime de tributação do Estado, pelo que são sujeitos a tributação sobre rendimentos de capitais tal como são definidos para efeitos de IRS) se nos afigura extremamente relevante, pelos menos num quadro de crise financeira e de manutenção da crise das dívidas soberanas, nomeadamente a de Portugal e da Grécia, que entendemos dever aproveitar esta oportunidade para o fazer.

Sendo vasta a disciplina dos valores mobiliários, qualquer que seja a vertente por que se aborde, limitaremos, porém, a nossa análise à categoria dos valores mobiliários que integra os títulos de crédito representativos de dívida, e, dentro destes, ainda a cingiremos à modalidade restrita das obrigações, tanto de rendimento fixo, como de rendimento variável. Assim o exige a transversalidade do tema a tratar e o delimita, como se verá, o entendimento administrativo que lhe está na origem. Como é bom de ver, no estádio atual da doutrina, que não encontrou ainda um tratamento unitário para realidade tão diversas como os instrumentos de captação de aforro estruturado ou os produtos financeiros complexos[6], não podia pedir-se a um estudo analítico desta natureza tarefa tão vasta. Segundo entendemos, a qualificação fiscal dos rendimentos obtidos, ou suscetíveis de obter, em conexão com a amortização de obrigações[7] não pode reconduzir-se a uma aparente e mera interpretação literal das normas fiscais suscetíveis de serem consideradas pertinentes. Aquela, como de resto decorre do artigo 11.º da LGT, poderá ter de fazer-se por recurso a conceitos importados de outros ramos do direito se o direito fiscal, utilizando-os, lhes não deu conteúdo próprio. Acresce, para maiores dificuldades do intérprete, parecer poder dizer-se, com segurança, que, no domínio da amortização de obrigações, nomeadamente quando a

pela segurança social. Porém, quanto a estes, o legislador teve já "o cuidado" de os excluir totalmente da tributação, incluindo, portanto, quanto aos rendimentos de capitais (cfr. artigo 9.º, n.º 1, al. d) e n.º 2 do artigo 9.º do Código do IRC). O mesmo fez, aliás, quanto ao IGCP (n.º 4 do mesmo preceito), o que só demonstra, quanto a nós, a irracionalidade da norma de tributação do Estado. Mas dessa questão concreta se não cura aqui. Sobre o tema, de Faustino, Manuel, *A tributação dos rendimentos de capitais obtidos por entidades públicas isentas: o caso particular dos fundos de garantia de depósitos (FGD e FGCAM)*, Revista de Finanças Públicas e Direito Fiscal, Ano VI, 2/13, pp. 121/144.

[6] Câmara, Paulo, op. cit, pp.160/218

[7] Não é de estilo esta expressão. A amortização de obrigações integra-se, como veremos, num processo complexo de que o reembolso é, em nosso entender, apenas uma fase.

mesma decorre do processo que se abre, em situações não patológicas, na maturidade do título e inclui o "reembolso"[8] do valor titulado, são mais as lacunas do que os ditames expressos, seja da lei fiscal seja de outros regimes jurídicos que lhe são aplicáveis, designadamente, o regime jurídico emergente do CSC (artigos 348.º a 372.º-B), o regime de enquadramento jurídico de gestão da dívida pública (que integra, nomeadamente, a Lei n.º 7/98, de 3 de fevereiro, com as alterações introduzidas pelo artigo 81.º da Lei n.º 87-B/98, de 31 de dezembro, que estabelece o regime geral da emissão e gestão da dívida pública, o DL n.º 200/2012, de 27 de agosto, que criou a Agência de Gestão da Tesouraria e da Dívida Pública, IGCP, E.P.E., o DL n.º 280/98, de 17 de setembro, que aprovou o regime jurídico das OT e o DL n.º 279/98, de 17 de setembro, com as alterações introduzidas pelo Decreto-Lei n.º 91/2003, de 30 de abril, pelo DL n.º 40/2012 de 20 de fevereiro e pelo DL n.º 261/2012, de 17 de dezembro, que consagrou o regime jurídico dos BT] e, bem assim, o regime do CVM. De facto, parece tudo ter-se bastado, e esgotado, ao menos no plano doutrinário, com o princípio geral extraído da consagração, no CC, das disposições relativas ao cumprimento como causa extintiva das obrigações (Livro II, Título I, Capítulo VII, artigos 762.º a 873.º)[9]. Tal posição afigura-se-nos, porém, no caso do reembolso da obrigações, manifestamente insuficiente, senão mesmo redutora. Sendo assim, reconhecendo-se a existência de lacuna, a sua integração terá, necessariamente de ser resolvida observando-se o regime previsto no artigo 10.º do CC[10].

[8] Expressão que parece encerrar um conjunto de equívocos, mormente quando se pretende que interfira, como que modificando-a, na natureza do facto jurídico subjacente.

[9] Por todos, VAZ SERRA, Adriano Paes da Silva., *Do cumprimento como modo de extinção das obrigações*, BMJ, n.º 34, pp. 5/212.

[10] Que dispõe nos seguintes termos: ***Artigo 10.º – Integração das lacunas da lei.****1. Os casos que a lei não preveja são regulados segundo a norma aplicável aos casos análogos. 2. Há analogia sempre que no caso omisso procedam as razões justificativas da regulamentação do caso previsto na lei.3. Na falta de caso análogo, a situação é resolvida segundo a norma que o próprio intérprete criaria, se houvesse de legislar dentro do espírito do sistema.* Relembra-se que estamos em matéria pré-fiscal e onde, em princípio, não existe a excecionalidade normativa que é impeditiva da aplicação da analogia como método de integração de lacunas, nos termos do artigo 11.º do CC, admitindo-se, apenas, a interpretação extensiva. Em qualquer caso, estamos a ser conservadores na posição adotada. Discute-se hoje abertamente a aplicação da analogia em normas tributarias onde a doutrina clássica jamais a admitiria.

O tema permanecia, no plano fiscal, adormecido, há que reconhecê-lo, desde, pelo menos, um dos primeiros, se não mesmo o primeiro, verdadeiro *escândalo fiscal* que hoje, por certo, se denominaria *planeamento fiscal abusivo*[11], que teve lugar no quadro da reforma da tributação do rendimento de 1989 e que nos anais da história fiscal recente ficou conhecido por "*lavagem do cupão*"[12]. Recordamos que esse esquema de planeamento fiscal foi delineado com obrigações ou, mais precisamente, com os cupões das obrigações, os títulos representativos do direito aos juros, que na véspera do respetivo vencimento eram transmitidos onerosamente a entidades isentas de IRS ou IRC, para que estas, na data do vencimento, se apresentassem junto do emitente a receber o juros, beneficiando da isenção de retenção na fonte que seria devida, por decorrência direta do seu estatuto fiscal subjetivo[13]. A unanimidade da doutrina nacional defendeu, então, que, à míngua de regulamentação apropriada, ou, pela positiva, por expressa previsão legal[14], que o rendimento apurado na transmissão onerosa do cupão/obrigação prévia ao vencimento não podia senão qualificar-se como mais-valia e que essa mais-valia, no quadro jurídico tributário então vigente para as pessoas singulares ou para entidades que, embora sujeitas a IRC, por não exercerem a título

[11] Nomeadamente porque dele decorria uma pretensa requalificação de juro em mais-valia, sendo que, aquele era tributado e esta estava então excluída da tributação, segundo a tributação-regra aplicável em IRS.

[12] E que, convém esclarecer-se, para que o sentimento de culpa que nestas ocasiões nos invade nos não faça cair em depressão, não foi um exclusivo português. Em *Régimen Fiscal de La Deuda Pública,* Alvarez Barbeito, Pilar, *Cuardernos Fiscales, n.º 9,* Editoriales de Derecho Reunidas, SA, Madrid, 2002, pp. 233 e ss., dá-nos conta do fenómeno do "*lavado de cupón*" ocorrido pelo menos em Espanha e na Alemanha, em modalidades diversas, nelas se incluindo o aproveitamento de regimes convencionais, como, por exemplo, o da CDTI entre a Espanha e a Áustria.

[13] Transmissões que, inclusivamente, se faziam num quadro jurídico em que o *stripping* (possibilidade legal de destacar o cupão da própria obrigação não era ainda entre nós reconhecida, pelo contrário, era expressamente proibida). Os menos arrojados, alienariam a própria obrigação, juntamente com o cupão, recomprando-a posteriormente.

[14] Referimo-nos à alínea b) do n.º 1 do artigo 10.º do CIRS, na sua redação ao tempo, que qualificava como mais-valias os ganhos obtidos na "*alienação onerosa de partes sociais, incluindo a sua amortização, e de outros valores mobiliários*", dispondo-se a seguir na alínea a) do n.º 2 do mesmo preceito que se excluíam da sujeição "*as mais-valias provenientes da alienação de obrigações e outro títulos de dívida*".

principal uma atividade de natureza comercial, industrial e agrícola, vissem a sua incidência confinada ao rendimento global, correspondente à soma algébrica dos rendimentos das diversas categorias consideradas para efeitos de IRS[15], estaria pura e simplesmente excluída da tributação[16]. Apenas parte da administração fiscal, no que não temos nem pejo, nem modéstia em assumir ter desempenhado papel com algum relevo[17], se não conformou com tal unanimismo, sempre considerou que nessas transmissões, feitas ao valor de mercado *e segundo a regra do juro nominal líquido*, o rendimento exclusivo, ou, pelo menos, preponderante, obtido era juro e como juro tinha de ser fiscalmente enquadrado e tratado[18]. Os resultados obtidos foram positivos para os cofres do Estado.

[15] CIRC, artigo 3.º, n.º 1, alínea b).

[16] CIRS, artigo 10.º, n.º 2, alínea b), que excluiu, até à sua revogação pelo artigo 2.º da Lei n.º 15/2010, de 26 de julho, as mais-valias provenientes da alienação de obrigações e outros títulos de dívida. É representativa da *communis opinio doctorum* a *Anotação* de SALDANHA SANCHES, J. L., *Abuso de Direito e Abusos de Jurisprudência*, ao Acórdão do STA de 3-5-2000, tirado no Recurso n.º 24585, favorável à tese defendida pela Fazenda Pública. Ver *FISCALIDADE, Revista de Direito e Gestão Fiscal*, n.º 4, pp. 53/65.

[17] Em virtude de desempenharmos, à data, as funções de Diretor de Serviços na DSIRS, integrada no Serviço central da DGCI que administrava os impostos sobre o rendimento, designado SAIR. A posição por nós então defendida serviu de base e está plasmada na intervenção feita na Sessão Plenária da Assembleia da República de 30 de junho de 1992, no debate na generalidade da PL 27/VI (que estaria na base da Lei de Autorização Legislativa n.º 17/92 com base na qual o Governo aprovou o DL 263/92, de 24 de novembro, que alterou o CIRS e o CIRC) pelo então Subsecretário de Estado Adjunto da Secretária de Estado Adjunta e do Orçamento, Vasco Valdez, constante do Diário da Assembleia da República, I Série, n.º 81/VI/I, de 1/07/1992, pp. 2657/2659. **Tem esta lei, atento o seu objeto, a rara característica da sua votação por unanimidade em todos os estádios do processo legislativo.**

[18] Fundamentalmente porque a administração fiscal emitiu a Circular 16/89, que criava a "conta corrente com o Estado" **a pedido e por muita insistência**, essencialmente, dos fundos de investimento mobiliário. De facto, quando, de acordo com o primeiro regime fiscal dos fundos de investimento mobiliário consagrado no EBF, entrado em vigor em 1 de Julho de 1989, aqueles eram entidades isentas, sendo sujeitos os participantes, foram os FIM que levantaram o problema do prejuízo que lhes advinha das operações praticadas em mercado, pois, sendo entidades isentas, sempre que alienavam títulos de crédito negociáveis, designadamente obrigações, eram prejudicados pela regra do juro nominal líquido que vigorava no mercado. "Líquido" que, simplesmente, queria dizer líquido do imposto "implícito". Ou seja, se o juro bruto decorrido era de 100 e a taxa de retenção de

À apatia que, desde então, neste domínio se tem verificado, não será alheio o facto de, por um lado, o CIRS e o CIRC terem sido modificados, na sequência do escândalo, no sentido de clarificarem a incidência tributária no caso dos rendimentos das obrigações e outros títulos de crédito negociáveis, o que sucedeu com o DL 263/92, de 24 de novembro[19]. Um segundo facto, com efeitos anestesiantes ou constitutivo de alguma benevolência, pode muito bem ter sido o regime da isenção para valores mobiliários representativos da dívida pública consagrado pelo DL 88/94, de 2 de abril. No então mercado especial criado para serem efectuadas as transações destes valores, o MEDIP, passou a vigorar a regra do *juro nominal bruto*. Não sendo aqui a sede nem o local próprios para discutir da bondade desta modificação, dir-se-á apenas que, do ponto de vista dos interesses dos sujeitos passivos que não beneficiem de isenção, nos parece que as transações segundo a regra do juro nominal bruto permitem menos situações de evasão fiscal. Porque se um sujeito passivo comprar títulos com preço formado segundo a regra do juro nominal bruto e

imposto era de 20%, o mercado, naturalmente, só estava disposto a pagar 80, porque o adquirente, normalmente sujeito a tributação, suportaria, no vencimento, 20% de retenção sobre a totalidade do juro e não apenas sobre o juro decorrido no período em que fora detentor do título. Foi esta, e não quaisquer outras, como podemos testemunhar não apenas por termos participado na discussão do problema, como por termos sido seu redator, enquanto secretário de duas pessoas para o efeito muito mais avalizadas e cujos nomes, por razões de sigilo profissional, não é a inda tempo de divulgar, a razão para a emissão da mencionada Circular. A criação da conta corrente deixou, na altura, os destinatários satisfeitos, a natureza das operações de transmissão nunca foi posta em causa, como nunca o foi a qualificação dos rendimentos obtidos, porque tudo, aparentemente, satisfazia os interesses em presença. Logo, porém, que, com a redação dada ao então artigo 19.º do EBF pelo DL 4/90, de 17 de fevereiro, os FI em geral passaram a estar sujeitos a tributação e os participantes ficaram isentos, generalizou-se a contestação contra a mencionada Circular e passou a invocar-se a sua ilegalidade e a sua não obrigatoriedade. Isto é, ela foi "legal" enquanto satisfazia os interesses dos FI e das entidades isentas, deixou de ser "legal" quando deixou de satisfazer os interesses dessas entidades. Com tal filtro de "legalidade" a administração fiscal nunca poderia, obviamente, pactuar. E não pactuou. Há, pois, aqui que repor a verdade dos factos e deixar para a história os juízos de valor sobre atitudes e procedimentos subsequentes. ,

[19] Embora sem a unanimidade dos Autores (cfr. v. g., Castro e Silva, Fernando e Espanha, João, *Sobre o Regime Fiscal do Juro Decorrido*, in Fisco, 51/52, Fevereiro/Março de 1993). Naturalmente, embora com o devido respeito, discordamos da posição dos autores.

lhe não for devolvido, no mesmo momento, o imposto correspondente ao juro decorrido, o prejuízo será apenas dele. E quando vende, é-lhe feita, em princípio, a retenção sobre a totalidade dos juros decorridos. Quando esta isenção foi estendida a todos os valores mobiliários representativos de dívida, e não apenas de dívida pública, pelo DL 193/2005, de 7 de Novembro, o sistema terá ficado ainda mais blindado para os sujeitos passivos não isentos ou dispensados ou retenção. Os sujeitos passivos isentos tiveram o regime que sempre desejaram: compram segundo a regra do juro nominal bruto e não lhes é devolvido, no mesmo momento, o imposto correspondente ao juro decorrido[20]. Quando vendem, recebem o juro nominal bruto e não lhes é feita qualquer retenção[21]. O mesmo, porém, se não dirá para as centrais internacionais de liquidação e entidades registadoras e depositárias, cujo papel, nesta matéria, entretanto estranhamente[22] tornado nuclear no quadro da substituição tributária, como se sabe, é completamente desconhecido do grande público. E a questão que deixamos para reflexão é a de saber se as entidades competentes da AT, com especial relevo para a Inspeção Tributária, como é óbvio, têm acompanhado de perto a conduta destas entidades no quadro das novas responsabilidades tributárias que a lei lhes imputou e não têm consentido aproveitamentos indevidos, prejudiquem eles o erário público ou os respetivos clientes[23].

[20] Teoricamente, o imposto foi retido a quem vendeu (se o vendedor não for isento ou dispensado de retenção) e o imposto tem de ser entregue nos cofres do Estado.

[21] Têm o mesmo tratamento – embora neste caso apenas se trate de um diferimento da tributação, em todo o caso um benefício fiscal – as entidades dispensadas de retenção, nomeadamente as instituições de crédito.

[22] Dizemos estranhamente porque afasta do epicentro da responsabilidade tributária por substituição tributária da entidade devedora dos rendimentos que, de resto, nem sequer incorre – porque na verdade não tem que incorrer – em responsabilidade subsidiária. E não é menos estranho que esta modificação estruturante ao regime da substituição tributária não tenha sido, que saibamos, até agora objeto de qualquer estudo doutrinário aprofundado, tendo em vista apurar-se se, além de vantagens, não terá também muitos e graves inconvenientes.

[23] As alterações introduzidas ao regime especial fiscal da dívida detida por não residentes, alargado ao papel comercial o que se nos afigura excessivo atenta a sua natureza de instrumento do mercado monetário e que não cremos comparável com os BT emitidos pelo Estado, evidencia que o diploma não caiu no esquecimento. Mas, para já, e numa

Então, perguntar-se-á, voltando de novo à razão de ser deste trabalho, por que motivos específicos se vem agora abordar um tema que, não obstante, em geral mantém sempre atualidade e intactas as suas potencialidades de revisitação? A causa próxima é objetiva. A AT, através da DSIRS, divulgou recentemente uma informação vinculativa com um entendimento não isento de crítica, na nossa perspetiva, sobre a qualificação de uma componente dos rendimentos das obrigações obtidos no seu reembolso. Por discordarmos da qualificação dessa componente de rendimentos, entendemos dever retomar o assunto. Não que alguma vez o tivéssemos especifica e publicamente tratado. Abordámo-lo ao de leve, mais em modo descritivo do que problematizante, em algumas das nossas publicações. O divulgado entendimento suscitou-nos, todavia, a necessidade de não apenas sistematizarmos o estudo do tema, como, sobretudo, de o aprofundar no quadro das nossas próprias limitações, principalmente nessa parte em que parece estar menos estudado, que é o do fim do ciclo vital da obrigação enquanto valor mobiliário e enquanto título de crédito e que, em regra, coincidirá. Tendo em conta que, entretanto, como também é sabido, o artigo 5.º do CIRS passou a conter, no seu n.º 1, um "*conceito geral de rendimento de capitais*"[24] uma espécie de "*conceito redondo*", atenta a circularidade tipificante que estabelece com outras categorias e que é esse conceito geral a pedra angular, o pilar central e a âncora fundamental do novel entendimento. Para o efeito trataremos, subsequente e sequencialmente, a seguinte temática, depois de transcrevermos na íntegra o entendimento divulgado pela AT e estabelecermos quais são, em nosso entender, os pressupostos em que o mesmo se fundamenta:

- Passaremos em revista o(s) regime(s) jurídico(s) das obrigações, títulos representativos de emissão de dívida privada ou pública e

análise ligeira, mais parece refletir preocupações dos operadores económicos e das centrais de liquidação internacionais, que, por exemplo, passam a poder prestar serviços a entidades sujeitas a imposto e não dispensadas de retenção na fonte, o que antes lhes era vedado, do que propriamente da administração tributária. Subsiste a autorização legislativa constante do artigo 240.º da Lei n.º 83-C/2013, de 31 de dezembro, cuja concretização se fica a aguardar, para se formular uma opinião definitiva.

[24] Introduzido pela Lei n.º 30-G/2000, de 29 de dezembro, conhecida pela *Lei de Reforma Fiscal "Pina Moura"*.

retiraremos as ilações que se nos afigurarem pertinentes para o tema central que nos propomos estudar.

- Neste contexto, consideramos também fundamental uma abordagem às obrigações na perspetiva de valores mobiliários e, mais, valores mobiliários negociáveis em mercados regulamentados ou não regulamentados.
- Tentaremos precisar, na tipologia dos rendimentos de capitais, o rendimento de capitais inerente às obrigações, tendo em conta quer a norma geral quer as normas específicas e, naturalmente, já na categoria G, a componente "mais-valias" que, na solução consagrada pelo legislador de 1992, e até agora não alterada, a transação de uma obrigação pode cumular.
- Por último, e em conformidade com as conclusões que alcançarmos, confrontarmos o entendimento divulgado pela AT e emitirmos o nosso juízo acerca da sua pertinência ou da sua inadequação.

2. O entendimento da AT quanto à qualificação dos rendimentos obtidos em conexão com a amortização de obrigações.

Por se nos afigurar indispensável conhecê-lo e dever, para se ter permanentemente presente, integrar o próprio estudo, começamos por transcrever na íntegra a ficha doutrinária da AT que lhe está na origem e que qualifica como rendimentos de capitais os rendimentos apurados no caso de reembolso para amortização de obrigações adquiridas em mercado secundário a um preço inferior ao seu valor nominal:

Diploma:	CIRS
Artigo:	Artigo 5.º
Assunto:	Regime de tributação em sede de IRS, do ganho inerente à diferença entre o custo de aquisição e o valor de reembolso de obrigações adquiridas no mercado bolsista a uma cotação "abaixo do par"
Processo:	8929/2011, informação vinculativa 3021, com despacho concordante do substituto legal do Diretor-Geral, datado de 1/10/2012
Conteúdo:	Considerando o disposto na alínea b) do n.º 1 do artigo 10.º do CIRS, e relativamente a valores mobiliários que não sejam partes sociais, apenas são passíveis de qualificação como mais-valias os ganhos resultantes de "alienação onerosa". As operações de reembolso de obrigações, as quais equivalem à "morte" ou extinção destes títulos, não cabem no âmbito da categoria G.

Conteúdo:	Pela definição geral de 'rendimentos de capitais', patente no n.º1 do artigo 5.º do CIRS, estes devem atender a determinadas características substantivas essenciais: tratar-se de "frutos e demais vantagens económicas", qualquer que seja a sua natureza, denominação e a forma em que se expressem (dinheiro ou em espécie); e as suas fontes compreenderem ativos de natureza mobiliária em sentido amplo (elementos patrimoniais, bens, direitos ou situações jurídicas) ou a ocorrência de factos (modificação, transmissão ou cessação) que afetam ou implicam aqueles ativos, com a ressalva de que os rendimentos não sejam tributados noutras categorias. Incluem-se todos os rendimentos da aplicação direta e indireta de capitais, e, designadamente, os chamados "rendimentos implícitos", como sejam, a diferença entre o montante mutuado, depositado ou aplicado e o obtido através da alienação, amortização ou reembolso, relativamente a capitais mutuados, depositados ou aplicados em obrigações, títulos de participação e outros valores mobiliários similares, em que o rendimento está, total ou parcialmente, implícito naquela diferença. Consequentemente, o diferencial positivo apurado no momento do reembolso de obrigações constitui, na sua essência, um rendimento da aplicação de capitais consubstanciada na aquisição da obrigação. De facto, o preço de mercado de uma obrigação, num mercado eficiente, deve ser igual ao valor de reembolso do valor facial acrescido dos eventuais juros periódicos associados. Isto é, o preço da obrigação será igual ao benefício económico de todos os direitos que foram adquiridos com a sua compra (relativamente ao rendimento de aplicações alternativas substitutas próximas), independentemente da obrigação poder ser comprada acima ou abaixo do par. O rendimento de capital a considerar nesses casos, consubstanciar-se-á na diferença positiva apurada no momento do reembolso de obrigações, entre o montante do reembolso e o custo de aquisição dos títulos. Essa diferença fica abrangida pela al.p) do n.º2 do art.5.º do CIRS.

Vejamos então quais são, em nosso entender, os pressupostos em que assenta a qualificação de rendimentos de capitais, proposta por este entendimento administrativo, do ganho inerente à diferença entre o custo de aquisição e o valor de reembolso de obrigações adquiridas no *mercado bolsista*[25] a uma cotação «abaixo do par»[26]:

[25] Expressão que se nos afigura imprecisa e, para o efeito, redutora ou, noutro plano, discriminatória, uma vez que existem diversos mercados, e não apenas o mercado de bolsa,

a) O primeiro pressuposto, nuclear, aliás, radica no facto de, face ao disposto na alínea b) do n.º 1 do artigo 10.º do CIRS e relativamente a valores mobiliários que não sejam partes sociais, apenas serem passíveis de qualificação como mais-valias os ganhos resultantes de «alienação onerosa». Ora, segundo o entendimento em causa, as operações de reembolso de obrigações, as quais, ainda de acordo com o mesmo entendimento, equivalem à «morte» ou extinção destes títulos, não integram o conceito de *alienação onerosa* e, consequentemente, não cabem no âmbito da categoria G;
b) O segundo pressuposto é constituído pelo conceito geral de rendimentos de capitais consagrado no n.º 1 do artigo 5.º do CIRS. Nos seus termos, são genericamente considerados rendimentos

designação que, aliás, se vem tornando difusa, onde as obrigações podem ser objeto de negociação, como melhor adiante se verá. E as obrigações, enquanto títulos de crédito negociáveis, parece não terem de ser exclusivamente negociadas em mercado de bolsa. A levar a sério a literalidade da expressão, teríamos então de perguntar-nos se o entendimento preconizado também é válido para as operações realizadas fora de bolsa ou em *mercado não bolsista.*

[26] Outra expressão que julgamos inapropriada, pois conhecendo-se, no jargão doutrinário «*emissões/subscrições ao par*», «*emissões/subscrições abaixo do par*» e «*emissões/subscrições acima do par*» (ver, designadamente, Teixeira Ribeiro, José Joaquim, *Lições de Finanças Públicas,* 5.ª ed., Refundida e Atualizada (Reimpressão), Coimbra Editora, 1997, pp. 201/208), não será muito feliz a expressão utilizada no entendimento administrativo "*aquisições «abaixo do par»*". Considerando a suscetibilidade de desvalorização ou de valorização das obrigações, seja por risco de taxa de juro, seja por risco de crédito, seja pela verificação de outros riscos, poderá, com propriedade, falar-se de negociação abaixo do valor nominal ou em negociação acima do valor nominal, o que, para muitos efeitos, incluindo o fiscal, segundo pensamos, são realidades materiais absolutamente distintas. A emissão/subscrição abaixo do par é o factor determinante da remuneração da obrigação. Uma remuneração designada por *implícita.* A negociação, em mercado secundário, acima ou abaixo do valor nominal é, ao contrário, elemento determinante, respetivamente, do prémio que um investidor está disposto a pagar ou de um risco que um investidor está disposto a correr e que, podendo gerar no futuro ganhos ou perdas, nunca, por natureza, se integrarão na remuneração do título. A remuneração do título de crédito é, exclusivamente, um encargo do emitente, seja no plano financeiro seja no plano económico e, consequentemente, no plano fiscal. O prémio ou o risco, constituem vicissitudes do mercado, ainda que possam ser motivadas por razões atinentes ao devedor, em que incorre, exclusivamente, o investidor. Mas não comungam, óbvia e indiscutivelmente, da natureza de remuneração do título.

de capitais os frutos e demais vantagens económicas, qualquer que seja a sua natureza ou denominação, sejam pecuniários ou em espécie, procedentes, direta ou indiretamente, de elementos patrimoniais, bens, direitos ou situações jurídicas, de natureza mobiliária, bem como da respetiva modificação, transmissão ou cessação, com exceção dos ganhos e outros rendimentos tributados noutras categorias. À luz deste conceito geral considera-se que uma perda de capital ou um ganho de capital, genericamente resultantes da constituição, modificação ou **cessação** de elementos patrimoniais, bens, direitos ou situações jurídicas, constituem "rendimentos de capitais", relevando apenas, para tributação, o ganho de capital por inexistência de norma que faça relevar a perda de capital;

c) O terceiro pressuposto é o de que, no reembolso para amortização ao seu valor nominal, de obrigações adquiridas no mercado secundário abaixo do seu valor nominal se integram os *rendimentos implícitos*, para o efeito configurados como a "*diferença entre o montante mutuado, depositado ou aplicado e o obtido através da alienação, amortização ou reembolso, relativamente a capitais mutuados, depositados ou aplicados em obrigações, títulos de participação e outros valores mobiliários similares, em que o rendimento está total ou parcialmente, implícito naquela diferença*". Concluindo-se, sem mais, que "*o diferencial apurado no momento do reembolso de obrigações constitui, na sua essência, um rendimento da aplicação de capitais consubstanciada na aquisição da obrigação*";

d) O quarto pressuposto é o de que o preço de uma obrigação, no que se denomina *um mercado eficiente*, deve ser igual ao valor de reembolso do valor facial acrescido dos eventuais juros periódicos associados. Isto é, o preço da obrigação será igual ao benefício económico de todos os direitos que foram adquiridos com a sua compra (relativamente ao rendimento de aplicações alternativas substitutas próximas), independentemente da obrigação poder ser comprada acima ou abaixo do par, entenda-se valor nominal porque no dito *mercado eficiente* a obrigação tende a ter sempre um valor de mercado igual ao seu valor nominal, apenas acrescido do juro corrido;

e) O quinto pressuposto é o de que o rendimento de capital nesses casos é dado pela diferença *positiva* apurada no momento do reembolso de obrigações, entre o montante do reembolso e o custo de aquisição desses títulos. Quando *negativa*, juros excluídos, essa diferença não releva, por ausência de norma, na secção da determinação da matéria colectável respeitante à categoria E, que permita a soma algébrica entre rendimentos de capitais positivos e rendimentos de capitais negativos[27];

f) O sexto pressuposto é o de que a diferença referida na alínea anterior é suscetível de ser uma diferença compósita, isto é, subdivisível em juros propriamente ditos, implícitos ou explícitos, de obrigações (remuneração) e, como tal, tributados por retenção na fonte à taxa tendencialmente liberatória legalmente prevista e em rendimentos resultantes de outras aplicações de capitais, igualmente sujeitos a retenção na fonte, mas neste caso à taxa geral de retenção e, consequentemente, sujeitos a tributação final por englobamento obrigatório[28];

[27] A não confundir com encargos da mesma natureza, v. g. juros passivos. A categoria E, como se sabe, não admite qualquer dedução (artigos 40.° a 40.°-B) e quando o rendimento é constituído por uma diferença, essa diferença é sempre, nos termos da lei, a "diferença positiva". Nunca tendo admitido a correção monetária dos juros, o legislador fiscal nunca soube, ou quis saber, o que podiam ser, na categoria E, rendimentos negativos. E a perda de parte ou da totalidade do próprio capital investido nunca foi igualmente qualificada como um "rendimento negativo", eventualmente suscetível de ser abatido pelo particular ao "rendimento positivo". O que, como é bom de ver, se não passa nas empresas, onde a respetiva contabilidade evidenciará, em contas apropriadas, os ganhos e as perdas correspondentes e, em sede de apuramento da matéria coletável sujeita a IRC, não deixará de refletir tais realidades. Esta é, infelizmente, mais uma discriminação negativa a que as pessoas singulares estão sujeitas na tributação do rendimento pessoal.

[28] Referimo-nos, naturalmente, ao regime aplicável a operações praticadas por pessoas singulares, residentes em território português, fora do âmbito de uma atividade profissional ou empresarial. Qualificamos a retenção liberatória como "tendencialmente liberatória" uma vez que o CIRS prevê a opção pelo englobamento que, uma vez exercida nos termos previstos no seu artigo 22.°, a reconfiguram numa retenção com natureza de pagamento por conta. No IRS apenas são definitivamente liberatórias, e mesmo essas já não são todas, algumas retenções sobre rendimentos obtidos em território português por sujeitos passivos não residentes e eram-no, para residentes e não residentes, as retenções aplicadas em prémios de jogos, sorteios ou concursos. Estes, entretanto, numa metamorfose que não pode deixar de considerar-se estranha face ao conceito de rendimento adotado no CIRS, e contrariamente ao que sucede em IRC, "transferiram-se"

g) O sétimo e último pressuposto é o de que a norma habilitante da qualificação como rendimento de capitais é, para o rendimento constituído pela denominada diferença entre "o valor do reembolso e o valor de aquisição abaixo do par", a alínea p) do n.º 2 do artigo 5.º do CIRS.

3. Das obrigações, títulos de crédito e valores mobiliários representativos de dívida

3.1 Generalidades

As obrigações, independentemente da modalidade em que se apresentem, acomodam hoje duas características incindíveis: são títulos de crédito e são valores mobiliários[29], na modalidade de valores mobiliários representativos de dívida. Em rigor, e porque a forma vem aqui primeiro que a substância, apresentam-se como valores mobiliários[30] representativos, em regra, de um direito de crédito, ainda que compósito[31], sobre as entidades emitentes[32]. A *emissão* obrigacionista constitui, para as empresas, uma das formas de obtenção de financiamento através de capitais alheios[33], em regra complementar ao financiamento através de capitais

para a incidência do Imposto do Selo, essa velha relíquia tributária herdada dos nossos avoengos, em cuja incidência se podem acomodar, sem dificuldade de maior, realidades tão díspares como o foram outrora calendários de garagem e o são agora as sucessões e doações ou os financiamentos bancários.

[29] Uma noção extremamente complexa e sobre a qual não temos aqui que nos debruçar. Sobre o tema ver, J. Oliveira Ascensão, *Valor Mobiliário e Título de Crédito*, Revista da Ordem dos Advogados, Ano 56, III (Dezembro 1996), pp. 837/875. Martins, Alexandre Soveral, *Títulos de Crédito e Valores Mobiliários*, Almedina, Coimbra, 2012, pp. 9/13. Antunes, José A. Engrácia, *Os Títulos de Crédito, Uma Introdução*, 2.ª ed., Coimbra Editora, Coimbra, 2012, pp. 7/12.

[30] CVM, artigo 1.º, n.º 1, al. b).

[31] Porque constituído pelo reembolso do capital mutuado e pelo pagamento da remuneração estipulada.

[32] Artigo 348.º do Código das Sociedades Comerciais (CSC).

[33] Podem genericamente emitir obrigações, com as limitações inerentes aos direitos que conferirem, as sociedades anónimas (artigo 348.º do CSC), as sociedades em comandita por ações (artigo 478.º do CSC) e as sociedades por quotas (artigo único do DL 160/87, de 3 de abril), os agrupamentos complementares de empresas quando compostos exclusivamente por sociedades por ações (Base II da Lei n.º 4/73, de 4 de junho), os

próprios e, para o Estado[34], uma forma de obtenção de receitas creditícias, também denominadas receitas não efetivas visto serem provenientes do recurso ao crédito[35], complementares ou, não raro, preponderantes, em relação à obtenção de outro tipo de receitas, nomeadamente as tributárias e as patrimoniais. Neste quadro, as obrigações são valores mobiliários que investem o titular na qualidade de credor da entidade emitente, representando *nuclearmente* meros direitos de crédito ao reembolso da quantia emprestada (valor nominal) e ao pagamento de eventuais juros (fixos ou variáveis, periódicos ou de prestação única, explícitos ou implícitos).

As obrigações têm a sua génese constitutiva num *procedimento complexo* que culmina com a celebração de um contrato entre emitente e subscritores, o contrato de subscrição. O contrato de subscrição integra-se, com vários outros, numa mesma *emissão*. Com a celebração do *contrato de emissão*, o subscritor fica obrigado a entregar à entidade emitente determinado bem (em regra, invariavelmente, uma importância em dinheiro) para realização da obrigação, enquanto esta última se compromete, por sua vez, a propiciar ao subscritor um valor mobiliário (titulado ou escritural-informático[36]) que habilita o respetivo titular a exigir dela própria

agrupamentos europeus de interesse económico, embora apenas através de subscrição particular (artigo 23.º do Regulamento CEE n.º 2137/85 e artigo 7.º do DL 148/90, de 9 de maio), as instituições de crédito, ainda que não sejam sociedades anónimas (artigo 4.º, al. a) do RGIC, aprovado pelo DL n.º 298/92, de 31 de dezembro), as cooperativas (artigo 30.º do Código Cooperativo), as empresas de seguros, mesmo não sendo sociedades anónimas (artigo 195.º do DL 94-B/98, de 17 de abril), bem como as empresas públicas e quaisquer outras entidades autorizadas para o efeito por despacho do Ministro das Finanças, nos termos do DL 320/89, de 25 de setembro.

[34] No seu sentido mais restrito, o Estado também emite obrigações. Assim, a República Portuguesa emite Obrigações do Tesouro, cujo regime jurídico consta do DL 280/98, de 17 de setembro; as Regiões Autónomas podem emitir dívida fundada, na qual se incluem as obrigações a médio e longo prazo, nos termos do disposto nos artigos 26.º a 36.º da Lei Orgânica n.º 1/2007, de 19 de fevereiro (Lei das Finanças Regionais); e até mesmo os Municípios, nos termos do disposto no n.º 1 do artigo 38.º da Lei n.º 2/2007, de 19 de fevereiro (Lei das Finanças Locais), podem emitir obrigações.

[35] Teixeira Ribeiro, op. cit., pp. 193.

[36] "*Os valores mobiliários são escriturais ou titulados, consoante sejam representados por registos em conta ou por documentos em papel; estes são, neste Código, designados também por títulos*" – CVM, artigo 46.º, n.º 1.

uma ou várias prestações em dinheiro[37], a que podem acrescer modalidades de remuneração em espécie. E deste modo se constitui um empréstimo obrigacionista – assim denominado em virtude da forma que reveste a sua representação – remunerado.

Um *empréstimo obrigacionista remunerado* mais não é, pois, do que uma modalidade de *mútuo remunerado*[38]. O mútuo é definido no artigo 1142.º do CC como *o contrato pelo qual uma das partes empresta à outra dinheiro ou outra coisa fungível, ficando a segunda obrigada a restituir outro tanto do mesmo género e qualidade*[39]. A onerosidade do contrato pareceria resultar do facto das partes convencionarem o pagamento de juros como retribuição do mútuo, atento o disposto no artigo 1145.º do CC. Mas não é assim. A posição doutrinária sobre a natureza do contrato de mútuo é consensual. Vejamos. O mútuo é um contrato *unilateral*, pois dele resultam apenas obrigações para um dos contraentes, o mutuário, mas é ao mesmo tempo um contrato *oneroso*, visto a atribuição patrimonial a cargo do mutuante funcionar como elemento integral da formação do contrato[40]. É possível a existência de contratos unilaterais onerosos, como o mútuo oneroso. Como se explica esta não coincidência entre os contratos onerosos e os contratos bilaterais? É que nos contratos unilaterais onerosos a correspetividade estabelece-se não entre duas obrigações – só há obrigações de um dos lados, visto que são contratos reais – mas entre uma prestação contemporânea da formação do negócio (a entrega de uma soma em dinheiro para ser utilizada) e uma obrigação (a de restituir o capital e pagar os juros)[41]. Nas relações entre os contratantes o critério torna-se de

[37] CASTRO, Carlos Osório de, *Valores Mobiliários, Conceito e Espécies,* Universidade Católica Portuguesa, Porto, 1996, pp. 127/128.

[38] "*Como relação jurídica subjacente na base deste valor mobiliário existe tipicamente um contrato de mútuo*", qualificação que é claramente hegemónica. CÂMARA, Paulo, op. cit., pp. 135.

[39] Excetuar-se-ia desta noção o empréstimo obrigacionista perpétuo, representado por obrigações que, pela própria natureza do empréstimo, não seriam reembolsáveis. É uma exceção que não prejudica a regra geral e que, para o que nos ocupa, não tem interesse, uma vez que o reembolso, nas denominadas *obrigações perpétuas,* tendencialmente se não verifica.

[40] ANTUNES VARELA, João de Matos, *Das Obrigações em Geral, Vol. I,* 3.ª ed., Almedina, Coimbra, 1980, pp. 299.

[41] MOTA PINTO, Carlos Alberto da, *Teoria Geral do Direito Civil,* 3.ª ed., Coimbra Editora, Coimbra, 1985., pp. 404.

aplicação fácil: aí a onerosidade ou a gratuitidade ressalta da própria função objetiva do ato. Se ambas as partes tiram proveito do contrato, se este é fonte de duas recíprocas atribuições patrimoniais, que se contrapõem como os pratos de uma balança, o contrato é oneroso: assim a compra e venda, a permuta e o mútuo remunerado[42]. Consideramos, porém, que é na anotação feita ao artigo 1142.º do CC por Pires de Lima e Antunes Varela[43] que se encontra o argumento decisivo para, **mesmo em caso de não estipulação de juros**, o contrato de mútuo dever ser, ainda, qualificado, como um *contrato unilateral oneroso*: a atribuição patrimonial efetuada pelo mutuante é um elemento constitutivo ou integrante do contrato, que não existe sem a entrega, *e não o efeito do contrato*, como seria necessário para que houvesse um contrato bilateral. Deste modo, ***o benefício ou vantagem é prestado pelo mutuante e recebido pelo mutuário***, pois o efeito fundamental do contrato, sob essa perspetiva, é o da cedência do uso do dinheiro ou outra coisa (artigo 1146.º); o contrato continua a ser unilateral, *mas, com ou sem estipulação de juros, é sempre oneroso*. Quer dizer, a onerosidade do contrato de mútuo resulta: (i) de dele emergir uma vantagem, que consiste na cedência do uso do dinheiro mutuado (ii) e de o beneficiário da cedência do uso do dinheiro mutuado ser o mutuário.

Duas notas ainda para sublinhar o termo da análise do contrato de mútuo. A primeira, para fazer aqui a distinção para que Menezes Cordeiro[44] aponta entre contratos sinalagmáticos e contratos não sinalagmáticos, a propósito da onerosidade e da gratuitidade: é verdade que os contratos sinalagmáticos tendem a ser onerosos e os não sinalagmáticos, gratuitos; as valorações que se nos deparam são, todavia, diversas. Enquanto a sinalagmaticidade põe a tónica na reciprocidade das prestações, a onerosidade exprime-se no equilíbrio patrimonial das partes. Dito isto, já se vê que pode haver não coincidência entre as duas noções: o mandato gratuito não é sinalagmático; mas, mau grado a sua designação, ele não pode ser tomado como uma liberalidade, pois não há (não

[42] Telles, Inocêncio Galvão, *Manual dos Contratos em Geral*, 4.ª Ed., Reimpressão, Almedina, Coimbra, 2010, pp. 480.

[43] Pires de Lima, Fernando Andrade e Antunes Varela, João de Matos, *Código Civil, Anotado, Volume II*, 4.ª ed., Reimpressão, Coimbra Editora, Coimbra, 2011, pp. 682.

[44] Cordeiro, António Menezes, *Tratado de Direito Civil Português II, Tomo II, Contratos, Negócios Unilaterais*, Almedina, Coimbra, 2010, pp. 203.

tem de haver) uma saída patrimonial do mandatário para o mandatado. A segunda, para desfazer algum equívoco que possa ter resultado de, a propósito da emissão obrigacionista se ter falado, supra, na "obrigação" de o subscritor satisfazer a sua obrigação de entrada, em regra em numerário, quando, depois, aderimos à qualificação do empréstimo obrigacionista, enquanto modalidade de mútuo, como contrato unilateral oneroso. É que a subscrição, como se viu, tem natureza constitutiva do empréstimo obrigacionista. Sem subscrição não chega sequer a haver emissão. Portanto, a obrigação do subscritor não contamina, nem se relaciona, seja por que modo for, com a sua futura posição de mutuante. Ela constitui-se e extingue-se no âmbito do contrato de subscrição, não produzindo enquanto tal, qualquer outro efeito, designadamente o de conferir bilateralidade ao contrato subsequente.

Em nome do rigor, e porque, porventura por culpa nossa, não vimos a questão abordada em nenhum dos textos consultados, devemos aqui referir, embora inconclusivamente, um aspeto particular que consideramos ter uma relevância cujo grau deve ser ponderado no âmbito da densificação do conceito de "extinção" no quadro das obrigações enquanto títulos de crédito e, até, enquanto valores mobiliários. Referimo-nos ao direito, consagrado no artigo 788.º, n.º 1, do CC, de, extinta a dívida, o devedor exigir a *restituição* do título da obrigação. Tratando-se de obrigações enquanto títulos de crédito e incorporando o título a relação cartular, o devedor não pode declarar a obrigação *amortizada, extinta,* sem dispor do título. Temos, assim, por um lado, por ocasião do denominado "reembolso", a *disponibilidade* do devedor para cumprir a obrigação que sobre si impende, porque a assumiu no momento da emissão como antes vimos e, com o pagamento, *extinguir a dívida* enquanto mera relação jurídica de crédito. E, por outro, uma espécie de contraprestação – que porventura não belisca (ou põe em causa?) a natureza unilateral do contrato de emissão de obrigações enquanto modalidade de contrato de mútuo – do credor que é a de *restituir*, entregar e, entendemos nós, *transmitir,* ao devedor o título de crédito, *conditio sine qua non da sua amortização,* ou seja, da declaração da sua extinção. Parece-nos, salvo melhor opinião, não poder existir extinção da obrigação, tratando-se de uma emissão obrigacionista, sem a verificação simultânea do pagamento ou restituição, por parte do devedor, do capital mutuado e a restituição, entrega ou transmissão do título, por parte do credor. A extinção da obrigação opera-se na esfera do devedor e ele não pode declará-la extinta com eficácia *erga omnes* se não for o possuidor do título que a incorpora. Se o devedor reembolsar ou pagar sem ser contra a apresentação do título, arrisca-se a ter de pagar duas vezes[45]. Muito menos pode, obviamente, declarar o título amortizado, extinto. Note-se que é a própria lei comercial a prever, também, a amortização do título, mesmo que subsistam direitos para o credor, como sucede se aquela ocorrer antes do *vencimento* do juro suplementar. Assim o dispõe o n.º 2 do artigo 364.º do CSC, quando determina que, nesta situação, *deve a sociedade emitente fornecer ao respetivo titular documento que lhe permita exercer o seu direito a eventual juro suplementar*. E a idêntico procedimento se deve entender obrigada a entidade emitente quando, fixada a data de amortização para data posterior à data limite da aprovação de contas e, dependendo aquele dos lucros, estes, por falta daquela, se não encontrarem ainda apurados – artigo 364.º, n.º 3, do CSC. Acresce que, como veremos adiante, o n.º 1 do artigo 354.º do CSC permite à sociedade emitente adquirir obrigações próprias, sem que tenha de as declarar extintas. Juridicamente, porém, com a reunião, na mesma pessoa, das qualidades de devedor e credor, é muito duvidoso que se possa afirmar que a dívida subsiste enquanto os títulos se mantiverem com os direitos suspensos, nos termos do n.º 2 do mesmo preceito. E, como referiremos mais à frente, também em termos práticos, quanto às realizadas em mercado organizado, as operações de reembolso são tratadas como verdadeiras operações de compra e venda, isto é, como operações de transmissão onerosa de valores mobiliários.

3.2 As obrigações quanto ao seu conteúdo

Regra geral, a obrigação confere ao respetivo titular o direito a uma remuneração, única e implícita nos denominados títulos sem cupão e periódica e explícita nos restantes, habitualmente designada por juro e à restituição ou reembolso da importância mutuada na data da maturidade

[45] Não entraremos, obviamente, nas vicissitudes inerentes à perda ou deterioração do título, o que poderia exigir a sua reforma, ou a outras situações patológicas. Trata-se, aqui, apenas de fazer relevar o normal cumprimento da obrigação, por reembolso, de um empréstimo obrigacionista.

ou vencimento da obrigação, diferidos para data pré-fixada[46]. São estes os dois direitos principais que definem a situação jurídica do obrigacionista[47]. Tanto o direito à remuneração, como o direito à restituição do capital mutuado, serão exercidos por quem, à data dos respetivos vencimentos, detiver a posse da obrigação, independentemente da relação originária[48]. Estes direitos, e outros que eventualmente possam estar incorporados na obrigação, que a doutrina designa por direitos secundários[49], têm na lei uma ampla base de configuração, como resulta do disposto no artigo 360.º do CSC. Com efeito, nos termos desta norma podem, nomeadamente[50], ser emitidas obrigações que: (i) além de conferirem aos seus titulares o direito a um juro fixo, os habilitem a um juro suplementar ou a um prémio de reembolso, quer fixo quer dependente dos lucros realizados pela sociedade[51]; (ii) apresentem juro e plano de reembolso, dependentes e variáveis em função dos lucros; (iii) sejam convertíveis em ações;

[46] Excluem-se deste estudo, porque também se não integram no seu aspeto nuclear, as *obrigações perpétuas*, isto é, aquela modalidade de obrigações que se caracteriza pelo facto de não possuírem data de reembolso.

[47] Menezes Cordeiro, António (coordenação), *Código das Sociedades Comerciais Anotado*, Almedina, Coimbra, 2012, pp. 931.

[48] A relação originária é aquela que se constitui entre o emitente/mutuário e o primitivo subscritor/mutuante. Todas as relações posteriores são subsequentes, mas, em todo o caso, gozam da autonomia que releva de igual caraterística dos títulos de crédito: o portador legítimo do título é, simultaneamente, titular de um direito cartular autónomo (relativamente aos negócios subjacentes) e de um direito autónomo sobre o próprio título (relativamente aos portadores anteriores). É o que se denomina, respetivamente, autonomia do direito cartular e autonomia do direito sobre o título. Cfr. Engrácia Antunes, op. cit., pp. 24/26.

[49] Menezes Cordeiro, op. cit. pp. 931.

[50] O elenco do artigo 360.º é meramente exemplificativo. Ver, a este propósito, Menezes Cordeiro, op. cit., pp. 970.

[51] Recordamos aqui os *Títulos de Participação*, cujo regime jurídico foi aprovado pelo DL 381/85, de 5 de agosto, e cuja remuneração era constituída por uma parcela em juro fixo e outra em participação nos resultados. Podendo esta remuneração compósita causar dúvidas quanto ao seu enquadramento tributário, num momento histórico em que a tributação dos lucros e dos juros era diferenciada, o regime jurídico dos Títulos de Participação resolvia o problema dispondo que estes instrumentos financeiros teriam sempre e para todos os efeitos o regime das obrigações.

(iv) confiram o direito a subscrever uma ou várias ações; (v) apresentem prémios de emissão.

Na perspetiva em que ancoramos o presente estudo, estamos, por um lado, perante formas de remuneração das obrigações e, por outro, defronte de **encargos do emitente dessas mesmas obrigações**. E, em princípio, o enquadramento jurídico tributário de todas estas formas remuneratórias das obrigações não poderá ser divergente, ou, pela positiva, deverá ser uniforme, exceto se a lei previr expressamente tratamentos diferenciados. O que nos não custa admitir é, nalguns dos casos citados, a dificuldade ou mesmo a impossibilidade de determinação do *quantum* sujeito a imposto, o que desembocará, inevitavelmente, na não tributação, mas aí apenas por imperícia do legislador fiscal que, ao fim de todos estes anos, ainda se não terá apercebido de que existe o artigo 360.º do CSC e, além dele, toda a criatividade permitida pelo advérbio *nomeadamente* que antecede a lista não exaustiva das modalidades de obrigações nele elencada, e não deu, a cada uma das suas alíneas, uma resposta simétrica, não quanto ao aspeto material do elemento objetivo da incidência, que esse efetivamente encontramo-lo prescrito na al. c) do n.º 2 do artigo 5.º do CIRS, mas quanto ao aspeto quantitativo do elemento objetivo da incidência[52] e, sendo necessário, também quanto ao aspeto temporal do mesmo elemento. Essa é uma situação que, sem dúvida, NUNO SÁ GOMES integraria nos desagravamentos fiscais estruturais emergentes de delimi-

[52] Referimo-nos, de entre as expressamente previstas, às obrigações convertíveis em ações. A convertibilidade de obrigações em ações é a faculdade que assiste ao obrigacionista de as converter em ações, em alternativa ao reembolso do capital nominal. "*Para os obrigacionistas, estas obrigações podem ser atrativas na medida em que lhes permitem adquirir capital a preço inferior ao que seria o seu preço de mercado, no momento da conversão, mantendo sempre a possibilidade de optar pelo reembolso do capital investido*" – MENEZES CORDEIRO, op. cit., pp. 981. Gostaríamos de conhecer a posição da administração fiscal, no quadro da categoria E, sobre o enquadramento dos rendimentos gerados na operação de conversão de obrigações em ações, porquanto subjacente se encontra, segundo parece inquestionável, uma explícita e incontornável *alienação onerosa*, mas, simultaneamente, um indiscutível reembolso e consequente amortização, das obrigações convertidas. O direito à subscrição de ações, na medida em que é um direito destacável (*warrant*) – não confundir com direito autónomo (*naked warrant*, DL 172/99, de 20 de maio), tem um valor de mercado e as operações sobre esse valor mobiliário destacável estão expressamente contempladas no artigo 10.º do Código do CIRS.

tações negativas de incidência implícitas por via das lacunas da incidência legal, que não pode ser preenchida por analogia[53].

Não se creia, pois, que o já mencionado *conceito redondo* hoje plasmado no n.º 1 do artigo 5.º CIRS é uma *varinha mágica* que resolve toda a complexidade que a categoria de rendimentos de capitais encerra[54]. Aliás, permita-se-nos aqui uma crítica frontal à sua inclusão no preceito citado, sem que, consequente e coerentemente, aquele tenha sido objeto de qualquer reformulação material ou regulação tipificante. De facto, entendemos que não bastava ter dotado a categoria E de um conceito geral de rendimentos de capitais. Havia, desde logo, que ter retirado, da restante previsão normativa do preceito todas as consequências desse conceito tal qual ele foi formulado. E isso, manifestamente, não foi feito. E, por outro lado, haveria que ter dotado o capítulo da determinação da matéria coletável de normas apropriadas, em razão da certeza e segurança jurídicas e também das garantias do contribuinte, à determinação do que denominamos o aspeto quantitativo do elemento objetivo do pressuposto do imposto. Vejamos, sem nos metermos na sua *circularidade*, isto é, na sua remissão para outras categorias, aspeto que nós costumamos designar por articulação entre categorias, tendo em vista não deixar espaços em branco. Independentemente dos factos jurídicos a que possam estar associados ou de que decorram, o conceito geral de rendimentos de capitais define estes, para o bem e para o mal, como "*os frutos e demais vantagens económicas*". E nesta conceptualização de rendimentos de capitais, na categoria E do IRS, passou a residir o seu nó górdio. *Fruto é tudo aquilo que a coisa periodicamente produz sem prejuízo da sua substância*, diz o n.º 1 do artigo 212.º do CC, para, no n.º 2, distinguindo entre frutos naturais e frutos

[53] Sá Gomes, Nuno, *Teoria Geral dos Benefícios Fiscais*, Cadernos de Ciência e Técnica Fiscal (165)Centro de Estudos Fiscais, Lisboa, 1991, pp. 31/33.

[54] Não foi, com certeza, para ser apenas politicamente incorreto, que Saldanha Sanches escreveu, logo em 2001, sobre o sentido e alcance desta norma que: "*Quando a lei acrescenta aos ganhos que tenham uma simples proveniência de "direitos e situações jurídicas, de natureza mobiliária", aqueles que resultem da sua "modificação, transmissão ou cessação", está contudo a obscurecer a linha distintiva. Não no caso da modificação uma vez que aqui se pressupõe a manutenção da fonte produtora. Mas quando houver "transmissão ou cessação" só continuaremos a estar perante um rendimento de capital e não perante uma mais-valia se esta transmissão ou cessação não implicar a perda dessa fonte produtiva*" – *O Conceito de Rendimento do IRS*, Fiscalidade, Revista de Direito e Gestão Fiscal, n.ºs 7/8 (2001), pp. 60.

civis, dizer que são naturais os que provêm diretamente da coisa e civis as rendas ou interesses que a coisa produz em consequência de uma relação jurídica. De onde decorre que, por exemplo, já não caberiam neste conceito os prémios de amortização ou os juros determinados em função dos lucros, porque são frutos só *acidentalmente* produzidos[55]. No domínio dos frutos, sejam naturais ou civis, uma coisa ou produz frutos ou não produz frutos. Tudo o que possa respeitar à "perda da sua substância" está, por definição e natureza, excluído do conceito de frutos. Aos frutos acrescentou o legislador "*e demais vantagens económicas*". Uma vantagem económica pressupõe, sob pena de negação, salvo melhor entendimento, um acréscimo, um "*plus*". E nunca uma desvantagem, um decréscimo, um "*minus*". Ou seja, o conceito geral de rendimentos de capitais, na categoria E, não acomoda, por definição, algo que possa designar-se, ainda que impropriamente, por *rendimentos negativos*. Tudo no plano teórico.

Convém, aliás, relembrar o que já sucedia no imposto de capitais, cujo código, na reforma dos anos sessenta, conhecida por "reforma Teixeira Ribeiro", foi aprovado pelo DL 44561, de 10 de Setembro de 1962. Não deixa de ser interessante notar que, apesar da reduzida amplitude que, nessa reforma, o imposto de mais-valias veio a ter – e não sendo sequer, face ao conceito de rendimento adotado na reforma, um imposto sobre o rendimento – no preâmbulo do diploma se tenha deixado expresso o cuidado, relativamente aos fundos de reserva incorporados no capital das sociedades por ações e das sociedades por quotas, e aos aumentos de capital através da emissão de títulos com reserva de preferência para os acionistas, em assinalar a mudança de orientação, pois "*não havia razão específica para manter nos quadros do presente imposto uma tributação que, a fazer-se, viria a recair sobre ganhos de capital*". E, conforme Comentadores incontornáveis dos Códigos dessa reforma[56], também o imposto de capitais dos anos sessenta incidia, principalmente, sobre o que denominam "*rendimento em sentido restrito*": "Conforme a norma em anotação, o imposto incide sobre "*os rendimentos da aplicação de capitais*". Não é o ato de aplicação de capitais que, só por si, origina o nascimento da obrigação

[55] Pires de Lima, Fernando Andrade e Antunes Varela, João de Matos, *Código Civil, Anotado*, 4.ª ed., Reimpressão, Coimbra Editora, Coimbra, 2011, Vol. I, pp. 205.

[56] Pinto Fernandes, Francisco, e Santos, José Cardoso dos, *Código do Imposto de Capitais, Anotado e Comentado*, Imprensa Nacional – Casa da Moeda, Lisboa, 1984, pp. 25.

tributária, mas sim o rendimento dela resultante. Em sentido restrito, entende-se por rendimento "*o conjunto dos bens que afluem com caráter de periodicidade a determinada economia e que podem ser gastos sem dano do capital preexistente*"[57]; num sentido lato, porém, prescinde-se da característica da periodicidade; num conceito ainda mais amplo, o rendimento compreende as variações positivas ou negativas do próprio capital, contemplando os aumentos ou diminuições do ativo patrimonial líquido[58]. Na generalidade das situações, o imposto de capitais dirige-se ao rendimento em sentido restrito, como os juros de capitais mutuados, os lucros e os juros de capitais investidos; mas o seu campo de incidência abarca também situações de rendimentos em sentido lato, tais como as indemnizações ou cláusulas penais e as indemnizações pela suspensão ou redução da atividade[59].

Mas também a doutrina mais recente reconhece que a mera introdução do conceito geral de rendimentos, técnica recomendada pela Comissão para o Desenvolvimento da Reforma Fiscal em cujo Relatório, aliás, diríamos que teve a sua fonte mais fecunda[60], não resolve a totalidade dos problemas da tributação dos rendimentos de capitais: "*Não temos a certeza de que a definição a que se chegou e que acima transcrevemos – esta ou outra que fosse eventualmente melhor, para o que não temos, aliás, qualquer sugestão... – ofereça muita serventia*"[61]. Opinando sobre o mesmo tema, RUI MORAIS, por sua vez, escreve[62]: "*Esta noção parte da consideração de que se pretendem tributar aqui todos os frutos do capital. Fruto é, juridicamente, tudo o que a coisa produz, periodicamente, sem prejuízo da sua substância. Temos, assim,*

[57] Definição que os Autores colheram em TEIXEIRA RIBEIRO, José Joaquim, *Lições de Finanças*, Coimbra, 1964, pp. 386 e seguintes e que sintetiza o conceito "*rendimento fonte*".

[58] Conceito que os Autores colheram, como indicam, em Pierre Beltrame, *Sistemas Fiscais*, Coimbra, 1976, pp. 145, e que se aproxima já do conceito "*rendimento acréscimo*".

[59] Em todo o caso, exemplos de situações que apenas compreendem rendimentos positivos.

[60] SILVA LOPES, José [Presidente], *Relatório da Comissão para o Desenvolvimento da Reforma Fiscal*, Ministério das Finanças, Lisboa, 30 de Abril de 1976 (Edição Originária), pp. 596.

[61] XAVIER DE BASTO, José Guilherme, *IRS, Incidência Real e Determinação dos Rendimentos Líquidos*, Coimbra Editora, Coimbra, 2007, pp. 229, com o valor acrescido de se tratar de afirmação feita por um dos proeminentes membros da Comissão para o Desenvolvimento da Reforma Fiscal.

[62] *Sobre o IRS*, 2.ª edição, Almedina, Coimbra, 2008, pp. 102

que há rendimento tributáveis nesta categoria, quando uma coisa deva ser havida por capital (património, bens, direitos ou situações jurídicas de natureza mobiliária) e produza vantagens económicas sem que tal implique para o respetivo titular a perda dessa fonte. Havendo alienação da fonte, o ganho obtido constituirá, em princípio, uma mais-valia". E clarificando em nota de rodapé o seu pensamento, este autor acrescenta: "*Ou seja, parece que deveriam ser rendimentos de capital apenas os ganhos resultantes de operações que não impliquem a renúncia a ganhos futuros pela alienação da fonte produtiva. Concordamos com* Saldanha Sanches, *"Conceito....., (2001) 61", quando afirma que quando a lei inclui nesta noção os ganhos resultantes da modificação, transmissão ou cessação de direitos ou situações jurídicas de natureza mobiliária, está a obscurecer a linha distintiva entre rendimentos de capitais e mais-valias. Assim, p. ex., a lei [n.º 9 do art. 5.º] expressamente determina que no caso das cessões de créditos o rendimento sujeito a imposto (rendimento desta categoria) é constituído pela diferença positiva entre o valor da cessão e o valor nominal do crédito*". E já agora, atente-se na justificação dada pela Comissão para a introdução de tal conceito geral que pudesse abranger todos os rendimentos da aplicação direta e indireta de capitais e, designadamente, os rendimentos implícitos, como sejam "*a diferença entre o capital mutuado, depositado ou aplicado e o obtido através da alienação, amortização ou reembolso, relativamente a capitais mutuados, depositados ou aplicados em obrigações, títulos de participação e outros valores mobiliários, em que o rendimento está, total ou parcialmente implícito naquela diferença*". Ora, desde logo o que se nota é que a Comissão pretendia ver incluídos na categoria E rendimentos que, à data da sua Recomendação, estavam, aparentemente, excluídos da tributação por força do disposto no n.º 2 do artigo 10.º do CIRS. Parece ignorar que, pelo menos no tocante a obrigações e títulos de participação, as mais-valias que resultavam da sua valorização extraordinária e que, por conseguinte, sempre seriam obtidas numa transmissão intermo negativa)açç enas de uma medida que exigia uma opçe a n incidem obrigaçsa ais investidos; mas o seu campo de incidma jociedadesédia de tais instrumentos financeiros, já tinham normas que contemplavam os aspetos material e quantitativo da incidência, tanto na categoria E como na categoria G e que a sua tributação resultava apenas de uma medida que exigia uma opção política (eliminação da delimitação negativa) e não qualquer atividade técnica. Por último, não decorre claramente da recomendação da Comissão que no seu espírito não estivessem apenas os "frutos" do título. É que se na intenção da Comissão estivesse a tributação da "árvore" e não apenas do "fruto", mais óbvio se tornaria que a mera inclusão do conceito geral de rendimento de capitais na categoria E seria inócua se não fosse acompanhada de normas, gerais ou específicas, de determinação do rendimento sujeito a imposto. Foi, de resto, o que sucedeu, por exemplo, com a efetiva tributação das *stock options*, incluídas expressamente no elemento material do objetivo da incidência em 2000 pela alteração feita ao artigo 2.º do CIRS pela Lei n.º 3-B/2000, de 4 de abril, enquanto no artigo 24.º do CIRS se não plasmaram as normas de quantificação do rendimento sujeito a tributação e também as atinentes ao aspeto temporal do elemento objetivo da incidência, o que só veio a suceder, em primeiro lugar, pela Lei n.º 30-G/2000, de 29 de dezembro e, depois, pela Lei n.º 109-B/2001, de 27 de dezembro.

Sendo assim, em nome de uma tributação justa e conforme com os princípios constitucionais da justiça, da proporcionalidade e da proibição do excesso, como certamente pretendeu o legislador quando introduziu esse conceito, que, como bem notou Saldanha Sanches[63], realçou, com a referência a "frutos", os juros como rendimento prototípico da categoria E e, ao estatuir que serão também rendimentos de capitais os tais frutos qualquer que seja a sua natureza ou denominação, acabou por desistir igualmente de qualquer tentativa de definição conceptual de rendimento de capitais, designadamente para as pessoas singulares, pois é a elas que, em primeira linha, aquele preceito se dirige, não se pode admitir a existência de uma categoria de rendimentos que: (i), tipifique, no aspeto material do elemento objetivo da incidência, e em termos gerais, apenas rendimentos positivos e depois admita, ainda que por interpretação (necessariamente analógica, criativa, inovadora) que nesse aspeto também se compreendem *rendimentos negativos*; (ii) e, muito menos, que, admitindo-se, sem conceder, a inclusão nesta categoria E de *rendimentos* de sinal negativo, para efeitos de tributação e com argumento da inexistência de norma em sede de aspeto quantitativo do elemento objetivo da incidência[64], eles se não somem algebricamente, antes, pura e simplesmente, se ignorem os de sinal negativo e apenas se considerem os

[63] Saldanha Sanches, J. L., *Manual de Direito Fiscal*, 3.ª ed., Coimbra Editora, Coimbra, 2007, pp. 314,

[64] Sobre os diversos aspetos do elemento objetivo da incidência, implicando a falta ou insuficiência de qualquer deles a inexistência de incidência objetiva, Sergio Ribeiro,

de sinal positivo. Esta forma radical de entender a incidência tributária é, por um lado, desproporcionada e inaceitável e, a nosso ver, inconstitucional, face aos princípios já invocados e, por outro, constitui uma insustentável e indefensável discriminação negativa em relação às pessoas singulares enquanto tais, uma vez que as sociedades e a generalidade de outras entidades, em sede de IRC, acomodarão contabilisticamente e para efeitos de apuramento da sua matéria coletável as "perdas" em rendimentos de capitais. Não são a regra, no CIRC, as norma que desconsiderem como encargo dedutível os "rendimentos negativos de capitais" ou as "menos-valias". Isso sucede em casos contados e com justificação bastante. E a consequência da introdução, no artigo 5.º do CIRS, do pretendido conceito geral de rendimento de capitais, só poderia ter sido uma: a de se eliminarem, do restante articulado da norma, todas as situações de incidência que nomeadamente, falam em "diferença positiva", porque implícita, embora remotamente, admitem a verificação de "diferença negativa" e integrá-las noutras categorias, nomeadamente na categoria G, fosse nas mais-valias, fosse nos restantes acréscimos patrimoniais, mas sempre com a possibilidade de se compensarem ganhos com perdas. Sem tal compensação, a tributação destas situações será sempre iníqua, desproporcionada, excessiva e inaceitável do ponto de vista dos princípios e, também, porque apenas, ou principalmente, visam pessoas singulares[65].

João, Tributação Presuntiva do Rendimento, Um Contributo para Reequacionar os Métodos Indiretos de Determinação da Matéria Tributável, Coimbra, 2010, pp. 107/114.

[65] Em Espanha, qualificam-se expressamente os rendimentos conexos com o reembolso de "capitais próprios cedidos a terceiros", nos quais obviamente se incluem os empréstimos obrigacionistas, como rendimentos de capitais mobiliários, a par dos rendimentos obtidos na transmissão, amortização, troca ou conversão. Mas o legislador espanhol, mais coerente do que o nacional, dispõe o seguinte no artigo 25.º da Lei do IRPF: *Los gastos accesorios de adquisición y enajenación serán computados para la cuantificación del rendimiento, en tanto se justifiquen adecuadamente. Los rendimientos negativos derivados de transmisiones de activos financieros, cuando el contribuyente hubiera adquirido activos financieros homogéneos dentro de los dos meses anteriores o posteriores a dichas transmisiones, se integrarán a medida que se transmitan los activos financieros que permanezcan en el patrimonio del contribuyente.* Ou seja, admite expressamente a existência de rendimentos negativos, em "dichas transmisiones" (onde inclui o reembolso!), mas consagra-lhes um tratamento de atenuação de tributação. E mais admite, na base de tributação da poupança, a integração e compensação sem qualquer limitação, podendo o saldo dentro dos rendimentos de capitais mobiliários nela

Pelo exposto, e do nosso ponto de vista, tal conceito geral é suscetível de criar mais problemas ao intérprete que, julgando ter ali uma âncora segura, se depara, desde logo, nas diferentes alíneas do n.º 2 com regulamentação especial que naturalmente se sobrepõe ao conceito geral. E só com base numa interpretação baseada na relação generalidade/especialidade conseguirá ter algum suporte para justificar a subsistência, na norma de incidência material da categoria E, de previsões de incidência contrárias ao conceito matriz de rendimento adotado para a categoria. Acresce que, inadvertida ou propositadamente, nenhuma referência se fez, no artigo 7.º do CIRS, ao aspeto temporal do elemento objetivo da incidência quanto a situações enquadráveis em abstrato no conceito geral do n.º 1 e, eventualmente, não integráveis em qualquer das alíneas do n.º 2 ou em nenhum dos restantes números do artigo 5.º do mesmo Código. Por último, e não menos importante, designadamente no que diz respeito a rendimentos procedentes da modificação, transmissão ou cessão de elementos patrimoniais, bens direitos ou situações jurídicas, de natureza mobiliária, não se aditou, no capítulo de determinação da matéria coletável, ou mesmo no próprio artigo 5.º, para além das que neste já constavam, uma regra sequer de quantificação do rendimento sujeito a imposto, o que seguramente não responde às exigências de certeza e segurança jurídicas que a incidência objetiva, no seu aspeto quantitativo, impõe para que a tributação se possa tornar efetiva. Não podem tais regras, naturalmente, *produzir-se* por entendimento administrativo, uma vez que gozam de reserva de lei da Assembleia da República[66] ou argumentar-se que o CIRS é omisso. Reafirme-se aqui, com a doutrina, que *"uma nota de extrema importância e digna de realce é a circunstância de o facto tributário compreender todos os elementos imprescindíveis para o nascimento da obrigação tributaria. Daqui inferem-se duas consequências importantes. Em pri-*

integrados, com reporte aos quatro anos seguintes se o saldo for negativo – ALONSO, Roberto Alonso, *Impuesto sobre la Renta de Las Personas Físicas (2), Comentarios y Casos Prácticos*, Ediciones CEF, Madrid, 2012, pp. 771. Os regimes são comparáveis quando têm características idênticas. Fica assim claro que o regime português de tributação dos rendimentos de capitais mobiliários não é comparável com o regime espanhol de tributação de idênticos rendimentos.

[66] Ou, para quem assim não entenda, gozam, em qualquer caso, gozam de reserva de competência legislativa do Governo, nos termos constitucionais

meiro lugar, na ausência de qualquer um dos elementos [ou (sub)elementos], que formam o facto tributário, o efeito jurídico não se produz. Em segundo lugar, não é possível distinguir entre os vários elementos constitutivos do facto tributário no que diz respeito ao nexo de causalidade existente entre cada um deles e o surgimento da obrigação tributária, pois, só em conjunto e de forma articulada[67] *produzem esse efeito*"[68].

3.3 Os limites da autonomia jurídica das obrigações enquanto títulos de crédito e as suas consequências. A aquisição de obrigações pela sociedade emitente

Já afirmámos a nossa adesão à tese segundo a qual, e concretamente no que diz respeito às obrigações, o título de crédito e a conexa relação são criados através de um negócio jurídico unilateral e oneroso (supra 3.1). É agora o momento para, com a doutrina maioritária e a jurisprudência preponderante, aderir à *teoria da emissão*, isto é, considerar que a relação cartular apenas se constitui, ou torna perfeita, quando, para além da lavra do título, este é colocado voluntariamente em circulação pelo respetivo emitente. E também aqui se deve discutir a questão de saber como, uma vez emitido o título de crédito e constituída a relação cartular, coexistem e se coordenam ambas as relações jurídicas paralelas mas distintas, subjacentes: a relação jurídica fundamental ("*ex causa*") e a relação jurídica cartular ("*ex cartula*"). Ora, na ausência de estipulação expressa, o que em regra sucederá nas emissões obrigacionistas, ambas as obrigações subsistem lado a lado, tendo em conta o que, na ausência de um regime geral das obrigações, dispõe o artigo 859.º do CC: *a vontade de contrair nova obrigação em substituição da antiga deve ser expressamente manifestada.* Visando ambas as relações **a satisfação do mesmo interesse económico do credor**, é óbvio que o cumprimento de uma das obrigações (cartular ou causal) conduzirá, geralmente, à extinção da outra, **sob pena de o devedor ficar vinculado a uma duplicação de pagamentos**. Aqui reside, em nosso entendimento, o ponto fulcral da questão em análise. Os títulos de crédito, enquanto títulos de formação sucessiva, são títulos

[67] No que poderia designar-se como o *efeito de esfera* (observação nossa), uma vez que uma esfera, não tendo lados, não é, para ser esfera, cindível.
[68] Sérgio Ribeiro, op. cit., pp. 107.

que constituem e incorporam, nomeadamente quando objeto de negociação em mercado, uma pluralidade de relações cartulares, em resultado de uma diversidade de sujeitos (emitentes, portadores imediato e mediatos, devedores, outros coobrigados) e de atos juscartulares (saque, aceite, endosso, aval). Relações imediatas e relações mediatas são as duas grandes categorias de relações jurídicas que se estabelecem consoante os sujeitos da relação cartular se encontrem ou não ligados entre si por uma relação causal (e uma convenção executiva). As primeiras estabelecem-se entre os sujeitos cartulares que são simultaneamente sujeitos da relação subjacente ou da convenção executiva. As segundas são aquelas que opõem um determinado sujeito cartular a todos os demais intervenientes na circulação do título.

A relação cartular, dotada de vida e disciplina próprias e que é fonte de direitos e obrigações, é, sem dúvida, a relação dominante na circulação dos títulos de crédito enquanto valores mobiliários. Por isso que tais títulos são caracteristicamente *documentos de legitimação*, no sentido em que a posse do documento, não importa o suporte em que se materialize, é condição necessária e suficiente para o exercício desses direitos e o cumprimento dessas obrigações, e *documentos de circulação*, no sentido em que os direitos e obrigações cartulares estão destinados a circular no tráfico jurídico-comercial[69]. Diz-se, por um lado, e invocando até o artigo 762.º do CC, que a extinção dos títulos de crédito ocorre com a extinção do direito neles incorporado, ou seja, por via de regra com o cumprimento da *relação cartular* (artigo 762.º do CC), sem prejuízo de outros eventos extintivos especiais (prescrição, ineficácia, etc.). Por outro, admite-se que o direito cartular sobrevive, por vezes, à extinção física do próprio título de crédito, por isso se justificando o instituto da *reconstituição* e *reforma dos títulos de crédito*, nos termos previstos no artigo 51.º do CVM. Ora, a verdade é que, mesmo no plano jurídico, o n.º 1 do artigo 762.º do CC dispõe apenas que *o devedor cumpre a obrigação quando realiza a prestação a que está vinculado*. Tratando-se de uma obrigação (título de crédito) que atingiu a sua maturidade e à luz deste preceito, o devedor cumpre a sua obrigação pagando ao portador, normalmente um sujeito mediato na relação car-

[69] ENGRÁCIA ANTUNES, José A., op. cit., pp. 36/50, que estamos a seguir de perto e para onde, para maiores desenvolvimentos, remetemos.

tular, o montante que recebeu de empréstimo na subscrição/emissão do sujeito imediato, eventualmente acrescido do montante devido a título de remuneração. A extinção do título de crédito – neste caso a sua amortização – é um problema exclusivo da entidade que o emitiu e que só a poderá declarar quando e se tiver o título de crédito em seu poder. Isto é, tem de entender-se, sob pena de o devedor poder ser chamado a pagar mais do que uma vez, que ao dever de reembolso ou restituição do capital mutuado no quadro de uma emissão obrigacionista que incumbe ao devedor, corresponde a obrigação de o credor lhe transmitir o título de crédito de que é possuidor, não importa se originário, se subsequente, à data do reembolso. A extinção, por amortização, da obrigação **enquanto título de crédito** nunca, por natureza, é suscetível de operar-se na esfera jurídica do credor, mas por declaração de extinção do devedor que, também por natureza e para o efeito, deverá ter o título na sua posse.

O artigo 354.º do CSC, subordinado à epígrafe "*Obrigações próprias*", vem, ainda que pela negativa, permitir (ou não se opor) que, condicionadamente, as sociedades adquiram obrigações por elas próprias emitidas. Não se entrará aqui na análise, por desnecessária, do aparentemente caminho estreito em que tal operação é permitida. Basta a constatação de que, sendo essa compra permitida, nenhuma das relações que vimos caracterizarem as obrigações enquanto títulos de crédito se extingue automaticamente por *confusão*, como seria natural quando, numa relação creditícia, a figura de credor e de devedor se reúnem numa mesma pessoa singular ou coletiva, nos termos do disposto no artigo 868.º do CC[70]. Nos estritos termos da lei, apenas se suspendem os respetivos direitos, como se colhe do disposto no n.º 2 do referido artigo 354.º do CSC. Temos no entanto, fundadas dúvidas de que, enquanto a situação perdurar, *subsista, como tal, a "dívida" inerente à relação de crédito subjacente,* por ausência de alteridade entre devedor e credor. Portanto, mesmo no plano do comércio jurídico, pode a entidade emitente ser detentora de obrigações próprias, legalmente adquiridas, sem que as declare, ou tenha de declarar, extintas ou amortizadas. O que é suficiente para autonomizar os títulos dos direitos que incorporam e afirmar, mesmo com estes suspen-

[70] Artigo 868.º do CC: *Quando na mesma pessoa se reúnam as qualidades de credor e devedor da mesma obrigação, extinguem-se o crédito e a dívida.*

sos, incluindo o próprio direito ao reembolso obviamente, que as obrigações subsistem com o seu estatuto jurídico de títulos de crédito na esfera da entidade que as emitiu e que, quando as adquiriu no mercado, mais não fez do que **reembolsar** o capital mutuado, acrescido naturalmente da remuneração decorrida, à pessoa ou entidade vendedora[71]. Não existe, quanto a nós, qualquer motivo para distinguir, seja no plano da natureza jurídica da operação (*transmissão*), seja no plano da natureza económica da operação (*onerosa*) esta aquisição dos títulos de crédito representativos de obrigações pela entidade que as emitiu do denominado reembolso na data em que os títulos atingem a sua maturidade. Na nossa perspetiva, trata-se de duas operações absolutamente idênticas, tanto no plano jurídico, como no plano económico e que, portanto, não podem divergir quanto ao regime jurídico tributário aplicável aos rendimentos de que essa operação se tornar o facto gerador ou tributário.

4. Da negociação das obrigações em mercado. As obrigações como valores mobiliários. Factos transmissivos dos valores mobiliários

No que respeita à negociação das obrigações e embora já não mereça expressa consagração legal[72], tem utilidade contrapor, de um lado, o mercado primário e, do outro, o mercado secundário de valores mobiliários. Denomina-se mercado primário o mercado de criação de valores mobiliários, através do processo de emissão. Define-se mercado secundário como o mercado onde se negoceiam e transmitem os valores mobiliários. Nos termos que atualmente se prescreve o n.º 1 do artigo 198 do CVM, "*1 – É permitido o funcionamento em Portugal, sem prejuízo de outras que a CMVM*

[71] Para quem, como os cultores do direito fiscal, tem tanto apreço pelo princípio da prevalência da substância sobre a forma, não é difícil aceitar que cada transmissão onerosa de uma obrigação, verificada entre a sua emissão e a sua extinção, funciona, para o transmitente, como um reembolso antecipado do capital investido. Pretender-se que o "reembolso", enquanto momento que antecede a declaração de extinção do próprio título não comunga da natureza de transmissão onerosa do título entre o seu possuidor ou detentor e a entidade emitente é, desculpe-se-nos a expressão, pretender "*tapar o sol com a peneira*".

[72] O CVM não tem correspondente ao artigo 3.º, n.º 1, alíneas c) e d) do CMVM. As alterações neste domínio verificadas, não respeitando a tradição portuguesa, parece terem ficado a dever-se à transposição de diretivas europeias sobre a matéria. Ver CÂMARA, Paulo, op. cit., pp. 240/242.

determine por regulamento, das seguintes formas organizadas de negociação de instrumentos financeiros: a) Mercados regulamentados; b) Sistemas de negociação multilateral; c) Internalização sistemática.".

As bolsas, perdida que foi a sua atuação em regime de monopólio ou de oligopólio, desenvolvem atualmente a sua atividade em ambiente de concorrência perante outras bolsas, sistemas de negociação multilaterais e intermediários financeiros[73]. A concorrência entre bolsas decorre da liberdade que cada emitente tem de escolher a bolsa em que os valores mobiliários se negoceiam, seja esta bolsa nacional ou estrangeira[74] e, no caso de admissão a bolsa estrangeira, quer através de cotação direta quer através da cotação de certificados de depósito de valores mobiliários (*depositary receipts*). Dada a essencialidade das comissões cobradas pelas operações bolsistas, as bolsas têm uma acentuada avidez por apresentarem grandes volumes de negócios. Fala-se, por isso, em *mercado de mercados*. As bolsas concorrem igualmente com sistemas de negociação multilaterais, cujo desenvolvimento tem sido exponencial graças, em larga medida à utilização de tecnologia baseada na internet. Estas plataformas são caracterizadas pela Diretiva dos Mercados dos Instrumentos Financeiros como sistemas multilaterais vocacionados para promover, em termos não discricionários, encontros de ordens de compra e venda. Afins das bolsas, não são, todavia, os mercados regulamentados, o que lhes confere uma maior capacidade para atrair emitentes, sobretudo os que não têm acesso aos mercados principais. As bolsas concorrem ainda com os intermediários financeiros, concorrência que assume característi-

[73] Seguiu-se de perto CÂMARA, Paulo, op. Cit., pp. 454/457

[74] Sem prejuízo de, tratando-se de emitentes com residência, sede ou direção efetiva em território português, deverem ser observados alguns requisitos de índole fiscal, mormente os resultantes do Regime Especial de Tributação de Rendimentos de Valores Mobiliários Representativos de Dívida, aprovado pelo Decreto-Lei n.º 193/2005, de 7 de novembro e que sucedeu ao regime aprovado pelo Decreto-Lei n.º 88/94, de 2 de abril, bem como o regime fiscal das operações de titularização de créditos aprovado pelo Decreto-Lei n.º 219/2001, de 4 de agosto, republicado pelo artigo 8.º do Decreto-Lei n.º 303/2003, de 5 de Dezembro. Chama-se, de novo, a atenção para o facto de este regime ter sido alterado, com o segundo Orçamento Retificativo para 2013 e ser objeto de proposta de autorização legislativa para revisão no Orçamento do Estado para 2014, ainda que esta nos pareça sobreposta com a alteração feita diretamente naquele. Vide, supra, (Nota 23).

cas de especial complexidade e ambivalência, em particular em sistemas financeiros com forte peso do sector bancário, como é o português e terá aumentado significativamente com a eliminação do princípio da concentração da execução de ordens em mercado regulamentado, permitindo a internalização sistemática de ordens, isto é, a sistemática execução de ordens dos clientes fora de mercado, operada pela transposição para a ordem jurídica interna, operada pelo Decreto-Lei n.º 357-A/2007, de 31 de outubro, da Diretiva dos Mercados dos Instrumentos Financeiros[75].

A diversidade das formas de estruturação dos sistemas de negociação multilaterais além de, em termos infra jurídicos, estimular a concorrência com as bolsas, induz o questionamento das suas características e a perda de nitidez do conceito. À luz do CVM, as bolsas são mercados que se caracterizam por dois traços fundamentais: constituem um tipo de mercado secundário; e são mercados regulamentados. A tendência porém é a da prevalência do conceito de mercado regulamentado, em detrimento do conceito de bolsa. De onde, mais do que *em mercados bolsistas*, tende a distinguir-se *entre mercados regulamentados* e *mercados não regulamentados.*

Como ensina PAULO CÂMARA (2011), a técnica atual e unitária de transmissão dos valores mobiliários difere, nos termos do CVM, em função de três variáveis elementares: a forma dos valores (escritural ou titulada, consoante se apresentem através de registo em conta ou em papel – cf. Artigo 46.º do CVM); a sua integração ou não em sistema centralizado (artigos 88.º a 94.º do CVM); e a sua modalidade nominativa ou ao portador (artigo 52.º do CVM). O quadro resultante do cruzamento destas variáveis é, necessariamente, multifacetado. Os valores mobiliários transmitem-se através do registo em conta (artigo 80.º do CVM), o mesmo se passando com os valores mobiliários titulados integrados em sistema centralizado (artigo 105.º do CVM). Nos restantes casos, a transmissão de valores mobiliários assumirá um de três modos: os valores não depositados transmitem-se através da sua entrega (artigo 101.º, n.º 1, 1.ª parte, do CVM); os valores ao portador depositados em intermediário financeiro, mas não integrados em sistema centralizado, transmitem-se pela entrega ao depositário ou por movimentação de registo, se o depositário também o for do alienante (artigo 101.º, n.º 1, *in fine*, e 2 do CVM); por fim, se os

[75] Diretiva 2004/39/CE, do Parlamento Europeu e do Conselho, de 21 de Abril de 2004.

valores titulados forem nominativos, a sua transmissão opera através de declaração de transmissão escrita no título e de registo no intermediário financeiro que o represente[76].

Também sobre os **factos transmissivos** de valores mobiliários se pronuncia Veiga (2010). Não estando em causa as transmissões potestativas, distingue também entre valores dentro e fora do sistema. A transmissão dentro do sistema decorre sempre do crédito em conta, erigido como o primeiro e mais importante facto transmissivo previsto no CVM. No reembolso das obrigações, os valores mobiliários dentro do sistema são creditados na conta da entidade emitente. Verifica-se, por isso, quanto ao reembolso, um facto transmissivo à luz do CVM. Quanto aos valores fora do sistema, considera o mesmo Autor existirem igualmente três regimes, consoante a espécie de valores (ao portador ou nominativos) e o facto de os valores se encontrarem ou não depositados em intermediário financeiro. Tradição, registo em conta da transmissão e declaração de transmissão ou inscrição em registo de emissão são, igualmente, factos transmissivos para o Autor a que nos vimos referindo, não interessando, aqui, as especificidades de cada um desses factos ou a questão de saber em que momento ocorre a transmissão, como parece evidente. E embora, no capítulo subsequente da sua obra, onde trata dos negócios subjacentes, isto é, dos negócios que têm um *conteúdo* transmissivo, se não aborde especificamente o reembolso das obrigações, não nos parece difícil incluí-lo no que o Autor denomina negócios comuns, nomeadamente quando refere que o paradigma destes negócios é a compra e venda em geral[77].

Ora, se é verdade que estas regras transmissivas se dirigem para as transações efetuadas em mercado, não o é menos que, no caso das obrigações, elas não excluem a operação de reembolso. À luz das regras do CVM, o reembolso para amortização de obrigações é, para todos os efeitos, uma operação de transmissão onerosa de valores mobiliários. E assim é tratada nas rotinas de mercado, como adiante se comprovará.

[76] Seguimos de perto o Autor e obra citados, pp. 327.

[77] Veiga, Alexandre Brandão da, op. cit., pp. 27/88.

5. Do reembolso das obrigações e da *restituição* do título pelo credor ao devedor. Da natureza jurídica da *restituição* do título. A operacionalização, em mercado, da operação de reembolso das obrigações

Posto isto, e não existindo dúvidas sobre a qualificação de *transmissão onerosa* que recai sobre as transmissões de obrigações que resultam do sistema de negociação, seja em mercados regulamentados, seja em mercados não regulamentados, operadas desde a data de emissão até ao seu reembolso, importa agora qualificar, em domínio mais jurídico, a operação vulgarmente conhecida por «reembolso» da obrigação.

O valor do reembolso, em que se concretiza uma das prestações debitórias do contrato unilateral oneroso representado no título cartular ou no registo da obrigação, é a importância que é paga ao obrigacionista quando as obrigações atingem a sua maturidade. Mas nem sempre. Basta terem-se presentes as modalidades de obrigações com opção de compra (*call option*) ou com opção de venda (*put option*). Trata-se de modalidades de obrigações em que pode conceder-se o **direito à amortização antecipada** à entidade emitente ou aos subscritores. As obrigações com opção de compra (*call option*) conferem à entidade que as emitiu o direito à amortização, total ou parcial, antes de atingirem a maturidade. A amortização é normalmente acrescida de um prémio de amortização. Em regra, este vai diminuindo durante o prazo da obrigação. As obrigações com opção de venda (*put option*) dão aos investidores o direito de as venderem, à entidade emitente, antes do seu vencimento. A venda é feita a um preço que, regra geral, inclui uma certa redução no rendimento (e não no capital), determinada de forma idêntica à utilizada nos prémios de reembolso das obrigações com *call option*.

O obrigacionista pode ser, como antes vimos, originário ou subsequente, consoante se trate de quem subscreveu o título ou de quem o adquiriu em mercado (relação mediata e relações imediatas). No plano jurídico, ambos têm as mesmas garantias. No plano financeiro, só o primeiro foi verdadeiro mutuante; o segundo não emprestou dinheiro ao mutuário, tendo-se limitado a negociar e adquirir o título em mercado. Também o reembolso, tal como a emissão, pode ser ao par, abaixo do par ou acima do par. Na emissão e no reembolso existem ou podem existir prémios: os prémios de emissão e os prémios de reembolso. Na emissão, existe prémio a favor da entidade emitente se as obrigações foram transacionadas acima do par e existe prémio a favor do adquirente se elas foram transacionadas abaixo do par ou com desconto. Os prémios de emissão não estão obviamente contemplados na al. c) do n.º 1 do artigo 5.º do CIRS[78]. Já o prémio no reembolso está contemplado no referido preceito e existe prémio de reembolso em sentido estrito, na ótica do obrigacionista, quando as obrigações são reembolsadas acima do par. O prémio de reembolso distingue-se do prémio de amortização, igualmente qualificado como rendimento de capitais. Existe prémio de amortização quando a entidade emitente antecipa o reembolso das obrigações e, por tal motivo, paga um prémio ao obrigacionista. Em ambos os casos, tais prémios são, nos termos do disposto na al. c) do n.º 2 do artigo 5.º do CIRS, expressamente qualificados como rendimentos de capitais e, obviamente, não são esses rendimentos que aqui estão em causa, não é para esses rendimentos que aqui procuramos encontrar, e fundamentar, a respetiva qualificação fiscal. Essa, bem ou mal, decorre já da positivação normativa abrangente constante dos CIRS e CIRC.

O valor mobiliário que representa a obrigação (título de crédito) e que é suscetível de transmissão **representa uma situação jurídica**. Extinguindo-se essa situação jurídica, o valor mobiliário extingue-se igualmente. A modalidade geral de extinção das obrigações é, como bem se sabe e, de resto, já foi referido, o cumprimento, após o pagamento do capital e juros. E ainda que subsista o documento (título cartular ou registo informático), **este deixa de ter as funções de legitimação e de representação, mas apenas as associadas ao valor mobiliário**[79]. Será

[78] Um prémio de emissão, na medida em que se consubstancia num prémio pago pelo obrigacionista à entidade emitente, não tem, *por isso mesmo*, a natureza de um rendimento de aplicação de capitais. Sendo um rendimento para a entidade emitente, seria, em rigor, um custo de aplicação de capitais para o obrigacionista, de resto acomodado no quadro de atividades empresariais ou de atividades de investimento exercidas sob forma societárias. Seria absurdo incluí-lo na previsão do artigo 5.º do Código do IRS para efeitos de qualificação fiscal. Seria uma absoluta contradição com a teleologia do preceito. Isto tem, desde logo, efeito, na retenção: nenhum obrigacionista, mesmo institucional ou empresarial, aplicará retenção na fonte sobre prémio de emissão que deva pagar à entidade emitente. Não se tratando de rendimento de capitais, inexiste norma que especificamente preveja a retenção sobre este tipo de (indiscutível) rendimento para a e entidade emitente.

[79] E aqui reside outra possível fonte de confusões. O valor mobiliário enquanto tal, ou seja, com as funções que lhe são associadas mas apenas enquanto valor mobiliário,

uma forma sem direito: não é, já, valor mobiliário. E tratando-se de valores admitidos à negociação em mercado, com a extinção cessa automaticamente a negociação, havendo lugar à exclusão[80]. Relembra-se aqui que mesmo para além da amortização do título podem subsistir direitos patrimoniais na esfera do credor (artigo 364.º do CSC), caso em que o emitente tem de dotar este de documento bastante para que ele possa exercer esses direitos, documento que, como é evidente, já não tem a natureza de um valor mobiliário. Quando muito, poderá ter a natureza de uma confissão de dívida.

Coloca-se, então, a questão de saber, como se deve qualificar no plano jurídico, a transmissão que normal e necessariamente ocorre, no momento do reembolso, entre o titular-portador do título (independentemente de ser escritural ou titulado) representativo da obrigação e a entidade emitente, e não importa a natureza originária ou derivada da correspondente aquisição. É que, extinguindo-se o valor mobiliário e cessando automaticamente a negociação caso a entidade emitente não efetue o pagamento do capital na data prevista para a amortização, o título subsiste como título de crédito, mais, constituindo título executivo em ordem à cobrança judicial do crédito que titula[81]. *Alguns valores mobiliários trazem como direito inerente o direito do respetivo titular fazer com que a entidade emitente readquira os valores em causa. O termo adquirir é aqui utilizado em sentido amplo por forma a abranger também os casos em que o resultado da aquisição determina a extinção do valor mobiliário em questão*[82]. Vimos, como exemplo do que é dito na primeira parte do texto transcrito, os casos das obrigações com *call option* e com *put option*. Mas o que verdadeiramente

designadamente na sua dimensão de negociabilidade (e não enquanto título de crédito) extingue-se, *ipso facto*, na data da maturidade, independentemente de ser ou não reembolsado. Uma obrigação negociada em mercado cujo devedor não reembolsou, por falta de liquidez, o seu valor na data da maturidade, extinguiu-se automaticamente como valor mobiliário com todas as consequências dessa extinção: inexistência de valor de negociação, inexistência de operações de negociação (e não mera suspensão de negociação), por exemplo. Mas não se diga que a obrigação se extinguiu como título de crédito ou como relação cartular.

[80] De novo nos sustentámos em Câmara, Paulo, op. cit., pp. 730/731.

[81] Artigo 46.º, n.º 1, al. c) do CPC.

[82] Soares, António, *Direitos Inerentes a Valores Mobiliários*, Direito dos Valores Mobiliários, Volume I, Coimbra Editora, Coimbra, 1999, pp. 149.

nos interessa, partindo do particular para o geral, como o Autor citado faz e a cuja tese aderimos, é que o termo "*adquirir*" se deve aplicar aos casos em que o resultado da aquisição determina a extinção do valor mobiliário em questão. Para nós, de modo talvez demasiado simples, o reembolso mais não é que uma forma de adquirir, pelo emitente, a obrigação.

A natureza jurídica da restituição do título pelo credor ao devedor no momento do reembolso das obrigações não parece ter entre nós, no plano doutrinário, qualquer tese expressamente definida. Não se tratando, objetivamente, de uma doação, que em qualquer caso sempre configuraria uma *transmissão*, embora a título gratuito, tratar-se-á de um ato não jurídico? Não nos parece. A restituição do título está prevista na lei e, de algum modo, aparece configurada num binómio direito/dever, isto é, no quadro de uma relação jurídica. O termo "restituir" significa, segundo os dicionários, "*repor; entregar o que se possuía indevidamente; devolver; restabelecer; reintegrar*"[83]. Ora, não obstante a terminologia legal, o termo "*restituição*" não nos parece adequado para significar, face às modalidades transmissivas dos valores mobiliários antes enunciadas, a saber, (i) o registo em conta da emitente, (ii) a entrega à emitente, (iii) a entrega ao depositário ou (iii.1) por movimentação de registo ou (iii.2)por declaração de transmissão, escrita no título, em qualquer caso seguida de registo na conta do emitente, contra o reembolso, dos títulos representativos do empréstimo obrigacionista. Na verdade, sejam tituladas, sejam escriturais, as obrigações, no momento imediatamente anterior ao reembolso do capital cujo direito incorporam, integram a esfera jurídica patrimonial do respetivo titular. **E ninguém restitui o que é seu**. A translação de um bem ou de um direito de uma esfera jurídica para outra esfera jurídica (alteridade) opera-se sempre por transmissão. O que se traduz numa perda derivada e numa aquisição relativa. Não vemos por que esta "*restituição*" do título, concomitante com o reembolso, não seja, também no estrito plano jurídico, uma transmissão. E, naturalmente, uma transmissão onerosa, que, por defeito, são onerosas todas as transmissões que não são gratuitas. Este nosso entendimento já o fomos exprimindo noutras partes do texto, ainda que não com tanta assertividade. Reiteramos, designadamente face ao que deixámos dito supra, no n.º 3.3, que nos parece não existir qual-

[83] AUGUSTO MORENO, *Dicionário Complementar da Língua Portuguesa*, Porto, 1954.

quer distinção jurídica ou económica a efetuar na qualificação do ato de aquisição de obrigações próprias em data anterior à da sua maturidade, uma vez que dele não resulta uma amortização/extinção automática, não obstante o credor ver, nesse momento, seu crédito ressarcido, em capital e juros, e, juridicamente, não fora a ressalva feita pelo CSC, estarmos perante uma situação de extinção por confusão, pela reunião, na mesma pessoa, das qualidades de credor e devedor, com ato de reembolso da obrigação, uma vez que ele não se faz sem a referida *restituição* do título. Mas também reiteramos que, em nosso entendimento, e enquanto tal situação perdurar, não existe dívida por ausência de alteridade entre devedor e credor.

Nestes termos, e não obstante termos de reconhecer, com Paulo Câmara[84], como já referimos, que a problemática da extinção do valor mobiliário é usualmente pouco estudada, parece inequívoco que o reembolso para amortização de títulos de crédito negociáveis, nomeadamente o reembolso para a amortização de obrigações, tendo como pressuposto a prestação debitória, a cargo do mutuário, **denominada reembolso do capital**, tem obrigatoriamente subjacente uma transmissão da titularidade do título que incorpora o direito e que essa transmissão, não podendo qualificar-se como gratuita, por não ter subjacente qualquer intuito de liberalidade, qualquer *animus donandi*, é, por inerência, onerosa. A característica da onerosidade, para além de ser absoluta e objetivamente patente nos casos em que o titular da obrigação não é o primitivo subscritor, evidencia-se também no caso do primitivo subscritor, uma vez que, em qualquer caso, se trata de uma prestação debitória cuja obrigação se constituiu no âmbito de um contrato unilateral oneroso. E acentua-se quando, na relação patológica, mesmo não existindo já valor mobiliário, subiste o titulo como representativo do direito de crédito do obrigacionista e com força de título executivo. Reconhecendo-se que existe transmissão, o que equivale a alienação pois se trata, como antes se viu, de palavras sinónimas, não pode deixar de aceitar-se que se trata de uma transmissão onerosa.

No plano instrumental, e tendo por base o conceito de transmissão de valores mobiliários adotado pelo CVM, deve igualmente salientar-se

[84] Op. cit., pp.730.

que toda a operacionalização da operação de reembolso é configurada, em mercado, como uma operação de compra e venda, como resulta da seguinte descrição obtida no Manual Operativo – Geral da INTERBOLSA[85] (2012.12.18 Página 193 MOP – 29 – pp. 193/197):

> **"11.6.1.3 Ajustamento de amortização total**
>
> O ajustamento de uma amortização total é gerado automaticamente pelo sistema e consiste na criação de duas novas instruções, efetuadas a partir da instrução original, que será automaticamente cancelada.
>
> Assim, no decurso do tratamento do ajustamento, é criada uma instrução de pagamento, por transformação (*transformation*[86]) da operação original, com quantidade igual a zero e montante igual ao da instrução original, (que será debitado ao comprador e creditado ao vendedor), e uma outra instrução de ajustamento com quantidade nula e com montante igual ao valor da amortização total (que será creditado ao comprador e debitado ao vendedor).
>
> - O cancelamento da operação original é informado no STD, via mensagem OTC, com o motivo 029 ("Cancelada e Substituída por evento") e no interface ISO 15022, via MT548, com o estado IPRC//CAND e *reason code* CAND//CANT (*"Cancelled due to Transformation. Original instruction has been cancelled and replaced due to a Corporate Action"*);
> - No final de *Record Date* são criadas duas instruções de pagamento para as instruções *matched* não liquidadas até ao final de *Record Date*, cuja data de liquidação contratada (ISD) é igual ou anterior a *Record Date* (independentemente de estarem ou não em situação *hold*):
>   - Uma instrução por transformação (*transformation*2) da operação original, de quantidade igual a zero e de montante igual ao da instrução original (que será debitado ao comprador e creditado ao vendedor).

[85] A INTERBOLSA – Sociedade Gestora de Sistemas de Liquidação e de Sistemas Centralizados de Valores Mobiliários, S.A., é uma sociedade anónima que tem por objeto a gestão de sistemas de liquidação e de sistemas centralizados de valores mobiliários. Nesse âmbito, presta, entre outros, serviços, de liquidação, registo, depósito e guarda de valores mobiliários, entre os quais obrigações, de acordo com as melhores práticas internacionais. A informação subsequente foi obtida no site www.interbolsa.pt/.

[86] Adoção integral das recomendações internacionais (nomeadamente do CAJWG – Market Standards for Transformations) .

Esta instrução é criada para todas as instruções *matched* com data de liquidação contratada (ISD) igual ou anterior a *Record Date*;

- Uma instrução de ajustamento, com montante igual ao valor da amortização total (a creditar ao comprador e debitar ao vendedor) e com quantidade nula. Esta instrução é criada para as instruções *matched* não liquidadas até ao final de *Record Date*, cuja data de liquidação contratada (ISD) é igual ou anterior a *Record Date* (independentemente de estarem ou não em situação *hold*).

As duas instruções são, de modo automático, enviadas para execução no TARGET2 no caso de liquidação em euro ou no SPME no caso de liquidação em moeda diferente de euro, após boa liquidação da operação de liquidação transformada.

As instruções *matched* com data de liquidação contratada posterior à data de amortização total são canceladas automaticamente, sem geração de qualquer ajustamento. As instruções *unmatched,* independentemente da data de liquidação contratada, são canceladas automaticamente.

A instrução transformada é criada com a seguinte informação e é transmitida aos IF's (comprador e vendedor) – Mensagem "OTC":

Designação do Campo	**Conteúdo**	**Observações**
Sistema	SLRT	
Merc	OTC	
Operação	Número de operação atribuído pelo sistema	
Tipo	DVP/RVP/DFP/RFP	*Delivery versus payment/ Receive versus payment* *Delivery free of payment/ Receive free of payment*
Referencia	**Número da operação que lhe deu origem**	No interface ISO 15022 o número da operação original é informado na *codeword* PROC do REAG/DEAG da sequência SETPRTY
Estado	MACH	
Motivo	030	Operação criada por transformação/evento
Data-Neg	*Record Date*	*Trade Date = Record Date*
Data-Liq	*Payment Date*	*Intended Settlement Date = Payment Date*
Cod-ISIN	Código ISIN da operação original	
Val-Mob	Código CVM da operação original	
Quantidade	Zero (0)	
Montante valor nominal	Zero (0)	
Montante	Montante da operação original, no caso de operação DVP/RVP	
Moeda	EUR	
Guia-Liquidação	Número da guia de liquidação atribuído pelo sistema	
IF	IF a débito (RVP/RFP) ou a crédito (DVP/DFP)	
Observações-IF	**Identificação do evento que lhe deu origem**	Através da codificação COAF (*Official Corporate Actions Event Reference*) – este código tem 16 caracteres alfanuméricos (dois caracteres que identificam a entidade codificadora e 14 caracteres numéricos) No interface ISO 15022 a instrução é identificada pela presença da sequência LINK com o *codeword* :CORP na referência: 20C: :16R:LINK :20C::CORP//COAF
Conta-CVM	Conta do IF vendedor/comprador da operação origem	
Hold-IF	branco (" ")	Este campo não é preenchido (branco), mesmo que a operação original tenha sido colocada em Hold pelo IF
IF-CP	IF contraparte	
Hold IF-CP	branco (" ")	Este campo não é preenchido (branco), mesmo que a operação original tenha sido colocada em Hold pelo IF contraparte

A instrução relativa ao ajustamento de amortização total é criada com a seguinte informação e é transmitida aos IF's (comprador e vendedor) – Mensagem "OTC":

Designação do Campo	**Conteúdo**	**Observações**
Sistema	SLRT	
Merc	OTC	
Operação	**Número de operação atribuído pelo sistema**	No interface ISO 15022 o número da operação original é informado na *codeword* PROC do REAG/DEAG da sequência SETPRTY
Tipo	DMC/RMC	*Delivery Market Claim/ Receive Market Claim*
Referencia	Número da operação que lhe deu origem	
Estado	MACH	
Motivo	003	
Data-Neg	***Record Date***	*Trade Date = Record Date*
Data-Liq	***Payment Date***	*Intended Settlement Date = Payment Date*
Cod-ISIN	Código ISIN da operação original	
Val-Mob	Código CVM da operação original	
Quantidade	Zero (0)	
Montante valor nominal	Zero (0)	
Montante		- Obtido pela multiplicação da quantidade (da operação origem) pelo valor unitário (bruto) da amortização total + prémio (caso exista) - a debitar ao vendedor e a creditar ao comprador da operação original
Moeda	EUR	
Guia-Liquidação	Número da guia de liquidação atribuído pelo sistema	
IF	IF a débito (DMC) ou a crédito (RMC)	
Observações-IF	**Identificação do evento que lhe deu origem**	Através da codificação COAF (*Official Corporate Actions Event Reference*) – este código tem 16 caracteres alfanuméricos (dois caracteres que identificam a entidade codificadora e 14 caracteres numéricos) No interface ISO 15022 a instrução é identificada pela presença da sequência LINK com o *codeword* :CORP na referência: 20C: :16R:LINK :20C::CORP//COAF
Conta-CVM	Conta do IF vendedor/comprador da operação origem	
Hold-IF	branco (" ")	Este campo não é preenchido (branco), mesmo que a operação original tenha sido colocada em Hold pelo IF
IF-CP	IF contraparte	
Hold IF-CP	branco (" ")	Este campo não é preenchido (branco), mesmo que a operação original tenha sido colocada em Hold pelo IF contraparte

11.6.3.1. Processamento da liquidação

A instrução relativa ao ajustamento e a operação transformada devem liquidar separadamente, mas a instrução de ajustamento só liquida após a liquidação da operação transformada.

As instruções de ajustamento só podem ser liquidadas até às 16h00 de acordo com o horário de liquidação de operações DVP que se encontra estabelecido. Assim, se a operação transformada (da original) for uma operação que liquide no último ciclo de resubmissão (às 16h00) ou depois das 16h00 (operação FOP em tempo real), a operação de ajustamento só será processada no dia útil seguinte a partir das 8h30.

A informação da liquidação da instrução relativa ao ajustamento de amortização total é transmitida aos IF's envolvidos (comprador e vendedor) e contem, para além da *Intended Settlement Date* (ISD), a data efetiva da liquidação (*Actual Settlement Date – ASD*), pois estas datas podem ser diferentes. No interface STD, na mensagem OTC só existe um campo de data, que antes da liquidação contem ISD e depois da liquidação contem ASD. Esta informação está disponível também na mensagem SLRTinfo (que é invocada pela consulta SLRTqry). No interface ISO 15022, as duas datas surgem tanto na mensagem em tempo real após liquidação MT545/7, como na de reconciliação MT536 (ver documento "SLrt – ISO 15022 messages", disponível no site da INTERBOLSA em /Documentação/Mensagens SWIFT – 15022).

11.6.3.1.1.Falhas

Se a operação transformada (a partir da original que deu origem ao ajustamento) não liquidar, esta manter-se-á no sistema (em resubmissão ou em *hold*) até ser cancelada ou liquidada; o ajustamento só liquidará quando liquidar essa operação;

No caso de ocorrer falha financeira na liquidação da instrução de ajustamento de amortização total, esta será resubmetida nos próximos ciclos de liquidação para uma nova tentativa de liquidação (TARGET2) até ao limite das 16h00. Se não liquidar no dia, até à hora limite, tentará liquidar novamente nos dias seguintes nos horários definidos para os ciclos de resubmissão.

11.6.3.2. Cancelamento

Os IF's podem cancelar bilateralmente a instrução de ajustamento de amortização total, mantendo-se no sistema a operação que lhe deu origem (operação transformada);

Se a operação que deu origem ao ajustamento for cancelada pelos IF's, o sistema cancelará automaticamente a instrução de ajustamento respetiva, sendo disponibilizada informação:

- na mensagem "OTC" do STD, com o estado CANC e o *reason code* 009 para a operação original e o *reason code* 011 para a operação de ajustamento;

- no interface ISO 15022, via mensagem MT548, para operação original com o estado CAND//CANI, como habitualmente e para a operação de ajustamento com o estado CAND//CANS.

No caso da operação transformada estar em situação de *hold*, esta e as instruções de ajustamento correspondentes poderão ser canceladas pelos intermediários financeiros; caso contrário, só serão passíveis de cancelamento as instruções que não liquidarem no ciclo das 8h30, podendo este cancelamento ser efetuado unilateralmente, pelo intermediário financeiro lesado.

A instrução de ajustamento de amortização total pendente de liquidação será cancelada automaticamente pelo sistema no fim da liquidação DVP (16h00) do dia 15 (ou no dia útil anterior, se o dia 15 não for dia útil) do mês seguinte ao do pagamento da amortização total em causa, mantendo-se no sistema a instrução transformada (até ser liquidada ou cancelada pelos IF's).

A informação do cancelamento da instrução de ajustamento será disponibilizada na mensagem "OTC" do STD, com o estado "CANC" e motivo "016" e no interface ISO 15022, via mensagem MT548, com o estado CAND//EXPI.

Em determinadas situações, devidamente justificadas, a INTERBOLSA poderá cancelar uma instrução relativa a um ajustamento de amortização total, assim como incluir uma nova instrução para substituir o ajustamento da amortização total cancelada".

6. Da formação do preço das obrigações em mercado

Observemos, por fim, os aspetos relativos à emissão de empréstimos obrigacionistas e os elementos que interferem na formação do preço das obrigações nos mercados onde ocorre a sua negociação. A emissão dos empréstimos obrigacionistas obedece a diversos regimes, consoante a entidade emitente. Por exemplo, no CSC, artigos 348.º a 372.º-B, disciplina-se a emissão de obrigações por sociedades anónimas. Já o regime jurídico das Obrigações do Tesouro consta do DL 280/98, de 17 de Setembro. Não se esgotando num ato isolado, a emissão pode ser entendida como um conjunto complexo e dinâmico de atos materiais e jurídicos destinados finalisticamente à criação de valores mobiliários e à sua introdução originária no mercado. O ato de subscrição é um ato de aquisição originária e não um ato de transmissão de obrigações. Numa segunda aceção, emissão equivale, simplesmente, à criação de valores mobiliários. A subscrição efetua-se a um preço, o preço de emissão. O preço de emissão pode ou não diferir do valor nominal: como já se referiu, se o preço for superior, trata-se de uma emissão «acima do par», designando-se a diferença entre o preço de emissão e o valor nominal da obrigação por «prémio de emissão»; se for inferior, a emissão diz-se «abaixo do par» ou que os títulos são emitidos «a desconto». Se o preço de subscrição coincidir com o valor nominal, a emissão é realizada "ao par". Direta e imediatamente, o preço de subscrição releva para as transmissões subsequentes do título, tendo em conta as regras previstas no artigo 5.º do CIRS para a qualificação do rendimento que nelas seja apurado quando a emissão tenha sido feita a desconto. Nas emissões feitas "ao par" e nas emissões feitas "acima do par", releva o preço de aquisição que, por natureza, será igual ao valor nominal, uma vez que, nos termos do disposto no artigo 40.º, n.º 3, do CIRS, o rendimento (de capitais) sujeito a imposto é o valor que corresponder, em função da respetiva remuneração, ao período decorrido. Essa remuneração, traduzida em regra numa taxa de juro, simples ou composta, pré-determinada ou indexada, incide, como se colhe dos múltiplos prospetos relativos a emissões obrigacionistas, sobre o capital mutual – o valor nominal da obrigação – e não sobre o valor pago pelo título (capital mutuado, acrescido do prémio de emissão).

Diferentemente se passa com o «*valor do reembolso*", ou seja, com o montante que a entidade emitente paga ao detentor da obrigação para proceder à amortização da dívida contraída. A hipótese normal é aquela em que o valor do reembolso coincide com o valor nominal, caso em que, tal como na emissão, se fala de «reembolso ao par». Se a emissão foi feita a desconto, existe, naturalmente, no reembolso do título pelo seu valor nominal, um prémio de reembolso, que é a remuneração do título e que, enquanto tal, é, indubitavelmente, rendimento de capitais, nos termos da al. c) do n.º 2 do artigo 5.º do CIRS. Do mesmo modo, quando o reembolso é efetuado por um valor acima do valor nominal, designa-se aquele por «reembolso acima do par», prefigurando-se aqui um «prémio de amortização», igualmente previsto na norma da incidência a que antes nos reportámos e, consequentemente, sem dúvidas quanto à sua qualificação. Mais complexa é a operação de reembolso abaixo do valor nominal ou "abaixo do par", com ou sem pagamento da remuneração inicialmente acordada[87]. Existindo e sendo autonomizada no reembolso uma componente paga a título de remuneração, no quadro inicialmente contratualizado, pois parece não haver dúvidas de que essa componente é rendimento de capitais, de harmonia com o disposto na al. c) do n.º 2 do artigo 5.º do CIRS. Mas a "perda de capital" que o reembolso "abaixo do par" necessariamente implica não pode, sob pena de negação conceptual, ser qualificada como rendimento de capitais, de sinal negativo. É, por natureza, uma perda de capital, uma menos-valia, a considerar na categoria G do IRS, que claramente a acomoda em todos os aspetos do elemento objetivo da incidência, o que não sucede com a categoria E.

O risco é o elemento preponderante que interfere nas decisões de investimento e nas opções de escolha do investidor. O «risco» é normalmente caracterizado pela possibilidade do ganho auferido se afastar do inicialmente esperado. Pode, neste contexto, definir-se risco como a probabilidade da ocorrência de uma perda, um qualquer acontecimento negativo, ou como a oportunidade de ganhos «*supranormais*», entendendo-se como ganho «*supranormal*» o excesso sobre o retorno obtido em ativos hipoteticamente isentos de risco[88]. É tendo em conta o binómio "risco-retorno" que um «investidor racional», colocado perante ter de escolher entre duas obrigações, A e B, com o mesmo grau de risco, mas em que a detenção de A lhe proporciona uma rendibilidade esperada superior à de B, deverá optar pela obrigação A. Do mesmo modo, supondo agora as obrigações C e D, ambas de igual retorno esperado, deverá ser escolhida a que possibilitar a obtenção dessa remuneração **incorrendo o menor risco possível**.

[87] Estamos a seguir de perto Cruz, Carlos Moreira da, *Obrigações, Mercado, Avaliação e Risco de Taxa de Juro*, Bolsa de Valores do Porto, Instituto do Mercado de Capitais, 1995, pp. 18 e ss. Sobre *Risco de Crédito e Risco de Taxa de Juro* ver Capítulo 4, pp. 143 e ss. Sobre *Avaliação de Obrigações* ver Capítulo 5, pp. 161 e ss.

[88] Continuamos a seguir Cruz, op. cit, agora a pp. 143 e ss. Dando ele como exemplo de títulos sem risco os títulos emitidos pelo Estado, logo se verifica quão volátil é, nesta matéria, a noção de risco, considerando a recente, e ainda em curso, «*crise das dívidas soberanas*» que, inclusive, como no caso grego, implicou sua reestruturação, termo utilizado para encobrir o que na realidade foi um perdão parcial de dívida ou, na expressão inglesa, um *haircut*.

Um investidor no mercado de obrigações defronta-se com dois tipos de risco principais[89]: o *«risco da taxa de juro»* e o *«risco de crédito»*. O *risco da taxa de juro* decorre da incerteza inerente à evolução e nível futuro das taxas de juro, *podendo definir-se como a variabilidade do preço dos ativos financeiros em resposta a variações de taxas de juro*. Trata-se de um risco determinado, não por características próprias da entidade emitente, mas pela alteração das condições de mercado. O *risco da taxa de juro* provoca uma relação inversa entre o preço de uma obrigação e a taxa de juro praticada no mercado, nomeadamente nas emissões obrigacionistas a taxa fixa. Se a taxa de juro de mercado sobe, o preço da obrigação (independentemente do valor de subscrição) desce; se, ao contrário, a taxa de juro de mercado desce, o preço da obrigação tende a subir. A segunda componente incorporada no risco da taxa de juro advém da impossibilidade de se prever a taxa de juro, sobretudo em momentos de grande volatilidade, a que poderão ser reinvestidos os juros periodicamente auferidos, e que se designa por "risco de reinvestimento". Para este efeito, o investidor é beneficiado por um aumento das taxas de juro e prejudicado em caso de descida. Do mesmo modo, em caso de obrigações de taxa variável, pode-se falar em «risco de taxa de cupão», dado que o valor do juro periódico flutua ao longo do tempo. Note-se, por último, que estas duas componentes do «risco de taxa de juro» tem efeitos contrários: em caso de descida de taxas de juro, o detentor de obrigações beneficia da subida do preço (podendo de imediato realizar mais-valias), mas receberá remunerações inferiores pela aplicação dos rendimentos entretanto recebidos. Já o risco da taxa de crédito, também designado por «risco de incumprimento», está associado à incerteza quanto à evolução futura dos *cash flows* da entidade. Por exemplo, perante situações próximas da rotura financeira, o valor dos títulos emitidos por uma empresa, ou até por um Estado soberano, tenderá a cair, até, no limite, se aproximar do zero. Mas não é necessário chegar a tanto para que o investidor possa registar perdas. A estabilidade da capacidade futura de a entidade emitente gerar fluxos financeiros, bem como da sua estrutura de capitais, são a garantia da sua disponibilidade previsional para proceder ao pagamento dos juros e ao

[89] Poderiam, ainda, referenciar-se os «risco de gestão», «risco de inflação», «risco de liquidez», «risco político» e outros, mas com menor impacto no tema que aqui nos ocupa.

reembolso do capital. Se tal capacidade e estrutura apresentarem também sinais de volatilidade, o obrigacionista sofrerá perdas ou realizará ganhos consoante o «*risco de incumprimento*» aumentar ou diminuir. O que tudo se vai refletir no valor de mercado, ou na cotação se for caso disso, das obrigações de que for titular.

Permita-se-nos ainda, por nos parecer suficientemente elucidativa, a transcrição integral da "página de entrada" do site do Banco Best, no que toca à "avaliação das obrigações", referindo-se, em concreto, à avaliação de obrigações de taxa fixa[90]:

As obrigações de taxa fixa, como o próprio nome indica, caracterizam-se por gerar fluxos iguais ao longo da respectiva maturidade. Por exemplo, uma obrigação com valor nominal de Eur 100, maturidade de cinco anos e um cupão anual de 3%, paga aos seus detentores Eur 3 anualmente, na data de pagamento de cupão. No final dos cinco anos, reembolsa igualmente o valor nominal. Assim, para avaliar uma obrigação de taxa fixa, em mercado secundário, o primeiro passo é identificar todos os fluxos vincendos da mesma (valor e datas de pagamento). O segundo passo, consiste na atualização destes fluxos, para o momento da avaliação, às taxas de rendibilidade de obrigações de risco semelhante. Genericamente, a fórmula de avaliação de uma obrigação (clássica) de taxa fixa é a seguinte:

$$P_0 = \sum_{t=1}^{n} \frac{CF_t}{(1+r)^t}$$

sendo CF_t o cash-flow (juros e capital) pago pela obrigação no momento t, r a taxa de rendibilidade das obrigações de risco semelhante, para o mesmo vencimento, e n o número de períodos de vencimento de juros até à maturidade.

Uma das particularidades verificadas, na prática, nos mercados financeiros, é que a taxa de rendibilidade r não é igual para todos os prazos t (ver Estrutura Temporal de Taxas de Juro), o que dificulta a avaliação da

[90] Consultável em http://www.bancoinvest.pt/Publico/Ideias/LearningCentre/MercadosFinanceiros/ObrigacoesDeTaxaFixa.aspx

obrigação pelo método do valor atual. Assim, outra medida de avaliação e comparação de alternativas de investimento é a chamada Yield to Maturity (YTM). A YTM é definida como a taxa de rendibilidade, única para todos os períodos de vencimento de fluxos, que iguala o valor de equilíbrio (P_0) à cotação verificada em mercado. Apesar de muito útil e de fácil computação, a YTM apresenta, contudo, o inconveniente de assumir que os fluxos gerados pela obrigação são reinvestidos a essa mesma taxa, situação que poderá não ser realista. Para o um risco e prazo semelhante, o investidor deverá optar pela obrigação com a YTM mais elevada.

Por esta forma de cálculo do valor de uma obrigação de taxa de juro fixa, facilmente se introduz o segundo aspecto fundamental a considerar quando se investe nestes instrumentos: o risco de taxa de juro. Com efeito, se as taxas de rendibilidade das obrigações com risco semelhante (no denominador da fórmula de cálculo) subirem, o valor atual dos cash-flows gerados pela obrigação diminui. Ou seja, passou a existir, no mercado, alternativas, com igual risco (nomeadamente de crédito), com uma rendibilidade superior à da obrigação em análise. E, inversamente, se as taxas de rendibilidade das obrigações de risco semelhante diminuírem, o valor atual dos cash-flows da obrigação aumenta. Os investidores nesta classe de ativos têm, pois, exposição ao risco de taxa de juro, entendido como o risco das taxas de juro (de instrumentos semelhantes) subirem. Este risco de taxa de juro pode, igualmente, ser interpretado como um custo de oportunidade, na medida em que o investidor recebe uma taxa de juro fixa e as taxas de juro proporcionadas por outras alternativas subiram.

A principal medida de risco de taxa de juro deriva do conceito de duração da obrigação. A duração distingue-se da maturidade de obrigação, na medida em que esta última se refere ao momento em que a obrigação é reembolsada e extinta; a duração considera todos os fluxos gerados pela obrigação (capital e juros), bem como o momento em que estes são gerados, resultando na vida média ponderada, pelo peso de cada fluxo no valor da obrigação. Genericamente, a duração é calculada de seguinte forma:

$$D = \frac{\sum_{t=1}^{n} \frac{CF_t \times t}{(1+r)^t}}{P_0}$$

sendo D a Duração de Macauly, CF_t o cash-flow (juros e capital) pago pela obrigação no momento t, r a taxa de rendibilidade das obrigações de risco semelhante, para o mesmo vencimento, n o número de períodos de vencimento de juros até à maturidade, e P_0 o valor ctual da obrigação.

Conhecida a duração da obrigação (D), o impacto (ou variação percentual) no valor da mesma de uma variação de taxa de juro de mercado das obrigações de risco semelhante é dada por:

$$\frac{\Delta P_0}{P_0} = -\frac{D}{1+r} \times \Delta r \quad \text{ou} \quad \frac{\Delta P_0}{P_0} = -D_{Mod} \times \Delta r$$

, sendo D_{Mod} a Duração Modificada.

Quanto maior a Duração Modificada de uma obrigação, maior o risco de taxa de juro a que o investidor está exposto. Por exemplo, se uma determinada obrigação apresentar uma duração modificada de 5, tal significa que, se as taxas de juro de mercado subirem 1%, o preço dessa obrigação diminui aproximadamente 5%.

De tudo resultando, sem necessidade de num estudo de natureza jurídica mais nos alongarmos, que a variabilidade do valor de mercado das obrigações é uma realidade, independentemente da eficiência dos mercados. Ou, talvez melhor, a variabilidade do valor de mercado das obrigações é, não apenas, uma realidade, como resulta precisamente da eficiência dos mercados.

7. A qualificação jurídica tributária dos rendimentos obtidos na alienação onerosa de obrigações: os rendimentos obtidos com base na remuneração, implícita ou explícita, do título; o "ganho" ou a "perda" determinados pela diferença entre o "valor da transmissão" e o "valor da aquisição", exceto quanto ao preço de aquisição de títulos emitidos a desconto

A dissecação dos pressupostos do entendimento da AT exige, a nosso ver, uma tomada de posição prévia sobre três aspetos estruturantes da questão fundamental que lhe está subjacente: a noção de rendimentos de capitais, associada, em particular, considerando a minuciosa regulamentação que o CIRS lhe consagra, aos títulos de crédito negociáveis, categoria de instrumentos financeiros onde as obrigações ganham particular relevo; a noção de mais-valias, tendo em vista aprofundar a materialidade de um conceito inerente ao aspeto material do elemento objetivo da incidência, qual seja o conceito de «*alienação onerosa*»; e o ou os regimes legais da qualificação dos rendimentos em IRS.

7.1 A noção de rendimento de capitais na transmissão de obrigações
Nos termos da al. e) do artigo 4.º da Lei n.º 106/88, de 17 de Setembro, a lei de autorização legislativa com base na qual o Governo aprovou a denominada «Reforma Fiscal de 1989», considerar-se-iam rendimentos de capitais: *os juros; os lucros, incluindo os apurados na liquidação colocados à disposição dos sócios das sociedades ou do associado num contato de associação em participação ou de associação à quota, bem como as quantias postas à disposição dos membros das cooperativas a título de remuneração do capital; os rendimentos derivados de títulos de participação, certificados de fundos de investimento ou outros análogos de operações de reporte; os rendimentos originados pelo diferimento no tempo de uma prestação ou pela mora no pagamento; os rendimentos da propriedade intelectual ou industrial ou de experiência adquirida no sector comercial, industrial ou científico, quando não auferidos pelo seu titular originário, ou ainda os derivados da assistência técnica e do uso ou da concessão do uso de equipamento agrícola e industrial, comercial ou científico.*

A primeira nota que os termos da autorização legislativa suscitam é a de que a opção legislativa originária não foi pela definição de uma noção legal/fiscal de rendimentos de capitais, mas pela enunciação/tipificação das várias fontes de rendimentos de capitais, ainda que algumas categorias, como juros e lucros, pudessem ter, noutras áreas jurídicas ou económicas, os seus conceitos mais ou menos sedimentados. A segunda é a de que o antecedente próximo desta norma da autorização legislativa foi o então vigente Código do Imposto de Capitais, apenas se tendo eliminado a distinção entre rendimentos de capitais sujeitos a retenção na fonte e rendimentos de capitais não sujeitos a retenção na fonte, uma vez que se alargou a retenção na fonte a todos os rendimentos sujeitos a taxas liberatórias e, nos restantes, a todos os devidos por entidades com contabilidade organizada, assim se acabando com a distinção que naquele imposto existia entre secções A e B[91]. Manteve-se, assim, uma certa cedularidade na previsão normativa, mas, principalmente, e como antes já se referiu, manteve-se a noção restrita de rendimento na categoria E, deixando para a categoria G, então exclusivamente integrada por mais-valias e menos-valias, a tributação dos ganhos e perdas obtidos com a perda ou extinção da fonte geradora. A terceira nota é a de que os rendimentos de capitais se traduziam, na noção implícita à enumeração das suas fontes, **em rendimentos de fruição**, em rendimentos obtidos periodicamente, isto é, em "frutos", e que não implicavam para a fonte a perda da sua substância, muito menos a perda da própria fonte. Foi neste contexto, dada a extrema multiplicidade e complexidade de figuras contratuais suscetíveis de gerar este tipo de rendimentos, decorrente não apenas da constante evolução verificada no mercado de capitais, como da própria dispersão dos respetivos regimes jurídicos, que o legislador ordinário optou por enunciar, de forma tão exaustiva quanto possível, as diversas figuras contratuais suscetíveis de gerarem rendimentos de capitais[92].

Como referimos na Introdução ao presente estudo, durou pouco tempo a ingenuidade do legislador originário do CIRS. A «*lavagem do cupão*», que a deixou a descoberto, teve na sua origem, essencialmente, na alienação onerosa de obrigações/cupões na véspera do respetivo vencimento, defendendo-se que nessa operação de alienação se apuravam, para o alienante, mais-valias e não rendimentos de capitais[93]. Tratou-se, essencialmente, de um problema de arbitragem fiscal, induzido pela

[91] CURVELO, Herculano Madeiro et alii, *Código do Imposto sobre o Rendimento das Pessoas Singulares, Comentado e Anotado*, 2.ª ed., Rei dos Livros, Lisboa,1993, pp.166.

[92] FAUSTINO, Manuel, *IRS, Teoria e Prática*, Edifisco, Lisboa, 1993, pp. 153.

[93] A AT ficou praticamente isolada na defesa de que nestas operações havia apenas e só rendimentos de capitais, uma vez que o preço da alienação, determinado segundo as regras de mercado, era constituído pelo valor nominal da obrigação, acrescido dos juros decorridos até à data da alienação. E defendeu a qualificação à luz da teoria do rendimento predominante (o juro). Já não assim para F. CASTRO E SILVA/JOÃO ESPANHA, *Sobre o Regime Fiscal do Juro Decorrido*, Fisco, n.º 51/52, 1993, pp. 26-33, SALDANHA SANCHES, *Conceito de Rendimento do IRS*, Fiscalidade n.ºs 7/8 (2001), pp. 60. Na jurisprudência fez vencimento a tese da AT – ver, por todos, o Acórdão do STA de 20/11/2002, Recurso n.º 1204/02, e acórdãos aí citados: "*Os juros de títulos de dívida negociados em Bolsa decorridos antes do vencimento ou reembolso, pagos pelo adquirente ao alienante aquando da transação efetuada, são rendimentos de capitais, tributáveis e sujeitos a retenção na fonte no ato de pagamento*".

exclusão tributária de que beneficiavam as mais-valias obtidas em obrigações e outros títulos de dívida[94]. Os operadores económicos pretenderam, com a alienação dos títulos antes do vencimento, obter a requalificação do juro decorrido em mais-valias e, com isso, beneficiar da mencionada exclusão tributária.

Este facto motivou, naturalmente, uma imediata alteração legislativa ao CIRS e que, por interdependência, abrangeu também o CIRC, através do DL n.º 263/92, de 24 de novembro, aprovado pelo Governo tendo por base jurídica a autorização legislativa concedida pela Lei n.º 17/92, de 6 de agosto. É elucidativo, quanto ao seu objeto, o sintético preâmbulo daquele diploma: "*O presente diploma vem dar execução à autorização legislativa constante da Lei n.º 17/92, de 6 de Agosto, solicitada pelo Governo à Assembleia da República, por terem sido detetadas, em algumas transações de títulos entre entidades sujeitas e isentas de imposto sobre o rendimento, situações que, para além de indiciarem evasão fiscal, são suscetíveis de introduzir distorções no mercado dos valores mobiliários. As alterações agora introduzidas nos Códigos do IRS e do IRC, e também ao Decreto-Lei n.º 42/91, de 22 de Janeiro, comportam explicitações ao quadro legal vigente no domínio da qualificação dos rendimentos obtidos nas transações de títulos de dívida e, em geral, nos demais instrumentos de aplicação financeira, adequam sistematicamente a regulamentação dos aspetos temporal e quantitativo do pressuposto do imposto e consagram mecanismos de controlo indispensáveis quer à defesa dos interesses da Fazenda Pública no que se refere à percepção do imposto retido quer à salvaguarda da garantia de recuperação das retenções sofridas pelas entidades intervenientes nas operações de compra e venda de títulos de crédito negociáveis*". E assim, em nome do princípio da prevalência do princípio da substância sobre a forma, se preservou, para efeitos tributários, a natureza de juro ou "fruto", nas transmissões onerosas de títulos de crédito negociáveis, daquela componente do "preço", designada no mercado por *juro decorrido*, que indubitavelmente nele se incorporava e, além disso, era rigorosamente determinável. Não se anulou ou desconsiderou a transmissão onerosa, que implica a perda da fonte, como facto prototípico gerador de mais-valias. Preservou-se foi, em nosso entender,

Ver também, FAUSTINO, Manuel, *O Dever de Retenção na Fonte e Outros Deveres Autónomos de Cooperação em IRS*, Áreas Editores, Lisboa, 2003, pp. 38/40.

[94] Nos termos do disposto na al. a) do n.º 2 do artigo 10.º do CIRS, na redação à data.

o recorte conceptual destas enquanto ganhos inesperados resultantes de aumentos inesperados de valor dos bens, e não, simplesmente, o "ganhos" resultantes do mero acumular, ao capital, dos juros que, dia a dia, se iam vencendo. Era o próprio mercado que refletia essa realidade quando, ao negociar as obrigações segundo a *regra do juro nominal líquido*, reconhecia que, no preço da transação, estava incorporada uma componente sujeita a retenção na fonte e que, se numa transação normal não fosse considerada, prejudicaria uma das partes no negócio – aquela que, ficando com o título até ao vencimento, sofresse a retenção sobre a totalidade do juro vencido.

Das alterações então introduzidas ao CIRS importa salientar as seguintes, que se mantêm e inalteradas: a redação da alínea c) do n.º 2 do artigo 5.º do CIRS, então alínea c) do n.º 1 do artigo 6.º do mesmo Código, que qualifica os rendimentos de capitais das obrigações de demais títulos de dívida, e que são constituídos pelo rendimento prototípico da categoria E, o juro[95] e *outras formas de remuneração*[96] [97]; a redação do n.º 5 do artigo 5.º do CIRS, anterior n.º 3 do artigo 6.º, que dispõe que «*para efeitos da alínea c) do n.º 2, compreendem-se nos rendimentos de capitais o quantitativo dos juros contáveis desde a data do último vencimento, primeira colocação ou endosso, se ainda não houver decorrido qualquer vencimento, até à data em que ocorra alguma transmissão dos respetivos títulos, bem como a diferença, pela parte correspondente àqueles períodos, entre o valor de reembolso e o preço de emissão, no caso de títulos cuja remuneração seja constituída, total ou parcialmente, por essa diferença*»; o n.º 1 do artigo 10.º que considera mais-valias os rendimentos que não forem considerados rendimentos de capitais e, ainda no artigo 10.º, a alínea a)

[95] Saldanha Sanches, op. cit., pp. 60.

[96] Outras formas de remuneração que, desde logo, não podem deixar de estar, por natureza, intrinsecamente ligadas ao capital mutuado e, em segundo lugar, devem obrigatoriamente constar da ficha ou do prospeto de emissão, como parece óbvio.

[97] Será curioso notar que esta alteração legislativa levou o Grupo de Trabalho constituído pelo Despacho n.º 130/97-XIII do Ministro das Finanças, no seu Relatório "Reavaliação dos Benefícios Fiscais", Cadernos CTF, (180), Centro de Estudos Fiscais, Lisboa, 1998, a escrever, no tocante à delimitação negativa de incidência consagrada na al. b) do n.º 2 do artigo 10.º do Código do IRS que "*o respetivo âmbito foi, na prática, sensivelmente restringido com a alteração da definição de juro ou rendimento equivalente, introduzida pelo Decreto-Lei n.º 263/92, de 24 de novembro*" e considerou mesmo essa a razão preponderante para propor a eliminação de tal situação de não tributação.

do n.º 4 que, no tocante a valores mobiliários, excluí da mais-valia «*a parte qualificada como rendimento de capitais*»; e o n.º 3 do artigo 40.º, então artigo 39.º, uma regra de determinação do quantum sujeito a imposto como rendimento de capitais, em cujos termos «*tratando-se de situações tributáveis nos termos do n.º 5 do artigo 5.º, o rendimento sujeito a imposto é o quantitativo que corresponder, em função da respetiva remuneração, ao período decorrido desde a data do último vencimento ou da emissão, primeira colocação ou endosso, se ainda não tiver ocorrido qualquer vencimento, até à data da correspondente transmissão dos títulos*».

Os elementos histórico e teleológico de interpretação determinam que se faça, igualmente, uma referência às alterações introduzidas ao CIRC, pois é delas que transparece claramente uma novidade que esta modificação transversal introduziu na tributação do rendimento: ao arrepio da teoria da qualificação unitária decidida pela qualificação do rendimento preponderante ou predominante, que, no caso seria obviamente o juro, optou-se pela teoria da qualificação dual, determinada pela natureza de cada um dos rendimentos apurados na operação de transmissão dos títulos. Esta opção fundamentou-se no facto de estar em vigor, à data, no EBF, uma norma, o artigo 18.º, que possibilitava o reinvestimento das mais-valias realizadas com a transmissão onerosa de imobilizações financeiras, designadamente em títulos do Estado Português. Reconhecendo-se que numa transmissão de títulos de crédito negociáveis poderiam acumular-se rendimentos de capitais (calculados pela remuneração) e mais-valias (devidas a outros fatores, mas sempre conexos com a remuneração do título), e que as mais-valias podiam ser reinvestidas com o benefício dessa norma pelos sujeitos passivos de IRC[98].

Essas alterações constam do artigo 46.º do CIRC, antes artigo 42.º. Assim, na alínea e) do n.º 3 do artigo 46.º considera-se valor de realização «*no caso de alienação de títulos de dívida, o valor da transação, líquido dos juros contáveis desde a data do último vencimento ou da emissão, primeira colocação ou endosso, se ainda não houver ocorrido qualquer vencimento, até à data da transmissão, bem como da diferença, pela parte correspondente àqueles períodos, entre*

[98] A exclusão tributária a que antes se fez referência, constante do CIRS, apenas beneficiava, naturalmente, os sujeitos passivos de IRS e, ainda aí, só os que as obtivessem fora do âmbito de uma atividade comercial, industrial ou agrícola.

o valor de reembolso e o preço da emissão, no caso de títulos cuja remuneração seja constituída, total ou parcialmente por aquela diferença». Não se consideram mais-valias ou menos-valias, nos termos da alínea b) do n.º 6, «*os resultados obtidos na transmissão onerosa, ou na afetação permanente nos termos referidos no n.º 1, de títulos de dívida cuja remuneração seja constituída, total ou parcialmente, pela diferença entre o valor de reembolso ou de amortização e o preço de emissão, primeira colocação ou endosso*». Parece, assim, dever fazer-se, com base na lei, uma diferenciação entre títulos de dívida **emitidos** a uma remuneração explícita, fixa ou variável, e títulos de dívida **emitidos** a uma remuneração implícita, isto é, títulos que serão normalmente emitidos abaixo do par e em que a remuneração será constituída pela diferença entre o preço de emissão e o valor de reembolso ou de amortização (títulos de dívida emitidos a desconto). Neste caso, o legislador vem dizer que não há mais-valias ou menos-valias, pelo que, por defeito, apenas existirão rendimentos de capitais. Mas não se pense que o caso em análise se subsume nesta norma. A *remuneração implícita*, assim denominada pelo facto de os títulos terem sido emitidos a desconto, comunga ainda da natureza de remuneração segundo o conceito aqui defendido: é um "*plus*" que, no momento do reembolso, será apenas constituído, conforme na previsão do aspeto quantitativo do elemento objetivo da incidência se dispõe, pela diferença entre o valor deste e o preço de emissão, pelo que constituirá, exclusivamente, remuneração a cargo da entidade emitente. E o mesmo se diga para as transmissões intermédias: é o preço de emissão que a lei sempre faz relevar para determinar o que é rendimento de capitais e não o preço da anterior aquisição.

Parecem, pois, suficientemente regulados na lei em vigor, ainda que relevando de algum pragmatismo, os aspetos material e quantitativo do elemento objetivo da incidência relativos aos rendimentos suscetíveis de constituírem **remuneração**, ou seja, de rendimentos de fruição que não pressupõem, *a se*, a perda da fonte, obtidos na transmissão de obrigações enquanto títulos de crédito negociáveis. Do respetivo regime jurídico cuidaremos adiante.

7.2 A transmissão onerosa como negócio prototípico gerador de mais-valias

Passemos agora ao conceito de *transmissão onerosa*[99] previsto legalmente como negócio prototípico de cuja realização depende a obtenção rendimentos, que, embora de capitais em sentido amplo, a lei autonomiza na categoria G e qualifica de menos-valias ou mais-valias. Alienar, no sentido utilizado pelo legislador, significa tornar alheio, transferir, transmitir ou vender quaisquer bens, ceder. Materialmente implica o que, *de jure*, se denomina uma perda derivada, de uma parte (transmitente), e uma aquisição relativa, da outra parte (transmissário). A onerosidade, nomeadamente o pagamento de um preço, da alienação, por oposição à sua gratuitidade, é outro requisito essencial do negócio prototípico gerador de mais-valias. Só as transmissões onerosas podem gerar mais-valias, nunca as transmissões gratuitas.

Mas ao conceito estrito de transmissão, e sem pôr em causa a característica da onerosidade, é a própria lei que elenca **outros factos jurídicos de efeito equivalente**[100]. Desde logo, nas próprias normas que definem o aspeto material da incidência: afectação de quaisquer bens do património particular a atividade empresarial e profissional exercida em nome individual pelo seu proprietário; remição; amortização; operações sobre determinados valores mobiliários. E na norma relativa à determinação do valor de realização, acrescentam-se a troca ou permuta, a expropriação e, em norma genérica, alude-se aos "demais casos". Demais casos que, pelo menos, e sem dúvida, incluirão o resgate de unidades de participação em fundos de investimento[101] e as indemnizações recebidas por sinistro de bens, v. g. imóveis, cuja alienação onerosa gere mais-valias.

[99] Transmissão onerosa e alienação onerosa, esta usada, designadamente, no artigo 10.º do CIRS e aquela no artigo 46.º do CIRC, são, naturalmente, expressões sinónimas, com o mesmo significado e conteúdo, sendo inútil qualquer exercício que pretenda ver nelas a expressão jurídica de realidades diferentes. Uma e outra implicam, necessariamente, a modificação subjetiva na titularidade ativa do bem ou direito alienado ou transmitido. Esse é o seu elemento prototípico. E a onerosidade distingue-as, ambas, da gratuitidade.

[100] Xavier de Basto chama-lhes *operações equiparadas*. Op. cit., pp. 397.

[101] O resgate das unidades de participação mais não é do que o que, relativamente às obrigações, se denomina *put option*: o seu titular tem o direito de, sempre que haja lugar à divulgação do respetivo valor, obrigar o fundo a recomprar-lhas (artigo 17.º, n.º 3 do

Determinante, portanto, para que se verifique o preenchimento da previsão normativa da categoria G (mais-valias) é que a operação tenha por objeto valores mobiliários [artigo 10.º, n.º 1, al. b)] e que essa operação possa incluir-se no conceito de alienação onerosa ou ato de efeito equivalente. Como antes concluímos, as obrigações são valores mobiliários e são títulos de crédito. E, curiosamente, esta qualificação dualista ajuda a perceber a distinção entre uma alienação onerosa que não implica necessariamente a extinção das obrigações (caso da compra de obrigações próprias) como, de resto, já antes exemplificamos e uma legalmente denominada *restituição do título* que, em vista do concomitante pagamento correspondente ao reembolso, determina a extinção da obrigação e a amortização do título. Em caso de incumprimento da obrigação de reembolso, extingue-se incondicionalmente o valor mobiliário que representa o título de crédito mas o mesmo se não passa com o próprio título de crédito e respetiva relação cartular. Ambos subsistem na esfera dos seus possuidores, conferindo-lhes os correspondentes direitos, e, naturalmente, a entidade emitente não pode declarar a sua amortização.

Nestes termos, e sem prejuízo de outras opções qualificantes que aqui e agora não podemos desenvolver[102], entendemos que o reembolso das obrigações, enquanto forma de pagamento do capital mutuado, é uma

Regime Jurídico dos OIC, aprovado pelo DL 63-A/2013, de 10 de maio, e, em certos casos, a todo o tempo (artigo 37.º do mesmo regime)

[102] Uma opção, extrema, oposta à radicalidade daquela que se encontra administrativamente sancionada, seria a de defendermos que, à luz do disposto no artigo 5.º do CIRS, mesmo que se admita existir norma sobre o aspeto material do elemento objetivo da incidência, tem de concluir-se que não existe norma de quantificação, ou seja, norma que determine o montante que deve considerar-se para efeitos de determinação do rendimento líquido da categoria E. Como é óbvio, o n.º 3 do artigo 40.º, literalmente, não comporta rendimentos que não resultem da taxa de remuneração fixada para o título. Outra tese que julgamos igualmente defensável, designadamente perante a comercialidade objetiva do ato de compra, necessariamente para "revenda" (no limite, reembolso) de obrigações não perpétuas, seria a de que todos os rendimentos relativos a obrigações negociadas em mercados regulamentados deveriam ter a natureza de rendimentos empresariais. Razão pela qual achamos muito redutor, e pouco entusiasmante do ponto de vista da discussão jurídico tributária, aceitar, sem mais, um entendimento administrativo que, além do mais, se afasta decisivamente de um princípio que a administração fiscal tanto preza, preconiza e muito bem defende inclusivamente no plano legislativo com muitas, senão mesmo a totalidade, das normas anti-abuso: o princípio da prevalên-

mera forma de extinção da obrigação, enquanto a *restituição do título*, necessariamente um ato de efeito equivalente a uma alienação onerosa, é o ato sem cuja prática o devedor pode recusar-se a efetuar o pagamento e não poderá, com todos os efeitos legais, declarar a amortização dessas mesmas obrigações.

7.3 Os regimes de qualificação dos rendimentos obtidos com obrigações

A questão que agora se suscitou, temos de convir, nunca antes se terá suscitado. Ou, pelo menos, nunca se suscitou com a clareza que a situação subjacente, pública e notória, lhe empresta. Por uma razão simples. Nos anos que o CIRS leva de vigência, não tinham existido, ou se existiram foram pontuais e sem repercussões no mercado, situações de *haircut* de dívida titulada por obrigações, muito menos situações de *haircut* de dívidas soberanas, isto é, de dívida pública emitidas por Estados nação. Consequentemente, no reembolso, como regra esmagadora, restituía-se o valor nominal das obrigações e, se nesse pagamento se não incluísse já a remuneração, esta era paga autonomamente. Aí se esgotava a "operação de reembolso" e o quadro legal existente, nomeadamente ao nível do IRS, acomodava-a sem qualquer dificuldade. A crise das dívidas soberanas, fundamentalmente esta dada a sua expressão nos mercados e a sua efetividade com *haircut* efetivo pelo menos no caso da dívida pública grega e com transações no mercado secundário de outras dívidas soberanas por preços inferiores ao seu valor nominal associando-lhe uma grande incerteza sobre se o reembolso se verificaria ou não ao valor nominal, trouxe, para o quadro da previsão normativo do IRS não um problema novo, mas certamente um novo problema. Não se tratava de um problema novo porque, no campo das hipóteses, em abstrato, sempre se deveria ter colocado. Mas, na verdade, terá de admitir-se que nunca o foi. Revestia, no entanto a natureza de um novo problema, cuja solução agora se mostrava agravada pelo confronto de duas normas de incidência tributária que, ao nível do CIRS, parece pretenderem resolvê-lo: o *conceito redondo* do n.º 1 do artigo 5.º e a previsão linear da al. b) do n.º 1 do artigo 10.º.

cia da substância sobre a forma. Lamentamos mas, com todo o respeito, não foi o que fez no caso que aqui nos ocupa.

Renovamos a nossa adesão à distinção noutro ponto deste estudo já efetuámos para delimitarmos o âmbito de aplicação das duas normas em causa: o conceito de rendimento de capitais, aplicado à transmissão onerosa de obrigações, não pode abranger mais do que os "frutos" associados às obrigações enquanto títulos de dívida, nos exatos termos previstos nas norma de incidência objetiva completada quanto aos seus quatro aspetos: material, espacial, temporal e quantitativo; já os ganhos ou as perdas que têm origem, ainda que no reembolso, na diferença entre o valor de realização e o valor de aquisição (excepto quando este é o valor de emissão a desconto, pela diferença até ao valor nominal), apenas podem integrar-se na previsão da segunda norma, por nela, quanto a este facto, estar igualmente previsto o elemento objetivo da incidência nos seus quatro aspetos: material, espacial, temporal e quantitativo. Assim se resolve de forma justa, equitativa, e *intra legem*, o novo problema. A questão que agora se suscitou, temos de convir, nunca antes se terá suscitado. Ou, pelo menos, nunca se suscitou com a clareza que a situação subjacente, pública e notória, lhe empresta. Por uma razão simples. Nos anos que o CIRS leva de vigência, não tinham existido, ou se existiram foram pontuais e sem repercussões no mercado, situações de *haircut* de dívida titulada por obrigações, muito menos situações de *haircut* de dívidas soberanas, isto é, de dívida pública emitidas por Estados nação. Consequentemente, no reembolso, como regra esmagadora, restituía-se o valor nominal das obrigações e, se nesse pagamento se não incluísse já a remuneração, esta era paga autonomamente. Aí se esgotava a "operação de reembolso" e o quadro legal existente, nomeadamente ao nível do IRS, acomodava-a sem qualquer dificuldade. A crise das dívidas soberanas, fundamentalmente esta dada a sua expressão nos mercados e a sua efetividade com *haircut* efetivo pelo menos no caso da dívida pública grega e com transações no mercado secundário de outras dívidas soberanas por preços inferiores ao seu valor nominal associando-lhe uma grande incerteza sobre se o reembolso se verificaria ou não ao valor nominal, trouxe, para o quadro da previsão normativo do IRS não um problema novo, mas certamente um novo problema. Não se tratava de um problema novo porque, no campo das hipóteses, em abstrato, sempre se deveria ter colocado. Mas, na verdade, terá de admitir-se que nunca o foi. Revestia, no entanto a natureza de um novo problema, cuja solução agora se mostrava agravada pelo confronto de duas normas de incidência tributária que, ao nível do CIRS, parece pretenderem resolvê-lo: o *conceito redondo* do n.º 1 do artigo 5.º e a previsão linear da al. b) do n.º 1 do artigo 10.º.

Renovamos a nossa adesão à distinção noutro ponto deste estudo já efetuámos para delimitarmos o âmbito de aplicação das duas normas em causa: o conceito de rendimento de capitais, aplicado à transmissão onerosa de obrigações, não pode abranger mais do que os "frutos" associados às obrigações enquanto títulos de dívida, nos exatos termos previstos nas norma de incidência objetiva completada quanto aos seus quatro aspetos: material, espacial, temporal e quantitativo; já os ganhos ou as perdas que têm origem, ainda que no reembolso, na diferença entre o valor de realização e o valor de aquisição (excepto quando este é o valor de emissão a desconto, pela diferença até ao valor nominal), apenas podem integrar-se na previsão da segunda norma, por nela, quanto a este facto, estar igualmente previsto o elemento objetivo da incidência nos seus quatro aspetos: material, espacial, temporal e quantitativo. Assim se resolve de forma justa, equitativa e *intra legem*, o novo problema.

Nestas circunstâncias, nada se modificou quanto à já estabilizada qualificação, suscetível de ser dual, na qualificação dos rendimentos obtidos nas transmissões intermédias de títulos de crédito negociáveis, máxime obrigações, incluindo no respetivo reembolso, que resultava, quanto ao rendimento associado à remuneração do título, do quadro normativo a que se foi fazendo referência ao longo do presente estudo, a saber: do CIRS, os n.º 5 do artigo 5.º, a al. a) do n.º 4 do artigo 10.º e o n.º 3 do artigo 40.º; do CIRC, a al. e) do n.º 3 e a al. b) do n.º 6, ambos do artigo 46.º. Nas situações abrangidas pela previsão de incidência das normas citadas, o rendimento que se determina por aplicação da taxa de juro explícita, fixa ou variável, *ao capital nominal*, é rendimento de capitais, tendo o eventual excesso a natureza de mais-valia; nos títulos a desconto, toda a diferença entre o preço de realização e o preço da inicial subscrição (preço de emissão), é rendimento de capitais.

Parece-nos, porém, evidente que, seja numa transmissão intermédia, seja no reembolso, mantendo-se a qualificação enunciada para os pressupostos em que a mesma se estabelece, altera-se substancialmente para os rendimentos que relevam de um outro pressuposto que as normas referidas não contemplam e, na verdade, também não foram introduzidas na categoria E em desenvolvimento do dito *conceito geral* de rendimentos de capitais que o contemplem. Esse pressuposto, situado na base do título, tem que ver com o seu *valor de aquisição*, quando este não é, como nos casos dos títulos emitidos a desconto, um *valor de emissão* e, mais do isso, um elemento determinante da respetiva remuneração e esse pressuposto, associado a outro, que é o *valor de realização*, naturalmente expurgado "da parte qualificada como rendimento de capitais", como bem se consagra quer na al. a) do n.º 4 do artigo 10.º do CIRS, quer na al. e) do n.º 3 do artigo 46.º do CIRC. Estes são dois elementos estruturante do aspeto quantitativo do elemento objetivo da incidência da categoria G e nela estão suficientemente sedimentados. Consequentemente, não podem deixar de se qualificar como mais-valias ou menos-valias os ganhos ou perdas determinados, nas transmissões onerosas dos títulos de crédito negociáveis, máxime nas obrigações, e incluindo-se naquelas, mesmo que como operação equiparada ou ato de efeito equivalente, o reembolso, pela diferença entre o *valor de realização* e o *valor de aquisição*. Mesmo porque, literalmente, esta operação translativa da propriedade das obrigações enquanto títulos de crédito, como todos concordam quando realizada antes do reembolso, não é abrangida pela previsão do n.º 1 do artigo 5.º do CIRS. Se outras razões não houvesse, sempre teria de prevalecer a razão do bom senso à luz da qual o reembolso, por identidade de conteúdo, dela também se considerasse excluído.

8. Conclusão – motivação da dissensão relativamente ao entendimento administrativo sancionado

Parece estarmos agora em condições de, fundadamente, desconstruir o entendimento da AT que qualifica como rendimento de aplicação de capitais o ganho, obtido no reembolso de obrigações que foram adquiridas por negociação em mercado, regulamentado ou não regulamentado, por valor inferior ao seu valor nominal[103]. Vejamos:

[103] Já ficou claro que, para o tema que aqui se trata é absolutamente irrelevante o preço de emissão/subscrição. No único caso em que esse preço seria relevante (emissão/subscrição abaixo do par) e na suposição de que o subscritor fosse o titular à data do reembolso, a questão obviamente não se colocaria, porque toda a diferença teria de ser sempre qualificada como rendimento de capitais, nos termos do disposto na al. c) do n.º 2, conjugado com o n.º 5, ambos do artigo 5.º do CIRS.

1) Julga-se ter ficado demonstrado que falece de razão a AT quando afasta, liminarmente, o reembolso das obrigações (e consequentemente de outros títulos de crédito negociáveis) da qualificação como ato translativo oneroso. O reembolso é, juridicamente, a prestação debitória a que o devedor se encontra adstrito no momento em que ocorre a maturidade do título e integra-se num ato jurídico complexo que se denomina amortização e que implica não só a extinção da dívida, mas também a extinção do título, mesmo que subsistam direitos de natureza patrimonial. A lei prevê situações de reembolso antecipado, nomeadamente quando a obrigação é emitida com *put option*, que configuram um verdadeiro direito do credor obrigar o devedor a recomprar-lhe o título antes da data prevista na emissão para a sua amortização. Não se diga que nestes casos não existe uma transmissão onerosa. Como não se diga que não existe transmissão onerosa quando, provocando o efeito "reembolso", a entidade emitente, exercendo ou não uma *call option*, adquire obrigações próprias, seja para as manter em carteira nos termos previstos no artigo 354.º do CSC, seja para as declarar amortizadas ou extintas. Se antes da sua extinção o título ou o registo informático que incorporam a obrigação estão na titularidade de uma entidade distinta do mutuário, é óbvio que aquela pressupõe a transmissão dessa mesma titularidade e que tal transmissão não é gratuita, antes onerosa, pois tem um preço: em princípio, e salvo situação de *default*, o valor nominal do título[104]. No plano instrumental e por força da conceção de transmissão adotada pelo CVM, que não pode aqui também desconsiderar-se em obediência ao princípio da unidade do sistema jurídico e ao disposto no artigo 11.º da LGT, o reembolso de obrigações operadas em mercado, é, para o CMVM, um facto transmissivo das obrigações, é um negócio subjacente que tem conteúdo transmissivo e é operacionalmente tratado como uma operação de compra e venda de obrigações. Por outro lado, em situação patológica de não reembolso, por incapacidade financeira da entidade mutuária, extinguindo-se o valor mobiliário, não se extingue o direito

[104] Acrescido ou não de prémio, isso não é aqui tido em conta, evidentemente.

de crédito nem o título que o representa que, pelo contrário, tem valor de título executivo. Acresce, em abono da tese defendida e a todos os argumentos já expendidos, o regime dos bens considerados abandonados a favor do Estado, consagrado no Decreto-Lei n.º 187/70, de 30 de abril e alterado pelo Decreto-Lei n.º 524/79, de 31 de dezembro, que logo no seu artigo 1.º, prevê a reversão, a favor do Estado, das obrigações cujas amortizações não tenham sido cobradas durante 20 anos ou não tenha sido manifestada vontade inequívoca de exercer o correspondente direito, bem como a reversão a favor do Estado das «amortizações» das obrigações quando, no prazo de 5 anos, os seus titulares as não hajam cobrado ou não tenham manifestado inequívoca vontade de exercer o correspondente direito [artigo 1.º, alíneas a) e b)]. Deve, pois, e em conclusão, reconhecer-se que, para todos os efeitos, no reembolso para amortização de uma obrigação existe uma transmissão do respetivo titular à data da verificação daquele facto para a entidade emitente e que essa transmissão é onerosa.

2) Coloca-se, em seguida, o problema de saber se a definição geral de rendimentos de capitais, agora constante do n.º 1 do artigo 5.º do CIRS, densificou o conceito de rendimentos de capitais em relação às obrigações. A resposta é inteiramente negativa. Nada do que esse conceito tem em relação a bens ou direitos de natureza mobiliária acrescentou fosse o que fosse ao que já se encontrava minuciosamente legislado no tocante às obrigações e a outros títulos de crédito negociáveis. Pelo contrário, julgamos descortinar elementos de conflito expresso entre o conceito geral, que só admite, na sua expressão literal, rendimentos positivos, com normas específicas de incidência constantes do preceito. E que tal conflito só com base numa interpretação assente na relação de generalidade-especialidade poderá eventualmente ser dirimido. Na verdade, em relação aos rendimentos de obrigações que o CIRS qualificou expressamente, como rendimentos de capitais, rendimentos apurados em resultado da sua transmissão onerosa, foi superada, há muito tempo, a questão colocada por Saldanha Sanches do «*fruto e da árvore*». Fê-lo, todavia, em termos muito precisos que, em nosso entender, um conceito genérico, ainda que duvidando-se que o seja, só por si, não tem, em primeiro lugar, a

virtualidade de modificar. E, em segundo lugar, acaba por manter tudo na mesma porque desconsidera, nessa conceptualização, *os ganhos e rendimentos tributados noutras categorias.* Considerando que, também há muito tempo, *rectius*, muito antes da introdução do conceito genérico de rendimento de capitais (elemento histórico), se dispunha na alínea a) do n.º 4 do artigo 10.º do CIRS que o ganho sujeito a IRS é constituído «*pela diferença entre o valor de realização e o valor de aquisição, líquidos da parte qualificada como rendimento de capitais, sendo caso disso, nas alíneas... b)...do n.º 1*», teremos aqui uma ordem de precedência que tem de ser observada quando se atenta na circularidade do n.º 1 do artigo 5.º. Em síntese, o rendimento das obrigações, numa alienação onerosa, determina-se exclusivamente segundo o critério consagrado no n.º 5 do artigo 5.º, que, natural e apropriadamente está apenas indexado à remuneração do título, entendida exclusivamente como a remuneração do capital oferecida pela entidade que fez a emissão do empréstimo obrigacionista. O excesso, levando necessariamente em conta também o disposto no n.º 3 do artigo 40.º do CIRS, norma nos seus próprios termos inaplicável ao entendimento em análise, não tem, por ausência de norma qualificante no plano fiscal, a natureza de rendimentos de capitais e muito menos a tem no plano financeiro.

3) Prende-se com terceiro pressuposto, justificar a existência de «*rendimentos implícitos*» no momento do reembolso do capital mutuado, ao mesmo tempo que tais rendimentos se determinam segundo conceitos próprios da categoria G, tais como, *valor de realização* (valor de reembolso) e *valor de aquisição* (que não é, em regra, sinónimo de *valor de emissão*), ignorando-se ostensivamente a ausência de norma de quantificação ao nível da categoria E. Está-se, notoriamente, perante mais uma confusão terminológica e uma equívoca utilização de conceitos. Rendimentos implícitos opõem-se a rendimentos explícitos. Na acepção do CIRS, para a categoria E, rendimentos implícitos são os constituídos, pela "*...diferença, pela parte correspondente àqueles períodos, entre o valor de reembolso e o **preço de emissão**, no caso de títulos cuja remuneração seja constituída, total ou parcialmente, por essa diferença*" (n.º 5 do artigo 5.º, *in fine*, do CIRS). Na teoria económica, e é aí que encontramos o conceito económico de rendimentos implícitos, denominam-se assim os

imputados ao uso gratuito de ativos alheios. Casos de rendimentos implícitos no IRS, encontramo-los na utilização de habitação fornecida pela entidade patronal, de viatura fornecida pela entidade patronal e, até, nas operações com bens, ou certos bens, entre os ativos particulares e empresariais e profissionais e vice-versa. No reembolso de uma obrigação, a diferença positiva entre o montante de capital pago pela entidade emitente e o *valor de aquisição* do título suportado pelo obrigacionista é, indubitavelmente, uma mais-valia explícita, como a perda apurada na mesma operação (na situação de *haircut*) é uma inquestionável menos-valia. A sua natureza só será dual, se esse montante incorporar "juro decorrido" ou «remuneração implícita"[105], caso em que concorreriam, na mesma operação, rendimentos de capitais e mais-valias, ou será unitária, e apenas se apurarão mais valias, se os juros forem pagos autonomamente. No reembolso, por regra, vencem-se também os juros e a entidade emitente, com exceção das obrigações de cupão zero não estará disponível para pagar mais capital do que aquele que lhe foi mutuado, exceção dos títulos emitidos a desconto mas, para este efeito, não é esse aspeto que agora aqui se trata. E não podem definir-se por entendimento administrativo regras de quantificação, quando estas correspondem materialmente ao aspeto quantitativo do elemento objetivo da incidência, pois esse é um poder estrito da Assembleia da Rep, ?????? que do Governo por ela autorizado elemento objetivo da incidras de quantificaçque sa de remuneraçcificamente legisladocid ública, ou do Governo por ela autorizado, nos termos do disposto na alínea i) do n.º 1 do artigo 165.º da CRP.

4) O quarto pressuposto do entendimento administrativo veiculado pela AT está em total desacordo com a teoria geral da avaliação das obrigações para negociação em mercado, antes exposta, considerando os riscos mencionados, nomeadamente o risco da taxa de juro e o risco de crédito. Os direitos adquiridos com o título, independentemente da forma que revista, são o direito à remuneração, simples ou composta, implícita ou explícita, fixa ou variável, ofere-

[105] A remuneração que é dada pela diferença entre o valor nominal ou de reembolso e o valor de emissão/subscrição como já se sublinhou.

cida pela entidade emitente, o direito ao reembolso e as garantias a este inerentes, para além de outras. A partir do momento em que as obrigações entram nos mercados em modo de negociação, não existe qualquer «direito ao preço». O preço será aquele que a própria negociação, e os riscos a que se fez referência, determinarem. Por isso que pode haver ganhos e pode haver perdas. O que, diga-se também, é absolutamente incompatível com a qualificação destes ganhos ou perdas como «rendimentos de capitais», no sentido de rendimentos de fruição, no sentido de frutos, porque, como se sabe, no âmbito da categoria E não se admitem 'rendimentos' de sinal negativo. Há, pois, que, em nome da equidade, da justiça, da proporcionalidade e da proibição do excesso, manter clara, até onde tributariamente for possível e, sem induzir arbitragem, aconselhável, a distinção entre rendimento de capitais (fruto) e mais-valias (árvore).

5) Concomitantemente, o quinto pressuposto do entendimento administrativo não é aceitável. O preço de aquisição do título (exceção feita ao caso das obrigações de cupão zero em que, admitindo-se que se mantém a relação imediata até ao reembolso, será sempre igual ao preço de aquisição), pode ser igual, superior ou inferior ao preço da emissão. Admitindo-se que este corresponde ao valor nominal do título, as diferenças, tal como nas restantes transmissões onerosas, expurgadas dos juros, deverão sempre ser qualificadas como mais-valias ou menos-valias e integrar-se na categoria G. Só assim se respeita a lei e se garante o tratamento fiscal neutral de tais ganhos. Afirmar-se que é de "capitais" o rendimento dado pela diferença positiva apurada no momento do reembolso de obrigações, entre o montante do reembolso e o custo de aquisição desses títulos, mesmo admitindo-se que o aspeto material do elemento objetivo da incidência estava contemplado no n.º 1 do artigo 5.º do CIRS, é criar, por entendimento administrativo, violando-se disposições da CRP e o princípio da separação de poderes, uma norma de quantificação da matéria coletável. Por outro lado, dizer-se que *quando negativa*, essa diferença não releva por ausência de norma que o permita, é, claramente, usar um critério não uniforme com o que foi usado para afirmar a sujeição da *diferença positiva*: a norma também não existe, mas aí cria-se por

regulamento interno. Existe, neste procedimento contraditório, manifesta ilegalidade.

6) Finalmente, e considerando os pressupostos sexto e sétimo, o próprio recurso, no entendimento sancionado, à alínea p) do n.º 2 do artigo 5.º do CIRS como norma qualificante é, desde logo, indiciador da sua fragilidade. Com efeito, precisa de recorrer a uma norma residual para acomodar um rendimento resultante de uma situação que está, em pormenor, regulada no artigo 5.º do CIRS e que, em caso algum, para ele remete. Em segundo lugar, e como já se referiu, se o legislador que introduziu o conceito geral de rendimentos de capitais no CIRS pretendesse alargar o âmbito da incidência no quadro da categoria E a rendimentos **inerentes** a obrigações, deveria, face à minuciosa regulação já existente, tê-la modificado expressamente, de modo a retirar do âmbito da categoria G o que nela já era abrangido, o que não fez. Ao contrário, delimitou negativamente o potencial âmbito de abrangência do seu conceito redondo pelo que já estivesse abrangido noutras categorias. Em terceiro lugar, no plano das consequências práticas, exclui da tributação segundo taxa liberatória, para as pessoas singulares residentes que os obtenham fora do âmbito de uma atividade profissional ou empresarial, os correspondentes rendimentos, o que, salvo melhor opinião, seria contraditório com a pretendida natureza dos rendimentos. Em quarto e último lugar, colocaria graves dificuldades ao procedimento de retenção, que mesmo tendo natureza de pagamento por conta, seria sempre obrigatória, considerando que: (i) se devesse ser efetuada pelas entidades mutuárias, não lhes seria exigível o conhecimento do valor de aquisição; (ii) se devesse ser efetuada por entidade registadora ou depositária também nem sempre lhe seria exigível conhecer esse mesmo valor.

De tudo nos permitimos extrair, nestas circunstâncias, a seguinte conclusão final:

i. *O reembolso de uma obrigação, antecipado ou na data do vencimento, seja qual for o motivo por que se verifique, é, juridicamente, uma prestação debitória resultante do contrato unilateral oneroso a que a entidade emi-*

tente se vinculou na sua emissão, integrada no processo extinção da dívida e de amortização do título, independentemente da forma que revista e que pressupõe, não obstante civilmente se denominar "restituição", um ato de transmissão onerosa ou, pelo menos, um ato de efeito equivalente, da titularidade do da obrigação, quer esta se apresente titulada quer se apresente sob a forma escritural ou informática-escritural.

ii. *O reembolso de uma obrigação é, à luz do CVM, um facto transmissivo das obrigações, tem subjacente um negócio de conteúdo transmissivo e operacionalmente é tratado como uma operação de compra e venda, o que não pode ser ignorado à luz do princípio da unidade do sistema jurídico e do disposto no artigo 11.º da LGT.*

iii. *A óbvia onerosidade do reembolso enquadra-o na previsão da alínea b) do n.º 1 do artigo 10.º do CIRS, pelo que, atento o disposto na alínea a) do n.º 4 do mesmo preceito, constituirá mais-valia ou menos-valia a diferença positiva ou negativa entre o valor do reembolso, para todos os efeitos equiparado a valor de realização, e o* ***preço de aquisição****, expurgados ambos da parte qualificada como rendimento de capitais, mantendo-se excecionada a qualificação de rendimentos de capitais que para a diferença entre o valor de reembolso e o preço de emissão se encontra consagrada para os títulos emitidos a desconto. Pode ainda nestes casos apurar-se mais-valia ou menos-valia se a diferença entre o valor de reembolso, deduzido da parte qualificada como rendimento de capitais, e o preço de aquisição do título, for, respetivamente, positiva ou negativa.*

iv. *A parte do rendimento de capitais, na transmissão de obrigações, é exclusivamente determinada nos termos do disposto no n.º 3 do artigo 39.º, tendo em atenção o disposto no n.º 5 do artigo 5.º e, bem assim, a alínea c) do n.º 2 do mesmo preceito, ambos do CIRS.*

Janeiro de 2014

Bibliografia

ALONSO, Roberto Alonso, *Impuesto sobre la Renta de las Personas Físicas (2), Comentarios y Casos Prácticos*, Ediciones CEF, Madrid, 2012

ALVAREZ BARBEITO, Pilar, *Régimen Fiscal de La Deuda Pública*, in Cuadernos Fiscales n.º 9, Editoriales de Derecho Reunidas, SA, Madrid, 2002

Antunes Varela, João de Matos, *Das Obrigações em Geral, Vol. I*, 3.ª ed., Almedina, Coimbra, 1980

Antunes, José A. Engrácia, *Os Títulos de Crédito, Uma Introdução*, 2.ª ed., Coimbra Editora, Coimbra, 2012

Ascensão, J. Oliveira, *Valor Mobiliário e Título de Crédito*, in Revista da Ordem dos Advogados, Ano 56, III (dezembro 1996)

Augusto Moreno, *Dicionário Complementar da Língua Portuguesa*, Porto, 1954

Câmara, Paulo, *Manual do Direito dos Valores Mobiliários*, 2.ª ed., Almedina, Coimbra, 2011

Castro e Silva, Fernando e Espanha, João, *Sobre o Regime Fiscal do Juro Decorrido*, em Revista Fisco n.ºs 51/52, Fevereiro/Março de 1993

Castro, Carlos Osório de, *Valores Mobiliários, Conceito e Espécies*, Universidade Católica Portuguesa, Porto, 1996

Cordeiro, António Menezes (coordenação), *Código das Sociedades Comerciais, Anotado*, Almedina, Coimbra, 2012

Cordeiro, António Menezes, *Tratado de Direito Civil Português II, Tomo II, Contratos, Negócios Unilaterais*, Almedina, Coimbra, 2010

Cruz, Carlos Moreira da, *Obrigações, Mercado, Avaliação e Risco de Taxa de Juro*, Bolsa de Valores do Porto, Instituto do Mercado de Capitais, 1995

Curvelo, Herculano Madeira et allii, Código do Imposto sobre o Rendimento das Pessoas Singulares, Comentado e Anotado, 2.ª ed., Rei dos Livros, Lisboa, 1993

Faustino, Manuel, *IRS, Teoria e Prática, Edifisco*, Lisboa, 1993

— *O Dever de Retenção na Fonte e Outros Deveres Autónomos de Cooperação em IRS*, Áreas Editores, Lisboa, 2003

— *A tributação dos rendimentos de capitais obtidos por entidades públicas isentas: o caso particular dos fundos de garantia de depósitos (FGD e FGCAM)*, Revista de Finanças Públicas e Direito Fiscal, Ano VI, n.º 2, 20013, pp. 121/144.

Grupo de Trabalho constituído pelo Despacho n.º 130/97-XIII do Ministro das Finanças, *Relatório Reavaliação dos Benefícios Fiscais*, Cadernos de Ciência e Técnica Fiscal (180), Centro de Estudos Fiscais, Lisboa, 1998.

Martins, Alexandre Soveral, *Títulos de Crédito e Valores Mobiliários*, Almedina, Coimbra, 2012

Morais, Rui, *Sobre o IRS*, 2.ª ed., Almedina, Coimbra, 2008.

Moreno, Augusto, *Dicionário Complementar da Língua Portuguesa*, Porto

Mota Pinto, Carlos Alberto da, *Teoria Geral do Direito Civil*, 3.ª ed., Coimbra Editora, Coimbra, 1985

Pinto Fernandes, Francisco e Santos, José Cardoso dos, *Código do Imposto de Capitais, Anotado e Comentado*, Imprensa Nacional - Casa da Moeda, Lisboa, 1984

Pires de Lima, Fernando Andrade e Antunes Varela, João de Matos, *Código Civil, Anotado, Volume I*, 4.ª ed., Reimpressão, Coimbra Editora, Coimbra, 2011

— *Código Civil, Anotado, Volume II*, 4.ª ed., Reimpressão, Coimbra Editora, Coimbra, 2011

Ribeiro, João Sérgio, *Tributação Presuntiva do Rendimento, Um Contributo para Reequacionar os Métodos Indiretos de Determinação da Matéria Tributável*, Almedina, Coimbra, 2010

Sá Gomes, Nuno, *Teoria Geral dos Benefícios Fiscais*, Cadernos de Ciência e Técnica Fiscal, (165), Centro de Estudos Fiscais, Lisboa, 1991

Saldanha SANCHES, José Luís, *Abuso de Direito e Abusos de Jurisprudência*, Fiscalidade, Revista de Direito e Gestão Fiscal, n.º 4 (2000), pp. 54/65

— *Conceito de Rendimento no IRS*, Fiscalidade, Revista de Direito e Gestão Fiscal, n.ºs 7/8, 2001, pp. 34/61

— *Manual de Direito Fiscal*, 2.ª ed., Coimbra Editora, Coimbra, 2002

— *Manual de Direito Fiscal, 3.ª ed.*, Coimbra Editora, Coimbra, 2007

Silva Lopes, José [Presidente], *Relatório da Comissão para o Desenvolvimento da Reforma Fiscal*, Ministério das Finanças, Lisboa, 30 de abril de 1976

Soares, António, *Direitos Inerentes a Valores Mobiliários*, Direito dos Valores Mobiliários, Vol. I, Coimbra Editora, Coimbra, 1999

Teixeira Ribeiro, José Joaquim, *Lições de Finanças Públicas*, 5.ª ed., Refundida e Atualizada (Reimpressão), Coimbra Editora, 1997

Telles, Inocêncio Galvão, *Manual dos Contratos em Geral*, 4.ª ed., Reimpressão, Almedina, Coimbra, 2010

Vaz Serra, A, *Do cumprimento como modo de extinção das obrigações*, Boletim do Ministério da Justiça, BMJ, n.º 34, 1953

Veiga, Alexandre Brandão da, *Transmissão de Valores Mobiliários*, Almedina, Coimbra, 2010

Xavier de Basto, José Guilherme, *IRS, Incidência Real e Determinação dos Rendimentos Líquidos*, Coimbra Editora, Coimbra, 2007.

Abreviaturas

AT	Autoridade Tributária e Aduaneira
BMJ	Boletim do Ministério da Justiça
BT	Bilhetes do Tesouro
CC	Código Civil
CDTI	Convenção para eliminar a Dupla Tributação (jurídica) Internacional
CE	Comunidade Europeia
CEE	Comunidade Económica Europeia
CIC	Código do Imposto de Capitais
CIRC	Código do IRC
CIRS	Código do IRS
CMVM	Código de Mercado de Valores Mobiliários
CPC	Código de Processo Civil
CRP	Constituição da República Portuguesa
CSC	Código das Sociedades Comerciais
CVM	Código dos Valores Mobiliários
DGCI	Direção-Geral das Contribuições e Impostos
DL	Decreto-Lei
DSIRS	Direção de Serviços do IRS
EBF	Estatuto dos Benefícios Fiscais
FI	Fundos de Investimento
FIM	Fundo(s) de Investimento Mobiliário
IGCP	Agência de Gestão da Tesouraria e da Dívida Pública, IGCP, E.P.E.
IRPF	Impuesto sobre la Renta de las Personas Físicas
LGT	Lei Geral Tributária
MEDIP	Mercado Especial de Dívida Pública
OIC	Organismos de Investimento Coletivo
OT	Obrigações do Tesouro
PL	Proposta de Lei
RGIC	Regime Geral das Instituições de Crédito e das Sociedades Financeiras
SAIR	Serviço de Administração do Imposto sobre o Rendimento
STA	Supremo Tribunal Administrativo
TCAS	Tribunal Central Administrativo Sul

PARTE III

O IRS, os Mecanismos Anti-Abuso e as Garantias de Defesa Dos Sujeitos Passivos: Estudos Sobre Temas

DA TROCA AUTOMÁTICA DE INFORMAÇÕES NO ÂMBITO DO IMPOSTO SOBRE O RENDIMENTO DAS PESSOAS SINGULARES – OS NOVOS CONTEXTOS DA TROCA AUTOMÁTICA DE INFORMAÇÕES DE CONTAS FINANCEIRAS*

HELENA BAPTISTA FERREIRA[1]

Sumário: Nesta análise abordamos a temática da troca automática de informações em matéria fiscal, com especial enfoque para os diversos instrumentos jurídicos internacionais celebrados por Portugal que habilitam a troca automática de informações e cujo âmbito de aplicação objetivo abrange o imposto sobre o rendimento das pessoas singulares. Dada a evolução do standard sobre transparência e troca de informações, desenvolvido pelo Fórum Global sobre Transparência e Troca de Informações em Matéria Fiscal, analisamos também os novos contextos da troca automática de informações obrigatória, concretamente, a troca automática de informações de contas financeiras. A troca automática de informações constitui o objeto do presente artigo, através do qual se pretende, fundamentalmente, aferir da importância dos novos mecanismos sobre troca automática de informações obrigatória no âmbito do imposto sobre o rendimento das pessoas singulares.

Introdução

A cooperação internacional em matéria fiscal assume um lugar de destaque no atual contexto económico. Recorrendo à troca automática de informações, maxime a troca automática de informações obrigatória, os

* O presente artigo não vincula o Centro de Estudos Fiscais e Aduaneiros nem a Autoridade Tributária e Aduaneira.

[1] Licenciada em Direito e Mestre pela Faculdade de Direito da Universidade de Lisboa. Jurista do Centro de Estudos Fiscais e Aduaneiros.
Publicações: "Convenção sobre Assistência Mútua Administrativa em Matéria Fiscal do Conselho da Europa/OCDE." *Ciência e Técnica Fiscal*, n.º 430, Janeiro-Junho 2013. "Novo standard sobre a troca de informações – a troca automática de informações obrigatória." *Revista de Finanças Públicas e Direito Fiscal*, Ano VIII, Número 4, Inverno, 2016: 165-189. "Portugal." *New Exchange of Information versus Tax Solutions of Equivalent Effect – 2014 EATLP Congress*, Istanbul, 29-31 May, 2014, Volume 13, de Giuseppe Marino, 447-462. EATLP International Tax Series, 2016 [em co-autoria].

países atuam de forma mais eficaz no âmbito da prevenção da fraude e evasão fiscais.

Constitui, assim, objeto do presente artigo, a apreciação teórica da troca automática de informações, a qual visa, fundamentalmente, aferir da importância dos novos mecanismos sobre troca automática de informações obrigatória no âmbito do imposto sobre o rendimento das pessoas singulares.

A presente análise, versando sobre a temática acima referida, encontra-se dividida em três pontos: um primeiro, de âmbito geral, sobre a troca automática de informações; um segundo, de âmbito específico, sobre a troca automática de informações de contas financeiras; e um terceiro relativo à troca automática de informações obrigatória no âmbito do imposto sobre o rendimento das pessoas singulares.

No primeiro ponto, analisamos os diversos instrumentos jurídicos internacionais, de âmbito bilateral e multilateral celebrados entre Portugal e outras jurisdições que permitem a troca automática de informações em matéria fiscal, e cujo âmbito de aplicação objetivo abrange o imposto sobre o rendimento das pessoas singulares.

No segundo ponto tratamos da temática da troca automática de informações de contas financeiras, no qual abordamos o novo standard sobre troca automática de informações nos planos internacional e comunitário.

No terceiro ponto analisamos a temática relativa à troca automática de informações no âmbito do imposto sobre o rendimento das pessoas singulares, tendo em vista aferir da importância do novo standard sobre troca automática de informações para o apuramento do imposto sobre o rendimento das pessoas singulares.

Será, portanto, com os objetivos acima referidos e com base na sistemática mencionada que a presente análise é efetuada e deve ser entendida.

1. TROCA AUTOMÁTICA DE INFORMAÇÕES

A troca de informações em matéria fiscal, enquanto modalidade de assistência mútua administrativa em matéria fiscal, é um instrumento para uma melhor atuação no âmbito do combate à evasão e fraude fiscais.[2]

[2] Neste sentido, salienta-se DOURADO, Ana Paula. "Exchange of Information and Validity

Dada a globalização da economia mundial, o aumento do comércio internacional, a fácil deslocação dos fatores de produção, e as especificidades de cada sistema fiscal, a troca de informações em matéria fiscal reveste-se da máxima importância no âmbito do controlo fiscal.[3]

A assistência mútua administrativa entre as diversas autoridades configura, assim, um instrumento ao serviço dos seguintes objetivos: correta

of Global Standards in Tax Law: Abstractionism and Expressionism or Where the Truth Lies." 2013. http://hdl.handle.net/1814/26059, p. 4, *"Exchange of information aims to fight tax evasion and to guarantee effective fiscal supervision and it is, as the other side of the coin, a condition to raise (otherwise lost) revenue, but neither of the two legitimates the standard per se. By providing transparency with regard to taxable events, exchange of information will both prevent evasion and potentially allow for a more efficient control, but this purpose is insufficient to justify it as an international standard, because the legitimate instruments and action taken by each tax administration will have to comply with the taxpayers' rights."*

Para Oliveira, Maria Odete Batista de. *O Intercâmbio de Informação Tributária – Nova disciplina comunitária. Estado atual da prática administrativa. Contributos para uma maior significância deste instrumento.* Coimbra: Almedina, 2012, p. 141, as funções da troca de informações*"(...) são essencialmente as de combater a fraude e evasão fiscal internacional associadas às atuações da concorrência fiscal prejudicial; permitir a boa aplicação das Convenções de Dupla Tributação e/ou do Direito Interno dos respetivos Estados contratantes (incluindo a inter-relação de ambos); e garantir a efetiva aplicação da legislação comunitária, assegurando a articulação entre os vários sistemas fiscais dos Estados-Membros, apoiando a competitividade das empresas multinacionais e, em geral, os contribuintes europeus no cumprimento dos seus deveres tributários, condições indispensáveis à plena realização do Mercado Interno, sem esquecer os objetivos de justiça financeira que deve presidir à repartição da carga tributária, materializada sobretudo na garantia de aplicação dos princípios da generalidade, de capacidade contributiva e da igualdade."*

Como afirma Pereira, Ricardo Rodrigues, *"(...) quando aludimos à assistência administrativa mútua internacional em matéria fiscal, estamos a referir-nos a um fenómeno que envolve "a ação das autoridades competentes de dois ou mais espaços fiscais, maxime Estados, de modo a possibilitar a aplicação efetiva, ainda que não necessariamente simultânea, das normas dos espaços envolvidos ou das convenções internacionais que os vinculam e que, por isso, está prevista e regulamentada quer em instrumentos jurídicos internacionais, bilaterais ou multilaterais, quer nos ordenamentos jurídicos nacionais.* ("A troca de informações fiscais entre os Estados-Membros da União Europeia." *Revista Fiscal*, n.º 2, Mar.-Abr. 2012, p. 12).

Sobre os princípios do direito fiscal internacional *vide* Pereira, Paula Rosado. "Em torno dos Princípios do Direito Fiscal Internacional." *Lições de Fiscalidade*, de João Ricardo Catarino/ Vasco Branco Guimarães, 201-251. Almedina, 2015.

[3] A este respeito veja-se Fraga, Tiago. *Troca de Informações.* Coimbra: Almedina, 2011, p. 23.

aplicação dos impostos nos diversos ordenamentos tributários; luta contra a fraude e evasão fiscais; e aplicação do princípio da justiça fiscal.[4]

Para combater o problema do aumento de evasão fiscal transfronteiriça, de planeamento fiscal agressivo e da concorrência fiscal prejudicial, tornou-se necessário um reforço da transparência e um alargamento dos instrumentos e mecanismos relativos à troca de informações nos planos comunitário e internacional.[5]

Foi, então, neste novo contexto, que se assistiu ao alargamento do âmbito da troca automática de informações, alterando-se as caraterísticas da figura clássica da troca de informações.[6]

[4] Neste domínio Pereira, Ricardo Rodrigues refere que "(...) à troca de informações fiscais deve ser reconhecida uma dupla funcionalidade: por um lado, constitui um instrumento que permite às Administrações fiscais nacionais prevenirem e combaterem a evasão e fraude fiscais internacionais (troca de informações fiscais enquanto sword); e, por outro lado, pode ser utilizada como um instrumento que permite que os contribuintes que operam internacionalmente beneficiem de um tratamento fiscal adequado às suas circunstâncias (troca de informações fiscais enquanto shield)." (A troca de informações fiscais entre os Estados-Membros da União Europeia." Revista Fiscal, n.º 2, Mar.-Abr. 2012, p. 13). Adicionalmente, segundo Teixeira, Glória. *Manual de Direito Fiscal, 5.ª Edição.* Almedina, 2018, p. 300, *"Foram as necessidades sentidas ao nível de segurança e arrecadação mínima de receita tributária que obrigaram os Estados e as administrações fiscais a comunicarem mais intensamente entre si e harmonizarem alguns regimes tributários."*

[5] A relevância da troca automática de informações foi, desde logo, reconhecida nas décadas de 80 e 90, bastando tão-somente aludir ao entendimento de Margarida Palha, do qual, recorrendo à orientação de Klaus Vogel, resulta que *"muito embora o volume global da troca internacional de informações seja considerável, se pusermos de lado a informação trocada automaticamente, ele é menos significativo do que se poderia pensar. A troca automática é responsável pelo intercâmbio mais intenso, sendo seguida pela troca a pedido e, depois, pela troca espontânea."* (Mesquita, Maria Margarida Cordeiro. "Troca de Informações e Cooperação Fiscal Internacional." *XXX Aniversário 1963-1993 – Centro de Estudos Fiscais – Colóquio a Internacionalização da Economia e a Fiscalidade.* Lisboa: DGCI, 1993. p. 357).

[6] De acordo com Xavier, Alberto. *Direito Tributário Internacional, 2.ª edição atualizada com a colaboração de Clotilde Celorico Palma e Leonor Xavier.* Coimbra: Almedina, 2007, p. 772, *"Podemos sintetizar os caracteres fundamentais da figura de troca de informações, tal como delineada na generalidade das convenções assinadas por Portugal, dizendo que é: (i) obrigatória; (ii) supletiva; (iii) provocada; (iv) secreta; (v) especial."*. Ora, ao abrigo do novo paradigma da troca automática de informações, a troca de informações deixou de ser provocada, porquanto o novo paradigma não requere pedido expresso por parte da autoridade competente. Note-se, contudo, que as autoridades competentes, na sequência de informações trans-

De acordo com este novo paradigma, a troca automática de informações, no plano comunitário, passou a ser obrigatória em determinados domínios, abrangendo, numa primeira fase: *(i)* os rendimentos do trabalho; *(ii)* os honorários de administradores; *(iii)* os produtos de seguro de vida não abrangidos por outros instrumentos jurídicos da União em matéria de troca de informações e outras medidas análogas; *(iv)* as pensões; e *(v)* a propriedade e rendimento de bens imóveis. Numa segunda fase, a troca automática obrigatória foi alargada, por forma a abranger dados de contas financeiras, e posteriormente para abarcar outros tipos de informações relativas: às decisões fiscais prévias transfronteiriças e de acordos prévios sobre preços de transferência; às declarações por país; ao antibranqueamento de capitais e aos mecanismos transfronteiriços.

Sublinha-se, a este respeito, que a troca de informações deve ser efetiva, pois só uma troca de informações efetiva promove uma verdadeira transparência fiscal, contribuindo, assim, para um melhor controlo fiscal e também para o desaparecimento de jurisdições ditas paraísos fiscais.

Tendo presente o tema da nossa análise, não poderíamos deixar de aflorar, ainda que de forma breve, as diversas formas de assistência administrativa em matéria fiscal, que abarcam a troca de informações (a pedido, automática e espontânea)[7], os controlos fiscais simultâneos, e os controlos fiscais no estrangeiro.[8]

mitidas através de troca automática, podem solicitar mais esclarecimentos, recorrendo para tal à troca a pedido.

[7] A este propósito, *vide* Dias, Pedro. "A Troca de informações entre Estados. Tentações e Parametrização." *Fiscalidade* – Revista de Direito e Gestão Fiscal, n.º 2, abril de 2000: p. 91, "*Neste princípio, a relação poderá ser efetuada, nos termos da noção clássica, mediante a troca de informações a pedido, a troca automática de informações e a troca espontânea de informações. Fora deste parâmetro tradicional, tem eclodido um conjunto de novas formas de intervenção, que passarão pelas fiscalizações fiscais simultâneas, pela presença de funcionários fiscais numa fiscalização no estrangeiro, processos combinatórios das duas anteriores modalidades, da troca de informações relativas a todo um sector, do intercâmbio de técnicos especializados, da visita de funcionários autorizados ou da presença de representantes permanentes no estrangeiro*".

[8] Estas modalidades de troca de informações estão previstas na Convenção Multilateral e na Diretiva 2011/16/UE do Conselho, de 15 de fevereiro de 2011, relativa à cooperação administrativa no domínio da fiscalidade e fazem igualmente parte dos comentários ao artigo 26.º do Modelo de Convenção Fiscal OCDE. A assistência à cobrança e a notifi-

Refira-se, desde logo, que as autoridades competentes, previamente ao recurso à cooperação administrativa, devem utilizar as fontes de informação habituais pelo procedimento fiscal interno.

Ora, a troca a pedido verifica-se quando existe a transmissão pelo Estado requerido de informações relativas a um determinado caso, solicitadas expressamente pelo Estado requerente, devendo o pedido preencher determinados requisitos, por forma a não constituir uma *"fishing expedition"*.

A troca espontânea de informações trata-se da transmissão de informações obtidas no decurso do exame da situação de um contribuinte, ou noutras circunstâncias, que se revistam de interesse para o Estado destinatário.

A troca automática de informações reside no envio sistemático de informações massificadas que se encontram nos sistemas de registo das administrações tributárias respeitantes a certos elementos do rendimento ou do património por uma jurisdição a outra jurisdição. Dada a sua natureza, esta é a modalidade de troca de informações que apresenta maiores fluxos de informação trocada.[9] A troca automática foi evoluindo e passou a ser obrigatória em determinados domínios, os quais serão

cação de documentos também integram a assistência mútua administrativa, pelo que se remete para os nossos comentários a propósito da Convenção Multilateral.
Para um maior detalhe sobre as modalidades de troca de informações remete-se para o parágrafo 9 dos comentários ao artigo 26.º do Modelo de Convenção Fiscal da OCDE e para os comentários à secção 1 do capítulo III da Convenção Multilateral. Sobre as diversas modalidades de troca de informações e a temática das chamadas trocas triangulares veja-se Mesquita, Maria Margarida Cordeiro. "Troca de Informações e Cooperação Fiscal Internacional." *XXX Aniversário 1963-1993 – Centro de Estudos Fiscais – Colóquio a Internacionalização da Economia e a Fiscalidade.* Lisboa: DGCI, 1993, p. 339.

[9] A este respeito Oliveira, Maria Odete Batista analisa os dados quantitativos relativos à troca de informações (a pedido, espontânea e automática), efetuada entre Portugal e os seguintes países, a saber: Bélgica, Holanda e Reino Unido. De acordo com a referida análise *"O que resulta claro de todos estes valores é que os maiores fluxos de informação trocada são os relativos a trocas automáticas, refletindo, em nosso entender, a influência das técnicas de comunicação informatizadas, ou seja o desenvolvimento verificado nas tecnologias de informação que foram entusiasticamente saudadas pelos Governos, incluindo as respetivas autoridades fiscais."* (*O Intercâmbio de Informação Tributária – Nova disciplina comunitária. Estado atual da prática administrativa. Contributos para uma maior significância deste instrumento.* Coimbra: Almedina, 2012, pp. 215 e ss,)

apreciados nos capítulos seguintes. A troca automática de informações obrigatória vai, então, tornar-se programada, sistemática, com objeto, conteúdo e prazos definidos e transmitida em formulários normalizados através de um canal seguro.

No controlo fiscal simultâneo verifica-se a transmissão de informações obtidas no decurso de uma ação inspetiva realizada em simultâneo em cada uma das jurisdições em causa, relativa à situação fiscal de uma ou mais pessoas, com base num acordo entre duas ou mais autoridades competentes, que para essas jurisdições se revista de interesse comum ou complementar.

Quanto ao controlo fiscal no estrangeiro, a pedido da autoridade competente do Estado requerente, a autoridade competente do Estado requerido pode autorizar representantes da autoridade competente do Estado requerente a acompanhar presencialmente ações de inspeção quando estas se revistam de interesse para o Estado requerente.

Refira-se ainda a este respeito que as autoridades fiscais podem combinar as diferentes modalidades de troca de informações.

1. Troca no plano internacional

São diversos os instrumentos jurídicos internacionais celebrados por Portugal que permitem a troca automática de informações em matéria fiscal entre a Autoridade Tributária e Aduaneira e as autoridades competentes de outras jurisdições[10], e cujo âmbito de aplicação objetivo abrange o imposto sobre o rendimento das pessoas singulares, merecendo especial destaque os seguintes, os quais nos propomos analisar: *(i)* de âmbito bilateral – as Convenções para eliminar a dupla tributação em matéria de Impostos sobre o Rendimento (adiante abreviadamente designadas por

[10] Neste ponto particular, XAVIER, Alberto. *Direito Tributário Internacional, 2.ª edição atualizada com a colaboração de Clotilde Celorico Palma e Leonor Xavier*. Coimbra: Almedina, 2007, pp. 771-772, salienta que *"Em matéria de troca de informações (internationaler Auskunftsaustausch), Portugal encontra-se sujeito a duas ordens distintas de regimes: o consagrado nas convenções contra a dupla tributação, que seguem o artigo 26.º do Modelo OCDE, na versão inicial do Projeto de 1963, na versão de 1977 e, quanto às mais recentes, na versão de 1995; e o consagrado nas fontes comunitárias, aplicável às suas relações com os Estados-membros da União Europeia, devendo observar-se que, quando um destes Estados for também signatário de convenção contra a dupla tributação, prevalecem as fontes comunitárias, salvo se a convenção estabelecer obrigações mais latas."*

"Convenções sobre dupla tributação" ou apenas por "CDTs")[11] e os Acordos sobre Troca de Informações em Matéria Fiscal (adiante abreviadamente designados por "acordos sobre troca de informações" ou "ATIs") que integrem uma disposição sobre troca automática; e *(ii)* de âmbito multilateral – a Convenção Multilateral sobre a Assistência Mútua em Matéria Fiscal (*Convention on Mutual Administrative Assistance in Tax Matters*), com as alterações introduzidas pelo respetivo Protocolo, (doravante designada por "Convenção Multilateral").[12]

1.1. Convenções sobre Dupla Tributação

Conforme já tivemos oportunidade de deixar claro, a cooperação internacional em matéria fiscal assume um lugar de destaque no atual contexto de combate à evasão e fraude fiscais. Através da celebração de Convenções sobre Dupla Tributação (CDTs), os Estados Contratantes, entre outros aspetos, desenvolvem um esforço de limitação dos respetivos poderes de tributação e atuam no âmbito da prevenção da fraude e evasão fiscal.[13]

[11] Para uma análise detalhada sobre as CDTs *vide* PEREIRA, Paula Rosado. "Repartição do poder de tributar nas Convenções sobre Dupla Tributação." *Estudos em Homenagem ao Professor Doutor Paulo de Pitta e Cunha*, de Jorge Miranda et al., 651-675. Coimbra: Almedina, 2010. Da mesma autora – A dupla tributação jurídica internacional e o papel das convenções para evitar a dupla tributação. Fiscalidade – Revista de Direito e Gestão Fiscal, 29, janeiro-março 2007, pp. 47-62. Mesquita, Maria Margarida Cordeiro, *As Convenções sobre Dupla Tributação*, Cadernos de Ciência e Técnica Fiscal, n.º 179, CEF, Lisboa 1998. Sobre o surgimento e evolução das CDTs, *vide* Pereira, Paula Rosado, *Princípios do Direito fiscal internacional – Do paradigma clássico ao direito fiscal europeu*, Coimbra, Almedina, 2010, pp.27-39.

[12] No que concerne a temática da troca de informações *vide* RIBEIRO, João Sérgio. *Cooperação e troca de informações entre administrações fiscais: o caso português. III Congresso de Direito Fiscal.* Porto. 2013. Vida Económica, p. 231-244; Dourado, Ana Paula, *Exchange of Information and Validity of Global Standards in Tax Law: Abstractionism and Expressionism or Where the Truth Lies. European University Institute Robert Schuman Centre for Advanced Studies Global Governance Programme*-37 e Lousa, Helena Baptista Ferreira/Maria Prazeres. "Portugal." *New Exchange of Information versus Tax Solutions of Equivalent Effect – 2014 EATLP Congress, Istanbul, 29-31 May, 2014, Volume 13*, de Giuseppe Marino, 447-462. EATLP International Tax Series, 2016.

[13] Cf. BECKER, Ana Paula Dourado/Johannes. "Exchange of information." *Klaus Vogel on Double Taxation Conventions*, Fourth Edition, Volume II, de Klaus Vogel, The Neth-

As Convenções sobre Dupla Tributação incluem um artigo sobre a troca de informações, o qual no caso das referidas Convenções celebradas por Portugal é baseado no Artigo 26.º do Modelo de Convenção Fiscal da OCDE (a seguir, "MCOCDE")[14]. O Artigo 26.º do MCOCDE constitui a base legal, por excelência, para a troca de informações em matéria fiscal, a nível bilateral.[15]

Para efeitos de delimitação do âmbito de aplicação objetivo da troca de informações ao abrigo do artigo 26.º do MCOCDE, *i.e.*, qual a informação que pode ser trocada pelas autoridades competentes dos Estados Contratantes, importa aludir ao n.º 1 do artigo 26.º do referido MCOCDE, segundo o qual *"as autoridades competentes dos Estados Contratantes trocarão entre si as informações que sejam previsivelmente relevantes para a aplicação das disposições da presente Convenção ou para a administração ou a aplicação das leis internas relativas aos impostos de qualquer natureza ou denominação cobrados em benefício dos Estados Contratantes ou das suas subdivisões políticas ou autarquias locais, na medida em que a tributação nela prevista não seja contrária à presente Convenção. A troca de informações não é restringida pelo disposto nos artigos 1.º e 2.º."*[16]

Do acima exposto resulta que o artigo 26.º do MCOCDE e respetivos comentários, objeto de diversas alterações desde a sua versão originária

erlands: Kluwer Law International, 2015, p. 1858, *"26. Article 26 OECD and UN MC is instrumental and essential to the correct limitation (and subsequent allocation) of taxing rights (as results from the minor information clause)..."*

[14] Trata-se do *Model Tax Convention on Income and on Capital.* A este respeito, importa também salientar que o Modelo de Convenção sobre Dupla Tributação das Nações Unidas (*United Nations Model Double Taxation Convention between Developed and Developing Countries*) também inclui um artigo sobre a troca de informações de acordo com o standard internacional sobre transparência e troca de informações em matéria fiscal.

[15] Como afirma Pedro Dias, *A Troca de Informações entre Estados. Tentações e Parametrização,* Fiscalidade, n.º 2, abril 2000, p. 78-79, *"As trocas de informações desempenham (ou deveriam desempenhar) um papel primacial na aplicação as convenções fiscais do mesmo modo que são um móbil de eficácia dos convénios legislativos fiscais nacionais, ou seja, há uma correspondência de importância de eficácia nos câmbios informativos ao nível interestadual e cumprimento dos preceitos internos, designadamente na preservação e manutenção dos mais saudáveis princípios regentes das modernas legislações fiscais, os princípios da igualdade e capacidade contributiva, que derivam, em Portugal, da imperatividade normativa constitucional (arts. 106.º e 107.º da CRP.)."*

[16] Convém, aliás, esclarecer que, desde 2000, a troca de informações não fica restringida pelo disposto nos Artigos 1.º e 2.º do MCOCDE.

de 1963, cria uma obrigação de troca de informações previsivelmente relevantes para uma correta aplicação das convenções fiscais, bem como para a execução e aplicação da legislação interna das Partes contratantes. Isto significa que se um Estado Contratante desejar efetuar um pedido de informações, deve demonstrar que a informação é previsivelmente relevante.[17]

Do artigo 26.º do MCOCDE decorre igualmente que a troca deve ser efetuada independentemente do interesse nacional do Estado requerido, não podendo ser invocado o sigilo bancário (artigo 26.º, n.ºs 4 e 5 do MCOCDE).[18]

Portugal, enquanto membro do Fórum Global sobre Transparência e Troca de Informações para Efeitos Fiscais, encontra-se vinculado ao cumprimento do standard internacional sobre transparência e troca de informações, ou seja, deve fornecer informações (incluindo bancárias, contabilísticas e identificação dos titulares), a pedido e previsivelmente relevantes para efeitos fiscais. E para tal, os membros do Fórum Global devem celebrar Convenções sobre Dupla Tributação que integrem um artigo sobre troca de informações baseado no artigo 26.º do Modelo de Convenção OCDE. Aliás, atualmente o artigo 26.º do MCOCDE e respetivos comentários, de acordo com a sua última alteração de 2012, constitui uma das fontes do standard sobre transparência e troca de informações a pedido em matéria fiscal.[19]

[17] Importa, neste contexto, esclarecer que a relevância previsível (“*foreseeable relevance*”) das informações solicitadas é um dos elementos fundamentais do standard internacionalmente acordado quer pelos Estados-Membros da OCDE, quer pelas jurisdições que integram o Fórum Global sobre Transparência e Troca de Informações para Efeitos Fiscais. A relevância previsível exige que, por um lado, quando seja efetuado um pedido de informação deva existir uma possibilidade razoável de que as informações solicitadas venham a ser relevantes e, por outro lado, que o Estado requerido não possa negar o envio de informações nos casos em que uma avaliação definitiva da relevância das informações para uma investigação em curso no Estado requerente só possa ser efetuada após o envio dessas informações.

[18] Cf. Dourado, Ana Paula. *Governação Fiscal Global,* 2.ª Edição Revista e Atualizada. Almedina, 2018, p. 307

[19] A este propósito, elencam-se as fontes complementares do standard sobre transparência e troca de informações a pedido em matéria fiscal: *The Joint Ad Hoc Group on Accounts (JAHGA) Report, The 2006 OECD and the 2013 Global Forum Manuals on Infor-*

Para além do standard sobre transparência e troca de informações a pedido em matéria fiscal, Portugal encontra-se igualmente vinculado ao novo standard sobre troca automática de informações, o qual também apresenta como base jurídica o artigo 26.º do MCOCDE. A este respeito, importa salientar que a troca automática de informações, enquanto modalidade de troca de informações, foi introduzida nos comentários ao artigo 26.º do MCOCDE, na sua versão de 1977.[20]

Portugal conta com uma vasta rede de Convenções, sendo que todas contêm um artigo sobre troca de informações.[21]

1.2. Acordos sobre Troca de Informações em Matéria Fiscal

Quanto aos Acordos sobre Troca de Informações em Matéria Fiscal (ATIs), importa referir que o grande impulso para a celebração destes acordos foi dado pelo G20, na reunião de 2 de abril de 2009, com a elaboração de listas que elencavam os países e jurisdições consoante o grau de cumprimento de acordo com os princípios da transparência e troca de informações, aferido em primeira linha pelo número de ATIs celebrados.[22]

mation Exchange, The 2004 Guidance Notes developed by the Forum on Harmful Tax Practices, FATF recommendations and guidance on transparency and beneficial ownership, e *Keeping it safe: Global Forum guide on the protection of confidentiality of information exchanged for tax purposes.* (OECD. Exchange of Information on Request – Handbook for Peer Reviews 2016-2020. OECD Publishing, 2016, p. 30-34).

[20] Cf. Mesquita, Maria Margarida Cordeiro. "Troca de Informações e Cooperação Fiscal Internacional." Em *A Internacionalização da Economia e a Fiscalidade – XXX Aniversário 1963-1993* – Centro de Estudos Fiscais. Lisboa, 1993, p. 342.

[21] Atualmente, Portugal conta com 77 CDTs em vigor. Neste contexto, *vide* a avaliação do Fórum Global relativa à conformidade do artigo sobre a troca de informações constante das CDTs celebradas por Portugal com o standard sobre transparência e troca de informações em Matéria Fiscal, constante do Relatório – OECD. *Global Forum on Transparency and Exchange of Information for Tax Purposes Peer Reviews: Portugal 2015: Phase 2: Implementation of the Standard in Practice.* OCDE Publishing, 2015.

[22] A relevância destes acordos começou a manifestar-se na segunda metade de 2009, pois o número de ATIs celebrados nesse ano excedeu, largamente, o número de ATIs assinados entre 2002 e 2008. Conforme resulta de Becker, Ana Paula Dourado/Johannes. "Exchange of information." *Klaus Vogel on Double Taxation Conventions,* Fourth Edition, Volume II, de Klaus Vogel. The Netherlands: Kluwer Law International, 2015, p. 1866, "*50 (...) between 6 December 2000 and March 2014, about 800 TIEAs were signed*".

Em consequência, os Estados celebraram ATIs com as jurisdições, ditas paraísos fiscais, constituindo, assim, um instrumento legal que habilita as autoridades competentes do Estado requerente a solicitar às autoridades competentes das jurisdições em causa elementos relevantes para o combate à fraude e evasão fiscal.

Os Acordos sobre Troca de Informações em Matéria Fiscal são baseados no Modelo da OCDE de Acordo sobre Troca de Informações em Matéria Fiscal (doravante, designado por "ATI"), datado de 2002[23]. O Modelo de Acordo resultou dos trabalhos realizados pela OCDE com o propósito de lutar contra as práticas fiscais prejudiciais e tem como objetivo promover a cooperação internacional em matéria fiscal através da troca de informações.[24]

O Modelo de ATI da OCDE, à semelhança do artigo 26.º do Modelo de Convenção Fiscal da OCDE também constitui uma das fontes primárias do standard internacional sobre transparência e troca de informações em matéria fiscal, prevendo a assistência através da troca de informações previsivelmente relevantes para a execução e a aplicação da legislação interna das Partes Contratantes.

Com importância para a análise em apreço, refira-se que o Modelo de ATI da OCDE, nas versões bilateral e multilateral, aplica-se, entre outros impostos, aos impostos sobre o rendimento.[25]

Em face dos novos desenvolvimento relativos ao novo standard internacional sobre troca automática de informações, foi aprovada uma revi-

[23] A tradução para língua portuguesa do Modelo de Acordo sobre a troca de informações em matéria fiscal e respetivos Comentários, da OCDE, de abril de 2002, consta da Ciência e Técnica Fiscal, n.º 407, julho-setembro, 2002, pp. 173-224.

[24] Este Modelo ATI constitui a base dos Acordos multilaterais e bilaterais à luz dos compromissos assumidos pela OCDE e pelas jurisdições envolvidas. Cada artigo do Modelo ATI, quer na versão bilateral, quer na versão multilateral, contém um comentário que constitui a base de interpretação das diversas disposições do referido Modelo.

[25] Conforme resulta do parágrafo 9 dos comentários ao artigo 3.º do Modelo de ATI da OCDE, *"Os acordos bilaterais visam, no mínimo, as mesmas quatro categorias de impostos diretos (impostos sobre o rendimento ou sobre os lucros, impostos sobre o património, impostos sobre a riqueza e impostos sobre as sucessões e doações), salvo se ambas as partes acordarem em excluir um ou mais."*

são ao Modelo de ATI em junho de 2015, por forma a integrar a troca de informações automática e espontânea.[26]

Sublinha-se que em virtude da adesão cada vez maior de jurisdições à Convenção Multilateral (atualmente mais de 100 jurisdições são Partes na referida Convenção)[27], cujo âmbito de aplicação objetivo é bastante alargado, as jurisdições, incluindo Portugal[28], deixaram de celebrar ATIs. Ainda assim, algumas jurisdições que não quiseram aderir à Convenção Multilateral, e que preferiram a via bilateral, têm vindo a celebrar ATIs de acordo com a revisão do Modelo da OCDE de 2015, a qual integra a troca automática e espontânea.

1.3. Convenção Multilateral sobre a Assistência Mútua em Matéria Fiscal

A Convenção Multilateral sobre a Assistência Mútua em Matéria Fiscal (Convenção Multilateral) é um instrumento jurídico internacional, de natureza multilateral, que visa possibilitar às Partes várias formas de cooperação administrativa, que abarcam a troca de informações (a pedido, automática e espontânea), controlos fiscais simultâneos, controlos fiscais no estrangeiro, a assistência à cobrança, e a notificação de documentos, para assim enfrentarem mais eficazmente os fenómenos internacionais de evasão e a fraude fiscais e, em geral, os comportamentos de incumprimento dos deveres fiscais.[29]

A Convenção Multilateral foi aberta para assinatura em 1988 e entrou em vigor em 1995. Esta Convenção foi objeto de revisão, através do Protocolo de 2010[30], em resposta a um apelo lançado pelos Chefes de Estado

[26] Modelo revisto de ATI, de 2015, consta do sítio eletrónico da OCDE https://www.oecd.org/ctp/exchange-of-tax-information/Model-Protocol-TIEA.pdf

[27] Informação disponibilizada no sítio eletrónico da OCDE https://www.oecd.org/ctp/exchange-of-tax-information/convention-on-mutual-administrative-assistance-in-tax-matters.htm

[28] Até ao momento, Portugal celebrou 16 ATIs que têm por base o Modelo de 2002, sendo que apenas 7 estão em vigor no nosso ordenamento jurídico.

[29] Sobre a Convenção Multilateral *vide* Ferreira, Helena. "Convenção sobre Assistência Mútua Administrativa em Matéria Fiscal do Conselho da Europa/OCDE." *Ciência e Técnica Fiscal*, n.º 430, janeiro-junho 2013, pp. 149-161.

[30] O Protocolo entrou em vigor em junho de 2011 para os cinco países que tinham depositado os instrumentos de ratificação, aceitação ou aprovação nessa data (Dinamarca,

e de Governo do G20, na Cimeira de Londres de abril de 2009, no sentido de alargar aos países em desenvolvimento este instrumento de cooperação internacional em matéria fiscal, tendo sido aproveitada para se proceder a uma atualização, através de um alinhamento das suas disposições com os princípios reconhecidos no plano internacional em matéria de transparência e de troca de informações, vertidos no artigo 26.º do Modelo de Convenção Fiscal da OCDE e no Modelo de Acordo sobre Troca de Informações em Matéria Fiscal da OCDE.[31]

O Protocolo que alterou a Convenção Multilateral foi aberto para assinatura a 27 de maio de 2010.

A Convenção Multilateral está aberta para assinatura por parte dos países Membros da OCDE e não Membros da OCDE.

Atualmente, 129 jurisdições[32] já aderiram à Convenção Multilateral.

Portugal, embora nunca tenha sido Parte da Convenção Multilateral, na versão inicial de 1988, veio a tornar-se signatário da Convenção alterada pelo Protocolo, com o ato de assinatura que teve lugar em Paris, no âmbito da Reunião Anual dos Ministros dos países Membros da OCDE realizada em 27 de maio de 2010. Esta Convenção foi aprovada pela Resolução da Assembleia da República n.º 80/2014, de 8 de julho de 2014 e entrou em vigor no ordenamento jurídico português em 1 de março de 2015.[33]

A Convenção Multilateral aplica-se, por um lado, aos impostos sobre o rendimento ou lucros, impostos sobre as mais-valias que incidem separa-

Eslovénia, Finlândia, Geórgia e Noruega). Posteriormente, vários países procederam ao depósito dos instrumentos de ratificação.

[31] Concretamente, esta revisão implicou alterações ao preâmbulo da Convenção, aos artigos 4.º, 18.º, 19.º, 21.º, 22.º, 27.º e 28 e foi introduzida a possibilidade de adesão por parte de países não-Membros da OCDE e do Conselho da Europa. Também foi alterada a disposição (artigo 27.º) que regula o modo como se articula a Convenção com os instrumentos do direito comunitário em matéria de cooperação administrativa em matéria fiscal, passando a estabelecer que os Estados-Membros da UE podem aplicar, nas suas relações recíprocas, as possibilidades de assistência previstas na Convenção na medida em que estas permitam uma cooperação mais ampla que a que resulta das regras aplicáveis na União Europeia.

[32] A propósito das jurisdições que são Parte nesta Convenção Multilateral, remete-se para o quadro, atualizado em junho de 2019, disponível em http://www.oecd.org/tax/exchange-of-tax-information/Status_of_convention.pdf.

[33] Conforme Aviso n.º 4/2015 – DR 1.ª Série, n.º 33, de 17 de fevereiro de 2015.

damente do imposto sobre o rendimento ou lucros e aos impostos sobre o património líquido, e por outro lado, aos impostos sobre o rendimento, lucros ou mais-valias ou sobre o património líquido cobrados em benefício das subdivisões políticas ou das autoridades locais, contribuições obrigatórias para a segurança social e impostos de outras categorias, com exceção dos direitos aduaneiros, cobrados em benefício de uma Parte e em favor das subdivisões políticas e das autoridades locais de uma Parte (artigo 2.º da Convenção Multilateral).

Para além do vasto conjunto de modalidades de cooperação administrativa, a Convenção reveste, ainda, um carácter complementar às convenções para evitar a dupla tributação, alargando as possibilidades de cooperação a países com os quais não foram ainda celebradas convenções bilaterais.

Sempre que um Estado, por escassez de recursos ou por outra razão, não esteja em condições de prestar toda a assistência prevista nos termos da Convenção Multilateral, esse Estado pode formular reservas dentro dos limites previstos no seu artigo 30.º.

Perante o acima exposto, julgamos, pois, que a Convenção Multilateral alterada pelo seu Protocolo de Revisão, é um instrumento multilateral de assistência administrativa que oferece relativamente a outros instrumentos internacionais uma tripla vantagem: *(i)* uma base jurídica a todas as formas possíveis de assistência na liquidação e cobrança de impostos; *(ii)* um amplo leque de impostos, (à exceção dos direitos aduaneiros – *vide* artigo 2.º); e *(iii)* a adesão está aberta aos Membros da OCDE e do Conselho da Europa e ainda a países não Membros dessas Organizações.

2. Troca no plano comunitário – Diretiva 2011/16/UE do Conselho, de 15 de fevereiro de 2011, relativa à cooperação administrativa no domínio da fiscalidade

Ao nível comunitário, os Estados-Membros têm à sua disposição a Diretiva 2011/16/UE do Conselho, de 15 de fevereiro de 2011, relativa à cooperação administrativa no domínio da fiscalidade e que revoga a Diretiva 77/799/CEE[34] (doravante designada por "DAC 1").

[34] Quanto à Diretiva 77/799/CEE *vide* Gabert, Roman Seer and Isabel. "General report." *Mutual Assistance and Information Exchange, 2009 EATLP Congress*, de Roman Seer and

Esta Diretiva foi, entretanto, objeto de alteração pelos seguintes instrumentos: *(i)* Diretiva 2014/107/UE do Conselho, 9 de dezembro de 2014 (doravante designada por "DAC 2"), que introduziu a Norma Comum de Comunicação (conhecida por *Common Reporting Standard – CRS*) elaborada pela OCDE para as informações sobre contas financeiras no interior da União; *(ii)* Diretiva (UE) 2015/2376 do Conselho, de 8 de dezembro de 2015, que prevê a troca automática de informações sobre decisões fiscais prévias transfronteiriças; *(iii)* Diretiva (UE) 2016/881 do Conselho, de 25 de maio 2016, que prevê a troca automática de informações obrigatória sobre as declarações por país das empresas multinacionais entre as autoridades fiscais; *(iv)* Diretiva (UE) 2016/2258 do Conselho, de 6 de dezembro de 2016, no âmbito do acesso às informações antibranqueamento de capitais por parte das autoridades fiscais; e *(v)* Diretiva (UE) 2018/822 do Conselho, de 25 de maio de 2018, no que respeita à troca automática de informações obrigatória no domínio da fiscalidade em relação aos mecanismos transfronteiriços a comunicar.[35]

Note-se que o primeiro instrumento comunitário a tratar da temática da troca automática de informações foi a Diretiva 2003/48/CE, de 3 de junho, relativa à tributação dos rendimentos da poupança sob a forma de juros.[36]

Isabel Gabert, 22-54. Series editor Kees van Raad, 2009. A Diretiva 77/799/CEE foi transposta para a ordem jurídica portuguesa pelo Decreto-Lei n.º 127/90. Sobre este enquadramento jurídico português vide Gama, João Taborda da. "Portugal." *Mutual Assistance and Information Exchange – 2009 EATLP Congress*, Santiago de Compostela – EATLP International Tax Series, Volume 8, de Roman Seer and Isabel Gabert. Series editor Kees van Raad, 2009.

[35] Atendendo ao âmbito da presente análise que diz respeito à troca automática de informações, *maxime* – troca automática de informações de contas financeiras –, não iremos abordar, nesta sede, os seguintes instrumentos comunitários: Diretiva (UE) 2015/2376 do Conselho, de 8 de dezembro de 2015; Diretiva (UE) 2016/881 do Conselho, de 25 de maio 2016; Diretiva (UE) 2016/2258 do Conselho, de 6 de dezembro de 2016; e Diretiva (UE) 2018/822 do Conselho, de 25 de maio de 2018.

[36] Neste ponto vide Dourado, Ana Paula, *Governação Fiscal Global*, 2.ª Edição Revista e Atualizada. Almedina, 2018, p. 336.

A Diretiva 2011/16/UE do Conselho, de 15 de fevereiro de 2011, relativa à cooperação administrativa no domínio da fiscalidade visa a troca de informações em matéria fiscal entre as autoridades dos Estados-Membros de modo rápido e eficaz. Ora, com a introdução desta Diretiva, alargou-se o âmbito das informações trocadas, adotando-se um critério de "relevância previsível".

Esta Diretiva é aplicável a todos os tipos de impostos, exceto o IVA, direitos aduaneiros, impostos especiais de consumo abrangidos por outra legislação da União em matéria de cooperação administrativa entre Estados-Membros e contribuições obrigatórias para a segurança social, e foi transposta para o ordenamento jurídico nacional através do Decreto-Lei n.º 61/2013, de 10 de maio de 2013.

Para além da extensão do âmbito da cooperação administrativa em matéria de impostos e taxas abrangidos e modalidades de cooperação e da inclusão, na linha do disposto no Artigo 26.º do MCOCDE, do requisito da "relevância previsível" das informações em matéria fiscal, os novos elementos que constam da Diretiva 2011/16/UE dizem respeito: à impossibilidade de recusa na transmissão de informações pelo facto de o Estado requerido não ter interesse nas mesmas ao nível interno ou de as informações solicitadas estarem na posse de uma instituição bancária ou de entidade financeira; à introdução da troca automática e obrigatória em determinados domínios; à fixação de prazos para a transmissão de dados; e à utilização de formulários, bem como de canais de comunicação normalizados. [37]

[37] A este respeito, salienta-se BECKER, Ana Paula Dourado/Johannes. "Exchange of information." *Klaus Vogel on Double Taxation Conventions*, Fourth Edition, Volume II, de Klaus Vogel. The Netherlands: Kluwer Law International, 2015, p. 1875, "*Whereas exchange of information on request broadly corresponds to exchange of information foreseen under Article 26 OECD and UN MC (the Directive also introduced the concept of "foreseeable relevance"), both spontaneous and especially mandatory automatic exchange of information respond to the need to combat avoidance and evasion in a coordinated manner and in the context of "a tremendous development of the mobility of the taxpayers, or the number of cross-border transactions and the internationalization of financial instruments' and in an integrated market with free movement of goods, persons, services and capital (Preamble of the Directive, paragraphs 1-4).*
In respect of automatic exchange of information governed by Article 8 of the Directive some categories of income are to be communicated regarding the taxable periods as from 1 January 2014 concerning residents in that other Member State: income from employment, director´s fees, life insur-

Dos elementos acima elencados cumpre dar especial destaque à troca automática de informações, que nos termos do artigo 3.º, n.º 9 da Diretiva 2011/16/UE é definida como *"a comunicação sistemática de informações pré-definidas a outro Estado-Membro, sem pedido prévio, a intervalos regulares pré-estabelecidos. No contexto do artigo 8.o, as informações disponíveis são informações constantes dos registos fiscais do Estado-Membro que comunica as informações, que podem ser obtidas pelos procedimentos de recolha e processamento de informações desse Estado-Membro;"*.

Esta definição corresponde, com as necessárias adaptações, à definição do novo standard sobre troca automática de informações, da qual se destacam os seguintes elementos: *(i)* sistematicidade e periodicidade de comunicação de informações; *(ii)* inexistência de pedido prévio e de fundamentação do pedido; *(iii)* definição dos rendimentos e dos elementos a transmitir; e *(iv)* comunicação dos rendimentos aos Estados de residência do sujeito passivo.[38]

Conforme já salientado, com a Diretiva em causa introduz-se a troca automática obrigatória de cinco categorias de rendimento e de património, a saber: *(a)* rendimentos do trabalho; *(b)* honorários de administradores; *(c)* produtos de seguro de vida não abrangidos por outros instrumentos jurídicos da União em matéria de troca de informações e outras medidas análogas; *(d)* pensões; *(e)* propriedade e rendimento de bens imóveis (conforme previsto no artigo 8.º da referida Diretiva).

Trata-se, pois, a nosso ver, do início dos novos contextos da troca automática de informações obrigatória que atualmente se encontra ampliada a outros domínios da fiscalidade, os quais serão seguidamente abordados.[39]

ance products not covered by other Union legal instruments on exchange of information and other similar measures; pensions and ownership of and income from immovable property."

[38] Cf. DOURADO, Ana Paula, *Governação Fiscal Global*, 2.ª Edição Revista e Atualizada. Almedina, 2018, pp. 337-338

[39] Paralelamente foram desenvolvidos os "*Rubik agreements*", os quais acabaram por não constituir uma alternativa ao atual enquadramento da troca automática de informações obrigatória. A este respeito, Xavier, Oberson. *International Exchange of Information in Tax Matters.* Cheltenham, UK: Edward Elgar, 2015, p. 246, *"As of 2012, Switzerland tried to introduce an alternative approach, the so-called "Rubik" system. The idea is to levy a withholding tax at the paying agent level at a rate, which should correspond to the applicable rate in the state of residence of the taxpayer, while keeping confidentiality. The model offers an interesting system but could not serve as a long-term alternative to automatic exchange of information."*

II. TROCA AUTOMÁTICA DE INFORMAÇÕES DE CONTAS FINANCEIRAS

1. O novo standard sobre troca automática de informações

Perante o problema de fraude fiscal, o G20, na sequência da crise financeira mundial, nomeou o Fórum Global para trabalhar na garantia da integridade do sistema financeiro através da implementação uniforme de um standard internacional sobre transparência e troca de informações para efeitos fiscais.

O Fórum Global foi reestruturado na reunião que teve lugar no México em 2009 e foi criada uma organização global em que todos os seus Membros participam de igual forma.

Trata-se do Fórum Global sobre Transparência e Troca de Informações para Efeitos Fiscais – o maior organismo mundial na área fiscal –, que atualmente conta com 154 Membros e tem como principal objetivo promover a implementação dos padrões de transparência e troca de informações, de uma forma rápida, universal e consistente, assegurando que todas as jurisdições apresentem o mesmo padrão de cooperação internacional no âmbito da transparência e troca de informações em matéria fiscal.

Os participantes na referida reunião de 2009 acordaram em realizar uma avaliação detalhada, tendo em vista a implementação do standard sobre transparência e troca de informações para efeitos fiscais; o desenvolvimento de instrumentos multilaterais e bilaterais que permitem a troca de informações; e a garantia de que os países em desenvolvimento beneficiem de um novo enquadramento sobre transparência.

Deste modo, as jurisdições do Fórum Global comprometeram-se a aplicar esse standard internacional, ou seja, a fornecer informações, a pedido e previsivelmente relevantes para efeitos fiscais.

A avaliação da aplicação deste standard internacional é um processo em que todos os Membros avaliam e são avaliados pelos seus pares (ou seja, *Peer Review*). Este processo de avaliação dividiu-se em duas fases. Numa primeira fase, avaliou-se, no âmbito da aplicação do standard internacional, o enquadramento legal e regulamentar da jurisdição em causa. Na segunda fase, avaliou-se a aplicação, na prática, do referido standard internacional. Algumas jurisdições realizaram uma avaliação em simultâneo das duas fases, denominada por fase combinada.

A avaliação de Portugal, neste âmbito, foi realizada em duas fases (Fase 1 – datada de 11 de abril de 2013 e Fase 2 – datada de 16 de março de 2015), tendo sido atribuída a classificação final de *"Largely Compliant"*.[40]

Refira-se ainda que no 3.º trimestre de 2016 começou uma segunda ronda de avaliações por parte do Fórum Global, no âmbito da qual, através de uma nova metodologia, foram adotados novos termos de referência, e em consequência, novos critérios de avaliação.[41]

Com este processo de avaliação que tem em vista uma troca de informações mais fácil e célere, os Membros do Fórum Global retiram muitos benefícios, destacando-se, entre outros, a prevenção e combate à evasão e fraude fiscais internacionais.

Foi, então, na sequência de avaliações no âmbito da troca de informações a pedido, que o G20, na Cimeira de 19 de abril de 2013, solicitou à OCDE o desenvolvimento de um novo standard, desta feita, sobre troca automática de informações, cuja aplicação será igualmente avaliada pelo referido Fórum Global.

Esta decisão ocorreu na sequência de anúncios por parte de cinco países (Alemanha, Espanha, França, Itália e Reino Unido) da intenção em desenvolver uma troca multilateral de informações fiscais baseada no modelo desenvolvido entre esses países e os Estados Unidos da América no âmbito do *FATCA (Foreign Account Tax Compliance Act)*, tendo sido constituído o grupo da troca automática de informações (*AEOI Group*) do Fórum Global que desenvolveu o modelo de avaliação deste novo standard sobre troca automática de informações.

Dando, assim, cumprimento ao solicitado, a OCDE elaborou o relatório *Step Change in Tax Transparency,* datado de junho de 2013, sobre os pas-

[40] Informação disponibilizada no sítio eletrónico http://www.oecd.org/tax/transparency/exchange-of-information-on-request/ratings/

[41] Sobre os novos termos de referência, do relatório "OECD. Tax Transparency 2018, Report on progress. Global Forum on Transparency and Exchange of Information for Tax Purposes. OECD publishing, 2018, p. 21, consta "*The second round of peer reviews was launched in July 2016 under a reinforced Terms of Reference and an updated Methodology, which reflect the latest developments in international tax transparency and take into account the experience gained in the first round. One of the most notable changes is the introduction of the requirement of the availability of beneficial ownership information – aligned with the FATF standard – as well as access to it by the tax authorities. Previously, the Global Forum standard already required the availability of legal ownership and identity information of legal entities and arrangements.*"

sos necessários para o novo standard sobre troca automática de informações.[42] Este standard sobre troca automática de informações, publicado em fevereiro de 2014, foi seguidamente aprovado na reunião do G20.[43]

Trata-se da Norma Comum de Comunicação (*Common Reporting Standard* – CRS – *Standard for Automatic Exchange of Financial Account Information),* conhecida por CRS, que tem por base o modelo de troca de informações utilizado no âmbito dos acordos *FATCA (Foreign Account Tax Compliance Act)*, compreendendo o conteúdo das informações que devem ser recolhidas e enviadas para as respetivas administrações fiscais, bem como os procedimentos de diligência devida que as instituições financeiras devem seguir para determinar as contas sujeitas a comunicação e os elementos de identificação dos titulares das contas que devem ser comunicados em relação a essas contas.

Nessa altura, foi igualmente publicado o Modelo de Acordo das Autoridades Competentes (*Model Competent Authority Agreement – CAA*), *i.e.*, o modelo de acordo (multilateral ou bilateral) sobre a troca automática de informações obrigatória para celebração entre as autoridades competentes, para efeitos de execução deste standard sobre troca automática de informações.[44]

Em 19 de março de 2014, 44 jurisdições, incluindo Portugal, comprometeram-se a adotar antecipadamente o CRS, através de declaração con-

[42] Veja-se OECD, *A Step change in Tax Transparency. OECD Report for the G8 Summit Lough Erne, Enniskillen,* June 2013, de http://www.oecd.org/ctp/exchange-of-taxinformation/taxtransparency_G8report.pdf.

[43] A este respeito *vide* Ferreira, Helena. "Novo standard sobre a troca de informações – a troca automática de informações obrigatória." *Revista de Finanças Públicas e Direito Fiscal,* Ano VIII, Número 4, Inverno, 2016: 165-189.

[44] Em julho de 2014, a OCDE publicou o novo standard internacional completo – *Standard for Automatic Exchange of Financial Account Information in Tax Matters-*, incluindo os comentários ao CRS e CAA; diagramas do esquema que deverá ser utilizado para a referida troca de informações; bem como o questionário para efeitos de garantir a confidencialidade das informações fiscais. Atualmente já conta com uma segunda edição de abril de 2017. A tradução em língua portuguesa do *Standard for Automatic Exchange of Financial Account Information in Tax Matters* – 1.ª edição – consta dos Cadernos de Ciência e Técnica Fiscal, n.º 215, de junho de 2015.

junta proferida nesse sentido (*Joint Statement by the Early Adopters Group*), ao qual, posteriormente se juntaram outras jurisdições.[45]

Este compromisso de adoção do standard sobre troca automática de informações foi formalizado através da assinatura, por mais de 50 autoridades competentes, do Acordo Multilateral das Autoridades Competentes para a Troca Automática de Informações de Contas Financeiras (*Multilateral Competent Authority Agreement on Exchange of Financial Account Information – MCAA*), no dia 29 de outubro de 2014, em Berlim, tendo sido, posteriormente, assinado por outras autoridades competentes, contando atualmente com mais de 100 jurisdições.[46]

As autoridades competentes signatárias do MCAA comprometeram-se a trocar automaticamente informações relativas a contas junto de instituições financeiras, sendo que o primeiro momento de troca de informações, para alguns países, ocorreu em setembro de 2017.[47]

[45] Informação disponibilizada no sítio eletrónico http://www.oecd.org/tax/transparency/AEOI-early-adopters-statement.pdf.

[46] Segundo informação disponibilizada no AEOI Portal, atualizada a abril de 2019, o MCAA foi assinado por 105 jurisdições.

[47] De acordo com as informações disponibilizadas no AEOI Portal (https://www.oecd.org/tax/automatic-exchange/commitment-and-monitoring-process/AEOI-commitments.pdf), salientam-se as jurisdições que trocaram informações, ao abrigo deste novo standard em 2017 (49 jurisdições): Anguilla, Argentina, Belgium, Bermuda, British Virgin Islands, Bulgaria, Cayman Islands, Colombia, Croatia, Cyprus , Czech Republic, Denmark, Estonia, Faroe Islands, Finland, France, Germany, Gibraltar, Greece, Guernsey, Hungary, Iceland, India, Ireland, Isle of Man, Italy, Jersey, Korea, Latvia, Liechtenstein, Lithuania, Luxembourg, Malta, Mexico, Montserrat, Netherlands, Norway, Poland, Portugal, Romania, San Marino, Seychelles, Slovak Republic, Slovenia, South Africa, Spain, Sweden, Turks and Caicos Islands, United Kingdom.

Por outro lado, as seguintes jurisdições trocaram informações, ao abrigo do novo standard, em 2018: Andorra, Antigua and Barbuda, Aruba, Australia, Austria, Azerbaijan, The Bahamas, Bahrain, Barbados, Belize, Brazil, Brunei Darussalam, Canada, Chile, China, Cook Islands, Costa Rica, Curacao, Dominica, Greenland, Grenada, Hong Kong (China), Indonesia, Israel, Japan, Lebanon, Macau (China), Malaysia, Marshall Islands, Mauritius, Monaco, Nauru, New Zealand, Niue, Pakistan , Panama, Qatar, Russia, Saint Kitts and Nevis, Saint Lucia, Saint Vincent and the Grenadines, Samoa, Saudi Arabia, Singapore, Sint Maarten, Switzerland, Trinidad and Tobago, Turkey, United Arab Emirates, Uruguay, Vanuatu.

Gana, Koweit e Nigéria comprometeram-se a trocar informações em 2019 e Albânia, Cazaquistão, Maldivas, Omã e Peru em 2020.

Em conformidade com estes desenvolvimentos a nível mundial, no plano comunitário, a Diretiva 2014/107/UE do Conselho, de 9 de dezembro de 2014, alterou a Diretiva 2011/16/UE no que respeita à troca automática de informações obrigatória no domínio da fiscalidade, alargando o âmbito de aplicação do artigo 8.º sobre a troca automática de informações obrigatória, a fim de incluir as mesmas informações abrangidas pelo CRS.

Neste sentido, os Estados-Membros tiveram que transpor a Diretiva 2014/107/UE, aplicando as referidas disposições a partir de 1 de janeiro de 2016, com exceção da Áustria que efetuou a primeira troca automática de informações, neste âmbito, em setembro de 2018.

São estes contextos tão diversos da troca automática de informações obrigatória que agora nos propomos analisar.

2. Troca no plano internacional

A troca automática de informações de contas financeiras constitui o novo standard sobre a troca automática de informações. Conforme anteriormente referido, este standard é baseado no *Foreign Account Tax Compliance Act (FATCA)*[48] e tem subjacente a aplicação do *Common Reporting Standard (CRS)*, definido no âmbito da OCDE.

De acordo com o mesmo Portal, no âmbito deste compromisso de adoção do CRS, foram ativadas mais de 3600 relações bilaterais que envolvem mais de 90 jurisdições.

[48] Dado o objeto da presente análise, não iremos analisar a temática relativa ao FATCA, importando, contudo, mencionar que Portugal assinou o Acordo com os EUA em 6 de agosto de 2015 (Decreto do Presidente da República n.º 53/2016, de 5 de agosto, ratificou o Acordo entre a República Portuguesa e os EUA para reforçar o cumprimento fiscal e implementar o FATCA). Dando cumprimento ao compromisso de implementação do regime FATCA em Portugal, o artigo 239.º da Lei n.º 82-B/2014, de 31/12 (OE para 2015) veio prever o "Regime de comunicação de informações financeiras" (RCIF), estabelecendo as obrigações das instituições financeiras em matéria de identificação de determinadas contas e de comunicação de informações à Autoridade Tributária e Aduaneira; e o Decreto-Lei n.º 64/2016, de 11 de outubro, veio estabelecer, concretamente no seu Anexo I: (*i*) os regimes de exclusão das obrigações para determinadas pessoas, entidades ou contas financeiras; (*ii*) o desenvolvimento de regras e procedimentos de diligência devida relacionados com a identificação das contas sujeitas a comunicação; e (*iii*) as regras, procedimentos e prazos aplicáveis no âmbito da obtenção e transmissão à AT de informações pelas instituições financeiras e demais aspetos administrativos.

Trata-se do alargamento do âmbito da troca automática de informações que incide sobre dados de contas financeiras, cuja implementação se comprometeram as jurisdições signatárias do Acordo Multilateral das Autoridades Competentes para a Troca Automática de Informações de Contas Financeiras (MCAA).

Neste contexto, as autoridades competentes podem optar por uma troca automática de informações obrigatória, de âmbito multilateral, recorrendo à celebração de um Acordo Multilateral (*i.e.*, do *Multilateral Competent Authority Agreement on Exchange of Financial Account Information,* doravante designado por "MCAA"), ou por uma troca de âmbito bilateral, celebrando entre si acordos bilaterais (*Competent Authority Agreement,* doravante designado por "CAA") que possibilitam a referida troca de informações.

Reconhece-se, contudo, que o MCAA apresenta inúmeras vantagens quando comparado com a celebração de diversos CAAs, destacando-se, desde logo, como principal vantagem, a circunstância deste instrumento internacional abranger diversas jurisdições.

Estes Acordos (de âmbito bilateral – CAA e de âmbito multilateral – MCAA) entre autoridades competentes têm por base o Modelo OCDE de Acordo das Autoridades Competentes. Este Modelo de Acordo OCDE estabelece a ligação entre o CRS e a base jurídica que permite esta troca de informações que, no caso do Acordo Multilateral, é a Convenção Multilateral sobre a Assistência Mútua em Matéria Fiscal, e no caso de acordos bilaterais, são as convenções fiscais bilaterais (*i.e.*, uma CDT que consagre um artigo sobre troca de informações baseado no artigo 26.º do Modelo de Convenção Fiscal da OCDE, de acordo com o standard internacionalmente acordado, ou, então, um ATI que inclua uma disposição sobre a troca automática).

O Modelo de Acordo OCDE das autoridades competentes é composto por sete secções, nas quais se inclui, entre outras regras, o tipo de informações a trocar, o prazo e a forma de troca, a cooperação em termos de cumprimento e execução, a confidencialidade e proteção de dados, bem como regras sobre as consultas entre autoridades competentes.[49]

[49] Para efeitos de interpretação, importa também aludir aos comentários ao Modelo de Acordo OCDE das autoridades competentes, constantes da publicação da OCDE – *Standard for Automatic Exchange of Financial Account Information in Tax Matters* –.

Este modelo de Acordo, na sua secção 2, prevê a troca das seguintes informações, numa base anual e automática, relativamente às contas sujeitas a comunicação: *(i)* o nome, morada, NIF e data e local de nascimento (no caso de pessoa singular) de cada pessoa sujeita a comunicação que seja um titular de conta e que, após a aplicação dos procedimentos de diligência devida compatíveis com a norma comum de comunicação, seja identificada como tendo uma ou mais pessoas que exercem o controlo que sejam pessoas sujeitas a comunicação, o nome, morada e NIF da entidade e o nome, morada, NIF e data e local de nascimento de cada pessoa sujeita a comunicação; *(ii)* o número da conta (ou o equivalente funcional na ausência de um número de conta); *(iii)* o nome e o número de identificação (caso exista) da instituição financeira reportante; *(iv)* o saldo ou o valor da conta (incluindo, no caso de contrato de seguro monetizável ou contrato de renda, o valor em numerário ou o valor de resgate) no final do ano civil relevante ou outro período de comunicação adequado ou, caso a conta tenha sido encerrada durante esse ano ou período, o momento do encerramento.

Quanto ao momento para a troca, tal como previsto na secção 3 do referido Modelo de Acordo OCDE, as informações devem ser trocadas no prazo de nove meses a contar do final do ano civil a que se referem as informações. No âmbito do MCAA, para as jurisdições que se comprometeram a trocar informações em 2017, o primeiro momento de troca efetiva ocorreu em setembro de 2017.

Para efeitos de entrada em vigor do MCAA, a jurisdição signatária deste acordo multilateral deve, nos termos da secção 7 do MCAA, notificar o Órgão de Coordenação da Convenção Multilateral dos seguintes elementos:

- Da legislação, em vigor, necessária para aplicar o CRS, especificando as datas efetivas relevantes referentes a contas pré-existentes, contas novas, bem como a aplicação ou conclusão dos procedimentos de comunicação e de diligência devida;
- Indicação da jurisdição signatária do MCAA que não pretende receber informações sobre contas financeiras. Contudo, tal jurisdição vai enviar as informações em causa para as restantes jurisdições signatárias do MCAA;
- Dos métodos para a transmissão de dados, incluindo encriptação;

- Das especificações relativas à proteção de dados;
- Da implementação das medidas suficientes para assegurar que são cumpridas as normas necessárias sobre confidencialidade e proteção de dados;[50]
- Da lista das jurisdições das autoridades competentes relativamente às quais pretende que o presente Acordo se aplique, ou seja, um país signatário do MCAA pode indicar as jurisdições signatárias do MCAA com as quais pretende trocar, de forma automática, informações de contas financeiras.[51]

Posto isto, importa então analisar a norma comum de comunicação (*i.e.*, o CRS). A norma comum de comunicação, aprovada em fevereiro de 2014, consagra as informações que devem ser recolhidas e trocadas bem como as obrigações em matéria de divulgação e de diligência devida que as instituições financeiras devem adotar, por forma a determinar as contas sujeitas a comunicação e os elementos de identificação dos titulares

[50] Nesta temática sobre a troca automática de informações referente a dados de contas financeiras, poderão levantar-se problemas relativos à confidencialidade e à proteção de dados. Neste domínio, importa aludir ao documento elaborado pela OCDE sobre a proteção da confidencialidade na troca de informações em matéria fiscal – *Keeping it safe. The OECD Guide on the protection of confidentiality of information exchanged for tax purposes* –, publicado em julho de 2012. Este documento aborda as melhores práticas relativas à confidencialidade, apresentando recomendações e uma lista de medidas que visam a obtenção de um nível adequado de proteção da confidencialidade das informações trocadas, baseado nas diferentes experiências das administrações fiscais.
Refira-se ainda a este respeito que alguns autores são de opinião de que os mecanismos de troca de informações financeiras instituídos pela DAC 2 constituem ingerências no direito ao respeito pela vida privada e no direito à proteção de dados pessoais. Neste sentido *vide* Pichel, Paulo Guilherme da Rocha. "Troca automática de informações financeiras, respeito pela vida privada e proteção de dados pessoais." *Forum de Proteção de Dados*, n.º 5, novembro 2018: 30-59. Sobre esta temática relativa à confidencialidade veja-se também Filip Debelva/ Irma Mosquera. "Privacy and Confidentiality in Exchange of Information Procedures: Some Uncertainties, Many Issues, but Few Solutions", *INTERTAX*, Volume 45, Issue 5, 2017, p. 362-381.

[51] Neste âmbito, alude-se à Portaria n.º 302-D/2016, de 2 de dezembro, alterada pelas Portarias n.º 255/2017, de 14 de agosto, e n.º 58/2018, de 27 de fevereiro, que estabelece a lista de Portugal relativa às jurisdições participantes, prevista no n.º 6 do artigo 2.º do Decreto-Lei n.º 64/2016, de 11 de outubro de 2016.

das contas financeiras que devem ser comunicados às respetivas autoridades fiscais. Por sua vez, as autoridades fiscais transmitem automaticamente essas informações às autoridades competentes das jurisdições de residência dos titulares das contas financeiras.

Esta norma comum de comunicação é dividida em 9 secções[52], sendo que a primeira secção é relativa aos requisitos gerais de comunicação, as sete secções seguintes dizem respeito aos procedimentos de diligência devida para as contas novas e pré-existentes de pessoas singulares e de entidades, e a secção IX é referente à execução prática. Estas secções são igualmente acompanhadas de comentários, constantes da publicação da OCDE – *"Standard for Automatic Exchange of Financial Account Information in Tax Matters"* –, que auxiliam na tarefa interpretativa destas regras para a troca automática de informações de contas financeiras.

Neste contexto, salienta-se, igualmente, o *"Standard for Automatic Exchange of Financial Account Information in Tax Matters – Implementation Handbook"*, de agosto de 2015 (com 2.ª edição de abril de 2018), que constitui uma ferramenta essencial para a implementação, a nível interno, do CRS, bem como as questões frequentes sobre o CRS (FAQs) que ajudam na interpretação da norma comum de comunicação, as quais vão sendo atualizadas e constam do *AEOI Portal*.

Os procedimentos de diligência devida devem ser efetuados pelas instituições financeiras reportantes, que incluem as instituições de custódia, instituições depositárias, entidades de investimento e determinadas empresas de seguros, exceto se apresentarem um baixo risco de serem usadas para fins de fraude fiscal e estejam dispensadas da obrigação de comunicação.

Ora, tais procedimentos de diligência devida são utilizados para efeitos de identificação das contas sujeitas a comunicação, no âmbito das quais são reportadas as informações financeiras sujeitas a comunicação,

[52] A Norma comum de comunicação é composta pelas seguintes secções: Secção I – Requisitos gerais de comunicação; Secção II – Requisitos gerais em matéria de diligência devida; Secção III – Diligência devida para as Contas pré-existentes de pessoas singulares; Secção IV – Diligência devida para as contas novas de pessoas singulares; Secção V – Diligência devida para as contas pré-existentes de entidades; Secção VI – Diligência devida para as contas novas de entidades; Secção VII – Regras especiais de diligência; Secção VIII – Definições; Secção IX – Execução prática.

que incluem; juros, dividendos, saldo das contas ou valor inscrito em conta, rendimentos de determinados produtos de seguros, produto da alienação de ativos financeiros e outros rendimentos criados por ativos detidos na conta ou pagamentos efetuados relacionados com a conta.[53]

As contas sujeitas a comunicação abrangem as contas detidas por *(i)* pessoas singulares e por *(ii)* entidades. Estas contas dividem-se em contas pré-existentes e contas novas, e são todas obrigadas ao cumprimento de procedimentos de diligência devida.[54]

3. Troca no plano comunitário

Na sequência dos desenvolvimentos a nível mundial, nomeadamente no âmbito da OCDE, a Diretiva 2014/107/UE do Conselho, de 9 de dezembro de 2014 (DAC 2) alterou a Diretiva 2011/16/UE no que respeita à troca automática de informações obrigatória no domínio da fiscalidade,

[53] Deste modo, esta troca automática de informações prevalece sobre a obrigatoriedade de troca de informações relativas a tipos de rendimentos e elementos patrimoniais no âmbito de produtos de seguro de vida não abrangidos por outros instrumentos jurídicos da União Europeia em matéria de troca de informações e outras medidas análogas; ou sobre qualquer outro instrumento jurídico da União Europeia, incluindo a Diretiva n.º 2003/48/CE, do Conselho, de 3 de junho de 2003, na medida em que a troca de informações em questão esteja abrangida pelo referido âmbito de aplicação.

[54] As instituições financeiras estão obrigadas a analisar todas as contas pré-existentes de pessoas singulares. Neste âmbito, cumpre referir que os procedimentos de diligência devida diferem consoante se trate de contas de elevado valor ou de contas de menor valor. No caso de contas de menor valor, prevê-se a aplicação do teste de residência com base em provas documentais, ou, então, a determinação da residência com base numa pesquisa de indícios. Se os indícios forem contraditórios, torna-se necessária uma autocertificação. Para as contas de elevado valor, são aplicados procedimentos reforçados de diligência devida (incluindo, por exemplo, a pesquisa de informações nos registos em papel). Quanto às contas novas de pessoas singulares, para efeitos de dar cumprimento à obrigação de comunicação, o CRS exige uma autocertificação.
Relativamente às contas pré-existentes de entidades, as instituições financeiras são obrigadas a determinar: se a entidade é uma pessoa sujeita a comunicação, tendo por base as informações disponíveis (recorrendo aos procedimentos *AML/KYC, Anti Money Laundering/Know your Customer*), caso não existam, será necessário recorrer à autocertificação; se a entidade for uma entidade não financeira (ENF) passiva, será necessário aferir a residência das pessoas que exercem o controlo. Para as contas novas de entidades, são aplicados procedimentos de diligência devida das contas pré-existentes.

alargando o âmbito de aplicação do artigo 8.º sobre a troca automática de informações obrigatória, a fim de incluir as mesmas informações abrangidas pelo CRS.

Assim, o modelo de troca automática e obrigatória de informações de contas financeiras previsto na DAC 2, para além de se basear na abordagem intergovernamental de implementação do FATCA, tem também subjacente a aplicação do CRS, definido no âmbito da OCDE.

Deste modo, os Estados-Membros devem utilizar os Comentários sobre o MCAA e o CRS, desenvolvidos pela OCDE, como interpretação a fim de garantir uma aplicação uniforme da DAC 2 nos diversos Estados-Membros.

Nesta sequência, apresentam-se, de forma genérica, as principais alterações à Diretiva 2011/16/UE que foram introduzidas pela DAC 2:

(i) Nova definição da troca automática (artigo 3.º, n.º 9);

(ii) Indicação das informações referentes às contas sujeitas a comunicação que uma autoridade competente de um Estado-Membro deve comunicar à autoridade competente de outro Estado-Membro (artigo 8.º, n.º 3-A);

(iii) Elaboração de relatório e avaliação por parte da Comissão Europeia (artigo 8.º, n.º 5);

(iv) Novas regras relativas aos prazos para a comunicação das informações (artigo 8.º, n.º 6);

(v) Indicação por parte dos Estados-Membros das listas relativas às instituições financeiras que possam ser consideradas "não reportantes" ao abrigo das condições descritas na alínea c) do n.º 1, do ponto B, da Secção VIII, do Anexo I da Diretiva 2014/107/UE; e das contas que possam ser consideradas "excluídas" ao abrigo das condições descritas na alínea g) do n.º 17, do ponto C, da Secção VIII, do Anexo I da Diretiva 2014/107/UE (artigo 8.º, n.º 7-A);

(vi) Formato eletrónico normalizado para a troca automática de informações (artigo 20.º, n.º 4) e alteração das modalidades práticas no âmbito da rede CCN (artigo 21.º, n.º 2);

(vii) Regras sobre a responsabilidade das instituições financeiras e das autoridades competentes de cada Estado-Membro pelo tratamento dos dados; sobre a comunicação à pessoa singular

em causa; e sobre o período máximo de conservação dos dados (artigo 25.º); e

(viii) Aditamento de dois anexos: Anexo I – relativo às regras de comunicação e diligência devida para informações sobre contas financeiras, integrando o CRS; e Anexo II relativo às regras complementares de comunicação e diligência devida para informações sobre contas financeiras.

Salienta-se, ainda, o Regulamento de Execução (UE) 2015/2378 da Comissão, de 15 de dezembro de 2015, que fixa as normas de execução de certas disposições da Diretiva 2011/16/UE do Conselho relativa à cooperação administrativa no domínio da fiscalidade e que revoga o Regulamento de Execução (UE) 1156/2012.[55]

Abordemos, agora, as principais especificidades do CRS, no âmbito da DAC 2, que divergem do CRS, desenvolvido pela OCDE.

A principal diferença diz respeito ao âmbito de aplicação da DAC 2 que se dirige aos Estados-Membros. De acordo com esta Diretiva, os procedimentos de diligência devida serão aplicados somente aos residentes em qualquer dos Estados-Membros e não a todos os residentes em qualquer jurisdição. Para além disso, a DAC 2 tomou posição relativamente a algumas das opções constantes do CRS.

No âmbito da DAC 2, as instituições financeiras encontram-se sujeitas à obrigação de comunicação, e abrangem as instituições de depósito, instituições de custódia, entidades de investimentos e determinadas empresas de seguro, salvo se apresentarem um baixo risco de serem usados para fins de fraude fiscal e estejam dispensados da obrigação de comunicar. Ora, a referida dispensa de obrigação de comunicação, quer quanto a instituições financeiras que devem ser qualificadas como não reportantes, quer quanto a contas que devem ser qualificadas como excluídas, encontra-se prevista no Anexo I, Secção VIII, n.º 1 do ponto B e n.º 17 do ponto C da DAC 2.

[55] Refira-se que o Regulamento de Execução (UE) 2016/1963 da Comissão, de 9 de novembro de 2016, alterou o Regulamento de Execução (UE) 2015/2378 no que diz respeito aos formulários normalizados e ao regime linguístico a utilizar em cumprimento das Diretivas (UE) 2015/2376 e (UE) 2016/881 do Conselho.

Para tais efeitos, os Estados-Membros comunicaram à Comissão Europeia as instituições financeiras não reportantes e as contas financeiras excluídas. As listas das instituições financeiras não reportantes e de contas excluídas relativas a todos os Estados-Membros são publicadas no Jornal Oficial da União Europeia e periodicamente atualizadas.[56]

No que diz respeito à lista de Portugal, importa referir que não foi apresentada qualquer entidade a tratar como instituição financeira não reportante (para efeitos do Anexo I, secção VIII, ponto B, n.° 1, alínea c), da DAC 2). Quanto às contas que devem ser tratadas como contas financeiras excluídas (para efeitos do Anexo I, secção VIII, ponto C, n.º 17, alínea g), da DAC 2), atualmente qualifica como tal uma conta pré-existente (desde que não se trate de um contrato de renda) cujo saldo anual não exceda 1 000 USD, que seja uma conta inativa de acordo com a definição prevista nos Comentários à Secção III da Norma Comum de Comunicação.[57]

Atendendo ao prazo de transposição da DAC 2[58], a troca automática de informações foi efetuada pela primeira vez pelos Estados-Membros, em setembro de 2017, com exceção da Áustria que ficou autorizada a efetuar a troca automática de informações até setembro de 2018.

Em Portugal, a DAC 2 foi transposta pelo Decreto-Lei n.º 64/2016, de 11 de outubro[59], sendo igualmente estabelecido nesse diploma um mecanismo geral de acesso e troca automática de informações de contas

[56] À semelhança do plano comunitário, as jurisdições também comunicaram, desta feita ao Órgão de Coordenação da Convenção Multilateral, as instituições financeiras não reportantes e as contas financeiras excluídas com baixo risco de serem usados para fins de fraude fiscal e dispensados da obrigação de comunicar.

[57] A este respeito, refira-se que a Portaria n.º 282/2018, de 19 de outubro veio atualizar as listas das instituições financeiras não reportantes e das contas financeiras excluídas, eliminando os Planos Poupança-Reforma que constavam da anterior lista das contas excluídas (publicada pela Portaria n.º 302-B/2016, de 2 de dezembro).

[58] De acordo com o previsto no artigo 2.º da DAC 2, os Estados-Membros devem adotar e publicar a transposição da DAC 2 até 31 de dezembro de 2015, por forma a aplicar as disposições em causa a partir de 1 de janeiro de 2016.

[59] Refira-se que não obstante a legislação que transpõe a DAC 2 e que implementa o CRS só ter sido publicada no dia 11 de outubro de 2016, o n.º 2 do artigo 14.º do Decreto-Lei n.º 64/2016 estabelece a produção de efeitos a 1 de janeiro de 2016, assegurando, deste modo, o prazo de aplicação previsto na DAC 2 e no MCAA.

financeiras no domínio da fiscalidade e cooperação administrativa mais ampla com outros Estados-Membros e outras jurisdições participantes, em observância do CRS. Ou seja, a transposição da DAC 2 foi alargada para incluir as jurisdições participantes que se comprometeram a implementar o CRS, bem como algumas especificidades de regime não constantes da DAC 2.[60]

Recentemente, a Lei n.º 17/2019, de 14 de fevereiro veio alterar o regime português da troca automática de informações obrigatória no domínio da fiscalidade e das regras de comunicação e de diligência pelas instituições financeiras relativamente a contas financeiras, constante do Decreto-Lei n.º 64/2016, (alterado pela Lei n.º 98/2017, de 24 de agosto), alargando o regime em causa às contas financeiras cujos titulares ou beneficiários sejam residentes em território nacional que sejam qualificáveis como contas sujeitas a comunicação.[61]

De acordo com este novo regime de comunicação obrigatória de informações financeiras, as instituições financeiras reportantes devem comunicar à Autoridade Tributária e Aduaneira as informações relati-

[60] O Decreto-Lei n.º 64/2016 consagra alterações e aditamentos ao Decreto-Lei n.º 61/2013, de 10/5, e outras alterações legislativas ao Regime Geral das Infrações Tributárias e ao Regime Complementar do Procedimento de Inspeção Tributária e Aduaneira. Do Anexo I do Decreto-Lei n.º 64/2016 consta a regulamentação complementar prevista no Artigo 16.º do RCIF; o Anexo II estabelece as regras de comunicação e de diligência devida a aplicar pelas instituições financeiras; e o Anexo III procede à republicação do Decreto-Lei n.º 61/2013, de 10/5.

[61] A Lei n.º 17/2019, para além de alterar o Decreto-Lei n.º 64/2016, procede ainda à terceira alteração ao Decreto-Lei n.º 61/2013, de 10 de maio, relativa à cooperação administrativa no domínio da fiscalidade; à 33.ª alteração ao Regime Geral das Infrações Tributárias, aprovado pela Lei n.º 15/2001, de 5 de junho, definindo o quadro sancionatório a aplicar em caso de incumprimento, omissões ou inexatidões nos procedimentos de comunicação e diligência devida e demais obrigações que são impostas às instituições financeiras reportantes no que respeita ao regime de comunicação obrigatória de informações relativas a contas financeiras cujos titulares ou beneficiários sejam residentes em território nacional; e à 12.ª alteração ao Regime Complementar do Procedimento de Inspeção Tributária e Aduaneira, aprovado pelo Decreto-Lei n.º 413/98, de 31 de dezembro, dotando a Autoridade Tributária e Aduaneira dos poderes adequados à verificação do cumprimento das obrigações previstas para as instituições financeiras reportantes no que respeita ao regime de comunicação obrigatória de informações relativas a contas financeiras cujos titulares ou beneficiários sejam residentes em território nacional.

vas às contas financeiras por si mantidas cujo saldo ou valor agregado, no final do ano civil, exceda 50 mil euros, qualificáveis como sujeitas a comunicação, cujos titulares ou beneficiários sejam residentes em território nacional.

Para o efeito, as instituições financeiras reportantes deverão aplicar em relação a titulares ou beneficiários de contas financeiras que sejam residentes em território nacional, com as necessárias adaptações, os procedimentos de identificação de contas e de diligência devida e os requisitos gerais de comunicação à Autoridade Tributária e Aduaneira estabelecidos no Decreto-Lei n.º 61/2013, de 10 de maio, e respetivo anexo.

III. DA TROCA AUTOMÁTICA DE INFORMAÇÕES OBRIGATÓRIA NO ÂMBITO DO IMPOSTO SOBRE O RENDIMENTO DAS PESSOAS SINGULARES

As autoridades competentes dos Estados-Membros para efeitos da troca de informações em matéria fiscal, e concretamente no caso português – a Autoridade Tributária e Aduaneira ("AT") – dispõem, no momento atual, dos instrumentos jurídicos necessários à obtenção das informações úteis para o apuramento da situação tributária dos contribuintes. Com efeito, podemos, pois, afirmar, que a troca de informações em matéria fiscal representa uma ajuda fundamental no âmbito do apuramento do imposto sobre o rendimento das pessoas singulares.[62]

A este respeito, basta atender ao Relatório da Comissão Europeia ao Parlamento Europeu e ao Conselho, de 17 de dezembro de 2018, relativo à análise e avaliação das estatísticas e da informação sobre os intercâmbios automáticos no domínio da tributação direta, no âmbito do qual destacamos os seguintes pontos que relevam para a temática em apreço: [63]

[62] Sobre o IRS destacamos Pereira, Paula Rosado. Estudos sobre IRS: Rendimentos de Capitais e Mais-Valias, Cadernos IDEFF, n.º 2. Coimbra: Almedina, 2005; Dourado, Ana Paula. *Direito Fiscal.* Almedina, 2018, pp. 318 ss; Pires, Manuel Pires/Rita Calçada. *Direito Fiscal.* Almedina, 2012, p. 355 ss; e Teixeira, Glória. *Manual de Direito Fiscal*, 5.ª Edição. Almedina, 2018, p. 69 ss.

[63] *Report from the Commission to the European Parliament and the Council – on overview and assessment of the statistics and information on the automatic exchanges in the field of direct taxation*, 17.12.2018 – COM(2018)844 final.

1) Quanto à DAC 1, *i.e.*, troca automática de informações obrigatória no âmbito das seguintes categorias de rendimento e património: *(a)* rendimentos do trabalho; *(b)* honorários de administradores; *(c)* produtos de seguro de vida não abrangidos por outros instrumentos jurídicos da União em matéria de troca de informações e outras medidas análogas; *(d)* pensões; e *(e)* propriedade e rendimento de bens imóveis, no período até junho de 2017, os Estados-Membros trocaram informações referentes a dezasseis milhões de contribuintes, e relativas a rendimento e património no montante de mais de Euro 120 mil milhões, sendo que a maior parte deste rendimento diz respeito a trabalho dependente e pensões (representando mais de 80% dos contribuintes e 95% do valor total).
2) No que concerne à troca automática de informações efetuada por Portugal, o relatório em apreço demonstra que a maior parte da informação enviada pela AT, no âmbito da DAC 1, diz respeito a imóveis e a maior parte da informação recebida é referente a pensões.[64]
3) As informações recebidas (independentemente do tipo de rendimentos em causa) são utilizadas pelas diversas administrações fiscais dos Estados-Membros sobretudo para efeitos de determinação do imposto que incide sobre o rendimento das pessoas singulares.
4) No que diz respeito à DAC 2, os Estados-Membros utilizaram as informações recebidas nesse âmbito, para efeitos de avaliações de risco e de controlo inspetivo.[65] Para além disso, as informações em

[64] Segundo o Relatório em apreço, "*A percentagem de dados sobre contribuintes trocados automaticamente no âmbito da DAC1, que foram identificados e cruzados com êxito com as bases de dados nacionais, varia em função dos tipos de rendimentos e capital. Nos Estados-Membros com resultados disponíveis sobre essas correspondências em 2017, as taxas médias de correspondência atingiram cerca de 90 % para os rendimentos do trabalho e as pensões, entre 75 % e 80 % para os honorários dos administradores e a propriedade e rendimentos de bens imóveis, e um valor mais modesto de 59 % para os produtos de seguros de vida. Quase 90 % das correspondências são feitas de forma automática ou semiautomática. A percentagem de correspondências manuais baixou ao longo do tempo.*"

[65] De acordo com o referido relatório da Comissão, os Estados-Membros trocaram informações sobre um montante total de 8,7 milhões de contas e rendimentos financeiros relativos a saldos de contas no fim do exercício num montante total de 2 919 mil milhões de Euros. Estes dados estatísticos apenas dizem respeito às contas de elevado

causa também foram utilizadas como prevenção da fraude e evasão fiscais, através de ações de sensibilização e notificações aos contribuintes no âmbito de mecanismos para o cumprimento voluntário das obrigações fiscais.

Posto isto, importa, então aludir aos benefícios decorrentes da troca automática obrigatória de informações.

O principal benefício diz respeito ao acesso por parte das autoridades competentes às informações relevantes para efeitos de combate à fraude e evasão fiscal, sendo que tais informações permitem uma definição do perfil dos contribuintes de risco bem como dos contribuintes cumpridores.

Deste modo, este sistema de troca automática de informações possibilita, assim, a identificação de situações de não cumprimento das obrigações fiscais.

Em particular no caso português, a implementação da troca automática de informações em relação aos rendimentos de capitais obtidos no estrangeiro reveste-se da máxima importância no âmbito do combate à fraude fiscal.[66]

Todavia, este sistema de troca automática obrigatória não implica, necessariamente, um aumento imediato da receita fiscal. Aliás, os Estados-Membros bem como as demais jurisdições que se comprometeram a implementar este novo standard sobre troca automática de informações, suportaram custos ao nível técnico, entre outros, de âmbito informático.

Acresce salientar que a utilização das informações recebidas por parte das autoridades competentes, tem, também, em vista um efeito dissuasor e preventivo de fraude e evasão fiscais, constituindo, assim, outro benefício, igualmente importante.

Em face do acima exposto, podemos, pois, concluir, que as autoridades competentes utilizam as informações trocadas no âmbito deste novo

valor preexistentes e às contas novas abertas de janeiro a março de 2016. Para além disso, do referido relatório consta que "*As outras informações financeiras trocadas parecem referir-se principalmente às receitas brutas, que representam 3 466 mil milhões de EUR. Em contrapartida, os dividendos são avaliados em 21,2 mil milhões de EUR, os juros em 19,0 mil milhões de EUR e os outros pagamentos em 61,8 mil milhões de EUR.*"

[66] A este respeito *vide* DOURADO, Ana Paula. Direito Fiscal. Almedina, 2018, p. 321.

standard sobre troca automática de informações, para efeitos de avaliação de risco e para o controlo inspetivo no âmbito do imposto que incide sobre o rendimento das pessoas singulares.

Neste contexto, acresce referir que o alargamento do regime português de acesso e troca automática de informações financeiras relativo a contas financeiras qualificáveis como sujeitas a comunicação, independentemente da residência do respetivo titular ou beneficiário, introduzido pela Lei n.º 17/2019, de 14 de fevereiro, irá, a nosso ver, assumir um papel de relevo no âmbito da prevenção e combate à fraude e evasão fiscal.

Salienta-se, contudo, que a forma como as informações recebidas são analisadas e utilizadas constitui um desafio para as autoridades fiscais, porquanto a eficácia deste novo standard depende da qualidade da informação enviada, bem como da correta utilização da informação em causa.

Com efeito, considerando a importância das informações obtidas no âmbito deste novo standard sobre troca automática de informações para o apuramento do imposto sobre o rendimento das pessoas singulares, apontam-se como principais áreas a melhorar por parte das autoridades fiscais, as seguintes: *(i)* a qualidade das informações enviadas, incluindo todos os elementos de identificação necessários para estabelecer a correspondência automática das informações recebidas com as informações disponíveis a nível interno[67]; e *(ii)* a utilização das informações recebidas ao abrigo deste novo standard sobre troca automática obrigatória.[68]

[67] A este respeito, a Comissão no relatório acima identificado exige duas ações:
"*– Os Estados-Membros devem rever a qualidade das informações que recolhem antes de proceder ao seu envio.*
– Estados-Membros que recebem as informações devem enviar uma informação de retorno atempada e construtiva aos emissores, para melhorar progressivamente a qualidade da AEOI. Os Estados-Membros também devem fornecer informação de retorno às entidades (p. ex., instituições financeiras) que disponibilizam informações para a AEOI."

[68] Neste domínio, a Comissão no mencionado relatório, refere que "*uma utilização plena das informações AEOI exige uma abordagem estratégica a nível dos Estados-Membros e um consenso sobre alguns indicadores-chave comuns relativos aos benefícios e aos métodos de avaliação:*
- *Os Estados-Membros devem desenvolver uma metodologia comum para estimar os benefícios da AEOI de uma forma fiável e exaustiva.*
- *Os Estados-Membros devem assegurar que as informações AEOI fazem parte do ciclo de gestão dos riscos fiscais e que são mais utilizadas nas campanhas de sensibilização tendo em vista um*

Ciente de tais desafios relativos às áreas a melhorar neste âmbito, a Autoridade Tributária e Aduaneira tem vindo a intensificar a utilização da informação financeira, proveniente da troca de informação internacional, designadamente no âmbito de DAC2 e CRS, visando, assim, uma utilização eficiente da informação disponibilizada pelos instrumentos de troca de informação nacionais e internacionais. [69]

Conclusões

1. A troca de informações em matéria fiscal, enquanto modalidade de assistência mútua administrativa em matéria fiscal, constitui um instrumento para uma melhor atuação no âmbito do combate à fraude e evasão fiscais. Assim, para combater a evasão e a fraude fiscal, tornou-se necessário um reforço da transparência e um alargamento dos instrumentos e mecanismos relativos à troca de informações nos planos comunitário e internacional.

2. Foi, então, neste contexto, que se assistiu ao alargamento do âmbito da troca automática de informações, alterando-se as características da figura clássica de troca de informações. De acordo com este novo paradigma, a troca automática de informações foi evoluindo para uma troca obrigatória em determinados domínios.

3. São diversos os instrumentos jurídicos internacionais celebrados por Portugal que permitem a troca automática de informações em matéria fiscal entre a Autoridade Tributária e Aduaneira e as autoridades competentes de outras jurisdições, e cujo âmbito de aplicação objetivo abrange o imposto sobre o rendimento das pessoas singulares, destacando-se os seguintes: *(i)* de âmbito bilateral – as Convenções para eliminar a

maior cumprimento voluntário, bem como nas auditorias, combinando todos os fluxos AEOI e as informações obtidas a nível nacional e recebidas por outros meios de cooperação administrativa (p. ex., controlos simultâneos, presenças noutras administrações fiscais durante as investigações e através da troca de informações sob pedido ou espontânea).

- *Os Estados-Membros devem partilhar os seus conhecimentos em matéria de boas práticas, relativas à utilização plena e eficaz dos dados, nomeadamente através da utilização de técnicas de análise avançadas, como a prospeção de dados."*

[69] Neste domínio alude-se ao Relatório sobre o Combate à Fraude e Evasão Fiscais e Aduaneiras, de 2017.

dupla tributação em matéria de Impostos sobre o Rendimento ("CDTs") e os Acordos sobre Troca de Informações em Matéria Fiscal ("ATIs") que integrem uma disposição sobre troca automática; e *(ii)* de âmbito multilateral – a Convenção Multilateral sobre a Assistência Mútua em Matéria Fiscal (*"Convenção Multilateral"*), com as alterações introduzidas pelo respetivo Protocolo de 2010.

4. No plano comunitário, salienta-se a Diretiva 2011/16/UE do Conselho, de 15 de fevereiro de 2011, relativa à cooperação administrativa no domínio da fiscalidade ("DAC 1") que introduz a troca automática obrigatória nos seguintes domínios: *(a)* rendimentos do trabalho; *(b)* honorários de administradores; *(c)* produtos de seguro de vida não abrangidos por outros instrumentos jurídicos da União em matéria de troca de informações e outras medidas análogas; *(d)* pensões; e *(e)* propriedade e rendimento de bens imóveis.

5. A troca automática de informações tornou-se, assim, programada, com objeto, conteúdo e prazos definidos e transmitida em formulários standard, através de um canal seguro. Trata-se, a nosso ver, do inicio dos novos contextos da troca automática de informações obrigatória, e que deu origem ao novo standard sobre a troca automática de informações.

6. O novo standard sobre a troca automática de informações, baseado no *Foreign Account Tax Compliance Act (FATCA)*, tem subjacente a aplicação do CRS (*Common Reporting Standard*) definido no âmbito da OCDE e consagra um alargamento do âmbito da troca automática de informações obrigatória de dados de contas financeiras.

7. No plano internacional, as autoridades competentes podem optar por uma troca automática de informações obrigatória, de âmbito multilateral, através da celebração de um acordo multilateral *(i.e.*, do *Multilateral Competent Authority Agreement on Exchange of Financial Account Information* – MCAA), ou por uma troca de âmbito bilateral, celebrando entre si acordos bilaterais (*Competent Authority Agreement* – CAA) que possibilitam essa troca.

8. Através do MCAA, as autoridades competentes signatárias comprometeram-se a trocar automaticamente informações relativas a contas junto de instituições financeiras, sendo que o primeiro momento de troca de informações para alguns países ocorreu em setembro de 2017. Configurando o MCAA, um acordo multilateral entre autoridades competentes para efeitos de execução do CRS, a base jurídica para essa troca de âmbito multilateral é a Convenção Multilateral.

9. O CRS, *i.e.*, a norma comum de comunicação, estabelece as informações que devem ser recolhidas e trocadas bem como as obrigações em matéria de divulgação e de diligência devida que as instituições financeiras devem adotar, por forma a determinar as contas sujeitas a comunicação e os elementos de identificação dos titulares das contas financeiras que devem ser comunicados às respetivas autoridades fiscais, e que por sua vez, transmitem automaticamente essas informações às jurisdições de residência dos titulares das contas financeiras.

10. Na sequência dos desenvolvimentos a nível mundial, nomeadamente no âmbito da OCDE, a Diretiva 2014/107/UE do Conselho, de 9 de dezembro de 2014, (DAC 2) alterou a Diretiva 2011/16/UE no que respeita à troca automática de informações obrigatória no domínio da fiscalidade. A DAC 2 foi transposta para o ordenamento jurídico português através do Decreto-Lei n.º 64/2016, de 11 de outubro (entretanto já alterado), sendo igualmente estabelecido nesse diploma um mecanismo geral de acesso e troca automática de informações de contas financeiras no domínio da fiscalidade e cooperação administrativa mais ampla com outros Estados-Membros e outras jurisdições participantes, em observância do CRS.

11. A Lei n.º 17/2019, de 14 de fevereiro veio alargar o regime português da troca automática de informações obrigatória no domínio da fiscalidade e das regras de comunicação e de diligência pelas instituições financeiras relativamente a contas financeiras, constante do Decreto-Lei n.º 64/2016 (alterado pela Lei n.º 98/2017, de 24 de agosto), às contas financeiras cujos titulares ou beneficiários sejam residentes em território nacional que sejam qualificáveis como contas sujeitas a comunicação.

12. Em face destes novos contextos, podemos, pois, afirmar que as autoridades fiscais dos Estados-Membros, e concretamente no caso português – a Autoridade Tributária e Aduaneira – dispõem dos instrumentos jurídicos necessários à obtenção das informações úteis para o apuramento da situação tributária dos contribuintes – *maxime* do imposto sobre o rendimento das pessoas singulares.

13. Assim, através da troca automática obrigatória de informações, as autoridades competentes dos Estados-Membros acedem às informações relevantes, as quais são utilizadas sobretudo para efeitos de determinação do imposto que incide sobre o rendimento das pessoas singulares. Para além disso, com a troca automática obrigatória de informações assiste-se a um maior cumprimento das obrigações fiscais por parte dos contribuintes.

14. Em particular no caso português, o alargamento do regime de acesso e troca automática de informações financeiras relativo a contas financeiras qualificáveis como sujeitas a comunicação, independentemente da residência do respetivo titular ou beneficiário, introduzido pela Lei n.º 17/2019, de 14 de fevereiro, irá, a nosso ver, assumir um papel de relevo no âmbito da prevenção e combate à fraude e evasão fiscal.

15. A forma como as informações recebidas são analisadas e utilizadas constitui um desafio para as autoridades fiscais, porquanto a eficácia deste novo standard depende da qualidade da informação enviada, bem como da correta utilização da informação em causa. Em consequência, as autoridades competentes devem melhorar a qualidade das informações enviadas, bem como a utilização das informações recebidas ao abrigo deste novo standard sobre troca automática obrigatória. A este respeito, a Autoridade Tributária e Aduaneira tem vindo a intensificar a utilização da informação financeira, proveniente da troca de informação internacional, designadamente no âmbito de DAC2 e CRS, visando, assim, uma utilização eficiente da informação disponibilizada pelos instrumentos de troca de informação nacionais e internacionais.

Bibliografia

Baker, P. (may de 2016). Privacy Rights in an Age of Transparency: A European Perspective. *Tax Notes International*, pp. 583-585.

Becker, J. (2015). Exchange of information. In K. Vogel, *Klaus Vogel on Double Taxation Conventions, Fourth Edition, Volume II* (pp. 1827-1930). The Netherlands: Kluwer Law International.

Dias, P. (2000, abril). A Troca de informações entre Estados. Tentações e Parametrização. *Fiscalidade – Revista de Direito e Gestão Fiscal, n.º 2*, pp. 73-121.

Dourado, A. P. (2013). *Exchange of Information and Validity of Global Standards in Tax Law: Abstractionism and Expressionism or Where the Truth Lies.* Retrieved from http://hdl.handle.net/1814/26059

Dourado, A. P. (2018). *Direito Fiscal.* Almedina.

Dourado, A. P. (2018). *Governação Fiscal Global, 2.ª Edição Revista e Atualizada.* Almedina.

Europeia, C. (2018). *Análise e avaliação das estatísticas e da informação sobre os intercâmbios automáticos no domínio da tributação direta – Relatório da Comissão ao Parlamento Europeu e ao Conselho.*

Ferreira, H. (2013, Janeiro-Junho). Convenção sobre Assistência Mútua Administrativa em Matéria Fiscal do Conselho da Europa/OCDE. *Ciência e Técnica Fiscal, n.º 430.*

Ferreira, H. (2016). Novo standard sobre a troca de informações – a troca automática de informações obrigatória. *Revista de Finanças Públicas e Direito Fiscal, Ano VIII, Número 4, Inverno*, pp. 165-189.

Fraga, T. (2011). *Troca de Informações.* Coimbra: Almedina.

Gabert, I. (2009). General report. In R. S. Gabert, *Mutual Assistance and Information Exchange – 2009 EATLP Congress, Santiago de Compostela – EATLP International Tax Series, Volume 8* (pp. 22-54). Series editor Kees van Raad.

Gama, J. T. (2009). Portugal. In R. S. Seer, *Mutual Assistance and Information Exchange – 2009 EATLP Congress, Santiago de Compostela – EATLP International Tax Series, Volume 8* (pp. 469-485). Series editor Kees van Raad.

Lousa, M. P./Ferreira, H. B. (2016). Portugal. Em G. Marino, *New Exchange of Information versus Tax Solutions of Equivalent Effect – 2014 EATLP Congress, Istanbul, 29-31 May, 2014, Volume 13* (pp. 447-462). EATLP International Tax Series.

Mesquita, M. M. (1992, junho). A Diretiva n.º 77/779/CEE: A Troca de informações entre Autoridades Fiscais dos Estados Membros. *A Harmonização dos Impostos sobre as Sociedades na CEE – Fisco – Ano 4*, pp. 80-86.

Mesquita, M. M. (1993). Troca de Informações e Cooperação Fiscal Internacional. *XXX Aniversário 1963-1993 – Centro de Estudos Fiscais – Colóquio a Internacionalização da Economia e a Fiscalidade* (pp. 331-364). Lisboa: DGCI.

Mesquita, M. M. (1998). *As Convenções sobre Dupla Tributação, Cadernos de Ciência e Técnica Fiscal, n.º 179.* Lisboa.

OECD. (n.d.). *A Step change in Tax Transparency. OECD Report for the G8 Summit Lough Erne, Enniskillen, June 2013.* Retrieved from http://www.oecd.org/ctp/exchange-of-taxinformation/taxtransparency_G8report.pdf

OECD. (2012). Keeping it safe. The OECD Guide on the protection of confidentiality of information exchanged for tax purposes.

OECD. (2015). *Global Forum on Transparency and Exchange of Information for Tax Purposes Peer Reviews: Portugal 2015: Phase 2: Implementation of the Standard in Practice.* OCDE Publishing.

OECD. (2016). *Exchange of Information on Request – Handbook for Peer Reviews 2016-2020*. OECD Publishing.

OECD. (2017). *Standard for Automatic Exchange of Financial Account Information in Tax Matters – Second Edition*. Paris: OECD Publishing.

OECD. (2018). *Global Forum on Transparency and Exchange of Information for Tax Purposes: Automatic Exchange of Information Implementation Report 2018*. OECD Publishing.

OECD. (2018). *Global Forum on Transparency and Exchange of Information for Tax Purposes: Tax Transparency 2018 – Report on Progress*. OECD Publishing.

OECD. (2018). Standard for Automatic Exchange of Financial Information in Tax Matters – Implementation Handbook – Second Edition. Paris.

Oliveira, M. O. (2012). *O Intercâmbio de Informação Tributária – Nova disciplina comunitária. Estado atual da prática administrativa. Contributos para uma maior significância deste instrumento*. Coimbra : Almedina.

Pereira, P. R. (2005). *Estudos sobre IRS: Rendimentos de Capitais e Mais-Valias, Cadernos IDEFF, n.º 2*. Coimbra: Almedina.

Pereira, P. R. (2007, janeiro-março). A Dupla tributação jurídica internacional e o papel das convenções para evitar a dupla tributação. *Fiscalidade – Revista de Direito e Gestão Fiscal*, pp. 47-62.

Pereira, P. R. (2010). *Princípios do Direito Fiscal Internacional – Do Paradigma Clássico ao Direito Fiscal Europeu*. Coimbra: Almedina.

Pereira, P. R. (2010). Repartição do poder de tributar nas Convenções sobre Dupla Tributação. Em J. M. al., *Estudos em Homenagem ao Professor Doutor Paulo de Pitta e Cunha* (pp. 651-675). Coimbra: Almedina.

Pereira, P. R. (2015). Em torno dos Princípios do Direito Fiscal Internacional. Em J. R. Catarino, *Lições de Fiscalidade* (pp. 201-251). Almedina.

Pereira, R. R. (2012, Mar.-Abr. 2012). A troca de informações fiscais entre os Estados-Membros da União Europeia. *Revista Fiscal, n.º 2*, pp. 8-23 .

Pichel, P. G. (2018, novembro). Troca automática de informações financeiras, respeito pela vida privada e proteção de dados pessoais. *Forum de Proteção de Dados, n.º 5*, pp. 30-59.

Pires, M. (2012). *Direito Fiscal*. Almedina.

Ribeiro, J. S. (2013). Cooperação e Troca de Informações entre Administrações Fiscais: O Caso Português. Em G. Teixeira, *III Congresso de Direito Fiscal* (pp. 232-243). Porto: Vida Económica.

Teixeira, G. (2018). *Manual de Direito Fiscal, 5.ª Edição*. Almedina.

Wohrer, V. (2015). Automatic Exchange of Financial Information under the Directive on Administrative Cooperation in the light of the Global Movement towards Transparency. *Intertax, Volume 43, Issue 12*, pp. 804-815.

Xavier, A. (2007). *Direito Tributário Internacional, 2.ª edição atualizada com a colaboração de Clotilde Celorico Palma e Leonor Xavier.* Coimbra: Almedina.

Xavier, O. (2015). *International Exchange of Information in Tax Matters.* Cheltenham, UK: Edward Elgar.

AS GARANTIAS DE DEFESA DOS SUJEITOS PASSIVOS DE IRS NO PROCEDIMENTO E PROCESSO TRIBUTÁRIO

PAULO MARQUES*

> *«A minha gramática é muito simples: o respeito pela lei e o desejo de que a justiça seja feita e que a equidade seja alcançada: obedecer à lei e respeitar os direitos e liberdades dos contribuintes perante a administração fiscal».*
>
> FRANCISCO RODRIGUES PARDAL

Sumário: O presente artigo tem como propósito a análise e a reflexão das garantias graciosas e contenciosas no procedimento e processo tributário que assistem ao contribuinte, enquanto sujeito passivo de IRS (artigos 18.º, n.º 3, da Lei Geral Tributária – LGT e 13.º, do Código do IRS), tendo por base sobretudo a liquidação de imposto (acto tributário *stricto sensu*), enquanto epicentro tradicional da relação jurídica-tributária, para efeitos de reclamação graciosa, de revisão do acto tributário e de impugnação judicial, sem esquecer a fase preparatória da liquidação (audição prévia à liquidação e revisão da matéria colectável), bem como os actos equiparáveis ao acto tributário pelo menos no plano garantístico (ex: retenção na fonte definitiva e pagamento por conta), para efeitos de revisão do acto e de impugnação judicial, e os actos administrativos em matéria tributária, para efeitos de recurso hierárquico e acção administrativa.

I. O DIREITO DOS CONTRIBUINTES À TUTELA JURISDICIONAL E ADMINISTRATIVA

A todos é assegurado o *acesso ao direito* e aos *tribunais* para defesa dos seus direitos e interesses legalmente protegidos, não podendo a justiça ser denegada por insuficiência de meios económicos (artigo 20.º, n.º

* Docente Convidado da Faculdade de Direito da Universidade de Lisboa.
Formador na Procuradoria-Geral da República e na Associação Portuguesa de Técnicos de Contabilidade.
Autor de livros e artigos em revistas científicas (Direito Fiscal e Direito Penal Fiscal).

1, da Constituição da República Portuguesa)[1], sendo que o pagamento[2] do imposto, mesmo que no caso de nos termos de lei serem atribuídos benefícios ou vantagens no conjunto de certos encargos ou condições não preclude as garantias de defesa do contribuinte não obstante a possibilidade de renúncia *expressa*, nos termos da lei (artigo 9.°, n.° 3, da Lei Geral Tributária – LGT), assim como vice-versa: a apresentação de meios de defesa só por si não inviabiliza a cobrança mesmo coerciva da dívida (artigo 169.°, n.° 7, do CPPT)[3], atento o princípio da indisponibilidade do crédito tributário (artigos 30.°, n.° 2 e 36.°, n.° 3, da LGT e 85.°, do CPPT), sem prejuízo das situações de suspensão do processo de execução fiscal previstas expressamente na lei (artigos 52.°, da LGT e 169.°, do CPPT), em que se pressupõe como regra, a prestação de garantia idónea, valendo inclusivamente como tal a penhora de bens efectuada pelos bens tidos por necessários (artigo 199.°, n.° 4, do CPPT). Com efeito, o contribuinte tem o direito à correcta aplicação do direito tributário na vertente administrativa[4] ou judicial[5]. Por isso, as notificações conterão sempre a decisão, os seus fundamentos e *meios de defesa* e *prazo para reagir contra o*

[1] Diogo Leite de Campos/Susana Soutelinho, *Direito do Procedimento Tributário*, Almedina, Coimbra, 2013, pp. 17-20.

[2] O vocábulo pagamento deve ser entendido em sentido amplo, abrangendo outras formas de satisfação da pretensão do credor, designadamente a compensação tributária (artigos 89.°, 90.° e 90.°-A, do CPPT). Em certas circunstâncias, por exemplo, o crédito do contribuinte resultante de reembolso de IRS, pode ser aplicado na dívida do contribuinte, mediante a compensação tributária.

[3] Caso no prazo de 15 dias, a contar da apresentação de qualquer dos meios de reacção previstos neste artigo, não tenha sido apresentada garantia idónea ou requerida a sua dispensa, procede-se de imediato à penhora (artigo 169.°, n.° 7, do CPPT).

[4] Todos os cidadãos têm o direito de apresentar, individual ou colectivamente, aos órgãos de soberania, aos órgãos de governo próprio das regiões autónomas ou a quaisquer autoridades petições, representações, *reclamações* ou queixas para defesa dos seus direitos, da Constituição, das leis ou do interesse geral e, bem assim, o direito de serem informados, em prazo razoável, sobre o resultado da respectiva apreciação (artigo 52.°, n.° 1, da Constituição da República Portuguesa). No sentido de que o direito de petição em sentido genérico abrange a reclamação (J. J. Gomes Canotilho e Vital Moreira, *Constituição da República Portuguesa Anotada*, Volume I, 4.ª Edição Revista, Coimbra Editora, Coimbra, 2007, p. 695).

[5] As decisões dos tribunais administrativos são obrigatórias para todas as entidades públicas e privadas e prevalecem sobre as de quaisquer autoridades administrativas (artigo 158.°, n.° 1, do Código de Processo nos Tribunais Administrativos – CPTA).

acto notificado (artigo 36.º, n.º 2, *1.ª parte*, do Código de Procedimento e de Processo Tributário – CPPT)[6]. Se a comunicação da decisão em matéria tributária não contiver a indicação dos *meios de reacção* contra o acto, pode o interessado, dentro de 30 dias ou dentro do prazo para reclamação, recurso ou impugnação ou outro meio judicial que desta decisão caiba, se inferior, requerer a mesmo a notificação dos requisitos que tenham sido omitidos ou a passagem de certidão que os contenha, isenta de qualquer pagamento (artigo 37.º, n.º 1, do CPPT)[7].

É garantido aos administrados tutela jurisdicional efectiva dos seus direitos ou interesses legalmente protegidos, incluindo, nomeadamente, o reconhecimento desses direitos ou interesses, a *impugnação* de *quaisquer actos administrativos* que os *lesem*, independentemente da sua forma, a determinação da prática de actos administrativos legalmente devidos e a adopção de medidas cautelares adequadas (artigo 268.º, n.º 4, da Constituição da Constituição da República Portuguesa). O interessado tem o direito de *impugnar* ou *recorrer* de todo o acto *lesivo* dos seus direitos e interesses legalmente protegidos, segundo as formas de processo prescritas na lei, podendo ser lesivos nomeadamente a *liquidação de tributos* (ex: liquidação de IRS), considerando-se também como tal para efeitos da presente lei os actos de *pagamento por conta* (artigo 95.º, n.º 2, alínea a), da LGT). As *entregas pecuniárias antecipadas* que sejam efectuadas pelos próprios *sujeitos passivos* no período de formação do facto tributário constituem *pagamento por conta* do imposto devido a final (artigo 33.º, da LGT)[8]. Nas situações em que é o próprio contribuinte[9] quem calculou o quantitativo do paga-

[6] A colaboração da administração tributária com os contribuintes compreende designadamente a informação ao contribuinte dos seus direitos e obrigações, designadamente nos casos de obrigações periódicas (artigo 59.º, n.º 3, alínea m), da LGT).

[7] Cfr. Nuno de Oliveira Garcia, *Notificação incompleta, o recurso ao disposto no artigo 37.º do CPPT e o princípio da não antecipação do prazo de reacção: Comentário ao Acórdão da 2.ª Secção do Supremo, in Tribunal Administrativo de 12 de Maio de 2010, Aresto n.º 159/2010 (Rel. Juiz Cons. António Calhau)*, in Estudos em Memória do Prof. Doutor J. L. Saldanha Sanches, Coimbra Editora, Coimbra, 2011, pp. 315-327.

[8] A titularidade de rendimentos da categoria B determina, para os respectivos sujeitos passivos, a obrigatoriedade de efectuarem três pagamentos por conta do imposto devido afinal, até ao dia 20 de cada um dos meses de Julho, Setembro e Dezembro (artigo 102.º, n.º 1, do Código do IRS).

[9] Diogo Feio, *A substituição fiscal e a retenção na fonte: o caso específico dos impostos sobre o ren-*

mento por conta, como veremos mais adiante, a impugnação judicial apenas pode ter como fundamento a questão dos respectivos pressupostos e não a fixação do montante propriamente dito, o que já é possível no caso de ter sido a própria administração tributária a proceder à quantificação (artigo 133.º, n.º 1, do CPPT)[10].

Por via da revisão constitucional de 1989, deixou de referir-se expressamente como requisito da impugnabilidade a *definitividade* e a executoriedade do acto, substituindo-o pelo requisito da *lesividade* do acto, passando a falar-se agora em *eficácia externa*[11] (artigo 51.º, n.º 1, do Código do Processo nos Tribunais Administrativos – CPTA)[12]. Actualmente abrange-se, sem margem de dúvidas, naturalmente, o próprio *acto tribu-*

dimento, Teses e Monografias, Faculdade de Direito da Universidade do Porto, Coimbra Editora, Coimbra, 2001, p. 124.

[10] *Vide* Jorge Lopes de Sousa, *Código de Procedimento e de Processo Tributário, Anotado e Comentado*, Volume II, 6.ª Edição, Áreas Editora, Lisboa, 2011, pp. 426-427.
Salvo quando forem imediatamente *lesivos* dos direitos do contribuinte ou disposição expressa em sentido diferente, não são susceptíveis de impugnação contenciosa os actos *interlocutórios* do procedimento, sem prejuízo de poder ser invocada na impugnação da decisão final qualquer ilegalidade anteriormente cometida (artigo 54.º, do CPPT).

[11] O Tribunal Central Administrativo Norte tem entendido que «Para poder ser objecto de impugnação contenciosa, a decisão administrativa terá de configurar acto administrativo dotado de *eficácia externa actual ou potencial*» (Acórdão de 8 de Março de 2012 – Proc. n.º 01172/09.4BEPRT).

[12] Ainda que não ponham termo a um procedimento, são impugnáveis todas as decisões que, no exercício de poderes jurídico-administrativos, visem produzir efeitos jurídicos externos numa situação individual e concreta, incluindo as proferidas por autoridades não integradas na Administração Pública e por entidades privadas que atuem no exercício de poderes jurídico-administrativos (artigo 51.º, n.º 1, do CPTA). Assim, neste âmbito, os actos administrativos com eficácia *externa*, cujo conteúdo seja susceptível de *lesar* os direitos ou os interesses legalmente protegidos, com a especificidade de poder ser impugnado o acto *final* com fundamento em ilegalidades cometidas ao longo do procedimento, ainda que não se tenha impugnado o(s) respectivo(s) acto(s) (com eficácia externa).
Segundo o Supremo Tribunal Administrativo «Hoje, face ao art. 51.º, n.º 1 do CPTA, a impugnabilidade do acto administrativo, depende apenas da sua externalidade, ou seja, da susceptibilidade de produzir efeitos jurídicos que se projectem para fora do procedimento onde o acto se insere. Assim, torna-se irrelevante, para aferir da impugnabilidade do acto, que ele seja definitivo ou não, lesivo ou não, bem como a sua localização no procedimento (início, meio ou termo). Assim, qualquer decisão administrativa pode ser

tário, enquanto acto *ablativo*, incluindo os actos destacáveis[13]. Vale a pena rememorarmos que a *eficácia* do acto tem que ver com as consequências jurídicas do conteúdo deste, ou seja, os efeitos produzidos na esfera jurídica do destinatário[14], podendo inclusivamente a administração *anular* os seus próprios actos, repondo-se a legalidade como se não tivesse sequer existido invalidade do acto anulado[15], mas sem esquecer que pelo menos os actos anuláveis produzem efeitos jurídicos até esse momento[16], que são entretanto destruídos (eficácia *ex tunc* da anulação)[17].

hoje impugnável, questão é que o seu conteúdo projecte efeitos jurídicos para o exterior, i.e tenha eficácia externa» (Acórdão de 16 de Dezembro de 2009 – Proc. n.º 0140/09).

[13] José Carlos Vieira de Andrade, *A Justiça Administrativa – Lições*, 12.ª Edição, Almedina, Coimbra, 2012, p. 187. Na definição de Jorge Lopes de Sousa, os *actos destacáveis* constituem «os actos que, embora inseridos no procedimento tributário e anteriores à decisão final, a condicionam irremediavelmente, justificando-se que sejam impugnados por forma autónoma, principalmente nos casos em que são praticados por entidades distintas da que deve proferir a decisão final. Se os actos destacáveis não forem impugnados, a decisão consolidar-se-á e o que neles se decidiu ficará assente no procedimento tributário em que eles estejam inseridos ou conexionados, não podendo a decisão final do procedimento ser impugnada com fundamentos em vícios do acto destacável» (*Código de Procedimento e de Processo Tributário – Anotado e Comentado*, Volume I, 6.ª Edição, Áreas Editora, Lisboa, 2011, p. 468).

[14] Diogo Freitas do Amaral, *Curso de Direito Administrativo*, Volume II, 3.ª Edição, Almedina, Coimbra, 2016, p. 309; Lourenço Vilhena de Freitas, *Direito do Procedimento Administrativo e Formas de Actuação da Administração*, Parte Geral, Lições ao Curso de Mestrado, AAFDL Editora, Lisboa, 2016, pp. 262-263.

[15] Neste sentido *vide* Mário Aroso de Almeida, *Manual de Processo Administrativo*, Almedina, Coimbra, 2013, p. 78.

[16] Mário Aroso de Almeida, *Teoria Geral do Direito Administrativo – O Novo Regime do Código do Procedimento Administrativo*, 4.ª Edição, Almedina, Coimbra, 2017, p. 291.

[17] O acto anulável produz efeitos jurídicos, que podem ser destruídos com eficácia retroativa se o acto vier a ser anulado por decisão proferida pelos tribunais administrativos ou pela própria Administração (artigo 163.º, n.º 2, do CPA). No entanto, não se produz o efeito anulatório quando o conteúdo do acto anulável não possa ser outro, por o acto ser de conteúdo vinculado ou a apreciação do caso concreto permita identificar apenas uma solução como legalmente possível; o fim visado pela exigência procedimental ou formal preterida tenha sido alcançado por outra via; ou se comprove, sem margem para dúvidas, que, mesmo sem o vício, o ato teria sido praticado com o mesmo conteúdo (artigo 163.º, n.º 5, do CPA).

Cfr. Licínio Lopes Martins, *A invalidade do acto administrativo no novo Código do Procedimento Administrativo: as alterações mais relevantes*, in Comentários ao Novo Código do

Todos os actos em matéria tributária[18] que *lesem* direitos ou interesses legalmente protegidos são impugnáveis ou recorríveis nos termos da lei (artigo 9.º, n.º 2, da LGT)[19]. Daqui resulta claramente que, mesmo os *actos preparatórios do acto tributário*, são sindicáveis, desde que tenham cariz *lesivo*[20] e comprometam definitivamente a decisão final a tomar, podendo considerar-se, como já vimos, estarmos na presença de um acto *destacável*. Pelo que a lei não exige nessa situação específica que se aguarde pela prática do acto conclusivo, autorizando, se for caso disso, a reacção imediata pelo contribuinte[21]. No entanto, a regra não pode deixar de ser a da *impugnação unitária*[22], ou seja, salvo quando forem imediatamente lesivos dos direitos do contribuinte ou disposição expressa em sentido diferente, não são susceptíveis de impugnação *contenciosa* os actos interlocutórios do procedimento, sem prejuízo de poder ser invocada na impugnação

Procedimento Administrativo, Volume II, Coord. Carla Amado Gomes, Ana Fernanda Neves e Tiago Serrão, 3.ª Edição, AAFDL Editora, Lisboa, 2016, p. 311.

[18] J. Casalta Nabais considera que neste preceito legal abrange-se não apenas os actos em matéria *stricto sensu* (*A impugnação unitária do acto tributário*, in Cadernos de Justiça Tributária, n.º 11, Braga, Janeiro-Março 2016, p. 15).

[19] É garantido o acesso à justiça tributária para a tutela plena e efectiva de todos os direitos ou interesses legalmente protegidos (artigo 9.º, n.º 1, da LGT).
O Tribunal Central Administrativo Norte tem entendido que «O princípio da impugnação unitária impõe que no contencioso tributário, contrariamente ao que acontece no contencioso administrativo, o critério da impugnabilidade dos actos é do da sua lesividade imediata e não da lesividade meramente potencial» (Acórdão de 26 de Fevereiro de 2015 – Proc. n.º 01271/11).

[20] Daí a opção do legislador em permitir excepcionalmente a «revisão da matéria tributável» mas ainda assim «apurada com fundamento em *injustiça grave ou notória*» (artigo 78.º, n.º 4, da LGT). A *lesividade* surge, de resto, reforçada pela referência à «*tributação manifestamente exagerada e desproporcionada* com a realidade ou de que tenha resultado *elevado prejuízo* para a Fazenda Nacional» (artigo 78.º, n.º 5, da LGT).

[21] Cfr. Alberto Xavier, *Aspectos Fundamentais do Contencioso Tributário*, Ciência e Técnica Fiscal, n.ºs 157-158, Boletim da Direcção-Geral das Contribuições e Impostos, Lisboa, Janeiro-Fevereiro 1972, pp. 73-74.

[22] Por exemplo apenas é permitido impugnar directamente o acto de fixação da matéria colectável por meio de métodos indirectos quando este não der origem a liquidação do imposto (artigo 86.º, n.º 3, da LGT), caso contrário, haverá que se impugnar também o acto de liquidação de imposto.

da decisão final qualquer ilegalidade anteriormente cometida[23] (artigo 54.º, do CPPT)[24], preceito legal que não tem norma correspondente no anterior Código de Processo Tributário.

O Tribunal Constitucional tem entendido que «É julgada inconstitucional a interpretação do artigo 54.º do Código de Procedimento e Processo Tributário que, qualificando como um ónus e não como uma faculdade do contribuinte a impugnação judicial dos actos interlocutórios imediatamente lesivos dos seus direitos, impede a impugnação judicial das decisões finais de liquidação do imposto com fundamento em vícios daqueles. Com efeito, a lei prevê a impugnabilidade contenciosa imediata de actos anteriores ao ato final de procedimento, que têm especial relevo para condicionar a decisão final. No entanto, a sua impugnação contenciosa autónoma só ocorrerá quando esteja prevista na lei, por forma expressa, só havendo impugnabilidade imediata de actos procedimentais independentemente de norma expressa quando tais actos procedimentais sejam imediatamente lesivos» (Acórdão n.º 410/2015, de 29 de Setembro – Proc. n.º 592/14). Mais recentemente, o mesmo tribunal asseverou que «Não é julgada inconstitucional a interpretação normativa retirada do artigo 54.º do CPPT, com o sentido de que a não impugnação judicial de actos de indeferimento de pedidos de reconhecimento do estatuto de residente não habitual impede a impugnação judicial das decisões finais de liquidação do imposto com fundamento em vícios daqueles. Com efeito, em face dos meios de reação faculta-

[23] Nas palavras de RUI DUARTE MORAIS «Estando em causa a liquidação de um tributo, tal princípio implica, pois, que os actos procedimentais que aconteceram no *iter* que a ela conduziu não sejam, por princípio destacáveis para efeitos de recurso, ou seja, é no quadro da reclamação da liquidação (ou da sua impugnação) que serão apreciadas as eventuais legalidades cometidas no decurso do procedimento que culminou em tal acto tributário» (*Manual de Procedimento e Processo Tributário*, Almedina, Coimbra, 2012, p. 136).

[24] Por exemplo, o procedimento de inspecção tributária tem um carácter meramente preparatório ou acessório dos actos tributários ou em matéria tributária, sem prejuízo do direito de impugnação das medidas cautelares adoptadas ou de quaisquer outros actos, nos termos da lei (artigo 11.º, do Regime Complementar do Procedimento de Inspecção Tributária e Aduaneira – RCPITA). Cfr. PAULO MARQUES, *O Procedimento de Inspecção Tributária*, Coimbra Editora, Coimbra, 2014, pp. 325-333.

dos pelo ordenamento e na medida em que o particular dispôs de uma possibilidade efetiva de reagir contenciosamente contra o ato de indeferimento do pedido de reconhecimento do estatuto de residente não habitual, o comando cuja aplicação foi recusada não restringe intoleravelmente a garantia de defesa, perante os tribunais, dos seus direitos e interesses legítimos» (Acórdão n.º 718/2017, de 16 de Novembro – Proc. n.º 723/16).

Os contribuintes e demais interessados podem, no decurso do procedimento, reclamar de *quaisquer actos ou omissões da administração tributária*, não se suspendendo o procedimento, mas os interessados podem recorrer ou impugnar a decisão final com fundamento em qualquer ilegalidade (artigo 66.º, n.ºs 1 e 2, da LGT)[25], designadamente, conforme os casos, lançando mão de reclamação graciosa (artigos 68.º a 77.º-B, do CPPT), revisão do acto tributário[26] (artigo 78.º, da LGT), recurso hierárquico (artigos 66.º e 67.º, do CPPT)[27], desta forma evitando-se eventuais litígios judiciais com o fisco, em abono da pacificação da relação jurídica tributária.

[25] Na observação atenta de J. Valente Torrão «O princípio da impugnação unitária vigente no contencioso tributário significa que os actos interlocutórios do procedimento tributário não são susceptíveis de impugnação judicial autónoma, salvo quando forem imediatamente lesivos dos direitos do contribuinte ou disposição legal expressa em sentido diferente» (*Código de Procedimento e de Processo Tributário – Anotado e Comentado*, Almedina, Coimbra, 2005, p. 248).

[26] Defendemos igualmente que o *responsável subsidiário*, enquanto sujeito passivo (artigo 18.º, 3, da LGT), pode lançar mão da *revisão do acto tributário* (artigo 78.º, da LGT). As pessoas subsidiariamente responsáveis poderão reclamar ou impugnar a dívida cuja responsabilidade lhes for atribuída nos mesmos termos do devedor principal, devendo, para o efeito, a notificação ou citação conter os elementos essenciais da sua liquidação, incluindo a fundamentação nos termos legais (artigo 22.º, n.º 5, da LGT).
Cfr. Paulo Marques/Pedro Correia Gonçalves/Rui Marques, *Responsabilidade Tributária e Penal dos Gestores, Advogados, Contabilistas e Auditores*, Almedina, Coimbra, 2017, p. 51.

[27] Isto sem prejuízo de eventual ressarcimento de danos decorrentes da liquidação ilegal de imposto. Sobre este assunto, vide, por exemplo, Tiago Alcoforado Calhau, *Liquidação Ilegal de Imposto – pressupostos da Responsabilidade Civil do Estado*, Almedina, Coimbra, 2012.

II. MEIOS GRACIOSOS

II.1. Direito de audição prévia

No Imposto sobre o Rendimento das Pessoas Singulares é o contribuinte que *declara* os rendimentos (artigo 57.º, do Código do IRS)[28], mas já incumbe à administração tributária a respectiva *liquidação* (quantificação) do imposto a pagar ou a receber (artigo 75.º, do Código do IRS)[29], diferentemente do que sucede na *autoliquidação* (self-assessment) em que é o próprio sujeito passivo quem, nos termos da lei procede à liquidação do imposto (exs.: IRC[30] e IVA[31])[34]. No caso da autoliquidação de imposto, a intervenção da administração tributária reveste um carácter meramente eventual[33], apenas quando tal se justifique, dado imperar a

[28] É dispensada a audição no caso de a liquidação se efectuar com base na declaração do contribuinte (artigo 60.º, n.º 2, alínea a), da LGT).

[29] Paula Rosado Pereira, *Manual de IRS*, 2.ª Edição, Almedina, Coimbra, 2019, pp. 311-312.

O direito de liquidar os tributos caduca se a liquidação não for validamente notificada ao contribuinte no prazo de quatro anos, quando a lei não fixar outro, sendo que o prazo de caducidade conta-se, nos impostos periódicos (ex: IRS), a partir do termo do ano em que se verificou o facto tributário e nos impostos sobre o rendimento quando a tributação seja efectuada por retenção na fonte a título definitivo, caso em que aquele prazo se conta a partir do início do ano civil seguinte àquele em que se verificou o facto tributário (artigo 45.º, n.ºs 1 e 4, da LGT).

[30] Artigos 89.º, alínea a), 90.º, n.º 1, alínea a) do Código do IRC. Veja-se, por todos, Rui Marques, *Código do IRC Anotado e Comentado*, Almedina, Coimbra, 2019, pp. 751-755.

[31] Artigos 27.º e 41.º, do Código do IVA. Veja-se, por todos, António Brás Carlos, *Impostos – Teoria Geral*, 3.ª Edição, Almedina, Coimbra, 2010, p. 88; Clotilde Celorico Palma *Introdução ao Imposto Sobre o Valor Acrescentado*, Cadernos IDEFF, n.º 1, 4.ª Edição, Almedina, Coimbra, 2009, pp. 226 e 231-233; e Hugo Flores da Silva, *Privatização do sistema de gestão fiscal*, Coimbra Editora, Coimbra, 2014, pp. 439-442.

[32] Fernando Pérez Royo *Derecho Financiero Y Tributario – Parte General*, Decimosexta Edición, Thomson Civitas, Navarra, 2006, p. 258.

[33] Conforme destaca Hugo Flores da Silva, a autoliquidação deve ser perspectivada «numa lógica de sistema fiscal que vê no contribuinte um colaborador activo na prossecução dos objectivos assinalados à aplicação dos impostos, sendo, precisamente, um dos expoentes máximos da referida colaboração, na medida em que representa a substituição da emissão e notificação do acto de liquidação praticado pela Administração Fiscal, que passa a assumir-se meramente eventual» (*Privatização do sistema de gestão fiscal*, Coimbra Editora, Coimbra, 2014).

regra da presunção da boa-fé do contribuinte e da verdade declarativa (artigos 59.º e 75.º, da LGT).

Ainda assim, mesmo em sede de IRS, pode ocorrer liquidação *oficiosa* no caso de não apresentação da declaração de rendimentos por parte do contribuinte, ou então liquidação *adicional*[34], no caso de o contribuinte ter declarado apenas parte dos seus rendimentos[35]. Esta última modalidade de liquidação administrativa não revoga o primitivo acto tributário. Por sinal, este último, ainda que viciado, mantém-se incólume na ordem jurídica, por não incompatível, produzindo todos os efeitos que lhe estavam associados, em obediência ao princípio do aproveitamento dos actos jurídicos[36].

Na formação da decisão tributária, designadamente no procedimento de liquidação de imposto (acto tributário), a regra não pode deixar de ser a *participação* do contribuinte (artigo 267.º, n.º 5, da Constituição da República Portuguesa)[37], potenciando o dever de cooperação e prevenindo eventuais litígios, ao possibilitar e até incentivar a alegação de factos, o confronto profícuo de argumentos e a melhoria qualitativa da decisão administrativa. Os interessados têm o direito de ser ouvidos no

[34] Procede-se a liquidação adicional sempre que, depois de liquidado o imposto, se verifique ser de exigir em virtude de correcções efectuadas nos termos do disposto no n.º 2 do artigo 76.º ou de fixação do rendimento tributável, nos casos previstos neste Código, imposto superior ao liquidado (artigo 89.º, n.º 1, do Código de IRS). Procede-se ainda a liquidação adicional, sendo caso disso, em consequência de exame à contabilidade do sujeito passivo; ou erros de facto ou de direito ou omissões verificadas em qualquer liquidação, de que haja resultado prejuízo para o Estado (artigo 89.º, n.º 2, alíneas a) e b), do Código de IRS).

[35] Segundo nota o Tribunal Central Administrativo Sul «o acto tributário adicional é aquele através do qual a Administração Fiscal, verificando que mercê de omissão foi definida uma prestação inferior à legal, fixa o quantitativo que a esta deve acrescer para que se verifique uma absoluta conformidade com a lei. Ao invés do que sucede com a anulação, o acto adicional não revoga o acto tributário viciado» (Acórdão de 27 de Novembro de 2012 (Proc. n.º 05908/12).

[36] Neste sentido, veja-se, por exemplo, o Tribunal Central Administrativo Sul – Acórdão de 27 de Novembro de 2012 (Proc. n.º 05908/12).

[37] J. J. Gomes Canotilho/Vital Moreira, *Constituição da República Portuguesa Anotada*, Volume II, 4.ª Edição Revista, Coimbra Editora, Coimbra, 2010, p. 814; e Pedro Machete, *A Audição Prévia do Contribuinte*, in Problemas Fundamentais do Direito Tributário, Vislis Editores, Lisboa, 1999, pp. 299-335.

procedimento antes de ser tomada a decisão final, devendo ser informados, nomeadamente, sobre o sentido provável desta (artigo 121.º, n.º 1, do Código do Procedimento Administrativo – CPA)[38]. Os órgãos da Administração Pública devem assegurar a participação dos particulares, bem como das associações que tenham por objecto a defesa dos seus interesses, *na formação das decisões que lhes digam respeito*, designadamente através da respectiva audiência nos termos do presente Código (artigo 12.º, do CPA). Pensamos que o princípio da participação é de aplicar, por si só, no âmbito do procedimento tributário, até porque os princípios gerais da actividade administrativa e as disposições do CPA que concretizam preceitos constitucionais são aplicáveis a toda e qualquer actuação da Administração Pública, ainda que meramente técnica ou de gestão privada (artigo 2.º, n.º 3, do CPA). A Lei Geral Tributária veio consagrar expressamente o *direito de audição prévia*, designadamente antes da própria liquidação de imposto (artigo 60.º, n.º 1, alínea a), da LGT). Mas, o legislador acaba por estabelecer a dispensa da audição no caso de a liquidação se efectuar com base na *declaração do contribuinte* (artigo 60.º, n.º 2, alínea a), da LGT), como será o caso do IRS quando o contribuinte cumpre a sua obrigação declarativa (artigo 57.º, do CIRS).

No caso de a liquidação não ter sido efectuada na sequência da declaração apresentada pelo próprio contribuinte (ex: liquidação oficiosa ou adicional de imposto), deve ser facultado ao contribuinte o exercício oral ou escrito do direito de audição prévia, no prazo de 15 dias, podendo inclusivamente a administração tributária alargar este prazo até o máximo de 25 dias em função da complexidade da matéria (artigo 60.º, n.º 6, da LGT)[39].

[38] Paulo Otero, *Direito do Procedimento Administrativo*, Volume I, Almedina, Coimbra, 2016, pp. 104-105; e Mário Aroso de Almeida, *Teoria Geral do Direito Administrativo – O Novo Regime do Código do Procedimento Administrativo*, 4.ª Edição, Almedina, Coimbra, 2017, pp. 116-132.

[39] Caso os actos de inspecção possam originar actos tributários ou em matéria tributária desfavoráveis à entidade inspeccionada, esta deve ser notificada do projecto de conclusões do relatório, com a identificação desses actos e a sua fundamentação, sendo que a notificação deve fixar um prazo entre 15 e 25 dias para a entidade inspeccionada se pronunciar sobre o referido projecto de conclusões, devendo o prazo, no caso de incluir a aplicação da cláusula geral antiabuso constante do n.º 2 do artigo 38.º da Lei Geral Tributária, ser de 30 dias (artigo 60.º, n.ºs 1 e 2, do RCPITA).

II.2. Revisão da matéria colectável

O procedimento de revisão da matéria tributável traduz-se num debate contraditório entre o perito indicado pelo contribuinte e o perito da administração tributária, com a eventual participação do perito independente, tendo em vista um acordo sobre o valor da matéria tributável fixada por *métodos indirectos*[40] – não de correcções meramente aritméticas –, que

[40] Segundo realça ANA PAULA DOURADO «A determinação da matéria colectável segundo os métodos indirectos é feita com base em critérios fixados na lei e que correspondem (ou devem corresponder) ao *tipo médio ou frequente* de rendimentos obtidos por sujeitos passivos que estão em situação comparável» (*Direito Fiscal – Lições*, 4.ª Edição, Almedina, Coimbra, 2019, p. 243).
A determinação do rendimento por métodos indirectos verifica-se nos casos e condições previstos nos artigos 87.º a 89.º da lei geral tributária e segue os termos do artigo 90.º da referida lei e do artigo 59.º do Código do IRC, com as adaptações necessárias, sendo que o atraso na execução da contabilidade ou na escrituração dos livros de registo, bem como a não exibição imediata daquela ou destes, só determinam a aplicação dos métodos indirectos após o decurso do prazo fixado para regularização ou apresentação, sem que se mostre cumprida a obrigação (artigo 39.º, n.ºs 1 e 2, do Código de IRS).
A determinação dos rendimentos empresariais e profissionais, salvo no caso da imputação prevista no artigo 20.º, faz-se: a) Com base na aplicação das regras decorrentes do *regime simplificado*, ficando abrangidos pelo regime simplificado os sujeitos passivos que, no exercício da sua actividade, não tenham ultrapassado no período de tributação imediatamente anterior um montante anual ilíquido de rendimentos desta categoria de (euro) 200 000; b) Com base na contabilidade (artigos 28.º, n.ºs 1 e 2, do Código de IRS). Curiosamente, o *regime simplificado* constitui uma das situações de avaliação indirecta (artigo 87.º, n.º 1, alínea a), da LGT).
Convém também referir as *manifestações de fortuna*, sendo de aplicar esta forma de avaliação indirecta quando o sujeito passivo evidenciar uma ou até mais das situações elencadas taxativamente na lei (artigo 89.º-A, da LGT), visando a determinação do rendimento tributável das pessoas singulares (IRS), a enquadrar na categoria de rendimentos G – "*incrementos patrimoniais*" – (artigo 9.º, n.º 3, do CIRS), nos casos em que exista uma nítida discrepância entre o rendimento *declarado* pelo contribuinte – ou não existe mesmo qualquer declaração – e o seu *acervo de bens*, acréscimos patrimoniais ou despesas.
Para reagir a decisão do director de finanças de aplicação deste método indirecto especifico – tributação das manifestações de fortuna –, enquanto acto *destacável* para efeitos de impugnação contenciosa, a lei faculta ao contribuinte a possibilidade de recorrer judicialmente, com carácter *suspensivo* – da liquidação – e *urgente* (artigos 89.º-A, n.ºs 7 e 8, da LGT, e 146.º-B e 146.ºD, n.º 1, do CPPT), a ser interposto no prazo de 10 dias no tribunal tributário de 1.ª instância, representando um desvio ao principio-regra da impugnação *unitária* (artigo 54.º, do CPPT). Cfr. PAULO MARQUES, *"Todo o negócio quer dinheiro": a tri-*

deve ser aferido para efeitos de liquidação[41]. Convém lembrar que nesta sede se questiona a quantificação dos valores e a verificação concreta dos pressupostos de aplicação desses métodos indirectos (artigo 92.º, n.º 1 da LGT), recaindo o ónus da prova sobre a administração tributária em relação à verificação dos pressupostos legais da tributação indirecta, mas já sobre o contribuinte no que respeita ao excesso de quantificação (artigo 74.º, n.º 3, da LGT).

A impugnação judicial duma liquidação com base em *erro na quantificação ou nos pressupostos da determinação indirecta da matéria tributável* que lhe esteve subjacente e não de meras correcções aritméticas, depende em regra[42] de *reclamação prévia* dessa mesma matéria tributável (artigos 86.º, n.º 5, da LGT e artigo 117.º, n.º 1, do CPPT). Neste caso, a reclamação constitui somente a condição de procedibilidade no que diz respeito ao vício de errónea quantificação da matéria tributável e não a quaisquer outros vícios imputados ao acto tributário. Sendo assim, a avaliação indirecta não é susceptível de impugnação contenciosa directa, salvo quando não dê origem a qualquer liquidação (artigo 86.º, n.º 3, da LGT). Segundo o Supremo Tribunal Administrativo «Os actos de avaliação da matéria tributável por métodos indiretos são impugnáveis. A impugnação judicial de tais actos com fundamento na falta de verificação dos seus pressupostos ou no erro de quantificação depende de prévia reclamação. A circunstância de, no acto de notificação da decisão de avaliação da matéria tributável, o contribuinte não ter sido advertido da necessi-

butação das manifestações de fortuna e dos acréscimos patrimoniais não justificados, in Revista do Ministério Público, Lisboa, Ano 35, n.º 139 (Julho-Setembro 2014), pp.149-178.

[41] Por outro lado, em sede de procedimento de revisão da matéria colectável, no caso de o parecer do perito independente ser conforme ao do perito do contribuinte e a administração tributária resolver em sentido diferente, a *reclamação graciosa* ou *impugnação judicial* têm *efeito suspensivo, independentemente da prestação de garantia quanto à parte da liquidação controvertida em que aqueles peritos estiveram de acordo* (artigo 92.º, n.º 8, da LGT).

[42] Não se exige a apresentação prévia de revisão da matéria tributável no caso de regime simplificado de tributação ou quando da decisão seja interposto, nos termos da lei, recurso hierárquico com efeitos suspensivos da liquidação. O sujeito passivo pode, salvo em caso de aplicação de regime simplificado de tributação em que não sejam efetuadas correções com base noutro método indireto, solicitar a revisão da matéria tributável fixada por métodos indiretos, nos termos do artigo 91.º e seguintes da lei geral tributária (artigo 67.º, do Código do IRS).

dade de dedução de prévia reclamação não permite que se dispense de tal requisito. As normas constantes dos artigos 117.º, n.º 1 do Código de Procedimento e do Processo Tributário e 86.º, n.º 5 da Lei Geral Tributária, quando interpretadas nesse sentido, são conformes à Constituição não violando direito de acesso ao direito e à tutela jurisdicional efectiva» (Acórdão de 26 de Março de 2014 – Proc. n.º 01613/13).

A falta de reclamação prévia atempada para a comissão de revisão determina com carácter definitivo a matéria colectável, não podendo o contribuinte jamais discutir a matéria colectável definitivamente fixada. No entanto, o acto de liquidação pode estar afectado por outros vícios que não têm relação com a determinação da matéria colectável propriamente dita.

O procedimento inicia-se pela apresentação pelo contribuinte de um requerimento fundamentado dirigido ao director de finanças da área do seu domicílio fiscal, no prazo de 30 dias, contados a partir da data da notificação da decisão de fixação da matéria colectável. O director de finanças designará no prazo de 8 (oito) dias um perito da administração tributária que preferencialmente não deve ter tido qualquer intervenção anterior no processo e marcará uma reunião entre este e o perito indicado pelo contribuinte a realizar no prazo máximo de 15 dias (artigo 91.º, n.º 3, da LGT).

O contribuinte ou a administração podem requerer um perito independente (artigo 91.º, n.º 4 da LGT). O perito independente referido no artigo anterior é sorteado entre as personalidades constantes de listas distritais, que serão organizadas pela Comissão Nacional (artigo 93.º, n.º 1 da LGT).

O pedido de revisão da matéria colectável tem efeito *suspensivo* da própria liquidação do tributo (artigo 91.º, n.º 2, da LGT). Daqui resulta a inadmissibilidade de se realizar um acto de liquidação na sequência de avaliação indirecta da matéria colectável, antes de estar apreciado pedido de revisão ou estar pelo menos esgotado o respectivo prazo para o formular[43]. No entanto conforme esclarece o Supremo Tribunal Administrativo

[43] Na observação de Diogo Leite de Campos/Benjamim Silva Rodrigues/Jorge Lopes de Sousa «Por isso, até estar esgotado o prazo para o contribuinte efectuar tal pedido ou até se ter proferida decisão sobre ele, não pode ser praticado acto de liquidação que tenha por suporte a matéria colectável fixada.

«A revisão administrativa da matéria coletável é o preliminar indispensável da impugnação judicial da liquidação. O pedido de revisão tem efeito suspensivo da liquidação do tributo, mas apenas, quanto à sua eficácia. Enquanto não houver decisão sobre o pedido de revisão, a liquidação não produz efeitos relativamente aos revertidos. O facto de na pendência da impugnação judicial ter sido proferida decisão de indeferimento do pedido de revisão administrativa da matéria coletável, nenhuma influência tem na validade e eficácia da liquidação objeto de impugnação, enquanto tal decisão não for impugnada e anulada» (Acórdão de 19 de Abril de 2012 – Proc. n.º 0964/11).

O procedimento de revisão da matéria tributável deve ser concluído no prazo máximo de 30 dias, podendo então findar do seguinte modo:

i) existência de acordo entre o perito do contribuinte e o perito da administração tributária, caso em que o tributo será liquidado por referência à matéria tributável acordada. O contribuinte então não poderá impugnar a liquidação tendo por fundamento a ilegalidade ocorrida no procedimento de avaliação indirecta. Mas, em caso de a fixação ou a revisão da matéria tributável dever ter lugar por procedimento próprio, a liquidação efectua-se de acordo com a decisão do referido procedimento, salvo em caso de esta violar manifestamente competências legais (artigo 62.º, n.º 1, do CPPT);

ii) inexistência de acordo, caso em que o imposto será fixado pelo órgão de acordo com o seu prudente juízo, tendo em conta a argumentação de ambos os peritos.

II.3. Reclamação graciosa da liquidação de IRS

O procedimento de reclamação graciosa visa a *anulação* total ou parcial dos *actos tributários* por iniciativa do contribuinte (artigo 68.º, n.º 1, do

Se for ilegalmente antecipada a liquidação, estar-se-á perante uma situação anómala, em que a lei não prevê meio de o contribuinte impugnar o acto de liquidação que lhe foi notificado, na medida em que não a admite com todos os fundamentos que tem direito a invocar, pelo que se estará perante uma situação enquadrável na alínea i) do n.º 1 do art. 204.º do CPPT, em que é admitida a discussão da legalidade da liquidação na oposição à execução fiscal» (*Lei Geral Tributária – Anotada e Comentada*, 4.ª Edição, Encontro da Escrita, 2012, p. 808).

CPPT, não abrangendo então os meros actos administrativos em matéria tributária[44]. No entanto, não pode ser deduzida reclamação graciosa quando tiver sido apresentada impugnação judicial com o mesmo fundamento (artigo 68.º, n.º 2, do CPPT).

A reclamação tem efeito *suspensivo* em relação à cobrança quando for prestada garantia adequada (artigos 52.º, da LGT e 69.º, alínea f) e 169.º, do CPPT).

O prazo de que dispõe o contribuinte para reclamar graciosamente da liquidação de IRS contava-se a partir dos 30 dias seguintes ao da notificação da liquidação (artigo 140.º, n.º 4, alínea a), do Código de IRS – Redacção dada pela Lei 60-A/2005, de 30 de Dezembro).

Com a entrada em vigor da Lei n.º 82-E/2014, de 31 de Dezembro, a reclamação graciosa já deverá ser apresentada no prazo de 120 dias contados a partir do termo do prazo para pagamento voluntário das prestações tributárias legalmente notificadas[45] ao contribuinte (artigo 70.º, n.º 1, do

[44] Em relação aos actos administrativos em matéria tributária (ex: decisão de cancelamento de benefício fiscal de IRS em caso de dívida tributária por parte do contribuinte – artigo 14.º, n.º 5, do Estatuto dos Benefícios Fiscais), pode ainda assim o contribuinte lançar mão de reclamação graciosa, mas já no prazo de 15 dias e âmbito dos artigos 184.º, n.º 1 e 191.º, n.º 1, do CPA, dada a maior abrangência deste meio procedimental em concreto.

[45] Os actos administrativos estão sujeitos a *notificação* aos interessados, na forma prevista na lei, e carecem de fundamentação expressa e acessível quando afectem direitos ou interesses legalmente protegidos (artigo 268.º, n.º 3, da Constituição da República Portuguesa).

Independentemente da sua forma, os actos que imponham deveres, encargos, ónus, sujeições ou sanções, que causem prejuízos ou restrinjam direitos ou interesses legalmente protegidos, ou afectem as condições do seu exercício, só são *oponíveis* aos destinatários a partir da respetiva *notificação* (artigo 160.º, do CPA).

Segundo o Tribunal Central Administrativo Sul «A notificação da liquidação de IRS deve ser efectuada por carta registada com aviso de recepção, competindo à administração tributária provar que efectuou a notificação nos termos legalmente exigidos. No presente caso a administração tributária não produziu prova do envio das cartas registadas com aviso de recepção, pelo que não se pode concluir pela existência ou validade da notificação. Nestes termos o ato tributário em causa é ineficaz, pelo que não se verifica a invocada excepção de caducidade do direito de acção» (Acórdão de 16 de Outubro de 2014 – Proc. n.º 07660/14).

CPPT)[46]. No entanto, do cálculo do montante das deduções à coleta referentes às despesas gerais e familiares, pode o adquirente reclamar, até ao dia 31 de março do ano seguinte ao da emissão, mas de acordo com as normas aplicáveis ao procedimento de reclamação graciosa, com as devidas adaptações (artigo 78.º-B, n.º 7, do Código de IRS).

Em regra, a entidade competente para a decisão da reclamação graciosa é o dirigente do órgão periférico regional (director de finanças) da área do domicílio ou sede do contribuinte, da situação dos bens ou da liquidação ou, não havendo órgão periférico regional, o dirigente máximo do serviço (artigo 75.º, n.º 1, do CPPT), tendo o prazo de 4 meses para ultimar o procedimento de reclamação graciosa (artigo 57.º, n.º 1, da LGT). A reclamação graciosa presume-se indeferida para efeito de impugnação judicial após o termo do prazo legal de decisão pelo órgão competente (artigo 106.º, do CPPT).

II.4. Revisão do acto tributário

A revisão dos actos tributários (artigos 78.º, da LGT e 93.º, n.º 1, do Código de IRS[47]) tem como objecto o *acto de liquidação*[48] (artigo 78.º, n.º 1, 2.ª parte, da LGT) ou mesmo, se for caso disso, de *fixação da matéria tributável* (artigo 78.º, n.º 4, do CPPT), pela própria autoridade que o praticou, ou seja, o próprio órgão que praticou o acto (ex: liquidação de imposto), que é no caso do IRS o director-geral da autoridade tributária e aduaneira (artigo 75.º, do Código do IRS) que o vai reapreciar, corrigindo o erro a favor do contribuinte – anulação parcial ou total – ou eventualmente do Estado – liquidação adicional – (artigo 78.º, n.ºs 4 e 5, da LGT), caso o detecte oficiosamente ou então tenha sido solicitado pelo próprio

[46] Nos casos de retenção de importâncias total ou parcialmente indevidas, sempre que se verifique a impossibilidade de ser efetuada a correção a que se refere o n.º 4 do artigo 98.º ou de o respetivo montante ser levado em conta na liquidação final do imposto, os prazos de reclamação e de impugnação pelo substituído contam-se a partir do dia 20 de janeiro do ano seguinte àquele a que a retenção disser respeito (artigo 140.º, n.º 3, do Código do IRS).

[47] Quando, por motivos imputáveis aos serviços, tenha sido liquidado imposto superior ao devido, procede-se a revisão oficiosa da liquidação nos termos do artigo 78.º da Lei Geral Tributária (artigo 93.º, n.º 1, do Código de IRS).

[48] Tratando-se de uma *liquidação adicional*, pensamos que o contribuinte já não pode

contribuinte (artigo 78.º, n.º 7, da LGT). Mais, o pedido de revisão *oficiosa* da liquidação do tributo interrompe a prescrição das dívidas tributárias (artigo 49.º, n.º 1, da LGT). Por sua vez, são também devidos *juros indemnizatórios*[49] quando a revisão do acto tributário por iniciativa do contribuinte se efectuar mais de um ano após o pedido deste, salvo se o atraso não for imputável à administração tributária (artigo 43.º, n.º 3, alínea c), da LGT). A lei prevê igualmente juros indemnizatórios nas situações de falta de cumprimento do prazo de restituição oficiosa de imposto (artigo 43.º, n.º 3, alínea a), da LGT), como, por exemplo, nos casos em que existiu excessiva retenção na fonte de IRS[50].

A administração tributária tem legitimidade para promover *oficiosamente* ou mesmo na sequência de solicitação do contribuinte, a revisão do

requerer a revisão do acto tributário na parte *não corrigida* pela administração tributária, uma vez que, em regra, o prazo legal para rever a liquidação originária já terá sido esgotado por caducidade (artigo 45.º, da LGT), pelo que esta última naquela parte já estará consolidada na ordem jurídica. O artigo 59.º, n.º 6, do CPPT reforça este entendimento, uma vez que estabelece que da apresentação das declarações de substituição não pode resultar a ampliação dos prazos de reclamação graciosa, impugnação judicial ou *revisão do acto tributário*, que seriam aplicáveis caso não tivessem sido apresentadas.

O prazo de caducidade conta-se, nos impostos periódicos (ex: IRS), a partir do termo do ano em que se verificou o facto tributário e, nos impostos sobre o rendimento quando a tributação seja efectuada por retenção na fonte a título definitivo de IRS, caso em que aquele prazo se conta a partir do início do ano civil seguinte àquele em que se verificou o facto tributário (artigo 45.º, n.º 4, da LGT).

[49] Os juros indemnizatórios resultam de pagamento de imposto em excessivo, quando se determine em meio gracioso ou mesmo judicial que existiu erro imputável aos serviços tributários ou então quando, por motivo imputável àqueles foi inobservado o prazo legal da restituição oficiosa dos impostos indevidamente liquidados ou pagos.

Diferentemente do que sucede em relação aos juros compensatórios (artigo 35.º, n.º 8, da LGT), os juros indemnizatórios não integram a dívida tributária propriamente dita, nem são liquidados conjuntamente com esta.

[50] Jorge Lopes de Sousa, *Sobre a Responsabilidade Civil da Administração Tributária por Actos Ilegais*, Áreas Editora, Lisboa, 2010, p. 64.

O regime contido no artigo 43.º, da LGT («juros indemnizatórios») não esgota o direito de indemnização dos contribuintes, funcionando apenas como via alternativa se realização do seu direito.

acto tributário, no prazo[51] de 4 anos (se o imposto já foi pago[52]) ou a todo o tempo (se o imposto não foi ainda pago). Estes prazos são particularmente generosos para com o contribuinte, consubstanciando uma verdadeira "reclamação extraordinária" mas com fundamento em *erro imputável aos serviços* e, diferentemente do que sucede na reclamação graciosa, não com fundamento irrestrito em qualquer ilegalidade. No entanto, a revisão oficiosa do acto tributário não constitui meio processual susceptível de suspensão de eventual cobrança processo de execução fiscal em curso[53], atenta a enumeração taxativa dos meios processuais constante nos artigos 52.º, da LGT e 169.º, do CPPT, excepto se estiver ainda no prazo da reclamação graciosa (artigo 78.º, n.º 1, *1.ª parte*, da LGT).

Mesmo depois do decurso dos prazos de reclamação graciosa (artigo 70.º, do CPPT) e de impugnação judicial (artigo 102.º, n.º 1, do CPPT), tem-se considerado que o fisco tem o *poder-dever*[54] de revogar os actos de liquidação de tributos que sejam ilegais[55] (artigo 103.º, n.º 3, da Constituição da República Portuguesa), nas condições e com os limites temporais constantes no artigo 78.º, da LGT. Em resumo, tem-se permitido ao contribuinte, mesmo quando já decorreram os prazos previstos para os meios administrativos e jurisdicionais (normais) de defesa face às decisões do fisco, o recurso à revisão do acto tributário, para que a administração

[51] O acto decisório *pode* revogar total ou parcialmente acto anterior ou reformá-lo, ratificá-lo ou convertê-lo nos prazos da sua revisão (artigo 79.º, da LGT).

[52] Para estes efeitos, parece ser de equiparar, por exemplo, a situação de reembolso de IRS.
O crédito ao reembolso de importâncias indevidamente cobradas pode ser satisfeito por ordem de pagamento ou por compensação nos termos previstos na lei (artigo 93.º, n.º 3, do Código de IRS).

[53] Supremo Tribunal Administrativo – Acórdão de 23 de Janeiro de 2019 – Proc. n.º 0262/18.

[54] A administração tributária deve, no procedimento, realizar todas as diligências necessárias à satisfação do interesse público e à descoberta da verdade material, não estando subordinada à iniciativa do autor do pedido (artigo 58.º, da LGT).

[55] Na observação de Hugo De Brito Machado «a administração não tem a faculdade, mas o *dever de invalidar os seus* actos» (*Temas de Direito Tributário*, in Revista dos Tribunais, São Paulo, 1993, pp. 76-113). Cfr. ainda Tiago Macieirinha, *Tutela da confiança e revogação de actos administrativos legais*, in Estudos dedicados ao Professor Doutor Nuno Espinosa Gomes da Silva, Volume II, Universidade Católica Editora, Lisboa, 2013, pp. 573-599.

reveja *oficiosamente* o acto praticado, em conformidade com os próprios princípios da legalidade e do inquisitório (artigos 55.º e 58.º, da LGT).

O director-geral da autoridade tributária pode autorizar, excepcionalmente, nos três anos posteriores ao do acto tributário a revisão da matéria tributável apurada com fundamento em *injustiça grave ou notória*, desde que o *erro não seja imputável a comportamento negligente do contribuinte* (artigo 78.º, n.º 4, da LGT). Assim, por exemplo, mesmo tendo a liquidação do IRS sido efetuada apenas com base nas declarações prestadas pela entidade patronal do sujeito passivo, pode este, apesar de já terem sido ultrapassados os prazos de reclamação graciosa e de impugnação judiciais, requerer ainda assim a revisão da liquidação com fundamento em injustiça grave e notória, desde que o faça dentro do prazo de três anos para o efeito[56].

Caso exista indeferimento do pedido de revisão, a lei consagra a possibilidade de ser deduzida *impugnação judicial* (artigo 97.º, n.º 1, alínea d), do CPPT), uma vez que está em causa a apreciação da legalidade de um acto da administração tributária. Quando não esteja em causa a legalidade do acto propriamente dito (ex: mero pressuposto processual legal da revisão), existe a possibilidade de o contribuinte, querendo, deduzir *acção administrativa* (artigos 37.º e ss., do CPTA), ficando assegurada a pretendida tutela jurisdicional (artigos 20.º, da Constituição ad República Portuguesa e 9.º, da LGT).

II.5. Em especial, a revisão do acto de retenção na fonte definitiva de IRS

A *substituição tributária* verifica-se quando, por imposição da lei, a prestação tributária for exigida a pessoa diferente do contribuinte (artigo 20.º, n.º 1, da LGT)[57]. Por outras palavras, a *substituição tributária* resulta de

[56] Tribunal Central Administrativo Sul – Acórdão de 28 de Abril de 2016 – Proc. n.º 04712/11.

[57] Na definição de J. Freitas da Rocha e Hugo Flores da Silva «Verifica-se substituição tributária quando, por imposição legal, a prestação tributária vai ser entregue ao sujeito activo não pelo sujeito que realizou o facto tributário, mas por um terceiro que com ele mantém relações especiais e que, por isso, lhe vai exigir a prestação em causa» (*Teoria Geral da Relação Jurídica Tributária*, Almedina, Coimbra, 2017, p. 85). Nas palavras de Diogo Feio «quem faz o pagamento antecipado é um estranho, devedor do sujeito

imposição legal, consistindo no facto de a prestação tributária ser exigida a pessoa diferente do contribuinte, independentemente da capacidade contributiva, verificando-se então uma relação *triangular* entre a administração tributária, o substituto[58] e o substituído[59], podendo referir-se, por isso, que a substituição tributária contempla uma obrigação *ex lege*, alterando-se a dimensão passiva tradicional da obrigação tributária, sem prejuízo de eventual responsabilidade objectiva[60]. O *substituto* consiste numa pessoa em relação à qual não se verificam os pressupostos de tributação, tratando-se então de um terceiro (ex: entidade patronal) que ocupa o lugar do *substituído* (ex: trabalhador da empresa)[61], impendendo sobre o substituto a obrigação de retenção de IRS[62] e a obrigação subsequente de entrega, com manifestas vantagens de segurança e de comodidade para o substituído e para o próprio Estado. O substituído e o substituto são ambos *sujeitos passivos* da relação jurídica de imposto (artigo 18.º, n.º 3,

que está a praticar o facto tributário, que no acto em que salda a sua dívida perante este retém uma determinada e a entrega ao Estado. A relação de pagamento, neste caso, é estabelecida entre um terceiro, o retentor intervém em nome próprio e de modo relativamente autónomo, e a Administração Fiscal» (*A substituição fiscal e a retenção na fonte: o caso específico dos impostos sobre o rendimento*, Teses e Monografias, Faculdade de Direito da Universidade do Porto, Coimbra Editora, Coimbra, 2001, p. 123).

[58] O substituto tem legitimidade no procedimento tributário (artigo 9.º, n.º 1, do CPPT).

[59] Conforme salienta Nuno Cerdeira Ribeiro «Neste caso, não temos apenas um particular que praticou o acto em causa; temos sim dois particulares, o substituído, que é aquele em relação ao qual se verificou a manifestação de capacidade contributiva, e o substituto, que será aquele que o legislador encarrega de reter certas quantias devidas ao substituído para entrega ao Estado» (*O Controlo Jurisdicional dos actos da administração tributária – Reflexões acerca da articulação com o processo administrativo*, Almedina, Coimbra, 2014, p. 146).

[60] Ana Paula Dourado vem entendendo que, se for caso disso, deve ainda assim ser apurada a *culpa* do substituto (*Direito Fiscal – Lições*, 4.ª Edição, Almedina, Coimbra, 2019, p. 101). Em sentido contrário *vide* António Lima Guerreiro, *Lei Geral Tributária – Anotada –*, Editora Rei dos Livros, Lisboa, 2000, p. 155.

[61] Cfr. Paulo Marques, *A Responsabilidade Tributária e Sancionatória da Entidade Empregadora pela Falta de entrega das Retenções na Fonte de IRS e das Contribuições para a Segurança Social dos trabalhadores,* Para Jorge Leite – Escritos Jurídicos – II, Coimbra Editora, Coimbra, 2014, pp. 299-318.

[62] São obrigadas a reter o imposto no momento do seu pagamento ou colocação à disposição dos respectivos titulares as entidades devedoras de rendimentos de trabalho dependente (artigo 99.º, n.º 1, alínea a), do Código do IRS).

da LGT). Nas palavras de Sérgio Vasques «ainda que o legislador pretenda onerar a pessoa que preenche as normas de incidência de um dado tributo público e que se toma por isso como *contribuinte directo*, a prestação é exigida de outrem, o *substituto*, via de regra por razões de ordem prática, isto é, por se encontrar o substituto em posição de melhor cumprir essas obrigações»[63].

A substituição tributária, por regra, é realizada através do mecanismo da *retenção na fonte*, já que o substituto é o devedor do contribuinte, ou seja, é a fonte dos rendimentos que estão sujeitos a tributo (ex.: IRS que incide sobre os rendimentos do trabalho). As entregas pecuniárias efectuadas por dedução nos rendimentos pagos ou postos à disposição do titular pelo substituto tributário constituem assim *retenção na fonte* – «*pay-as-you-earn*» (artigo 34.º, da LGT), sendo que a entidade obrigada à retenção é responsável pelas importâncias retidas e não entregues nos cofres do Estado, ficando o substituído desonerado de qualquer responsabilidade no seu pagamento (artigo 28.º, n.º 1, da LGT)[64]. A não entrega nos cofres do Estado do imposto retido na fonte[65] pode ser inclusivamente sancionada como ilícito contra-ordenacional ou mesmo criminal (artigos 114.º e 105.º, do Regime Geral das Infracções Tributárias – RGIT)[66], mas neste

[63] Sérgio Vasques, *Manual de Direito Fiscal*, 2.ª Edição, Almedina., Coimbra, 2018, pp. 388-389.

[64] Em regra, as dívidas exigíveis em processo executivo, quando resultantes da falta de entrega, dentro dos respectivos prazos legais, de imposto retido na fonte, não podem ser pagas em prestações mensais e iguais (artigo 196.º, n.º 2, do CPPT).

[65] As quantias retidas nos termos dos artigos 99.º a 101.º devem ser entregues até ao dia 20 do mês seguinte àquele em que foram deduzidas (artigo 98.º, n.º 3, do Código de IRS).

[66] A jurisprudência tem entendido pela prevalência do interesse público *ex lege* subjacente às obrigações tributárias (artigo 103.º, n.º 1, da Constituição da República Portuguesa) face ao direito ao salário dos trabalhadores (artigo 59.º, da Constituição da Republica Portuguesa), este de cariz meramente contratual. Particularmente esclarecedor e, por isso mesmo merecedor de destaque, é o aresto proferido em 25 de Maio de 2005 (Proc. n.º 1039/04-1) pelo Tribunal da Relação de Guimarães, no qual foi considerado que «Foi dado como provado relativamente à difícil situação económica da empresa arguida em crime de abuso de confiança fiscal que vem atravessando dificuldades financeiras há vários anos, que se traduzem em resultados líquidos de exercício negativos e num passivo acumulado que ronda um milhão de contos; e bem assim que despenderam tais quantias no giro comercial e industrial da referida sociedade. Com isto temos que

último caso apenas se estiver em causa a não entrega dolosa de prestação tributária de valor superior a €7.500 (artigo 105.º, n.ºs 1 e 7, do RGIT). No entanto, o facto ilícito apenas é punível se tiverem decorrido mais de 90 dias sobre o termo do prazo legal de entrega da prestação; se a prestação comunicada à administração tributária através da correspondente declaração não for paga, acrescida dos juros respectivos e do valor da coima aplicável, no prazo de 30 dias após notificação para o efeito (artigo 105.º, n.º 4, alíneas a) e b), do RGIT)[67].

A retenção na fonte pode ser *por conta do tributo devido a final*[68], estando então prevista a respectiva dedução à colecta (artigo 78.º, n.º 2, do Código

os arguidos agiram motivados pela vontade/ necessidade de manter a empresa em actividade e que não motivados por ganância ou para o seu enriquecimento pessoal directo, mediante a apropriação das correspondentes quantias. *Estas circunstâncias, que são, certamente, atendíveis, no plano da ponderação da culpa, de forma atenuativa, não são causa de exclusão da ilicitude.* No entanto, permanece, efectivamente de pé a apropriação, a partir do momento em que os arguidos, tendo cobrado montantes que não lhes pertenciam, por lhes terem sido retidas dos ordenados dos seus empregados para pagamento do imposto de IRS deram um destino a tais quantias diferente da entrega delas ao seu proprietário, o Estado, aplicando-as em fins que eram do seu interesse próprio. Deste ponto de vista é irrelevante que os arguidos se tenham ou não integrado as quantias em causa directamente nos seus patrimónios pessoais – e dizemos directamente, porque, sendo a arguida sociedade comercial parte desses patrimónios, por essa via, não deixaram de o fazer indirectamente, pelo menos na medida em que com a aplicação desses dinheiros tenham querido, também, salvaguardar esse património. Certo é que, se em vez de investirem as quantias retidas e não entregues na empresa, as tivessem doado a uma instituição filantrópica, também as não teriam integrado no seu património e ninguém poria em causa que se teria, nesse caso, dado a inversão do título da posse das mesmas, pois que, efectivamente, *a inversão do título dá-se não pela apropriação para si, das quantias, mas pela disposição das mesmas "animus domini", ou seja pela apropriação que, no plano psicológico, precede ou acompanha a acção de passar a dispor das mesmas como se lhes pertencessem.* Pois bem, *o interesse dos arguidos em manter a empresa em laboração não constitui causa de justificação do facto ilícito, porque não se verifica um conflito de deveres* de, *pelo menos, igual peso, entre os deveres da actividade empresarial e o de entregar ao Estado as quantias retidas a titulo de cobrança de um imposto*».

[67] Cfr. Paulo Marques, *Crime de Abuso de Confiança Fiscal – Problemas do Actual Direito Penal Tributário*, 2.ª Edição Aumentada, Coimbra Editora, Coimbra, 2012, pp. 120-156.

[68] Na explicação de Paula Rosado Pereira «Estas retenções na fonte têm a natureza de adiantamento por conta do imposto devido em termos finais, constituindo um mecanismo de substituição tributária parcial.

de IRS) ou pode ser efectuada a título *definitivo*[69] (ex: taxas liberatórias), existindo, neste último caso, pelo menos em regra, lugar a dispensa de englobamento de rendimentos (artigo 22.º, n.º 3, alínea *b)*, do Código de IRS). No caso de taxas liberatórias, quando não tenha sido efectuada a opção pelo englobamento, por sinal, o facto tributário é de obrigação única, sendo então apenas relevante para efeitos de aplicação da lei fiscal no tempo (artigos 103.º, n.º 3, da Constituição da República Portuguesa e 12.º, da LGT) o momento exacto da obtenção do rendimento ou da colo-

Como tal, são retenções que não exoneram o contribuinte da obrigação de declarar o rendimento em causa, nos termos gerais previstos no CIRS, nem de pagar o imposto que venha ainda, eventualmente, em sede de liquidação de IRS, a revelar-se devido» (*Manual de IRS*, 2.ª Edição, Almedina, Coimbra, 2019, p. 309).

Quando a retenção tiver a natureza de pagamento por conta do imposto devido a final, cabe ao substituído a responsabilidade originária pelo imposto não retido e ao substituto a responsabilidade subsidiária, ficando este ainda sujeito aos juros compensatórios devidos desde o termo do prazo de entrega até ao termo do prazo para apresentação da declaração pelo responsável originário ou até à data da entrega do imposto retido, se anterior (artigo 28.º, n.º 2, da LGT).

[69] No caso de retenção na fonte com carácter definitivo, o substituído é apenas subsidiariamente responsável pelo pagamento da diferença entre as importâncias que deveriam ter sido deduzidas e as que efectivamente o foram (artigo 28.º, n.º 3, da LGT). Neste sentido *vide*, por exemplo, J. M. Fernandes Pires, Gonçalo Bulcão, José Ramos Vidal e Maria João Menezes, os quais sublinham que «O substituto será, por conseguinte, o responsável originário pelo pagamento do pagamento, sendo o substituído chamado apenas no caso de o substituto não ter procedido à retenção devida. Este regime de responsabilidade mais gravoso para o substituto na retenção a título definitivo resulta, por um lado, das especiais dificuldades em executar o património do sujeito passivo em relação ao qual se verificam os pressupostos do facto tributário» (*Lei Geral Tributária – Comentada e Anotada*, Almedina, Coimbra, 2015, p. 259). De igual modo, António Lima Guerreiro refere que «Também em caso de incumprimento do dever de retenção a título definitivo, como resulta do número 3 do presente artigo, a exoneração da responsabilidade de pagamento do substituto não actua, já que é consagrada a sua responsabilidade subsidiária, limitada obviamente às importâncias que deviam ter sido, mas não foram deduzidas» (*Lei Geral Tributária – Anotada –*, Editora Rei dos Livros, Lisboa, 2000, p. 155). *Vide* ainda Supremo Tribunal Administrativo – Acórdão de 29 de Setembro de 2010 – Proc. n.º 079/10.

cação do mesmo à disposição do sujeito passivo, uma vez que é aí que se extingue a relação jurídica tributária[70].

A doutrina distingue assim muitas vezes entre a substituição *total* – retenção na fonte com carácter *definitivo* (ex: taxas liberatórias – artigo 71.º, do Código de IRS) – e a substituição *parcial*, consoante o substituído tenha de cumprir a generalidade ou ainda assim apenas algumas das obrigações acessórias. De igual modo, se pode falar em substituição *própria* ou *definitiva*, em que o substituto efectua o pagamento do tributo em causa, que já é certo, ficando o substituído, em regra, livre de qualquer encargo perante o credor tributário[71]. Por outro lado, a substituição *imprópria* ou *por conta*, corresponde a um pagamento por conta de um tributo que ainda não se encontra determinado, efectuado por um terceiro, relativamente ao facto tributário, retendo para o efeito quantitativo ao futuro contribuinte.

Nas situações em que não estamos perante um acto tributário (final) ou, pelo menos, um acto a este equiparado, não parece que a retenção na fonte *por conta do imposto a final* (artigos 98.º a 101.º, do Código do IRS) possa ser *objecto* do procedimento de *revisão*. A retenção na fonte não definitiva permite a antecipação e, portanto, uma maior celeridade na cobrança da receita por parte do Estado, sem prejuízo de poder eventualmente haver lugar inclusivamente a um posterior reembolso do imposto.

Na modalidade de retenção na fonte com carácter *definitivo* (artigo 71.º, do Código do IRS), a própria relação jurídica tributária extingue-se com a retenção na fonte e a entrega subsequente nos cofres do Estado do respectivo montante[72], estando o próprio substituído, dispensado de

[70] Ana Paula Dourado/Paulo Marques, *Anotação aos artigos 103.º e 104.º*, in Constituição Portuguesa Anotada, Volume II, Coord. Jorge Miranda/Rui Medeiros, Universidade Católica Editora, Lisboa, 2018, p. 222.

[71] Diogo Feio, *A substituição fiscal e a retenção na fonte: o caso específico dos impostos sobre o rendimento*, Teses e Monografias, Faculdade de Direito da Universidade do Porto, Coimbra Editora, Coimbra, 2001, p. 103.

[72] Conforme explicita Rui Duarte Morais «Nestes casos, o cumprimento da obrigação de imposto (incluindo o das inerentes obrigações acessórias) cabe em exclusivo, ao substituto, que é o sujeito passivo da relação jurídico-fiscal, a título originário. O cumprimento esgota-se com a entrega do montante retido na fonte» (*Sobre o IRS*, 3.ª Edição, Almedina, Coimbra, 2014, p. 192). De igual modo, Manuel Henrique de Freitas

obrigações de pagamento ou declarativas subsequentes[73]. Pelo que consideramos que a retenção na fonte, na modalidade definitiva, insere-se no objecto da revisão dos «actos tributários» *lato sensu* (epígrafe do artigo 78.º, da LGT)[74], dada a sua similitude com uma liquidação, daí a consequente equiparação pelo menos garantística.

II.6. Recurso hierárquico

O recurso hierárquico, de alcance mais amplo do que a reclamação graciosa pode ter por objecto todas as «*decisões dos órgãos da administração tributária*» (artigo 66.º, n.º 1, do CPPT), como por exemplo, a própria decisão de indeferimento da reclamação ou de revisão do acto de liquidação de IRS e não apenas o acto tributário *stricto sensu* (liquidação), tendo ainda assim, por regra, natureza facultativa e efeito devolutivo (artigo 67.º, n.º 1, do CPPT). Na definição de Diogo Freitas do Amaral o recurso hierárquico consiste no «recurso administrativo mediante o qual se impugna o acto de um órgão subalterno perante o seu superior hierárquico, a fim de obter a respectiva revogação ou substituição»[75].

No procedimento tributário, este meio de defesa é dirigido ao mais elevado superior hierárquico do autor do acto, ou seja, o membro do governo competente, no prazo de 30 dias a contar da notificação do acto respectivo, perante o autor do acto recorrido (artigo 66.º, n.º 2, do CPPT),

Pereira refere mesmo que «a retenção na fonte é, aliás, a única forma de assegurar a cobrança do imposto» (*Fiscalidade*, 6.ª Edição, Almedina, Coimbra, 2018, p. 49).

[73] Na explicação de Paula Rosado Pereira «Elas exoneram o contribuinte de qualquer subsequente obrigação de pagamento de imposto ou de natureza declarativa – excepto se, tratando-se de um contribuinte residente, optar pelo englobamento do rendimento em causa, situação na qual a retenção sofrida passa a ter a natureza de adiantamento por conta do imposto devido em termos finais» (*Manual de IRS*, 2.ª Edição, Almedina, Coimbra, 2019, p. 308).

[74] Nas palavras do Conselheiro Jorge Lopes de Sousa «não se poderia justificar que, nos casos de retenção na fonte, não houvesse possibilidade de revisão oficiosa, no prazo alargado previsto no art. 78.º, n.º 1, da LGT, quando o erro for imputável à administração tributária (o que pode suceder, nomeadamente, quando a retenção foi efectuado de acordo com instruções desta)» (*Código de Procedimento e de Processo Tributário – Anotado e Comentado*, Volume II, 6.ª Edição, Áreas Editora, Lisboa, 2011, p. 422).

[75] Diogo Freitas do Amaral, *Conceito e Natureza do Recurso Hierárquico*, 2.ª Edição, Almedina, Coimbra, 2005, p. 34.

sem prejuízo de eventual delegação[76] ou subdelegação de competências e de eventual revogação pelo autor do acto (artigo 66.º, n.º 4, do CPPT).

O autor do acto recorrido dispõe de 15 dias para proceder à sua eventual revogação[77] total ou parcial (artigo 66.º, n.º 4, do CPPT).

No procedimento tributário vigora o *princípio do duplo grau de decisão*, não podendo a mesma pretensão do contribuinte ser apreciada sucessivamente por mais de dois órgãos integrando a mesma administração tributária[78] (artigo 47.º, do CPPT), resultando daqui que o legislador privilegiou a celeridade e a eficiência do procedimento tributário, mesmo com algum prejuízo para as garantias dos contribuintes.

A decisão sobre o recurso hierárquico é passível de *recurso contencioso* – actual acção administrativa (artigos 37.º e ss., do CPTA) –, salvo se de tal decisão já tiver sido deduzida *impugnação judicial* com *o mesmo objecto* (artigo 76.º, n.º 2, do CPPT).

III. MEIOS CONTENCIOSOS

III.1. Impugnação judicial da liquidação de IRS

A impugnação judicial destina-se a sindicar contenciosamente o acto tributário[79], *in casu*, a liquidação de IRS, sem a necessidade de, na maioria das

[76] Salvo nos casos previstos na lei, os órgãos da administração tributária podem *delegar* a competência do procedimento (artigo 62.º, n.º 1, da LGT), mesmo que não seja no seu imediato inferior hierárquico.

[77] O acto decisório pode revogar total ou parcialmente acto anterior ou reformá-lo, ratificá-lo ou convertê-lo nos prazos da sua revisão (artigo 79.º, n.º 1, da LGT).

[78] Integram a administração tributária, para efeitos do número anterior, a Direcção-Geral dos Impostos, a Direcção-Geral das Alfândegas e dos Impostos Especiais sobre o Consumo, a Direcção-Geral de Informática e Apoio aos Serviços Tributários e Aduaneiros, as demais entidades públicas legalmente incumbidas da liquidação e cobrança dos tributos, o Ministro das Finanças ou outro membro do Governo competente, quando exerçam competências administrativas no domínio tributário, e os órgãos igualmente competentes dos Governos Regionais e autarquias locais (artigo 1.º, n.º 3, da LGT).

[79] Em sede de oposição judicial à execução fiscal, apenas pode sindicar-se contenciosamente a legalidade da liquidação da dívida exequenda, quando a lei não assegure meio judicial de impugnação ou recurso contra o acto de liquidação (artigo 2014.º, n.º 1, alínea h), do CPPT).

situações, o contribuinte ter de apresentar antes a reclamação graciosa[80]. Mais, mesmo que tenha apresentado reclamação graciosa[81] ou mesmo revisão do acto tributário, e perante uma decisão de indeferimento[82], o contribuinte pode ainda assim interpor impugnação judicial[83] tendo como objecto directo a decisão da reclamação graciosa ou revisão do acto tributário e como objecto indirecto a própria liquidação de imposto em causa[84]. Isto uma vez que o que contribuinte pretende, em termos práticos, é discutir a própria legalidade da liquidação de imposto, de modo a não ter que pagar o imposto considerado indevido e não mais além (*nec plus ultra*)[85], logo anulando-se total ou mesmo parcialmente[86] o acto tri-

[80] No entanto, em caso de erro na declaração de rendimentos, a impugnação é obrigatoriamente precedida de reclamação graciosa a apresentar no prazo de dois anos a contar do termo do prazo legal para a entrega da declaração (artigo 140.º, n.º 2, do Código do IRS).

[81] Caso haja sido apresentada, anteriormente à recepção da petição de impugnação, *reclamação graciosa* relativamente ao mesmo acto, esta deve ser *apensa* à impugnação judicial, no estado em que se encontrar, sendo considerada, para todos os efeitos, no âmbito do processo de impugnação (artigo 111.º, n.º 3, do CPPT). Caso, posteriormente à recepção da petição de impugnação, seja apresentada *reclamação graciosa* relativamente ao mesmo acto e com diverso fundamento, deve esta ser *apensa* à impugnação judicial, sendo igualmente considerada, para todos os efeitos, no âmbito do processo de impugnação (artigo 111.º, n.º 4, do CPPT).

[82] A reclamação graciosa presume-se indeferida para efeito de impugnação judicial após o termo do prazo legal de decisão pelo órgão competente (artigo 106.º, do CPPT).

[83] Jesuíno Alcântara Martins/José Costa Alves, *Procedimento e Processo Tributário – Uma Perspectiva Prática*, Almedina, Coimbra, 2015, p. 107.

[84] Quando estiver em causa um mero acto administrativo em matéria tributária (ex: decisão no sentido da não verificação de pressuposto processual) e não um acto tributário propriamente dito, o meio processual idóneo será já a *acção administrativa* (artigos 37.º e ss., do CPTA).

[85] Ana Paula Dourado/Paulo Marques, *Anotação aos artigos 103.º e 104.º*, in Constituição Portuguesa Anotada, Volume II, Coord. Jorge Miranda/Rui Medeiros, Universidade Católica Editora, Lisboa, 2018, p. 228-229.

[86] O acto decisório pode revogar total ou *parcialmente* acto anterior (artigo 79.º, n.º 1, da LGT).

O acto tributário, sendo acto *divisível*, é mesmo, se for caso disso, susceptível de anulação parcial. *Vide*, por exemplo, Supremo Tribunal Administrativo – Acórdão de 12 de Janeiro de 2012 – Proc. n.º 0965/10 e Tribunal Central Administrativo Sul – Acórdão de 3 de Julho de 2012 – Proc. n.º 04397/10. Mais recentemente, este último tribunal tem enten-

butário[87]. Segundo o Pleno do Supremo Tribunal Administrativo «Na impugnação judicial subsequente a decisão da AT que recaia sobre reclamação graciosa ou pedido de revisão oficiosa do acto tributário, podem, e devem, os órgãos jurisdicionais conhecer de todas as ilegalidades de substância que afectem o acto tributário em crise, quer essas ilegalidades tenham ou não sido suscitadas na fase graciosa do litigio, impondo-se-lhes um dever acrescido quando se tratem de questões de conhecimento oficioso» (Acórdão de 3 de Junho de 2015 – Proc. n.º 0793/14).

O prazo de que dispõe o contribuinte para apresentar junto do tribunal[88] ou mesmo do serviço local de finanças a impugnação judicial do acto

dido que «*os actos que imponham a obrigação de pagamento de uma quantia, como é o caso dos actos de liquidação de tributos, são naturalmente divisíveis uma vez que correspondem a um quantitativo pecuniário e são apurados através de operações aritméticas, divisibilidade essa que igualmente resulta da própria lei, em virtude do que é admissível a sua anulação parcial quando o fundamento da anulação apenas afecte uma parte do acto. Assim já não acontece no caso de acto tributário que assente na fixação da matéria colectável por métodos indirectos.8. Na sequência de anulação parcial da liquidação, se for efectuada uma nova liquidação, relativa à parte não anulada, ela substituirá a primeira, devendo ser-lhe dado o tratamento jurídico próprio da reforma de actos administrativos, previsto no art. 79, n.º 1, da L.G.T., e art. 44, n.º 1, al. d), do C.P.P.T., que se consubstancia na sanação de um vício de violação de lei que afecta o acto reformado, mantendo o seu conteúdo válido e eliminando ou substituindo a parte afectada pela ilegalidade. A reforma tem efeito retroactivo (art. 137, n.º 4, do C.P.A., então em vigor), pelo que, mesmo que seja efectuada uma nova notificação os seus efeitos devem reportar-se à data em que foi efectuada a primeira. É que a retroactividade será meramente aparente, uma vez que, na parte não anulada, o acto anterior produz efeitos desde a respectiva notificação, sendo apenas confirmado pelo acto reformador*» (Acórdão de 8 de Junho de 2017 – Proc. n.º 06112/12).

Compreendemos e aceitamos a *divisibilidade do acto tributário*, enquanto consequência lógica dos princípios do aproveitamento do acto tributário e mesmo da proporcionalidade imposta ao legislador e à administração (artigos 2.º, 18.º, n.º 2 e 266.º, n.º 2, da Constituição da República Portuguesa).

[87] Sempre que da prova produzida resulte a *fundada dúvida* sobre a existência e quantificação do facto tributário, deverá o acto impugnado ser anulado (artigo 100.º, n.º 1, do CPPT).

[88] A competência dos *tribunais arbitrais* compreende entre outras pretensões a apreciação da declaração de ilegalidade de actos de liquidação de tributos, de retenção na fonte e de pagamento por conta, bem como a declaração de ilegalidade de actos de fixação da matéria tributável quando não dê origem à liquidação de qualquer tributo, de actos de determinação da matéria colectável e de actos de fixação de valores patrimoniais (artigo 2.º, n.º1, alíneas a) e b), do Regime Jurídico da Arbitragem em Matéria Tributária – RJAT).

tributário (liquidação de IRS) contava-se a partir dos 30 dias seguintes ao da notificação da liquidação (artigo 140.º, n.º 4, alínea a), do Código de IRS – Redacção dada então pela Lei 60-A/2005, de 30 de Dezembro).

Com a entrada em vigor da Lei n.º 82-E/2014, de 31 de Dezembro (Orçamento do Estado para 2015), a impugnação já será apresentada no prazo de *três meses* contados a partir do termo do prazo para pagamento voluntário das prestações tributárias legalmente notificadas ao contribuinte (artigo 102.º, n.º 1, alínea a), do CPPT). No entanto, sendo o fundamento alegado a *nulidade*[89], o prazo para impugnar judicial já será *a todo o tempo* (artigo 102.º, n.º 2, do CPPT)[90], isto é, em termos práticos, corresponderá ao prazo legal de prescrição (artigo 48.º, da LGT), uma vez que não seria útil discutir a legalidade da liquidação de um imposto que o fisco já não pode cobrar.

Mesmo as pessoas solidária ou subsidiariamente responsáveis, enquanto sujeitos passivos (artigo 18.º, n.º 3, da LGT) poderão impugnar judicialmente a dívida cuja responsabilidade lhes for atribuída nos mesmos termos do devedor principal, devendo, para o efeito, a notificação ou citação conter os elementos essenciais da sua liquidação, incluindo a fundamentação nos termos legais (artigo 22.º, n.º 5, da LGT).

O pedido de constituição de tribunal arbitral é apresentado no prazo de 90 dias, contado a partir dos factos previstos nos n.os 1 e 2 do artigo 102.º do CPPT, quanto aos actos susceptíveis de impugnação autónoma e, bem assim, da notificação da decisão ou do termo do prazo legal de decisão do recurso hierárquico (artigo 10.º, n.º 1, do RJAT).

[89] Cfr. artigo 161.º, do CPA.

Cfr., por exemplo, J. C. Vieira de Andrade, *A nulidade administrativa, essa desconhecida*, in Em Homenagem ao Professor Doutor Diogo Freitas do Amaral, Almedina, Coimbra, 2010, pp. 763-791; Mário Aroso de Almeida, *Teoria Geral do Direito Administrativo – O Novo Regime do Código do Procedimento Administrativo*, 4.ª Edição, Almedina, Coimbra, 2017, pp. 274-278; e J. C. Vieira de Andrade, *A anulação administrativa de actos no Código do Procedimento Administrativo*, in Liber Amicorum Fausto de Quadros, Volume II, Coords. Marcelo Rebelo de Sousa e Eduardo Vera-Cruz Pinto, Almedina, Coimbra, 2016, pp. 830-831.

[90] Segundo o Supremo Tribunal Administrativo «Para se poder avaliar da tempestividade da acção de impugnação judicial há que atentar nos vícios imputados ao acto impugnado pois que consoante os mesmos conduzam à anulabilidade ou nulidade do acto, independentemente de os mesmos virem a ser julgados procedentes ou não, já que consoante o vício imputado será diferente o prazo de impugnação» (Acórdão de 17 de Janeiro de 2018 – Proc. n.º 01317/16).

A administração tributária, mais concretamente o dirigente do órgão periférico regional (director de finanças) ou o dirigente máximo do serviço (director-geral), conforme o caso, pode inclusivamente *revogar* o acto tributário impugnado (artigo 112.º, do CPPT), consubstanciando uma verdadeira reclamação graciosa.[91]

III.2. Em especial, a impugnação judicial em caso de retenção na fonte de IRS

O interessado tem o direito de impugnar ou recorrer de todo o acto *lesivo* dos seus direitos e interesses legalmente protegidos, segundo as formas de processo prescritas na lei, podendo ser lesivos nomeadamente a liquidação de tributos, considerando-se também como tal para efeitos da presente lei os actos de *retenção na fonte* (artigo 95.º, n.º 2, alínea a), da LGT).

A possibilidade de impugnação judicial pelo substituto é *residual*, cingindo-se aos casos de erro na entrega de *imposto superior ao retido*[92] mas apenas quando não seja possível descontar o tributo entregue a mais nas entregas seguintes da mesma natureza a efectuar no ano do pagamento indevido (artigo 132.º, n.ºs 1 e 2, do CPPT), o que se compreende, uma vez que o desconto nas entregas seguintes da importância suportada mais do que o devido (artigo 98.º, n.º 4, do Código de IRS)[93], revela-se potencialmente mais célere e pacificadora (*intra muros*) do que propriamente a impugnação contenciosa.

[91] Paulo Marques, *A fase preliminar e a contestação no processo de impugnação judicial do acto tributário*, in Comentários à Legislação Processual Tributária, AAFDL, Lisboa, 2019, pp. 72-73.

[92] Tratam-se dos casos em que o substituto entregou valor superior ao retido, sendo que nas demais situações (ex: retenção excessiva) o substituído é que acaba por ser o lesado, não se verificando que fique prejudicada a esfera patrimonial do substituto (Jorge Lopes de Sousa, *Código de Procedimento e de Processo Tributário – Anotado e Comentado*, Volume II, 6.ª Edição, Áreas Editora, Lisboa, 2011, p. 416).

[93] Sempre que se verifiquem incorrecções, para mais ou para menos, nos montantes retidos, ainda que a título liberatório, devidas a erros imputáveis à entidade sobre a qual recai a obrigação de retenção, pode a sua rectificação ser feita na primeira retenção a que deva proceder-se após a detecção do erro, ou nas seguintes se o montante em excesso ou em falta não se puder rectificar numa só retenção, sem, porém, ultrapassar o último período de retenção anual (artigo 98.º, n.º 4, do Código de IRS).

O substituto que assim desejar impugnar, reclamará graciosamente para o órgão periférico regional da administração tributária competente no prazo de 2 anos a contar do termo do prazo nele referido (artigo 132.º, n.º 3, do CPPT). Idêntica solução se aplica à impugnação judicial pelo substituído da retenção que lhe tiver sido efectuada, salvo quando a retenção tiver a mera natureza de pagamento por conta do imposto devido a final. No entanto, pensamos que o substituído pode ainda assim impugnar judicialmente este acto, uma vez que ele tem reflexos imediatos na sua esfera jurídica e, por isso, deve considerar-se como *lesivo* para efeitos do preceituado no n.º 4, do artigo 268.º da Constituição da República Portuguesa e no n.º 2, do artigo 9.º da LGT[94].

No caso de revisão da retenção na fonte *definitiva*, em termos muito semelhantes ao que sucede nas liquidações de imposto, não se exige então a interposição de reclamação graciosa prévia. Pelo que ultrapassado o prazo de reclamação prévia, sem que o contribuinte o tenha feito, pode ainda assim ser apresentado o pedido de revisão oficiosa do acto tributário, enquanto garantia de defesa suplementar (artigo 78.º, n.º 1, 2.ª parte, da LGT). Concordamos por isso com JORGE LOPES DE SOUSA quando sustenta que «não se poderia justificar que, nos casos de retenção na fonte, não houvesse possibilidade de revisão oficiosa, no prazo alargado previsto no art. 78.º, n.º 1, da LGT, quando o erro for imputável à administração tributária (o que pode suceder, nomeadamente, quando a retenção foi efectuada de acordo com as instruções desta)»[95].

III.3. Em especial, a impugnação judicial em caso de pagamento por conta de IRS

As *entregas pecuniárias antecipadas* que sejam efectuadas pelos próprios *sujeitos passivos* no período de formação do facto tributário constituem *pagamento por conta* do imposto devido a final (artigo 33.º, da LGT)[96]. Nas

[94] Cfr. Supremo Tribunal Administrativo – Acórdão de 15 de Maio de 2013 (Proc. n.º 0449/12).

[95] Jorge Lopes de Sousa, *Código de Procedimento e de Processo Tributário, Anotado e Comentado*, Volume II, 6.ª Edição, Áreas Editora, Lisboa, 2011, p. 422.

[96] A titularidade de rendimentos da categoria B determina, para os respectivos sujeitos passivos, a obrigatoriedade de efectuarem três pagamentos por conta do imposto devido

situações em que é o próprio contribuinte[97] quem calculou o quantitativo do pagamento por conta (artigo 102.º, do Código do IRS)[98], a impugnação judicial apenas pode ter como fundamento a questão dos respectivos pressupostos e não a fixação do montante propriamente dita, o que já é possível no caso de ter sido a própria administração tributária a proceder à quantificação, porventura podendo considerar-se eventualmente esta norma (artigo 133.º, do CPPT) inconstitucional neste último caso, ao vedar a impugnação judicial imediata em caso de nítida *lesividade* imediata[99] (artigos 268.º, n.º 4, da Constituição[100] e 51.º, do CPTA)[101].

O artigo 133.º, do CPPT, ao exigir também a apresentação de reclamação graciosa antes da impugnação judicial – no prazo de 30 dias após o pagamento indevido, visa apenas os pagamentos por conta que são realizados pelo próprio *sujeito passivo* e não os pagamentos por conta que são realizados pelo substituto mediante retenção na fonte (artigo 132.º, do CPPT). Decorridos 90 dias após a sua apresentação sem que tenha sido indeferida, considera-se a reclamação tacitamente deferida (artigo 133.º, n.º 4, do CPPT).

afinal, até ao dia 20 de cada um dos meses de Julho, Setembro e Dezembro (artigo 102.º, n.º 1, do Código do IRS).

[97] Diogo Feio, *A substituição fiscal e a retenção na fonte: o caso específico dos impostos sobre o rendimento*, Teses e Monografias, Faculdade de Direito da Universidade do Porto, Coimbra Editora, Coimbra, 2001, p. 124.

[98] A titularidade de rendimentos da categoria B determina, para os respectivos sujeitos passivos, a obrigatoriedade de efectuarem três pagamentos por conta do imposto devido a final, até ao dia 20 de cada um dos meses de Julho, Setembro e Dezembro (artigo 102.º, n.º 1, do Código do IRS).

[99] Salvo quando forem imediatamente *lesivos* dos direitos do contribuinte ou disposição expressa em sentido diferente, não são susceptíveis de impugnação contenciosa os actos *interlocutórios* do procedimento, sem prejuízo de poder ser invocada na impugnação da decisão final qualquer ilegalidade anteriormente cometida (artigo 54.º, do CPPT).

[100] É garantido aos administrados tutela jurisdicional efectiva dos seus direitos ou interesses legalmente protegidos, incluindo, nomeadamente, o reconhecimento desses direitos ou interesses, a *impugnação* de *quaisquer actos administrativos* que os *lesem*, independentemente da sua forma, a determinação da prática de actos administrativos legalmente devidos e a adopção de medidas cautelares adequadas (artigo 268.º, n.º 4, da Constituição).

[101] Neste sentido *vide* Jorge Lopes de Sousa, *Código de Procedimento e de Processo Tributário, Anotado e Comentado*, Volume II, 6.ª Edição, Áreas Editora, Lisboa, 2011, pp. 426-427.

Os pagamentos por conta são calculados com base no imposto liquidado relativamente ao período de tributação imediatamente anterior[102] àquele em que se devam efectuar esses pagamentos, líquido de retenções na fonte não susceptíveis de compensação ou reembolso.

Conclusões

– O contribuinte enquanto sujeito passivo de IRS, tem o direito, se for caso disso, à anulação administrativa ou judicial do acto tributário (liquidação de imposto) ilegal (artigo 103.º, n.º 3, da Constituição da República Portuguesa), enquanto manifestação do princípio da legalidade que impende sobre a relação jurídica-tributária. No entanto, a apresentação do meio de defesa, não implica, apenas por si, pelo menos em regra, a suspensão da cobrança da prestação tributária no processo de execução fiscal (artigos 52.º, da LGT e 169.º, do CPPT), atento o princípio da indisponibilidade do crédito tributário (artigos 30.º, n.º 2 e 36.º, n.º 3, da LGT e 85.º, n.º 3, do CPPT).

– Tendo em vista o desiderato da anulação administrativa, o contribuinte poderá lançar mão de *reclamação* graciosa, a qual não pode ter por objecto um acto que não a liquidação de imposto (artigo 68.º, n.º 1, do CPPT). Em reacção a uma eventual decisão administrativa de indeferimento da reclamação graciosa, pode ser apresentado *recurso hierárquico* e/ou *impugnação judicial*. Enquanto modalidade de garantia suplementar, o contribuinte pode ainda impulsionar a *revisão oficiosa* da liquidação no prazo de quatro anos a contar da liquidação ou a todo o tempo, conforme o imposto tenha ou não já sido pago, mas em todo o caso necessariamente com fundamento em erro imputável aos serviços (artigo 78.º, n.º 1, 2.ª parte, da LGT). Entendemos que este meio de defesa abrange igualmente a retenção na fonte definitiva (ex: artigo 71.º, do Código do IRS), enquanto acto equiparável à liquidação de imposto, pelo menos para efeitos garantísticos. O contribuinte poderá reagir a uma eventual decisão de indeferimento do pedido de revisão, lançando mão de *recurso hie-*

[102] Uma vez que os pagamentos por conta são calculados com base no imposto liquidado relativamente ao período de tributação imediatamente anterior, então esta solução legal é compatível com o princípio constitucional de tributação com base no rendimento real (artigo 104.º, n.º 2, da Constituição da República).

rárquico independentemente da tipologia do acto recorrido e/ou *impugnação judicial*, neste último caso apenas se estiver em causa a discussão da legalidade do acto tributário *stricto sensu*, uma vez que a *acção administrativa* está reservada para sindicar contenciosamente outras decisões da administração tributária.

A *impugnação judicial* destina-se a colocar em crise directa ou indirectamente o acto tributário (liquidação de IRS), tendo o regime legal especificidades no caso da impugnação judicial de retenção na fonte e de pagamento por conta (artigos 132.º e 133.º, do CPPT).

Antes da própria liquidação de imposto, a lei prevê em determinadas situações, a possibilidade de *audição prévia* pelo contribuinte, podendo este então *participar* no procedimento tributário (artigos 267.º, n.º 5, da Constituição da República Portuguesa, 60.º da LGT e 60.º, do RCPITA). De igual modo, a lei exige um debate contraditório entre o perito designado pelo contribuinte e o perito da administração tributária (*revisão da matéria tributável*), constituindo esta última uma condição de procedibilidade da impugnação judicial de uma liquidação com base em erro na quantificação ou mesmo nos pressupostos da determinação *indirecta* da matéria tributável que lhe esteve subjacente (artigos 86.º, n.º 3, 91.º a 93.º, da LGT e 117.º, do CPPT).

Bibliografia

Almeida, *Mário Aroso de* – *Manual de Processo Administrativo*, Almedina, Coimbra, 2013.

— *Teoria Geral do Direito Administrativo – O Novo Regime do Código do Procedimento Administrativo*, 4.ª Edição, Almedina, Coimbra, 2017.

Amaral, Diogo Freitas do Amaral – *Conceito e Natureza do Recurso Hierárquico*, 2.ª Edição, Almedina, Coimbra, 2005.

— *Curso de Direito Administrativo*, Volume II, 3.ª Edição, Almedina, Coimbra, 2016.

Andrade, José Carlos Vieira de – *A nulidade administrativa, essa desconhecida*, in Em Homenagem ao Professor Doutor Diogo Freitas do Amaral, Almedina, Coimbra, 2010.

— *A Justiça Administrativa – Lições*, 12.ª Edição, Almedina, Coimbra, 2012.

— *A anulação administrativa de actos no Código do Procedimento Administrativo*, in Liber Amicorum Fausto de Quadros, Volume II, Coords. Marcelo Rebelo de Sousa e Eduardo Vera-Cruz Pinto, Almedina, Coimbra, 2016.

Araújo, António Manuel Cunha – *A Reclamação Graciosa em Direito Fiscal*, in Ciência e Técnica Fiscal, n.º 432, Centro de Estudos Fiscais e Aduaneiros, Lisboa, Janeiro-Junho 2014.

Calhau, Tiago Alcoforado Calhau – *Liquidação Ilegal de Imposto – pressupostos da Responsabilidade Civil do Estado*, Almedina, Coimbra, 2012.

Campos, Diogo Leite de/Rodrigues, Benjamim Silva/Sousa, Jorge Lopes de Sousa – *Lei Geral Tributária – Anotada e Comentada*, 4.ª Edição, Encontro da Escrita, 2012.

Campos, Diogo Leite de/Soutelinho, Susana – *Direito do Procedimento Tributário*, Almedina, Coimbra, 2013.

Canotilho, J. J. Gomes/Moreira, Vital – *Constituição da República Portuguesa Anotada*, Volume I, 4.ª Edição Revista, Coimbra Editora, Coimbra, 2007.

— *Constituição da República Portuguesa Anotada*, Volume II, 4.ª Edição Revista, Coimbra Editora, Coimbra, 2010.

Carlos, Américo Brás – *Impostos – Teoria Geral*, 3.ª Edição, Almedina, Coimbra, 2010.

Dourado, Ana Paula – *Substituição e responsabilidade tributária*, CTF, n.º 391, Ministério das Finanças, Direcção-Geral dos Impostos, Centro de Estudos Fiscais, Lisboa, Julho-Setembro 1998.

— *Direito Fiscal – Lições*, 4.ª Edição, Almedina, Coimbra, 2019.

Dourado, Ana Paula/Marques, Paulo – *Anotação aos artigos 103.º e 104.º*, in *Constituição Portuguesa Anotada*, Volume II, Coord. Jorge Miranda/Rui Medeiros, Universidade Católica Editora, Lisboa, 2018.

Faustino, Manuel – *O dever de retenção na fonte e outros deveres autónomos de cooperação em IRS*, Áreas Editora, Lisboa, 2003.

Feio, Diogo – *A substituição fiscal e a retenção na fonte: o caso específico dos impostos sobre o rendimento*, Teses e Monografias, Faculdade de Direito da Universidade do Porto, Coimbra Editora, Coimbra, 2001.

Freitas, Lourenço Vilhena de – *Direito do Procedimento Administrativo e Formas de Actuação da Administração*, Parte Geral, Lições ao Curso de Mestrado, AAFDL Editora, Lisboa, 2016.

Garcia, Nuno de Oliveira – *Notificação incompleta, o recurso ao disposto no artigo 37.º do CPPT e o princípio da não antecipação do prazo de reacção: Comentário ao Acórdão da 2.ª Secção do Supremo, in Tribunal Administrativo de 12 de Maio de 2010,*

Aresto n.º 159/2010 (Rel. Juiz Cons. António Calhau), in Estudos em Memória do Prof. Doutor J. L. Saldanha Sanches, Coimbra Editora, Coimbra, 2011.

Guerreiro, António Lima – *Lei Geral Tributária – Anotada*, Editora Rei dos Livros, Lisboa, 2000.

Machado, Hugo de – *Temas de Direito Tributário*, in Revista dos Tribunais, São Paulo, 1993.

Macieirinha, Tiago – *Tutela da confiança e revogação de actos administrativos legais*, in Estudos dedicados ao Professor Doutor Nuno Espinosa Gomes da Silva, Volume II, Universidade Católica Editora, Lisboa, 2013.

Machete, Pedro – *A Audição Prévia do Contribuinte*, in Problemas Fundamentais do Direito Tributário, Vislis Editores, Lisboa, 1999.

— *A subordinação da Administração Pública ao Direito e a dogmática do Direito Administrativo no âmbito do Estado de Direito Democrático*, Estudos em Homenagem ao Professor Diogo Freitas do Amaral, Almedina, Coimbra, 2010.

Marques, Paulo – *Crime de Abuso de Confiança Fiscal – Problemas do Actual Direito Penal Tributário*, 2.ª Edição Aumentada, Coimbra Editora, Coimbra, 2012.

— *O Procedimento de Inspecção Tributária*, Coimbra Editora, Coimbra, 2014.

— *"Todo o negócio quer dinheiro": a tributação das manifestações de fortuna e dos acréscimos patrimoniais não justificados*, in Revista do Ministério Público, Lisboa, Ano 35, n.º 139 (Julho-Setembro 2014.

— *A Responsabilidade Tributária e Sancionatória da Entidade Empregadora pela Falta de entrega das Retenções na Fonte de IRS e das Contribuições para a Segurança Social dos trabalhadores*, Para Jorge Leite – Escritos Jurídicos – II, Coimbra Editora, Coimbra, 2014.

— *A Revisão do Acto tributário – Do Mea Culpa à Reposição da Legalidade*, 3.ª Edição Revista e Actualizada, IDEFF, Almedina, Coimbra, 2019.

— A fase preliminar e a contestação no processo de impugnação judicial do acto tributário, in Comentários à Legislação Processual Tributária, AAFDL, Lisboa, 2019.

Marques, Paulo/Gonçalves, Pedro Correia/Marques, Rui – *Responsabilidade Tributária e Penal dos Gestores, Advogados, Contabilistas e Auditores*, Almedina, Coimbra, 2017.

Marques, Rui – *Código do IRC Anotado e Comentado*, Almedina, Coimbra, 2019.

Martins/Jesuíno Alcântara/Alves, José Costa – *Procedimento e Processo Tributário – Uma Perspectiva Prática*, Almedina, Coimbra, 2015.

Martins/Licínio Lopes – *A invalidade do acto administrativo no novo Código do Procedimento Administrativo: as alterações mais relevantes*, in Comentários ao Novo

Código do Procedimento Administrativo, Volume II, Coord. Carla Amado Gomes, Ana Fernanda Neves e Tiago Serrão, 3.ª Edição, AAFDL Editora, Lisboa, 2016.

MIRANDA/Jorge/MEDEIROS, Rui – *Constituição Portuguesa Anotada*, Tomo III, Coimbra Editora, Coimbra, 2007.

MORAIS, Rui Duarte – *Manual de Procedimento e Processo Tributário*, Almedina, Coimbra, 2012.

— *Sobre o IRS*, 3.ª Edição, Almedina, Coimbra, 2014.

NABAIS, J. Casalta – *A impugnação unitária do acto tributário*, in Cadernos de Justiça Tributária, n.º 11, Braga, Janeiro-Março 2016.

OTERO, Paulo – *Direito do Procedimento Administrativo*, Volume I, Almedina, Coimbra, 2016.

PALMA, Clotilde Celorico – *Introdução ao Imposto Sobre o Valor Acrescentado*, Cadernos IDEFF, n.º 1, 4.ª Edição, Almedina, Coimbra, 2009.

PÉREZ ROYO, Fernando – *Derecho Financiero Y Tributario – Parte General*, Decimosexta Edición, Thomson Civitas, Navarra, 2006.

PEREIRA, Paula Rosado – *Manual de IRS*, 2.ª Edição, Almedina, Coimbra, 2019.

PIRES, J. M. Fernandes/BULCÃO, Gonçalo/VIDAL, José Ramos/MENEZES, Maria João – *Lei Geral Tributária – Comentada e Anotada*, Almedina, Coimbra, 2015.

RIBEIRO, Nuno Cerdeira – *O Controlo Jurisdicional dos Actos da Administração Tributária*, Almedina, Coimbra, 2014.

ROCHA, Joaquim Freitas da – *Lições de Procedimento e Processo Tributário*, 7.ª Edição, Almedina, Coimbra, 2019.

ROCHA, Joaquim Freitas da/SILVA, Hugo Flores da – *Teoria Geral da Relação Jurídica Tributária*, Almedina, Coimbra, 2017.

SALDANHA, Ricardo Azevedo – *Introdução ao Procedimento Administrativo Comum*, Coimbra Editora, Coimbra, 2013.

SILVA, Hugo Flores da – *Privatização do sistema de gestão fiscal*, Coimbra Editora, Coimbra, 2014.

SOUSA, Jorge Lopes de – *Sobre a Responsabilidade Civil da Administração Tributária por Actos Ilegais*, Áreas Editora, Lisboa, 2010.

— *Código de Procedimento e de Processo Tributário – Anotado e Comentado*, Volume I, 6.ª Edição, Áreas Editora, Lisboa, 2011.

— *Código de Procedimento e de Processo Tributário – Anotado e Comentado*, Volume II, 6.ª Edição, Áreas Editora, Lisboa, 2011.

TORRÃO, J. A. Valente – *Código de Procedimento e de Processo Tributário - Anotado e Comentado*, Almedina, Coimbra, 2005.

VASQUES, Sérgio – *Manual de Direito Fiscal*, 2.ª Edição, Almedina, Coimbra, 2018.

XAVIER, Alberto – *Aspectos Fundamentais do Contencioso Tributário*, Ciência e Técnica Fiscal, n.os 157-158, Boletim da Direcção-Geral das Contribuições e Impostos, Lisboa, Janeiro-Fevereiro 1972.

ÍNDICE

PARTE II – TRIBUTAÇÃO EM SEDE DE IRS: ESTUDOS SOBRE RENDIMENTOS ESPECÍFICOS